元華文創

公平交易法 釋義 二
限制競爭篇（續）── 范建得 著

完整追蹤我國公平交易法的立法與修法軌跡以利使用者查考
以兼顧法律專業及法學教育需求之理念來撰寫冀滿足多元要求
透過數位發行以利持續而即時且符合成本效益的更新

自　序

　　自 1989 年以來，在前東吳大學校長章孝慈教授、法學院院長成永裕教授，以及一路扶持我的李文儀教授照護下，有幸在東吳開啟了自己的教師生涯；這其中執教鞭是為老師，伏案著作是為學者，但更多的是感到教授作為社會公共財的啟發與挑戰。如今，在轉至清華大學參與科技法律所的創建迄今，超過 30 多年的杏壇生涯，究竟為師為學者之人應如何自許？仍然令人沉思反省！而迅速盤點自己的學術過往，應是參與公平交易法制度化的點點滴滴，佔據了自己大半的學術生涯，也最令人難忘。

　　始自王澤鑑與朱敬一兩位教授合辦的法律經濟分析研討會，初生之犢般的我，發表了企業結合的管制問題，也接受了當時廖義男教授的點評，這是生涯第一次學術研討會，既結下了和公平交易法的緣分，也開始參與公平交易委員會籌備、修訂公平法施行細則，並透過密集的演講與撰文邀請，深化了對公平交易體制的認識。這段時間，有幸和已故摯友，時任中興大學經濟系莊春發教授攜手，在幾乎每晚的法律與經濟對話過程，補強了自己在經濟分析領域的不足，並讓自己有信心在 1992 年於東吳開設了第一堂的公平交易法課程。

　　時光荏苒，期間經過多年公平會的委託以及和委員的合作研究，其中包括早年由王志綱主任委員延攬法律、經濟、財經專家針對不當贈品贈獎規範所作研議，後續時任公平會副主委蘇永欽教授主持的公平法除外規定之研究，以及廖義男教授卸下副主委職務後主持的公平法注釋研究，透過法學及跨領域大師的提點，

個人也逐漸能建構出自己所認為的臺灣公平法體系，並陸續參與了一些修法。

迨至個人轉往清華大學任教，並聚焦於科技法律領域之研究，也將公平交易法的關注移往了智慧財產、資通訊、生醫與能源環境等相關議題的探討，其中對於國際相關競爭法議題的快速發展，卻已逐漸感到力有未逮。千禧年應是一個關鍵轉捩點，資訊社會的成型帶動了資訊傳輸、管理與數位內容產業的快速發展與競合，並自點線面的競爭關係，發展成平臺與系統的競爭結構，這不單在數位產業，更呈現在生醫大數據時代的創新醫藥產業價值鏈，與糾葛在全球氣候法制及 WTO 規範體系下的再生能源產業。如今人工智慧的發展更進一步牽動了競爭法的疑慮，其中從軟硬體到雲端運算，都攸關後續市場應用的競爭條件，而面對不確定的效能經濟與消費者福祉期許，國際競爭法的關切又開啟了新的象度，也再一次帶給了自己廉頗老矣的提示。

出版這套公平交易法，自己是抱持著回饋社會的心。韓愈以聞道先者為師，這些彙整出來的素材，正是出自許多聞道先進；有機會加以彙整並與大家分享這些先進的智慧，誠有其意義。其次，學者應是社會良心，透過客觀援引官方與其他專家學者的多元見解，儘可能呈現相關知識的真實樣貌，或許也稱得上是善盡社會良心之學者本分吧。

傳道授業解惑之外，著書立說往往也是學界中人的一種執念，而公平交易法則一直是個人所未曾忘懷者，然在日趨忙碌的生活中，這套書若非藉由許多學生和年輕律師的協助，恐怕還要再拖更久才能完稿。衷心感謝我的學生葉采蓉、陳瑋安、黎昱萱、王韻慈等，以及黃鳳盈、陳丁章、李昱恆三位律師的協助，未來的增訂版，就要由他們傳承了。

目 次

自　序 i
前　言 1

第一章　限制競爭行為之三：聯合行為 3

第一節　我國聯合行為的規範目的與規範架構 3
一、規範目的 3
二、規範架構 4

第二節　聯合行為之構成要件 12
一、行為主體 13
二、合意方式：契約、協議或其他方式之合意 18
三、合意內容 60
四、對市場的影響 75

第三節　聯合行為管制之除外 92
一、原則違法／禁止、例外許可 92
二、程序上：聯合行為申請許可應注意事項及準備文件 95
三、實體上：公平會審酌之項目 99

第四節　聯合行為之許可 144
一、公平會的審查期限 144
二、公平會的處理結果 144
三、聯合行為許可之條件、負擔與期限 145
四、許可之廢止與變更 159

第五節　聯合行為查證不易的強化措施 …… 164
一、寬恕政策（Leniency Program／Policy）…… 164
二、設立反托拉斯基金檢舉獎金與鼓勵提出檢舉 …… 175

第六節　重要案例彙整 …… 181

第二章　垂直的限制競爭 …… 307

第一節　維持轉售價格（resale price maintenance）…… 307
一、主要法條 …… 307
二、定義 …… 308
三、經濟評價 …… 309
四、公平交易法就限制轉售價格之規範 …… 310
五、構成要件 …… 312
六、原則禁止，例外「正當理由者」始容許之 …… 337
七、問題討論：是否應考慮市場力量？ …… 343

第二節　重要案例彙整 …… 348

第三章　個別限制競爭行為 …… 385

第一節　公平交易法第20條之立法沿革與定位屬性 …… 385

第二節　何謂本條序文之「有限制競爭之虞」？ …… 387
一、審酌因素 …… 387
二、相關市場之占有率 …… 388
三、無須實際上已產生限制競爭效果 …… 389

第三節　公平交易法第20條各款內容 …… 390
一、第20條第1款——杯葛（Boycott）…… 390
二、第20條第2款——無正當理由之差別待遇 …… 406

三、第 20 條第 3 款——低價利誘等不正當阻礙競爭之行為·427
　　四、第 20 條第 4 款——不當使他事業參與限制競爭行為····444
　　五、第 20 條第 5 款——不正當限制交易相對人之事業活動 449
　第四節　重要案例彙整…………………………………482

第四章　限制競爭之違法罰則………………………535
　第一節　行政責任………………………………………535
　第二節　刑事責任：先行政後司法……………………542
　第三節　民事：損害賠償………………………………545

問題目錄

問題 1：上下游業者同時將價格做同方向調整，是否違反聯合行為的規定？ ································· 8

問題 2：不約而同地漲價是否違反聯合行為的規定？ ············ 31

問題 3：產業內同行均以某廠商價格為指標，亦步亦趨跟著調整，有無違法可能？ ······················ 33

問題 4：是不是所有符合聯合行為要件的經濟行為，公平交易委員會都會加以管制？ ························· 90

問題 5：公車聯營是不是也有違反公平法的問題？ ············ 120

問題 6：何謂聯合進口？是否也保證下一階段的出售仍可採取聯合行為？ ······························ 126

問題 7：有哪些經濟活動可列入聯合行為例外許可的範圍？ ·130

問題 8：百貨公司相互約定在一定期間內打折促銷是否合法？ ·································· 143

問題 9：主管機關准許的例外許可特權，是否可長期保有？ ·157

問題 10：關係企業間是否有限制轉售價格規範之適用？ ····· 313

問題 11：經銷關係中，上游廠商要求下游經銷商按一定價格銷售其產品，是否違反公平法？ ················ 323

問題 12：出版品印上標準訂價，是否為出版商對經銷商採行維持轉售價格制度？ ························ 336

問題 13：杯葛受話人是否確實有發動斷絕交易之行為？ ····· 396

問題 14：何謂聯合杯葛？ ······························ 403

問題 15：百貨業以懲罰某一同行的共同行為，是否涉及違反公平交易法？……………………………………405

問題 16：百貨公司換季出清存貨期間，季前與季後產品售價不同，是否違反公平交易法？………………409

問題 17：以不同價格供應原料或產品給批發商和零售商，是否違反差別待遇規定？………………………421

問題 18：生產者在不同地區以不同價格銷售產品，是否違反公平法？………………………………………422

問題 19：事業因競爭關係被迫採取不同價格出售產品，是否有違法的可能？………………………………424

問題 20：對自己的關係企業給予特別優惠，是否違反公平法？…425

問題 21：商業上以賄賂方式爭取生意，是否違反公平法？…439

問題 22：社會上不同事業間的挖角行為是否違反公平法？…443

問題 23：以不正當方法，要求競爭對手在市場採取一致的共同行為，是否違法？………………………………447

問題 24：事業出售服務，附帶條件要求客戶購買他們不願購買的產品，是否違法？………………………457

問題 25：大型食品業要求便利商店以「整批交易」式補貨，是否違反公平交易法？………………………459

問題 26：網路開店平台業者與開店商家簽署的服務租用合約書，約定有商家不得在其他電子商務平台開店的獨家合作條款，是否違法？……………………463

問題 27：上游事業為維護本身利益，要求下游事業簽訂獨家交易契約，是否違法？………………………469

問題 28：事業單位依地理區域劃分為不同市場經營，是否違反公平法？……………………………………474

問題 29：廠商出售產品同時，約定限制其產品的使用用途，
　　　　是否違法？ ………………………………………… 477
問題 30：事業要求客戶於訂貨同時簽訂獨家供應零件與售
　　　　後服務，是否違法？ ………………………………… 479
問題 31：廠商對有專利權產品，能否用其排他性進行搭售
　　　　安排，增加本身收益？ ……………………………… 480

案例目錄

案例 1：台灣水泥聯合哄抬預拌混凝土單價 ⋯⋯⋯⋯⋯⋯⋯ 182
案例 2：中油及台塑預告調漲價格案──引用「促進行為理論」⋯⋯⋯⋯⋯⋯⋯⋯⋯⋯⋯⋯⋯⋯⋯⋯⋯⋯⋯⋯⋯⋯ 185
案例 3：三大紙廠原紙價格一致漲價案──附加因素理論 ⋯⋯ 202
案例 4：三大乳品業者漲價案 ⋯⋯⋯⋯⋯⋯⋯⋯⋯⋯⋯⋯⋯ 212
案例 5：四大連鎖超商同時調漲現煮含乳咖啡案 ⋯⋯⋯⋯⋯ 226
案例 6：台泥等五家預拌混凝土業者預告漲價案 ⋯⋯⋯⋯⋯ 241
案例 7：相互約束事業活動之行為──共同停止贈送贈品 ⋯⋯ 254
案例 8：相互約束事業活動之行為──鉭質電容器業者交換競爭敏感資訊 ⋯⋯⋯⋯⋯⋯⋯⋯⋯⋯⋯⋯⋯⋯⋯⋯ 256
案例 9：日本鉭質電容器業者交換競爭敏感資訊──可察覺性理論 ⋯⋯⋯⋯⋯⋯⋯⋯⋯⋯⋯⋯⋯⋯⋯⋯⋯⋯⋯ 270
案例 10：相互約束事業活動之行為──同業團體制定公休日或輪休日，是否構成聯合行為？⋯⋯⋯⋯⋯⋯ 276
案例 11：臺南區藥品學術交誼連心會案 ⋯⋯⋯⋯⋯⋯⋯⋯ 282
案例 12：中部砂石業者聯合調漲砂石價格案 ⋯⋯⋯⋯⋯⋯ 288
案例 13：臺北市記帳士公會建議會員收費之最低標準案 ⋯⋯ 292
案例 14：貨櫃業者一致恢復收取 3 噸以下貨物之 CFS 出口機械使用費 ⋯⋯⋯⋯⋯⋯⋯⋯⋯⋯⋯⋯⋯⋯⋯⋯ 294
案例 15：筆記型電腦製造商申請標準化聯合案 ⋯⋯⋯⋯⋯ 298
案例 16：信用卡業務聯合行為案 ⋯⋯⋯⋯⋯⋯⋯⋯⋯⋯ 301
案例 17：航空公司票證免背書轉讓案 ⋯⋯⋯⋯⋯⋯⋯⋯ 303

案例 18：立明光學公司限制轉售價格案 ················· 349
案例 19：杏輝公司限制藥品專櫃案 ····················· 351
案例 20：建來公司限制自行車架組之轉售價格案 ········· 355
案例 21：天下遠見公司限制下游事業轉售《賈伯斯傳》
　　　　價格案 ··· 357
案例 22：臺灣櫻花公司限制經銷商轉售產品價格案 ······· 359
案例 23：佑達公司限制寵物營養食品之下游零售價格 ····· 363
案例 24：Apple 公司限制三家電信事業之綁約手機價格案 ··· 364
案例 25：祥美公司限制豆米奶促銷價案 ················· 366
案例 26：和冠公司限制數位繪圖產品之轉售價格案 ······· 368
案例 27：濟生公司限制胡椒產品價格案 ················· 372
案例 28：忠欣公司限制經銷商轉售價格案 ··············· 376
案例 29：達飛公司限制寵物沐浴商品價格案 ············· 379
案例 30：新光三越百貨公司杯葛衣蝶百貨公司案 ········· 483
案例 31：賓士公司拒絕授權予帝寶公司卻授權予其他副廠案
　　　　··· 485
案例 32：衛星電視頻道代理商頻道授權費用差別待遇 ····· 488
案例 33：【0 元收看有線電視 1 年案】——以平均變動成本
　　　　檢驗事業定價行為 ····························· 498
案例 34：【有線電視公司與管委會簽訂獨家經營條款案】
　　　　——獨家經營條款是否構成公平法第 20 條第 3 款？
　　　　··· 501
案例 35：藥商 1 元競標案 ······························ 506
案例 36：中埔鄉菁仔聯誼會代理會長決定檳榔價格案 ····· 508
案例 37：【新世紀廣告社獨家代理外勞稿案】——獨家共同
　　　　代理 ··· 511

案例 38：美華影視公司搭售案——整套購買享優待 ············519

案例 39：胡椒製品業者禁止下游經銷業者越區經銷案 ········524

案例 40：【Foodpanda 外送平台案】——最惠客戶條款、價格
　　　　等同條款 ··527

前　言

　　公平交易法自 80 年 2 月 4 日公布後，歷經 8 次修改，或因條文規定不盡周詳，有窒礙難行之處、或因組織再造而配合調整、或因數位經濟發展等科技因素而略作修正，這幾年來計有大大小小條文的修正，其中以 104 年 2 月修法篇幅最大，實質修正比例達 7 成，係公平交易法執行以來最大幅度的修正。該次修法主要係因應行政院組織改造，並配合國內外社經環境變化、長期執法經驗及參照外國法制趨勢，務求正確評估事業市場力量、規制殘害市場競爭之行為、提升行政罰裁處效能及完善競爭法制體系[1]。爾後更有兩次小調整，如 104 年 6 月為強化聯合行為查處、新設反托拉斯基金條文，106 年 6 月修改結合有關審查作業之規範等而進行修改。

　　本書立足於作者早年的《公平交易 Q&A 範例 100》基礎，除將章節重新調整外，為方便讀者了解，特別在每章安排實務案例，相信將能有效的幫助讀者瞭解公平法規定。其次，作者曾參與《公平交易法之註釋研究系列（一）第一條至第十七條》撰寫工作，深知該書之嚴謹與專業，故而在某些章節又持續引用單一學者文章現象，實乃沒有其他更值得加以納入的參考資料之故。

---

[*] 感謝黃鳳盈律師、李昱恆律師在編寫、資料蒐集與彙編過程中所提供之協助，並感謝清大科法所王韻慈同學協助校對工作。

[1] 洪萱，〈新修正公平交易法〉，《公平交易委員會電子報》，26 期，頁 1-2。

第一章 限制競爭行為之三：聯合行為

第一節 我國聯合行為的規範目的與規範架構

一、規範目的

　　聯合行為在經濟學上又稱勾結，其形成的組織成為卡特爾（Cartel）。

　　獨占的管制是為防止擁有顯著市場力量的廠商，濫用它的市場力量，造成資源誤置的結果，而不利於增進整體社會福利。同樣的，聯合行為的禁止，則在防範市場內同業共同利用其市場力量，透過產品生產量的限制，聯合抬高產品價格，或藉由限制交易對象、交易地區，造成類似於獨占事業市場力量的濫用。

　　競爭法禁止聯合行為之目的，在防範市場內同業共同利用其市場力量，透過產品生產量的限制，聯合抬高產品價格，或藉由限制交易對象、交易地區，造成類似於獨占事業市場力量的濫用。而聯合行為的可責性高於獨占，是因為聯合行為的產生均出於人為的故意。獨占地位的形成除了法律所賦予者，許多情況可能是來自於市場規模、產品性質，或經過激烈競爭後的結果；但事業間的聯合行為則正好相反，其顯著市場力量的地位，完全是透過人為的故意所營造，以避開市場競爭的壓力及市場競爭所帶來的

不確定風險。這種行為導致的影響,一方面造成市場競爭的減少,不利於產業的進步;二方面則使與其交易的消費者或交易相對人,處於不利的交易地位,有害交易的公平性,明顯造成市場競爭的限制[2]。

二、規範架構[3]

我國公平交易法對聯合行為之管制,係先就聯合行為加以定義(公平交易法第 14 條),其次規定其管制方式——「原則禁止,例外許可」(公平交易法第 15 條),監督管制(公平交易法第 16 至 18 條),最後為違法聯合行為之罰則(公平交易法第 34 條、第 35 條及第 40 條),採「先行政後司法」制度,以及行政寬恕政策,在執法機關尚未知悉或尚未充分掌握聯合行為違法事證前,對於提供違法事證並協助調查之涉案成員,給予免除或減輕處罰之優惠。

公平交易法第 14 條第 1 項所稱聯合行為,指具競爭關係之同一產銷階段事業,以契約、協議或其他方式之合意,共同決定商品或服務之價格、數量、技術、產品、設備、交易對象、交易地區或其他相互約束事業活動之行為,而足以影響生產、商品交易或服務供需之市場功能

---

[2] 修改自范建得、莊春發,《公平交易法 Q&A 範例 100》,總論聯合行為,商周文化,1992 年初版,後因授課需要,將原案例進行調整,編為課程講義使用。

[3] 修改自范建得、莊春發,《公平交易法 Q&A 範例 100》,總論聯合行為,商周文化,1992 年初版,後因授課需要,將原案例進行調整,編為課程講義使用。

者。同時，為使上述聯合行為的定義更為明確，第 14 條第 2 項規定其他方式的合意，指契約、協議以外之意思聯絡，不問有無法律拘束力，事實上可導致共同行為者。所以在外觀上，若事業間彼此有競爭關係，卻以契約等方式，共同決定交易條件或約束活動，且足以影響市場功能者，即屬聯合行為。至於事業彼此間之合意、意思聯絡，只需事實上可導致共同行為者，是否有法律上強制力，在非所問。相對的，若事業彼此間並無合意或意思聯絡，則不屬聯合行為。

又，基於實務上公平會欲取得成立聯合行為之直接證據，非常困難。因此，為有效規範聯合行為，適度賦予公平會得以相當依據推定聯合行為之合意要件，因此 104 年修法的時候增訂第 14 條第 3 項，聯合行為之合意，得依市場狀況、商品或服務特性、成本及利潤考量、事業行為之經濟合理性等相當依據之因素推定之。以利公平會做判斷。

聯合行為原則上是違法的（公平交易法第 15 條第 1 項本文），但是，聯合行為不見得全部無益於整體社會，在某些場合，其存在有益於整體經濟與公共利益。例如，統一商品規格或型式，可能有降低成本、改良品質、增進效率的作用；共同研究開發商品或市場，有提高事業技術的效能。聯合行為的產生，可能是為事業的合理經營。為加強事業國外交易競爭的能力，而有共同輸出或共同輸入的行為；或因經濟不景氣，為適應需求變動，而有共同限制產銷數量，共同決定價格的行為；以及針對我國中小企業的性質，允許其為經營效率或加強競爭力而有的共同行

為，均可向公平會申請經許可後，例外可為聯合行為（公平交易法第 15 條第 1 項但書）。

當競爭事業之合作行為，被公平會認定為違法之聯合行為，事業將面臨行政、刑事上的裁罰及民事上損害賠償責任。在行政責任方面，公平交易法對情節重大之聯合行為，設有「銷售金額連動型之行政罰鍰」。刑事責任方面，聯合行為之行為人將可能被處以 3 年以下有期徒刑、拘役或科或併科新臺幣 1 億元以下罰金。民事責任方面，聯合行為若造成他人損害，則需負擔損害賠償。故意且情節嚴重者，法院可酌定損害額 3 倍之賠償。

我國公平交易法對聯合行為之規範架構，如下表所示：

表 1：我國公平交易法對聯合行為之規範架構

架　　構	法條	內容
定　　義	第 14 條	要件一：主體 要件二：合意方式 要件三：合意內容 要件四：對市場的影響
管制方式	第 15 條第 1 項	原則禁止 例外許可：8 款例外
監督控制	第 16 條第 1 項 第 16 條第 2 項 第 17 條 第 18 條	得附加條件、負擔 應附期限 廢止、變更、停止、改正、採取必要更正措施 主動公開
損害賠償	第 29 至 33 條	排除侵害、損害賠償
罰　　則	第 40 條	先行政——令停止、改正其行為、採取必

	第 35 條 第 34 條	要更正措施、罰鍰（情節重大者採營業金額連動型罰鍰）──寬恕政策 後司法──刑罰
附　　則	第 47-1 條	反托拉斯基金

資料來源：自行整理

（一）我國公平交易法之聯合行為專指「水平聯合」

聯合行為之定義方面，競爭政策上有立法明文區分「水平聯合」與「垂直聯合」者，前者是指由同一產銷階段之競爭者或潛在競爭者所達成之聯合行為，後者是指由不同產銷階段之競爭者所合意形成之限制競爭行為，在競爭法上並給予不同之評價與管制方式；當公平會處分聯合行為，須先確認是否為同一產銷階段之競爭事業或潛在競爭事業，再決定論處水平聯合行為或垂直聯合行為之禁止[4]。但在立法例上亦有聯合行為規範並未加以區分係水平合意或垂直合意，而將之都涵蓋在「聯合行為」之上位概念下[5]。

我國公平交易法採前者，即區分「水平聯合」及「垂直聯合」，修正前公平交易法第 7 條（民國 80 年 2 月 4 日訂定，現行條文為公平交易法第 14

---

[4] 林宜男（2014），〈水平聯合行為之特定市場界定──公平交易法實務案例之研析與間接證據之論證〉，《公平交易季刊》，22 卷 1 期，頁 48。

[5] 劉華美（2003），〈註釋公平交易法──第七條〉，廖義男（等著），《公平交易法之註釋研究系列（一）第一條至第十七條》，行政院公平交易委員會合作研究報告，頁 299。

條）之立法理由謂：「三、按所謂聯合，在學理上可分『水平聯合』與『垂直聯合』兩種，目前各國趨勢，對於垂直聯合係採放寬之立法，本法初創，亦不宜過於嚴苛，除第18條（又稱轉售價格維持契約之禁止）係就垂直聯合為規範外，本條則僅就『水平聯合』加以規定。」後來，公平交易法迭有修正，然此立法基調未有變更[6]。

問題 1：上下游業者同時將價格做同方向調整，是否違反聯合行為的規定[7]？

【範例】

甲公司為一中間石化原料業，現因上游基本原料業提高售價，致使甲公司原料成本上升，甲公司為了反映成本的變動，因而將產品價格作同比例上升，該項行為是否有觸犯公平交易法的可能？

【相關條文】

➢公平交易法第14條

【解析】

聯合行為的可責性，在於同一市場的廠商為了規避激烈競爭，而產生的一致行為，造成市場競爭消失，使廠商喪失從事效能改進的誘因。所以在母法中規定，具有競爭關係的事業不

---

[6] 另有認為公平法轉售價格維持契約之禁止，係垂直聯合的規劃範例。參陳榮隆、林煮，〈人造纖維製造業市場行為與公平交易法適用性研究〉，第十屆競爭政策與公平交易法學術研討會論文集，頁260。

[7] 修改自范建得、莊春發，《公平交易法 Q&A 範例 100》，問題 17，商周文化，1992年初版，後因授課需要，將原案例進行調整，編為課程講義使用。

可以從事法律禁止的聯合行為，以避免市場競爭機能受到限制，不利於整體產業的進步。

至於上下游關係的廠商間的垂直聯合，常具有增進事業效率的利益，並非聯合行為禁止所規範的對象。所以公平法第 14 條所稱的競爭關係，是指事業單位的平行競爭關係。另外，就公平法第 14 條第 1 項「具競爭關係之同一產銷階段」之文義觀之，亦可知垂直聯合行為並非公平法第 14 條限制之對象。

甲公司提高產品售價，主要原因是上游基本原料業者的原料價格上漲，基本上，只要雙方無一致的意思聯絡，即不符合聯合行為的「合意」之要件。縱使雙方有合意，其與上游事業間的垂直關係，因不屬水平關係的競爭事業，也非公平法第 14 條所規範的範圍，所以甲公司反映原料價格上漲，與上游業者的同步漲價行為，並不屬於公平法第 14 條所禁止的行為。

（二）我國公平法就聯合行為採「原則禁止，例外許可」之管制方法

競爭法就聯合行為之管制，有「禁止原則」與「濫用原則」兩種立法原則[8]：「禁止原則」指事前禁止之管制模式，此為目前多數國家競爭法奉行之原則，且大多數國家係採相對禁止，而非絕對禁止之概念。意即，聯合行為原則上是禁止的，但在滿

---

[8] 劉華美（2003），〈註釋公平交易法——第七條〉，廖義男（等著），《公平交易法之註釋研究系列（一）第一條至第十七條》，行政院公平交易委員會合作研究報告，頁 299。

足特定要件之情形,聯合行為得依一定行政程序豁免於禁止。而「濫用原則」,則是指聯合行為只有在事業發生濫用之情形始加以管制,例如比利時早期在與歐盟法調和之前即係採取濫用原則管制模式[9]。

我國公平法第15條第1項規定「事業不得為聯合行為。但有下列情形之一,而有益於整體經濟與公共利益,經申請主管機關許可者,不在此限:⋯⋯」即是採取相對的禁止原則。聯合行為原則上是禁止的,但例外於某些公平交易法例舉之情形,例如,事業是為了共同研發,或在經濟不景氣的時候為了自保,公平法第15條第1項但書對聯合行為提供了一個「安全港」,只要事業的聯合行為符合益於整體經濟與公共利益之大前提下,經申請主管機關許可者,則事業彼此間就不需冒著被處罰的風險,為第15條第1項但書所規定的各款行為。

【補充資料】
美國有關競爭者合作的權衡方法──當然違法(illegal per se),與合理原則(rule of reason)[10]
　　美國有關競爭者合作之違法判斷標準,有兩種權衡方法,

---

[9] 劉華美(2003),〈註釋公平交易法——第七條〉,廖義男(等著),《公平交易法之註釋研究系列(一)第一條至第十七條》,行政院公平交易委員會合作研究報告,頁298-299。

[10] 范建得、莊春發(2004),〈有關事業共同研發之聯合行為例外許可申請審查原則之研究〉,《公平交易季刊》,12卷4期,頁40-42。王立達(2018),〈我國聯合行為規範現況之結構反省與革新:事前許可制、積極分流與事後查處制〉,《臺大法學論叢》,47卷3期,頁1195。

一為當然違法（illegal per se），另一為合理原則（rule of reason）。

(1)當然違法

　　所謂的當然違法，是指該協議之內容幾乎或常常造成價格上漲或產出減少之情況。典型的當然違法行為如：共同決定價格或產出（price-fixing）、圍標（rig bid）、或約定顧客、供給者、區域及營業項目等以劃分市場（market division）者，均屬於當然違法之範疇。倘競爭者的合作行為落入當然違法適用範圍，不必考慮該行為在個案中對市場所造成的實際效果，即可認定為違法。但是，如果此一協議對於經濟活動效率提昇具有合理關聯性時，或其係為促成競爭力所必須者，則適用合理原則進一步檢視。

(2)合理原則

　　當競爭者合作之協議非屬當然違法時，合理原則即成為判斷之依據。就合理原則分析模式而言，著重於比較相關協議存在與否對市場競爭之差異。申言之，其概念近似於假想原因協議不存在時，對於現有競爭狀態有何影響，輔以協議存在之現實狀態來判斷。簡言之，即比較有無該協議為分析之模式。運用此原則時，須針對競爭者的合作行為對於市場競爭與經濟效率所造成之不利及有利效果，綜合個案中之各種相關情狀，逐案加以考量，以決定是否違反競爭法。其常見之判斷程序，係由市場力量門檻、限制競爭效果與有無足以彌補限制競爭效果之合理事由三個主要階段所構成。既然如此，合理原則本身即是一個極具彈性與靈活度的論理方式，亦即需以協議本質、市場狀況等洵依個案斷之，從而，事實調查之充足，不可欠缺。

第二節　聯合行為之構成要件

公平交易法第 14 條：

> 本法所稱聯合行為，指具競爭關係之同一產銷階段事業，以契約、協議或其他方式之合意，共同決定商品或服務之價格、數量、技術、產品、設備、交易對象、交易地區或其他相互約束事業活動之行為，而足以影響生產、商品交易或服務供需之市場功能者。
> 前項所稱其他方式之合意，指契約、協議以外之意思聯絡，不問有無法律拘束力，事實上可導致共同行為者。聯合行為之合意，得依市場狀況、商品或服務特性、成本及利潤考量、事業行為之經濟合理性等相當依據之因素推定之。
> 第 2 條第 2 項之同業公會或其他團體藉章程或會員大會、理、監事會議決議或其他方法所為約束事業活動之行為，亦為本法之聯合行為。

依公平法第 14 條規定，判斷事業是否成立聯合行為之構成要件如下：

一、聯合行為的主體：具競爭關係之同一產銷階段事業，同業公會或其他依法設立、促進成員利益之團體；

二、聯合行為的合意：指契約、協議或其他方式之合意；

三、合意的內容：共同決定商品或服務之價格、數量、技術、產品、設備、交易對象、交易地區或其他相互約束事業活動；

四、聯合行為對市場之影響：以事業在同一產銷階段之水

平聯合，足以影響生產、商品交易或服務供需之市場功能者為限；所謂「足以」影響市場功能，解釋上僅需事業所為之共同行為，在客觀上有影響市場供需功能之危險為已足，非以市場供需功能實際受到影響為必要，且與合意內容有無法律上拘束力、合意後有無實際執行或事業是否因聯合行為獲得實際利益等無涉[11]。

以下分析：

一、行為主體

（一）具競爭關係之同一產銷階段事業

指 2 家以上事業，彼此間具水平競爭關係，如製造商與製造商之間，或經銷商與經銷商之間。至於上下游事業間約束事業活動者，非公平法所稱聯合行為，惟視情形可能構成公平法第 19 條或第 20 條第 4 款之「垂直限制競爭行為」[12]。而所謂「具競爭關係」，則是指事業提供之商品或服務，在功能、特性、用途及價格條件上，對需求者而言，屬於相同價值，而具有高度之替代可能性，使需求者得以選擇，因而彼此在爭取需求者與之交易之過程中，形成競爭關係[13]。

實務上曾出現以下問題[14]：

---

[11] 最高行政法院 104 年度判字第 329 號行政判決。
[12] 公平交易委員會（2019），《認識公平交易法（增訂第 18 版）》，頁 124。
[13] 臺北高等行政法院 107 年度訴更一字第 41 號行政判決。
[14] 廖義男、黃銘傑、石世豪、王立達、楊宏暉、顏雅倫（2021），〈公平交易法國內重要案例分析——以聯合行為為例〉，《第 26 屆競爭政策與公平交易

1. 參與合意之事業的行為人並非其公司的法定代表人，而是實際負責人時，實務上是將實際負責人的行為，看作是參與事業本身的行為，採取實質判斷的取向。相關案件可參考「中部砂石案」[15]。
2. 關係企業間是否會構成聯合行為？
   實務上是視從屬事業<u>是否仍保有其經營決定的獨立性</u>而定（有無經濟獨立性與自主決定力），倘具有控制從屬關係之「同一經營團隊」所為「單一行為決意」，尚與聯合行為具競爭關係同一產銷階段事業「合意」之要件有間，此時，即應以控制事業為行為主體。

公平交易委員會 令

發文日期：中華民國 105 年 5 月 12 日
發文字號：公法字第 10515602811 號
依公平交易法第 14 條第 1 項規定，聯合行為指具競爭關係之同一產銷階段事業，以契約、協議或其他方式之合意相互約束事業活動，而足以影響生產、商品交易或服務供需之市場功能者。關係企業間彼此利害關係同一，基於集團整體利潤極大化之考量，接受集團「同一決策主體」之指令從事經濟活動，難謂具有經濟獨立性與自主決定能力。是倘具有控制從屬關係之「同一經營團隊」所為「單一行為決意」，就集團旗下各公司

　法學術研討會論文集》，頁 115，公平交易委員會。
[15] 臺灣臺北地方法院 105 年度簡字第 127 號行政訴訟判決。其上訴法院臺北高等行政法院 106 年度簡上字第 21 號判決針對此點並未表示不同意見。

> 所持有及經營之百貨商場辦理共同行銷，尚與聯合行為具競爭關係同一產銷階段事業「合意」之要件有間。

（二）同業公會、其他依法設立及促進成員利益之團體

1. 依公平會常見問答有關「聯合行為之規範」──「聯合行為之行為人應指實際從事相互約束事業活動者而言，公平交易法第 14 條第 4 項及公平交易法施行細則第 5 條有關同業公會或其他團體得為聯合行為之主體，及同業公會或其他團體代表人得為聯合行為之行為人的規定，是否妥適？」[16]：

   公平交易法第 14 條第 4 項規定：「第 2 條第 2 項之同業公會或其他團體藉章程或會員大會、理、監事會議決議或其他方法所為約束事業活動之行為，亦為本法之聯合行為。」公平交易法施行細則第 5 條規定：「本法第 2 條第 2 項所稱同業公會或其他團體之代表人，得為本法聯合行為之行為人。」其主要理由如下：

   (1) 按同業公會、其他依法設立及促進成員利益之團體（下稱其他團體）均係由經營相同或相類之會員所組成，會員間具有競爭關係。同業公會或其他團體，若藉章程或會員大會、理監事

---

[16] 本段摘錄自公平交易委員會網站，「聯合行為之行為人應指實際從事相互約束事業活動者而言，公平交易法第 14 條第 4 項及公平交易法施行細則第 5 條有關同業公會或其他團體得為聯合行為之主體，及同業公會或其他團體代表人得為聯合行為之行為人的規定，是否妥適？」https://www.ftc.gov.tw/internet/main/doc/docDetail.aspx?uid=1207&docid=13148&mid=1201（最後瀏覽日：01/31/2024）。

會議決議或其他方法所為相互約束事業活動之行為,其結果與個別事業間為聯合行為並無差異,故同業公會或其他團體雖非為獲取收入、從事經濟活動的主體,惟因公平交易法施行前歷來產業活動之習慣,同業公會或其他團體多有主導聯合行為之舉,或事業從事聯合行為時,藉同業公會或其他團體達成合意之運作樞紐,而從事諸如產銷協商、統一訂價、市場劃分、產品標準化等聯合行為。爰為避免同業公會或其他團體主導有競爭關係之事業從事聯合行為,或公司、獨資或合夥之工商行號利用同業公會或其他團體「脫法」從事聯合行為,造成限制競爭及損害消費者利益,是公平交易法第 2 條第 2 項將「同業公會或其他依法設立、促進成員利益之團體」增列為「事業」之一,得為公平交易法規範之主體,以導正同業公會或其他團體從事不當聯合行為之惡習。

(2) 同業公會或其他團體常為會員構成違法之聯合行為機制,故外國立法均以其為聯合行為之主體,公平法第 2 條第 2 項亦仿此立法例,且在實務執行上亦有可能以代表人為移送對象。故在此訂明,將促使(提醒)代表人注意避免誤觸法網,有其正面意義。

2. 公平法第 43 條規定,同業公會或其他團體之成員得予併罰,以避免事業藉同業公會或其他團體遂行違法行為卻脫免法律責任。但成員證明其不

知、未參與合意、未實施或在主管機關開始調查前即停止違法行為者，不予處罰。
3. 實務上，桃園市保全商業同業公會以自律公約限制報價不得低於勞基法及法定實質成本，高等行政法院謂「公平交易法禁止事業為聯合行為，旨在防止複數事業藉由採取共同行為之方式，限制彼此間之競爭及取得市場力。而事業除以契約、協議或其他方式之合意形成聯合行為外，亦可藉由同業公會之運作而達成共同行為之結果。蓋同業公會係由彼此間具有競爭關係之事業所組成之團體，同業公會之組織章程或會務決議皆係由會員直接參與或基於會員授權，其決定具有合意性質。故事業遂行聯合行為，無論以彼此商議或藉由同業公會之運作，該兩種方式本質上對於事業間競爭之限制並無不同，對於妨礙市場機能運作、不當獲取市場力及損害經濟效率之負面效果亦無軒輊。是以，倘同業公會藉由章程、會員大會決議、發函所屬會員或其他方式，約束會員事業活動之自由，並發生限制競爭之效果，亦為聯合行為，自應受公平交易法之規範[17]。」

---

[17] 臺北高等行政法院108年度訴字第1673號行政判決。其餘案件如：臺北高等行政法院106年度訴字第1053號行政判決、最高行政法院99年度判字第505號行政判決。

二、合意方式：契約、協議或其他方式之合意

公平交易法第 14 條規定：

本法所稱聯合行為，指具競爭關係之同一產銷階段事業，以<u>契約、協議或其他方式之合意</u>，共同決定商品或服務之價格、數量、技術、產品、設備、交易對象、交易地區或其他相互約束事業活動之行為，而足以影響生產、商品交易或服務供需之市場功能者。
<u>前項所稱其他方式之合意，指契約、協議以外之意思聯絡，不問有無法律拘束力，事實上可導致共同行為者。</u>
聯合行為之合意，得依市場狀況、商品或服務特性、成本及利潤考量、事業行為之經濟合理性等相當依據之因素推定之。
第 2 條第 2 項之同業公會或其他團體藉章程或會員大會、理、監事會議決議或其他方法所為約束事業活動之行為，亦為本法之聯合行為。

聯合行為運作的方式有許多種，業者可透過契約、協議之方式相互限制、約束，亦可透過其他不問有無法律拘束力，事實上可導致共同行為的合意方式（例如暗中勾結）來達到目的。至於合意後是否遵守、是否具體實施，或事業間配合程度之高低，均無礙合意之成立[18]。再者，所謂的合意並不一定需要有正式的書面或表示，也不一定需要具有法律拘束力，但沒有法律拘束力的合意，可能使得廠商間

---

[18] 參公處字第 110041 號。

陷入囚犯的困境,是以,國際間有為鞏固聯合行為的運作,產生各種幫助達成共識,或偵測、懲罰成員悖離的促進機制（facilitatingmechanism）之設計,透過公協會、價格變動預告、資訊交換算是傳統經濟下常見的機制[19]。

(一) 契約、協議

契約與協議,指包含書面與口頭、明示與默示、當事人間所為具有法效意思表示、並產生法律拘束力之合意。學說上有認為契約原則上是指「對向式」或交換式的合意,而協議是指「同方向」之合意,由於均為當事人間一致性之合意,具有法律拘束力,故就其內容之履行,理論上得成為請求權之基礎[20]。公平會舉例,例如銀行間開會協商利率調整事宜,並訂出其定存利率調幅以 2 碼為限之合意,此種多數事業間同方向之合意,即屬「協議」之一種[21]。

(二) 團體之決議

決議係指一事業團體通常採多數決方式以形成內部之共同意思,其與協議所不同者在於,協議須要求所有當事人之意思表示一致,並因此而受協議

---

[19] 公平會數位經濟競爭政策白皮書,頁 112 以下；陳和全、陳志民,「演算法與聯合行為等重大限制競爭議題之研究」,公平交易委員會 108 年委託研究,頁 15（2019）。

[20] 劉華美（2003）,〈註釋公平交易法——第七條〉,廖義男（等著）,《公平交易法之註釋研究系列（一）第一條至第十七條》,行政院公平交易委員會合作研究報告,頁 304-305。

[21] 公平交易委員會（2019）,《認識公平交易法（增訂第 18 版）》,頁 125。

之拘束；決議則以表決方式來達成共同意思，其拘束力乃透過事業團體之內部規約（如章程）而拘束於全體事業[22]。由於協議之範圍不包括事業團體所為之決議，故公平法第 14 條第 4 項規定「第 2 條第 2 項之同業公會或其他團體藉章程或會員大會、理、監事會議決議或其他方法所為約束事業活動之行為，亦為本法之聯合行為。」明訂決議亦屬於事實上可導致共同行為之意思聯絡。

實務案例，包含理監事會議決議之型態[23]，會員代表大會與理監事聯席會議決議之型態[24]，臨時會員決議之型態[25]，會員大會決議之型態[26]等等。

例如：臺中市保全商業同業公會以會員代表大會通過該公會章程及優良保全實施辦法，臺北高等行政法院指出「公平交易法禁止事業為聯合行為，旨在防止複數事業藉由採取共同行為之方式，限制彼此間之競爭及取得市場力。而事業除以契約、協議或其他方式之合意形成聯合行為外，亦可藉由同業公會之運作而達成共同行為之結果。蓋同業公會

---

[22] 劉華美（2003），〈註釋公平交易法——第七條〉，廖義男（等著），《公平交易法之註釋研究系列（一）第一條至第十七條》，行政院公平交易委員會合作研究報告，頁 305。

[23] 87 年公處字第 117 號，彰化縣房屋仲介同業公會制定收取服務費標準案。

[24] 91 年公處字第 091194 號，高雄市醫師公會要求所屬基層診所醫師會員隔週分區輪休案。

[25] 88 年公處字第 088 號，臺北市家禽批發市場業者代表會。

[26] 106 年公處字第 106039 號、臺北高等行政法院 106 年度訴字第 1053 號行政判決，臺中市保全商業同業公會限制駐衛保全人員報價案。

係由彼此間具有競爭關係之事業所組成之團體，同業公會之組織章程或會務決議皆係由會員直接參與或基於會員授權，其決定具有合意性質。故事業遂行聯合行為，無論以彼此商議或藉由同業公會之運作，該兩種方式本質上對於事業間競爭之限制並無不同，對於妨礙市場機能運作、不當獲取市場力及損害經濟效率之負面效果亦無軒輊。是以，倘同業公會藉由章程、會員大會決議、發函所屬會員或其他方式，約束會員事業活動之自由，並發生限制競爭之效果，亦為聯合行為，自應受公平交易法之規範[27]。」

（三）其他方式之合意：事實上可導致共同行為之意思聯絡

有關「其他方式之合意」之規定，早在民國 81 年制訂公平法施行細則第 2 條第 2 項謂：「本條第 7 條之其他方式之合意，指契約、協議以外之意思聯絡，不問有無法律拘束力，事實上可導致共同行為者。」，現行公平交易法第 14 條第 2 項「其他方式之合意」即一直沿用。如學者廖義男等指出：「按『事實上可導致共同行為之意思聯絡』之文義，指事業有將約束事業活動之意思、作法或訊息，傳達或聯絡給有競爭關係之他事業，表現此意思、作法或訊息而為傳達或聯絡之事業，並未有為

---

[27] 公處字第 106039 號處分書、臺北高等行政法院 106 年度訴字第 1053 號行政判決。

要約而受其拘束之意思,但內心希望獲得認同;而受傳達或聯絡之他事業,雖然認同此意思、作法或訊息,並在事實上為一致性或共同行為,但並非為承諾之表示,故並無成立契約之『意思合致』。意即,不以事業間之意思有合致而成立契約或協議為必要,而以其間有『意思聯絡』,並因而『導致有共同行為之事實』為已足[28]。」

至所謂意思聯絡,在客觀上未必先存有預定的計畫方案,其藉由直接或間接方式,如利用市場資訊之公開,間接交換與競爭有關之敏感市場訊息,或相互傳達營業策略,或直接進行商業情報之交換等,均屬之。

構成聯合行為之核心要件,在於論證業者間有無合意之事實。其一致性行為非以同時日、完全等幅度調整價格為限,倘相關事證足資論證證明其一致性行為之合意,縱有時間落差或微幅價格之不同,亦無礙違法性之認定。易言之,若業者間有意思聯絡分別於不同時間內調漲價格,抑或是有意思聯絡調漲幅度不同,雖無同時調漲或漲幅不同等情形,均亦構成公平法所稱之聯合行為[29]。

實務及學說上,曾討論下述行為:

---

[28] 廖義男(2021),《公平交易法》,初版,頁320-322,元照。廖義男、黃銘傑、石世豪等,〈公平交易法國內重要案例分析——聯合行為為例〉,《第26屆競爭政策與公平交易法學術研討會論文集》,頁118-119。

[29] 最高行政法院103年度判字第294號行政判決。

1. 單純建議[30]：

　　所謂之建議係指：「不具法律拘束力，與事業從事市場競爭有關之行為」。「建議」雖亦為不具法律拘束力而與事業從事市場競爭有關之行為，然因建議採納與否，完全取決於其他事業，欠缺「意思聯絡」之要件，故不屬於「合意」[31] 建議如係由行政機關所為，屬「行政指導」[32]，如由個別事業或事業團體所為，雖其不具法律拘束力，但一旦由多數事業採納、遵循時，亦而將對競爭秩序有所影響，故各國競爭法亦有對事業之建議行為多予以規範（如德國 GWB 第 22 條）。**有疑問者為，建議之採納與否，完全出於其他事業之自主意思，故欠缺聯合行為要件中須具備之「意思聯絡」特徵**，故應不屬於聯合行為之範疇。但建議如進一步涉及以不正當方法促使他事業參與聯合行為時，則有可能觸犯公平法第 20 條第 4 款之規定[33]。

2. 君子協定（gentleman's agreement）[34]：

　　君子協定是指無法律上拘束力，僅有道德

---

[30] 劉華美（2003），〈註釋公平交易法──第七條〉，廖義男（等著），《公平交易法之註釋研究系列（一）第一條至第十七條》，行政院公平交易委員會合作研究報告，頁 306。

[31] 臺北高等行政法院 103 年度訴字第 1573 號判決。

[32] 詳參行政程序法第 165 條以下。

[33] 88 年公處字第 019 號。廖義男（1994），《公平交易法之釋論與實務：第一冊：立法目的、事業、罰則》，頁 111，自刊。

[34] 王立達（2021）〈聯合行為合意之概念、認定與證明方法：理論與實務的交互辯證〉，《全國律師》，25 卷 10 期，頁 26；〈劉華美（2003），〈註釋公

上、情分上拘束力之協議，故與一般所稱之契約、協議意義不同，但其事實上亦可產生事業之共同行為，故應屬契約、協議以外亦可形成聯合行為之一種合意。

如判決裡提及，君子協定須以事業係在明知且有意之情形下，以意思聯絡之方式，就其未來市場行為，達成所謂不具法律拘束力之瞭解或共識，始足構成聯合行為[35]。

實務上亦早有承認君子協定可構成聯合行為之案例，如汐止瓦斯行聯合漲價案，公平會88年公處字第129號處分書謂：「本件被處分人等利用中油公司調漲家用液化石油氣牌價之時機（按：88年4月7日生效者，每公斤調升0.32元；同年5月12日生效者，每公斤調漲0.33元），先後於4月12日及5月11日，由集暉李勝龍君、祥興魏永漢君、國助闕木盛君聯絡同業，在汐止秀峰山下大尖山海產店，<u>舉辦不具組織性之社交性聚餐，達成非正式之君子協定（gentleman's agreement）</u>，限制汐止地區桶裝瓦斯市場之競爭，均屬事證明確，有16家業者及安祥、臺和、六韜等分裝場之陳述紀錄可稽。此種意思聯絡之方法，依同法施行細則第5條第3項規定，不論其約定有無法律拘束力，只要事實上

平交易法──第七條〉，廖義男（等著），《公平交易法之註釋研究系列（一）第一條至第十七條》，行政院公平交易委員會合作研究報告，頁306。
[35] 臺北高等行政法院103年度訴字第1573號判決。

可導致共同行為，即為本法第 7 條所稱『其他方式之合意』[36]。」

3. 一致性行為（concerted action）[37]：

(1) 指業者間的合作，並非透過明確的契約、協議或決議，而是在明知且有意識的情況下，藉由類似聚會等機會交換經營意見，以意思聯絡之方式，就其未來的市場行為達成不具拘束力的「共識」或「瞭解」，形成外在市場行為的一致性[38]，此種行為，一般稱為一致性行為，亦有稱默契行為、暗默勾結行為（Tacit Collusion），亦屬聯合行為態樣之一。

在實務判決裡針對所謂一致性行為（concertedaction），有謂當事人間雖對為共同行為具有合意，但各該當事人仍有完全決定之自由，不具強制拘束力。前述君子協定，事實上可拘束當事人，影響市場競爭秩序事業依照合意為共同行為，在實踐上須以事業係在明知且有意之情形下，以意思聯絡之方式，就其未來市場行為，達成所謂不具法律拘束力之瞭解或共識，始足構成聯

---

[36] 88 年公處字第 129 號處分書參照。

[37] 劉華美（2003），〈註釋公平交易法——第七條〉，廖義男（等著），《公平交易法之註釋研究系列（一）第一條至第十七條》，行政院公平交易委員會合作研究報告，頁 306-308。

[38] 劉華美（2003），〈註釋公平交易法——第七條〉，廖義男（等著），《公平交易法之註釋研究系列（一）第一條至第十七條》，行政院公平交易委員會合作研究報告，頁 306；臺北高等行政法院 104 年度訴更二字第 46 號行政判決。

合行為[39]。亦有認為所謂一致性行為雖係由其他非具法律拘束力之意思聯絡，而事實上可導致共同行為者所構成，但仍不能脫離「合意」之概念範疇，亦即廠商間仍必須有關於訂價資訊之流動，彼此就雙方之訂價方式能達成「共識」始能謂屬具有合意，因此廠商單純內心預期他廠商一同漲價之「猜測」、「期待」或「意圖」均非屬上開意義之合意[40]。

(2) 公平會 88 年 6 月 16 日第 397 次委員會議曾對一致性行為之認定提出若干標準[41]：

I. 至少須有 2 個或 2 個以上獨立的事業，參與該具有限制競爭效果的行為；至於參與的事業是否為獨立自主的單位，在經濟上是否被視為同一體，並非從表面的關係加以規定，而應從評析其實質的關係如何。

II. 「一致性行為」是一種不具形式、且沒有法律拘束力的合作方式。在主觀要件上，必須參與的事業間有「意思的合致」，只不過該合致的意思尚未達締結契約的程度而已；在客觀的要件上，必須有事前的協議或意思聯絡行為存在。

---

[39] 臺北高等行政法院 103 年度訴字第 1573 號判決。

[40] 臺北高等行政法院 100 年度訴字第 824 號判決。

[41] 韓毓傑（2006），〈聯合行為之研究——以行政院公平交易委員會之實踐為中心〉，《育達學院學報》，11 期，頁 157-183；劉華美（2003），〈註釋公平交易法——第七條〉，廖義男（等著），《公平交易法之註釋研究系列（一）第一條至第十七條》，行政院公平交易委員會合作研究報告，頁 306。

III. 參與一致性行為的事業之間必須具有「相互依存性」的要素,若僅是偶然一致的行為或縱使是有意識的模仿他人的行為,並非本概念所要規範的對象,蓋此時行為人仍未喪失其獨立性,仍能自主地決定自己的市場行為。在主觀因素方面,只要事業是明知且有意識地採行某一具有共同目的的市場行為,並且可以期待他人也會遵照事前的約定而為行為即足,並不以參與者共同擬訂計畫為必要。

(3) 概念之區辨:
  I. 與契約、決議之比較:
      一致性行為與契約、決議等之差異在於,一致性行為無法律上之拘束力,故其可能僅係事業相互間非強制性之信諾,或係自律性之集體行為[42]。
  II. 與君子協定之區辨[43]:
      君子協定具有道德上、情誼上所生事實拘束力;但一致性行為則不必具備此種事實上之拘束力。
  III. 與「有意識之平行行為」(或稱價格跟隨

---

[42] 延伸閱讀:朱華君(2008),〈論一致性行為理論〉,《司法新聲》48 期學員法學研究報告,頁 2406-2423。

[43] 劉華美(2003),〈註釋公平交易法——第七條〉,廖義男(等著),《公平交易法之註釋研究系列(一)第一條至第十七條》,行政院公平交易委員會合作研究報告,頁 306-307。

行為）之區辨：

事業同時採取外觀相同的行為，可能有兩種情形，其一為一致性行為，事業彼此間有聯合行為之合意或意思聯絡，屬公平交易法上之聯合行為；另一情形，事業間無聯合行為之合意或意思聯絡，僅係單純為自身利益以因應對手策略所不得不為，而造成外觀上同一形式之行為者，稱為「有意識之平行行為」或「價格跟隨行為」，並不構成聯合行為[44]。

「有意識之平行行為」在寡占市場的事業間特別容易出現，理由在於，寡占市場上之競爭非常激烈，事業在他事業採取某種行為後即須為相應之調整或變動，若經評估結果，認為如不採取同一形式之行為，將導致同業競爭者或市場交易相對人實施對抗措施，經濟上係屬不理智，基此認識，遂跟著看齊而為「有意識之平行行為」。又或者因為寡占市場上之廠商家數

---

[44] 最高行政法院針對區辨此二者之敘述「聯合行為中之一致性行為，常與寡占市場中有意識之平行行為（或稱價格追隨行為）混淆，前者係因事業間在主觀上有採行特定共識行為之合意，並基此合意而採行相同之共識行為，以致外觀上存在一致之市場行為；後者係指事業彼此間並沒有主觀意思聯絡，而源於客觀之市場結構，於市場上因一事業採取行動後，其他事業亦隨之跟進，造成外觀上同一形式之行為，因其與聯合行為在客觀上均有一致之市場行為。惟聯合行為有主觀上之意思聯絡，以及基於合意而有一致之行為，是其與有意識平行行為最大之區別所在」，詳參最高行政法院107年判字第229號判決、最高行政法院107年度判字第304號行政判決。

少且力量相當,彼此透明度高,因此如果其中一家廠商調高價格,其他廠商通常亦會跟進,以獲取利益(價格領導);又如果意圖以降低售價來提高市場占有率,其他廠商亦會很快跟進降價,以免喪失其占有率,從而,可能引發價格大戰,而領導降價者因為利潤降低,實際上亦無利可圖,是以其亦無片面調漲或調降之動機。也因此,在寡占市場上,廠商行為有相當程度之一致性(如價格僵固),實屬正常,故不能僅以事業有外觀一致行為,遽認渠等就此已有某程度之合意或意思聯絡[45]。

實務上,要如何從外觀上之同一形式行為而進一步探究出是否出於勾結、共謀之合意或意思聯絡,涉及證據之蒐集與判斷,並不容易。公平會曾在【四大連鎖超商同時調漲現煮含乳咖啡案】的訴訟中說明,當寡占市場之事業,採行事前之意思聯絡或促進行為,即已跨出有意識平行行為的邊界,而跨入法律上聯合行為之範圍「依寡占廠商理論,寡占廠商純粹依賴『相互影響關係』(interdependence)所形成之一致性行為,因為無法溝通聯繫,不僅不易形成,即使成功形成後也處於不

---

[45] 臺北高等行政法院 102 年度訴更一字第 55 號行政判決。

穩定狀態，常因市場條件改變而瓦解。寡占廠商為克服前述障礙，可能會採取『事前的意思聯絡』（prior communication）或『促進行為』（facilitating practices）以協助前述一致性結果之實現及增加穩定性，然而一旦廠商採行事前之意思聯絡或促進行為，即已跨出有意識平行行為的邊界，無法再以寡占廠商相互依賴關係解釋，而跨入法律上聯合行為之範圍。純粹價格領導或有意識的平行行為，多是經由長期反覆的策略性互動下，讓寡占廠商意識到相互依賴的特質，漸進地形成一致性結果。價格領導者可能先試探性的微幅調漲價格，若漲幅過高，不僅可能超過競爭者偏好的價格範圍，還加強競爭者不跟進漲價搶占市場的誘因[46]。」

4. 實務上值得探討的合意成立類型[47]：

(1) 在場未發言：

在形成合意時到場參加，但未參加討論，對於合意內容完全沒有表示支持或反對，這是實務案件中不時出現，試圖反駁個別商參加合意的事實面抗辯，如最高行政法院 104 年度判字第 413 號判決。

---

[46] 臺北高等行政法院 101 年度訴字第 607 號行政判決。

[47] 王立達（2021）〈聯合行為合意之概念、認定與證明方法：理論與實務的交互辯證〉，《全國律師》，25 卷 10 期，頁 32-33。

(2) 嗣後以行動加入：

在某些大型聯合行為案件中，部分廠商乃透過彼此言詞聯絡達成合意，至於其他廠商如何參與合意，在判決或公平會處分書中並無清楚的證據分析與事實認定，有可能係在得知或獲邀參加聯合行為之後，直接採取實現合意內容的履行行為，以意思實現之方式與先前已經參與的廠商達成合意。

問題 2：不約而同地漲價是否違反聯合行為的規定[48]？

【範例】

甲公司與同行所使用要素來源大多相同，最近因生產成本上漲，甲公司與同行在相同時間之內，向上調整產品價格，試問是否違反公平法？

【相關條文】

➤公平交易法第 14 條

【解析】

甲公司與同行使用相同要素生產產品，現因生產成本上升，大家不約而同將產品價格往上調整。只要此種行為，未經**事前共同約定**，僅單純因大家的使用生產要素相同，而因生產要素價格上漲所生的結果，則該不約而同地漲價行為，不一定具可罰性，不致違反公平法第 14 條的規定。

此問題核心在於，生產廠商的「不約」，是指事業單位之

---

[48] 修改自范建得、莊春發，《公平交易法 Q&A 範例 100》，問題 16，商周文化，1992 年初版，後因授課需要，將原案例進行調整，編為課程講義使用。

間的漲價未經事前的聯絡、約定，即沒有「合致行為的意思聯絡」，也就是說價格上漲，並非人為故意所形成，只是自然的反映生產成本。雖然從事後的結果來看，他們同時抬高了價格，但這並不具可責性，不約而同的漲價最多只是反映市場經濟狀況的理性行為。聯合行為所禁止的，在於有意的共謀行為，其界定標準在事業單位的漲價行為，是否為經過一致行為意思聯絡後反映出來的結果。

如何斷定事業單位的行為是否為一致意思聯絡的結果呢？

依據西方國家實務的判定原則，大致分為三個區段：

第一，探詢**該事業單位是否有從事該聯合行為的動機或企圖**，判斷的原則是聯合行為後，所有參與人是否能夠獲得雨露均霑的結果。如果答案是肯定，則進行第二步驟。

第二，考量**業者間是否有機會進行合致的意思聯絡**。例如有一起開會協商產品價格問題，或電話紀錄載明彼此之間有超出平常的聯絡，或同時在一起打高爾夫球討論產品生產、銷售的問題。不過，自公平法 104 年增訂第 14 條第 3 項推定合意條款增訂後，公平會可依據市場狀況、商品或服務特性、成本及利潤考量、事業行為之經濟合理性等因素，推定是否聯合行為之合意。簡言之，必須要有聯合事實的根據。

最後，則是由一般的判斷，瞭解上述聯合行為證據是日常生活的普通行為，或具有特殊意義，來評斷證據是否足以認定他們之間有聯合行為。

問題 3：產業內同行均以某廠商價格為指標，亦步亦趨跟著調整，有無違法可能[49]？

【範例】

　　當前汽車、鋼鐵業都是先由大廠定價，且調整商品價格時，其他同行均以其馬首是瞻，維持固定比率關係，這樣的行為是否違反聯合行為的規範？

【相關條文】

➢公平交易法第 14 條

【解析】

　　價格領導（price leadership）是否有違法之虞，**主要在於是否有一致意思表示的合意行為。而是否存在一致意思表示的連絡，必須仰賴證據的蒐集以及資料分析**。美國法院過去曾經發生過類似的案子，1963 年美國奇異公司在渦輪發動機市場上宣布一套訂價系統，這項訂價系統拋棄過去的訂價策略，同樣生產該項產品的西屋電器公司立刻加以仿效。這兩家公司彼此之間開始存著相互信任的協調關係，從 1964 年開始，對外報價均維持著一定的平行訂價關係，奇異公司甚至在內部的文件顯示希望維持此種訂價關係，從事**默契性聯合行為**。

　　到了 1971 年，美利堅電力公司終於從產銷資料發現，奇異與西屋存在此種非比尋常的平行訂價關係，因而檢舉此兩家公司有聯合行為，在當時掀起軒然大波，引起許多學者討論。和前面的分析一樣，一致意思表示的合意行為，必須存在有合意的動機或企圖，也需要有事實接觸的證據，並因此產生合意

---

[49] 修改自范建得、莊春發，《公平交易法 Q&A 範例 100》，問題 19，商周文化，1992 年初版，後因授課需要，將原案例進行調整，編為課程講義使用。

效果,才能符合業者之間有聯合行為的要件。所以價格領導常介於違法與合法的界線間,其分界的關鍵在於是否有一致行為表示的確鑿證據。

像汽車、鋼鐵業都是先由大廠定價,且調整商品價格時,其他同行均以其馬首是瞻,維持固定比率關係,進行存放款利率的調整。這就是經濟學理上所稱的價格領導。價格領導是否合法,關鍵在於被追隨者(即價格領導者)和追隨者之間在決定價格時,是否有一致意思表示行為存在,若是,即構成第14條第2項的其他方式的合意要件,為非法行為,若「不是」,則不符合法律要件,無違法之虞。

所以基本上,價格領導不一定必然違法,只有在價格領導過程中,領導者與被領導者的決策出自於雙方一致合意時才算違法。

【註:默契性聯合行為】

在廠商家數較少,且默契容易形成之市場,如廠商間利用彼此信賴關係,交換、公開、資訊流通,之間雖不為意思聯絡,但基於默契或彼此間最大利益,於市場上為共同行為,藉此獲得獨占利益,學說上稱為默契性聯合行為[50]。

(四)合意及意思聯絡的證明

1. 證明方法:

    (1) 直接證據:

    所謂直接證據,指得逕行證明應證事實之證據均屬之。聯合行為之成立留有契約、

---

[50] 范建得(2019),《公平交易法課程講義》,頁97,自刊。延伸閱讀:馬泰成,〈默契性聯合行為與相關案例研析〉,《公平交易季刊》,13卷1期。

協議之書面文件,或團體決議之會議紀錄等資料,或涉案廠商在公平會或檢調單位就有關成立聯合行為事實的陳述紀錄等[51],均屬直接證據,而得被用來作為聯合行為成立之證據[52]。

另,寬恕政策申請人提出於公平會之陳述,係為求減免處罰而主動向公平會陳述自身及他人不法情事,其陳述涉及其他事業之違法行為部分,性質相當於檢舉,公平會就其內容是否為真實,仍應依職權調查證據予以確認,不得僅憑申請人之陳述為認定事實之唯一依據[53]。

運用直接證據之實務案例如【臺北地區車用瓦斯加氣站案】:大臺北加氣站等9家事業於100年3月22日合意於同年4月取消現金折扣之行為,被公平會認定屬聯合行為,本案之直接證據為受處分事業員工於公平會陳述「(二)依加氣站協會秘書李正雄於101年1月2日、瑞山公司陸海加氣站站長蘇榮民於101年3月12日、六通公司站長吳幸霖於101年3月12日、莒光路公司站長黃宗民於101年3月13日到被上訴人處之陳述(均係出於

---

[51] 王立達(2021),〈聯合行為合意之概念、認定與證明方法:理論與實務的交互辯證〉,《全國律師》,25卷10期,頁35。

[52] 廖義男(2021),《公平交易法》,初版,頁323,元照。

[53] 臺北高等行政法院102年度訴字第1062號行政判決參照。

其自由意志下所為，亦經原審通知渠等到庭結證屬實），足見上訴人等於前揭會議後所舉辦之餐敘中，確有形成取消現金折扣之共識。再依卷內所附之統一發票觀之，上訴人等於 100 年 4 月初起確實有一致取消現金折扣之行為存在，衡諸市場機制之正常運作，上訴人等未能合理說明其一致性取消現金折扣之緣由，足以判斷事業間已有意思聯絡，且為其外部行為一致性之合理解釋。是具有水平競爭關係之上訴人間，透過餐敘方式達成取消現金折扣優惠之合意，事後並配合協議共同遂行，足以扭曲大臺北地區車用液化石油氣零售市場之正常運作，即可認定上訴人等有聯合行為[54]。」

(2) 憑「間接證據」合理推定合意或意思聯絡之存在：

「間接證據」，指依其他已證明之事實，間接的推知應證事實真偽之證據屬之。不法聯合行為合意之認定，鮮少可取得直接證據，在欠缺直接證據的情況下，主管機關可憑間接證據，先證明間接事實存在，再以經驗法則[55]及論理法則[56]推論直接事實即待證

---

[54] 最高行政法院 104 年度判字第 413 號行政判決。

[55] 「經驗法則」，係指由社會生活累積的經驗歸納所得之法則而言，凡日常生活所得之通常經驗及基於專門知識所得之特別經驗均屬之。

[56] 所謂「論理法則」，乃指依立法意旨或法規之社會機能就法律事實所為價值

事實（即事業間具有聯合行為之合意之事實）存在[57]。

104年2月4日增訂之公平法第14條第3項規定「聯合行為之合意，得依市場狀況、商品或服務特性、成本及利潤考量、事業行為之經濟合理性等相當依據之因素推定之。」而其立法理由乃以「舉證為訴訟勝敗之關鍵，實務上公平會欲取得成立聯合行為之直接證據，非常困難，為有效規範聯合行為，應適度賦予公平會得以相當依據推定聯合行為之合意要件」，足見認定聯合行為之違規事實所憑之證據，並不以直接證據為限，間接證據亦包含在內。

實務案件例如：【中油及台塑預告調漲價格案】（最高行政法院98年度判字第91號判決[58]）、【三大紙廠原紙價格一致漲價案】

判斷之法則而言。

[57] 廖義男（2021），《公平交易法》，初版，頁323，元照。

[58] 如最高行政法院98年度判字第91號判決所提：

四、……（略以）然查上訴人調整批售價格時，有以新聞稿對外發布，且上訴人歷次調價均能由媒體平台清楚揭露時點、調整幅度等資訊，利用預告與實施時點一定之時間差視競爭對手反應，甚而透過媒體予以發布修正調價資訊，倘非上訴人有意透過媒體平台交換資訊，何以多次價格調整均循此一模式，對照上訴人其他產品調價宣布方式，與此均有不同，則上訴人事先、公開傳遞油品批售價格，顯難認為具有經濟行為之合理性。

五、……（略以）純粹價格追隨下，率先發動並實施漲價的廠商，可能面臨競爭對手若未跟進調漲，或雖跟進但幅度較低，而流失客戶的風險，因此必須更謹慎的決定漲價時機與幅度，成功漲價的機率較低；但若透過新聞發布及提前預告價格調整訊息，率先發動漲價的廠商，可以無風險地將新價格付諸實施，因此可以成功的發動漲價。故上訴人與台塑石化公司透過調價預

（最高行政法院102年度判字第67號判決[59]）及【三大乳品業者漲價案】（最高行政法院103年度判字第294號判決[60]）中，或以新聞稿、報價單、電子郵件等方式為之，而認定為「間接證據」。對此，學者廖義男認為行政法院認同「當有間接證據可證明事業對外以新聞稿或其他方式，蓄意公開釋放其即將調整價格之訊息，不久其他事業亦作相同或相近幅度之價格調整，而此價格調整之幅度，依各事業有不同之設備規模、成本及利潤之考量，以及不同之地理位置而使其相互

告，偵測競爭對手反應或交換價格資訊進行意思聯絡，致上訴人與台塑石化公司形成同時間、同幅度之一致性調價之結果，足認上訴人與台塑石化公司上開調價機制合致公平交易法第7條規定所稱「其他方式之合意」之構成要件。

[59] 最高行政法院102年度判字第67號判決所提：
（略以）原判決雖謂被上訴人等間有無共同約定價格，是否限制價格競爭，必須以「實收價」為準等語；惟查，報價單係出於被上訴人等所為，且為「實收價」之基礎，從報價可以觀知被上訴人等有一致性調價之聯合行為，足以查明被上訴人等有聯合行為之合意，已足危害市場競爭之機制，則是否會因事後個別交易對於個別客戶折讓之實收價，而致影響原有聯合行為之認定？原判決並未敘明理由，故有判決不備理由之違法。

[60] 最高行政法院103年度判字第294號判決所提：
（三）……（略以）經農委會於100年9月5日公告，依上訴人之不同下游通路商向被上訴人陳明，同年9月初至9月中旬起即陸續接獲上訴人等以電話或電子郵件方式通知即將調漲鮮乳價格，……可知鮮乳價格之調整極為複雜，考量因素多端，且其成本除生乳收購費用外，尚有生產原料、包材、工資、運輸、營運等各項成本費用，又應維持通路的毛利率並兼顧消費者感受，則在如此複雜之因素交錯影響下，竟於100年10月初調價結果呈現一致上漲之情形，且調漲之價格完全相同或極為相近，此已非上訴人等泛稱係因渠等成本結構與成本上揚因素相似性高所能解釋。況上訴人等既稱渠等於生乳收購價格公告調漲後，為反映成本，即決定調整乳製產品售價，衡諸經驗法則，應早已有所規劃並精算相關成本費用，否則成本未明，何來反映成本可言，然上訴人等在被上訴人詢以調價之各產品別的細項計算方式時，均未能立即提出相關資料，迄至被上訴人作成原處分前仍未能提出。

競爭之地位及所採取之競爭手段應有差異，亦即若事業各自計算不同調整因素後，出現完全相同之漲幅機率極低，而事實上卻在近乎同時或短時間內出現調漲幅度相同或相近之價格一致性行為之現象，從市場狀況、商品或服務特性、以及事業之成本及利潤考量等因素分析，並不能給予有經濟合理性之理由時，即得合理推論業者所為之預告調整價格動作，除藉此降低率先調漲價格之競爭風險外，事實上乃在就彼此間事業活動（價格調整之幅度及時間）之相互約束，進行『意思聯絡』，因此導致各事業共同為一致性行為者，即達成聯合行為之合意[61]。」

> 衍生閱讀：針對間接證據另有學者與實務提及國外之附加因素理論（Plus Factor）、促進行為理論（facilitating devices），僅將整理如後。

2. 證明強度：

(1) 公平會曾於處分書中說明，「除非業者有採取聯合行為，否則無法合理解釋一致性之市場現象，則可論證屬聯合行為態樣之一。故有關一致性行為之違法證明，倘未具被處分人間意思聯絡之積極事實，而據間接證據可解釋被處分人間若無事前之意思聯絡，即無法合理解釋其

---

[61] 廖義男（2021），《公平交易法》，初版，頁324，元照。

市場行為,則可推論其間存有意思聯絡。而要推翻此項『推定』,則需行為人『合理說明』或證明,其價格之調整乃市場上客觀之供需變化因素所致[62]。」

(2) 司法實務上,關於合意是否存在之證明強度,有不同標準:

I. 「合理解釋」標準,例如:

「若事業採取同一形式之外部行為,而經進一步調查確實有『意思聯絡』或依其他間接證據(如誘因、經濟利益、類似的漲價時間或數量、不同行為的替代可能性、發生次數、持續時間、行為集中度及其一致性……等),足以判斷事業間已有意思聯絡,且為其外部行為一致性之合理解釋,即可認定事業間有聯合行為。」[63]

「行為時公平交易法對於聯合行為之『合意』,係採實質認定之方式,除契約、協議外,凡事實上可導致共同行為之意思聯絡,不問有無法律拘束力,均屬之,故上述意思聯絡之存在,除依據直接證據判斷外,亦得利用間接證據證明之方法。因此,經由各項間接證據所認定之間接事實,並由各種間接事實適時的累積,

---

[62] 公處字第 100204 號、公處字 100220 號、公處字第 101013 號、公處字第 103045 號處分書。

[63] 臺北高等行政法院 102 年度訴字第 1072 號行政判決。

參酌涉案商品之種類、涉案事業所占之比例、相關市場之範圍及其特性，如有生異於正常市場下之競爭條件狀況者，即得據以推定其間存有一致性行為之意思聯絡存在[64]。」

II. 「**唯一合理解釋**」標準，即「沒有合理可疑」之高度蓋然性程度之確信，例如：

「鑑於聯合行為之合意存於當事人之內心，若未顯示於外並留下契約、協議之書面紀錄等直接證據，主管機關於執法上就事實之認定與證據資料的掌握並不容易，因此在聯合行為的認定上，縱無直接證據可資證明事業間存有聯合行為之合意，然若透過間接證據之採證與分析，可合理推論若非事業間採取聯合行為，否則無法合理解釋市場上一致行為現象時，即可推論有聯合行為合意之存在，亦即在聯合行為乃事業間外部行為一致性之唯一合理解釋之情形下，可認定該等事業間有聯合行為。詳言之，如市場上多數業者同時且以相同幅度調整價格，但市場上並無客觀之供需變化等因素可資合理說明，應可合理推定業者就該次價格調整存有聯合行為之合意。事業倘欲推翻上開推定，自須

---

[64] 最高行政法院 104 年度判字第 181 號行政判決。

合理說明或證明其價格之調整乃市場上客觀之供需變化等因素所致[65]。」

「間接證據必須足以判斷事業間具有意思聯絡，且為其外部行為一致性之唯一合理解釋者，方可據以認定該等事業間存有聯合行為，否則難認公平會舉證已達『沒有合理可疑』蓋然性程度之確信，如經法院依職權調查證據，仍有待證事實真偽不明之情狀，公平會即應負擔敗訴之不利益。」、「次按在公平交易法事件，於欠缺直接證據之情形下，純粹採用間接證據之證明力，必須達事業間外部行為一致性之唯一合理解釋，始可推定該等事業間有聯合行為之合意[66]。」

(3) 104 年 2 月公平法修正時，考量「舉證為訴訟勝敗之關鍵，實務上公平會欲取得成立聯合行為之直接證據，非常困難，為有效規範聯合行為，應適度賦予公平會得以相當依據推定聯合行為之合意要件」[67]，爰增訂第 14 條第 3 項規定：「聯合行為之合意，得依市場狀況、商品或服務特性、成本及利潤考量、事業行為之經

---

[65] 最高行政法院 92 年度判字第 1798 號判決意旨、臺北高等行政法院 101 年度訴字第 1300 號行政判決。

[66] 最高行政法院 99 年度判字第 1036 號判決、103 年度判字第 294 號判決及 103 年度判字第 438 號判決。

[67] 公平交易法第十四條，法條沿革，立法院法律系統。

濟合理性等相當依據之因素推定之。」

學者廖義男認為這是明文承認聯合行為之合意,得以相關因素及間接證據之方法,合理推定之。此項推定,其因果關係之推理依照一般經濟合理原則及市場競爭原理並有相關間接證據或數據佐證、其推理導出之結果有相當蓋然性者,即可認為是「合理推定」,並不須達到「唯一合理解釋」之程度。在諸多案例中,多以各事業之設備及經營成本各有不同,於自由競爭市場正常機能運作下,理應依本身各自成本考量,對於商品價格作不同之調整,但卻於相近之時間以相同幅度調漲價格,認為此乃悖離一般經濟原則及正常市場機制。而該等事業又提不出造成此不正常市場現象之正當理由時,即足以合理推論其係基於合意所為之聯合行為。惟法條既然規定為「推定」,則於主管機關為合意之推定後,事業能提出有力之反證者,即能推翻推定。亦即業者在該推論所引據之相關因素及間接證據中能提出充分之正當理由,說明其價格調整之時間及調幅,係各自依其成本、利潤之通常計算方法、考量調整價格時之市場供需情況及競爭因素後,各自依據本身利益之行銷策略所算出及決定者。亦即能提出具體數據及事證並合理說明彼等在市場上之價格,確實係各自獨立判斷之結果,而其價格調幅剛好彼此相近或相同之一致性純屬偶然,

並非合意所致者,則能阻斷合意之推論[68]。

(4) 但在公平交易法第 14 條第 3 項增訂後,仍不乏實務見解認為,間接證據的舉證要達到「唯一合理解釋」之程度:

「按公平交易法第 14 條第 3 項,係採取合理推定原則,並僅係暫行推定,非終局事實。若能證明價格追隨、原物料變化及企業內部供需盈虧狀況等合理理由,則可推翻推定結果。次按最高行政法院 99 年判字 1036 號判決略以:『……若經調查確實有意思聯絡之事實,或其他間接證據(如誘因、經濟利益、類似之漲價時間或數量、不同行為的替代可能性、發生次數、持續時間、行為集中度及其一致性等),足以判斷事業間具有意思聯絡,且為其外部行為一致性之唯一合理解釋者,即可認定該等事業間存有聯合行為。』據此可知,運用合理推定原則推斷有無構成聯合行為合意要件時,若涉案事業可說明其價格之調整乃市場上客觀之供需變化因素所致,即具備合理理由,使得廠商間具有意思聯絡並非唯一合理解釋時,便不得認定有聯合行為存在[69]。」

(五)衍生閱讀

公平法第 14 條第 3 項「聯合行為之合意,得依

---

[68] 廖義男(2021),《公平交易法》,初版,頁 327-328,元照。
[69] 臺北高等行政法院 108 年度訴字第 1098 號行政判決。

市場狀況、商品或服務特性、成本及利潤考量、事業行為之經濟合理性等相當依據之因素推定之。」，亦即「合理推定」原則，在台灣中油與台塑石化聯合行為事件，公平交易委員會（下稱「公平會」）便透過促進行為理論之提出，便獲最高行政法院採納，自此，運用「合理推定」原則來推定不法聯合行為之合意，成為一個雖未立法但實務已執行之證據法則。爾後公平法在 104 年大幅度修法後，讓「合理推定」原則明確地獲得法律地位，也蘊含了立法院對公平會之高度期許。

事實上，「合理推定」原則係源自美國民事法院判決運用之促進行為理論及附加因素理論[70]，我國實務在缺乏直接證據的情況下，過往曾經援引「促進行為理論」與「附加因素理論」推定聯合行為之合意存在[71]，可參閱案例 19 與案例 20：

1. 附加因素理論（Plus Factor）：

　　附加因素（plus factor）理論，係指公平交易法對於聯合行為之規範，除以契約及協議達成合意者外，尚包括因意思聯絡而事實上可導致一致性行為之「其他方式之合意」。亦即除非業者採

---

[70] 包國祥（2019），〈一個美麗的錯誤？——我國不法聯合行為合意要件「合理推定」原則之探討〉，《全國律師》，23 卷 5 期，頁 60-73。

[71] 周泰德（2023），〈論聯合行為——以合意及限制競爭為中心〉，《法學叢刊》，第 68 卷第 4 期，頁 51-98 頁。公平會公處字第 101013 號、最高行政法院 98 年度判字 92 號判決，以及最高行政法院 100 年度判字第 611 號判決也有採取促進行為理論。另外參閱何之邁、張懿云、林廷機、陳志民（2018），《公平交易法：司法案例評析修訂二版》，二刷，頁 137-138。

取聯合行為，否則無法合理解釋一致性之市場現象，則可論證屬聯合行為態樣之一。明文以「附加因素」用語作為舉證之理論者，僅美國法制，歐、日法制並未見有此用語。且三國法制間，除美國法外，其他歐、日二國法制關於間接證據的運用都呈現相當保留的看法[72]。

在美國法有所謂附加因素理論之應用，雖說美國聯邦最高法院對間接證據需具備哪些「附加因素」方可證明合意存在，並未作成指標性判決，而是由下級法院在最高法院相關判決揭示的基本判準下所發展的一套證明方法。此一用語最早出現在 C-O-Two Fire Equipment Co. v. U.S.案，乃是基於外觀一致行為本身不足以推論合意存在的基本觀點，進一步尋找與之結合後足以證明合意存在的其他間接證據，稱為「附加因素」。經過司法案例的累積，法院在這套證明方法中基本上將附加因素區分為兩類：一類可稱為「互動性證據」，除了暗示、邀請、考慮加入合意，外觀一致行為出現前的密集聯絡，交換敏感資訊，事先公布價格，制定成本計算公式等參與者在合意形成前的彼此溝通外，例如對背叛合意者的懲罰以及背叛者回復遵守原本共識等合意形成後的彼此互動，也有助於證明合意存在，同樣屬於本類

---

[72] 包國祥（2019），〈一個美麗的錯誤？——我國不法聯合行為合意要件「合理推定」原則之探討〉，《全國律師》，23卷5期。

型的附加因素。另一類附加因素可以稱為「經濟理性證據」，乃是指參與者之間若無合意存在，其外顯行為對其本身有害無益，並不合乎自身利益與經濟理性之情形。例如在 American Tobacco v. U.S.案，美國 3 家寡占的香煙製造商在經濟大恐慌時期，依舊以一致之方式調漲價格，完全無視於市場需求下滑時理應低價爭搶顧客，方能維持銷售量而符合自身利益之市場運作邏輯。若非香煙商之間已有合意存在，實難想像何以發生此種怪異情形[73]。

　　有論者說明除間接證據外，公平會尚可藉由「附加因素」推論當事人間有合意，包含：(1)系爭市場結構有利聯合勾結的誘因；(2)被處分人考量調價因素互異及未提出一致性調漲行為之合理說明及佐證；(3)建議售價表的價格吻合度極高，若非合意無以致之；(4)超額調漲決策印證具有聯合合意；(5)系爭產品相關公開資訊對聯合行為有穩固作用（促進行為）[74]。

　　實務上運用附加因素理論的案例，例如【三大紙廠原紙價格一致漲價案】（最高行政法院102 年度判字第 67 號判決）：

(1) 公平會依 8 項附加因素分析涉案三紙廠之漲價

---

[73] 王立達（2021），〈聯合行為合意之概念、認定與證明方法：理論與實務的交互辯證〉，《全國律師》，25 卷 10 期，頁 36-38。

[74] 汪渡村（2015），〈各國對於聯合行為合意舉證問題之執法經驗〉，《公平交易委員會電子報》，41 期，頁 3。

行為，符合多數附加因素，而且，以經濟分析方式結果亦可相符合，故認定三大紙廠間並非「有意識之平行行為」（或價格跟隨行為），更二審行政法院支持公平會之分析。而上述 8 項附加因素即指「產業結構（如寡占市場結構、同質性產品等）、交換意見之機會或交換意見之事實（如餐敘、召開同業公會會議等）、具有從事聯合行為之理性動機（如產品需求彈性小、市場參進不易等）、若單獨為系爭行為，將有悖其經濟理性，若聯合為之，即符合經濟理性（如無市場供需變化而調漲其價格等）、系爭市場行為，若非基於合意，則殊難達成（如不基於自身之成本優勢訂定價格等）、該產業之廠商間曾有彼此協調合作之歷史（如曾有成功之協調行動或相互依賴關係）、促進行為（如漲價事先公告等）、市場績效（如長期穩定之市場占有率分佈版圖等）」[75]。

(2) 更二審行政法院認同公平會之分析，並說明該案件適用之法律見解如下：

「2、……若事業採取同一形式之外部行為，而經進一步調查確實有『意思聯絡』或依其他間接證據（如誘因、經濟利益、類似的漲價時間或數量、不同行為的替代可能性、發生

---

[75] 臺北高等行政法院 104 年度訴更二字第 46 號行政判決。

次數、持續時間、行為集中度及其一致性……等），足以判斷事業間已有意思聯絡，且為其外部行為一致性之合理解釋，即可認定事業間有『聯合行為』。是以價格聯合行為，非指必同幅度或同一價格水平，始足為之，只要業者間之合意，使得某特定期間之價格有異常之僵固或上揚趨勢，並因此影響該特定市場之供需功能即已足；且行為時公平交易法對於聯合行為之『合意』，係採實質認定之方式，除契約、協議外，凡事實上可導致共同行為之意思聯絡，不問有無法律拘束力，均屬之，故上述意思聯絡之存在，除依據直接證據判斷外，亦得利用間接證據證明之方法。因此，經由各項間接證據所認定之間接事實，並由各種間接事實適時的累積，參酌涉案商品之種類、涉案事業所占之比例、相關市場之範圍及其特性，如有生異於正常市場下之競爭條件狀況者，即得據以推定其間存有一致性行為之意思聯絡存在（以上參照最高行政法院 104 年判字第 181 號判決意旨法律上見解）。」

「4、又按聯合行為之相關事證，有偏在於處分相對人之特性；因此，在違規情形顯現又事證搜集不易之情況，除依據直接證據判斷外，通常需要利用間接證據證明（即由間接證據證明間接事實，再由間接事實推認主要事實）之方法。因此本件被告認定原告間有無聯

合行為之事實關係,除查認原告間有同時間、同幅度之一致性調漲工業用紙之外觀,並輔以與歷史調價經驗相違、與國際行情背離及寡占市場結構等附加因素,據以推認原告有聯合行為之合意,容屬合理推定之方式,參照最高行政法院104年度判字第181號、102年度判字第67號二次廢棄發回判決意旨即指明斯理。又據此可知:(1)因公平交易法執法機關對於查緝聯合行為時,通常缺乏直接證據證明事業間有合意存在,而僅能藉由外在的、客觀的行為方式間接的證明事業間有合意存在,因此各國反托拉斯法之學說與實務均允許間接證據之使用,我國情況亦同。學者認為,在無法掌握直接證據之情況下,欲判斷是否為聯合行為,應考慮市場上種種『附加因素』再綜合加以判斷(plus factors; plusfaktoren),惟附加因素必須是重要、明顯且一致的指向特定事實,且不得僅以單一之附加因素做為證據。此外,執法機關於操作間接證據法則時,須『推論合意』係導致一致性行為之唯一解釋。而所稱之附加因素包括市場的結構、市場行為的種類與方式、交易的條件、時間因素等。(參閱何之邁,平行行為乎?一致性行為乎?——評析中油、台塑油品調價案,臺北大學《法學論叢》第58期,頁158、160;吳秀明,《聯合行為理論與實務之回顧與展望,競爭法制之發軔與

開端》,元照出版93年11月,頁55-56)。又寡占市場之事業行為十分複雜,需求面與成本面的變化及事業間的策略互動都會影響事業之行為,每種行為都有多種可能解釋,故公平交易法查緝聯合行為執法機關,若能清楚瞭解事業作決策時所掌握之資訊,始能認定事業採取聯合行為是市場現象之唯一解釋。(2)前述價格領導行為的產生,通常是基於市場地位使然。在市場只有少數幾家寡占的市場結構下,市場的透明度較高,事業彼此間的依賴程度（interdependence）也較高。寡占者輕易可以持續性的觀察其他競爭者,因此能夠很快的判斷是否應該加入對方的行列。因此在價格領導的情況下,往往不需要經過形式上的約定,即可達成一致的行動價格。通常價格領導者大可預先公開其準備調價之意圖,期待並等待其他競爭者是否有準備跟進的回應。但由於競爭者彼此並無事先約定,故即使是價格領導者本身也沒有十足的把握其他競爭者會和他採取相同的行動,萬一競爭者若未跟進,則價格領導者勢必立即遭受損失,此時唯一避免損失最好的方法就是調回原價,市場恢復平靜。若萬一價格領導者不甘受損,於調整價格時,訂定一個低於原價的新價格,此時將不免引發價格戰之風險。因此從寡占者的立場而言,如果某一價格領導者為漲價之預告時,最符合本身經濟利

益的決定，就是大家都能採取一致行動，除了沒有競爭上的風險外，也不必擔心市場占有率的損失。故在寡占市場上，價格領導者，縱使在無約定的情況下，幾乎很有把握其他的競爭者會自然跟進的原因。且透過市場結構的分析可以發現，寡占者往往不必經過事前的協商或約定，即可輕易地或在很短的時間內，採取同一形式的市場行為。因此僅說明市場上缺乏價格競爭的事實結果，雖無法推導出『事業間有合意或意思聯絡』的決定性結論，但若有其他適當的證據，同時指向有意思聯絡的事實，仍可認為屬合理推定有聯合行為之合意，此亦前開最高行政法院 104 年度判字第 181 號、102 年度判字第 67 號判決意旨指明事項[76]。」

2. 促進行為理論（facilitating devices）[77]：

(1) 概念：

因應經濟態樣呈現之多面性及複雜性所需，在美國競爭法中有所謂促進行為理論，透過間接證據來判斷水平競爭事業之行為是否有助於促成聯合行為之證據。促進行為理論（合理推定）有助於事業間進行價格協調或

---

[76] 臺北高等行政法院 104 年度訴更二字第 46 號行政判決。

[77] 蔡宗儒（2008），〈寡占市場中廠商之平行行為與一致性行為——兼評中油、台塑聯合漲價案〉，《高大法學論叢》，4 期，頁 130-139；楊佳慧（2006），〈公平會處理國內二大供油商聯合調整油價之觀點〉，《公平交易季刊》，14 卷 1 期，頁 169-170。李幼華（2002），〈寡占市場一致性行為規範之研究〉，《公平交易季刊》，10 卷 2 期，頁 1-56。

為其他反競爭行為之事業活動，即事業間為鞏固聯合行為之運作，會設計各種幫助達成共識，或偵測、懲罰成員悖離，或可防止新的競爭加入促進機制，而踐行、運作此等機制之行為[78]，亦即促進行為並非直接對價格或數量進行約束競爭的聯合協議。而是因為廠商運用該行為有助於「促成」一致結果的形成[79]。依聯合行為理論，成功的卡特爾（聯合行為），不論其為公開或暗默之勾結，均需解決「達成共識」（Reaching Consensus）、「嚇阻悖離」（Deterring Deviation）及「防止新的競爭加入」（Preventing New Competition）等 3 項問題。因此縱欠缺廠商間合意存在之直接證據，但如能證明廠商間之行為，其意乃在助於「達成共識」、「嚇阻悖離」及「防止新的競爭加入」，而有助於事業間進行價格協調或為其他限制競爭行為之事業活動，以促進卡特爾之穩定，則證明此等行為之證據，即得作為間接證據，用以證明廠商間確有從事卡特爾，此即促進行為理論之立論基礎[80]。換言之，事業間為鞏固聯合行為之運作，倘設計各

---

[78] 蔡孟佳、鍾佳純，〈論聯合行為合意之證明——以間接證據之證明與操作為中心〉，《公平交易季刊》，17 卷 4 期，2009 年 10 月，頁 17-19。

[79] 蔡宗儒（2008），〈寡占市場中廠商之平行行為與一致性行為——兼評中油、台塑聯合漲價案〉，《高大法學論叢》，4 期，頁 130-139。

[80] 臺北高等行政法院 103 年度訴字第 1676 號判決。

種幫助達成共識，或偵測成員悖離之促進機制，而踐行、運作此等機制之行為，即為促進行為[81]。

(2) 類型：

有論者整理了幾個常見的促進行為，包括提前預告價格調整、最惠客戶條款、配合競爭價格條款、保證最低價格等機制：

I. 提前預告調價（preannouncement of price changes）：

提前預告調價的效果在補足市場上不完全的資訊，使廠商制定價格決策時能先衡量競爭者可能之反應。之後，再決定使調整價格付諸實行，或者是再做修正。

在「不完全資訊」的寡占市場下，依賽局理論的分析，採取低價是廠商的優勢策略，在此情形下將會構成「囚犯困境」，對消費者而言，係屬有利；但對寡占廠商而言，卻不能達到總報償最佳化之情形。

若採取提前預告調價之機制，此賽局就產生變化，發布消息者得藉由調價消息之發布，獲取對手如何行動的資訊，再作為自己行動的基礎。首先，A 廠商在做價

---

[81] 臺北高等行政法院 101 年度訴字第 1688 號判決；周泰德（2023），〈論聯合行為──以合意及限制競爭為中心〉，《法學叢刊》，68 卷 4 期，頁 56-57。

格預告時得選取漲價或降價,若其選擇漲價,B 廠商即有選擇是否跟進漲價或降價的空間;反之,若是 A 廠商選擇降價,則 B 廠商僅能回應降價,不然不合理性;然後再由 A 廠商決定實際是要漲價或降價。在諸多策略組合中,為求賽局的解,必須依後向歸納法(backward induction),選擇出子賽局完美均衡(subgame perfect equilibrium)。

i. 若 A 預報漲價,而 B 選擇降價,則 A 實際只能選擇降價,因為降價所能帶來的報償為 5,而大於選擇漲價所帶來的報償 0。所以不存在 A 預告漲價、B 選擇降價、而 A 實際漲價的均衡。

ii. 從 B 在做選擇時,可以得知,若其選擇降價時,A 必定採行降價,而其所能獲得之報償為 5,低於其選擇跟隨漲價而 A 實際漲價所能獲得的報償 10(在這裡必須假設 A 廠商的實際行為不能與其預告不同,不然這個賽局就有不同的解),所以 B 在做決定時,不會選擇降價。

iii. 當 A 在預告欲漲價或降價時,其已獲悉資訊,知道當他選擇漲價時,B 不可能選擇降價,因此其可藉由漲價獲得 10 的報償;而當 A 預告降價時,B 所

能信賴的反應就是跟隨降價，而 B 漲價的策略為不可信，因此 A 預告降價所能獲得之報償為 5。因為報償 10 大於 5，所以 A 會預告漲價。

iv. 因此本賽局的子賽局完美均衡的策略組合為：A 預告漲價，B 宣布跟隨漲價，而 A 實際實施漲價策略。所以透過提前預告調價之制度確實使得寡占廠商從囚犯困境中脫離，而形成高價之均衡。

II. 最惠客戶條款（Most-Favored Nation clauses，MFNs）：

此條款是指，銷售者保證購買者所付的價格絕對不會比其他在此購買之購買者所支付的還要高，意即，賣方承諾，對買方的待遇，會比照其最優惠的客戶。

在傳統經濟下，MFNs 一般是供給者向消費者進行銷售時，提供最優惠售價之保證，例如在傳統量販店或零售通路常見的「買貴退差價」、「天天破盤價」等銷售方式。然而在數位經濟時代，近年來歐盟、美國等國家之競爭法主管機關關注數位平台業者與供貨商間簽訂之 MFNs 所衍生之競爭問題[82]，如 Apple 與五大出版商

---

[82] 公平交易委員會數位經濟競爭政策白皮書，第三章〈競爭議題及挑戰〉，頁

簽訂電子書銷售協議案[83]。

這個條款主要功能在於競爭，廠商可藉此吸引顧客，然而，亦可能會被用作促成默示或明示勾結的一種工具。在高度集中的市場中，廠商進行勾結而使用此條款，可助益達成以下效果：1.參與勾結廠商，其對客戶約定最優惠條款，則背叛的成本很高，因為一旦對某一客戶降價，就必須同時提供給其他客戶。如此一來，使用本條款，代表參與勾結廠商的一項承諾，承諾不會背叛此一勾結。也因為降價成本很高，使得廠商不欲降價。所以當市場上許多廠商均提供最惠客戶條款時，價格競爭將會減少或甚至消失，而使得價格保持在勾結水準。2.買方辛苦談判的誘因降低，因為任何一個買方若談成一項邊際優惠，該優惠卻都自動擴及買方的競爭對手。3.背叛很容易被發覺，因為價格變得更透明[84]。

又因簽署 MFNs 之雙方通常具有上下游之垂直交易關係，且該條款拘束承諾一

---

61 以下。

[83] Competition Blog，「數位經濟下的『最優惠條款』（MFNs）——兼談衍生出之公平法適用的盲點」，https://competitionblog.blogspot.com/2021/06/mfns.html?view=sidebar，最後瀏覽日期：2024/04/19。

[84] 楊智傑（2005），〈最優惠條款與競爭法之案例研究〉，《公平交易季刊》，23 期 3 期，頁 74-75。

方與第三人間價格或交易條件之決定，為限制交易相對人之事業活動，加上 MFNs 使不同事業間之成本或價格產生連動性，致影響原本應獨立、分散之商業決策機制，進而產生限制競爭效果，故可能涉及違反公平交易法第 20 條第 5 款之規定，惟是否違法，仍應依施行細則第 28 條第 2 項規定，綜合當事人之意圖、目的、市場地位、所屬市場結構、商品或服務特性及履行情況對市場競爭之影響等加以判斷[85]。

III. 配合競爭價格條款（meet-the-competition clauses，亦有稱為最低價條款）：

所謂配合競爭價格條款就是坊間家電零售業，常見的行銷手法：「XX 產品全省最低，買貴退差價」，指的是銷售者向購買者承諾，若有其他銷售者的售價更低，該銷售者應退還差額。在默契性聯合行為下，最終很可能是所有的廠商都賣得一樣貴[86]！雖然此條款對消費者乍看之下相當有利，但其附帶的效果卻是對消費者不利的，具有反競爭之傾向，因為當採取配合競爭價格條款時，其他廠商縱使降價

---

[85] 公平交易委員會數位經濟競爭政策白皮書，第三章〈競爭議題及挑戰〉，頁 66 以下。

[86] 馬泰成（2005），〈默契性聯合行為與相關案例研析〉，《公平交易季刊》，13 期 1 期，頁 100。

競爭，但卻無法收到占有率提升之效果，因此使得他廠商不敢輕言降價，最後會因此形成平行之價格[87]。

IV. 保證最低價格（low-price guarantees）：

本條款意指銷售者承諾當有其他競爭者的售價較低時，該銷售者將提供該購買者該價格差額的百分之百以上（不包含百分之百）的退款。保證最低價額就本質上觀之，係一種競爭的手段，目的在藉由市場最低價，以攫取市場，所以其性質實與降價無異。但其亦附帶反競爭之效果，當一家廠商採取此種保證最低價條款後，在寡占市場中，依前述賽局之分析，他廠商也僅能跟隨此種條款，而不單只是降低價格而已（因為他廠商若只是單純的更加降低價格，在保證最低價格條款下，採此條款之廠商仍然是市場最低價，而其降價之行為只不過增加採此條款者之成本罷了）。所以當所有廠商均採此一條款時，緊接著可能就是一波波的漲價了，直到達到勾結的均衡價格水準[88]。

---

[87] 保證最低價之經濟模型研究，衍生閱讀；石宇軒；王俊傑（2016），〈買貴退差價對寡占廠商聯合行為影響之探討〉，《臺灣第 22 屆競爭政策與公平交易法學術研討會論文集》。

[88] 蔡宗儒（2008），〈寡占市場中廠商之平行行為與一致性行為——兼評中油、台塑聯合漲價案〉，《高大法學論叢》，4 期，頁 130-139。

（六）相關案例

案例1：台灣水泥聯合哄抬預拌混凝土單價

案例2：中油及台塑預告調漲價格案——引用「促進行為理論」

案例3：三大紙廠原紙價格一致漲價案——附加因素理論

案例4：三大乳品業者漲價案

案例5：四大連鎖超商同時調漲現煮含乳咖啡案

案例6：台泥等五家預拌混凝土業者預告漲價案

三、合意內容

公平交易法第14條第1項：

> 本法所稱聯合行為，指具競爭關係之同一產銷階段事業，以契約、協議或其他方式之合意，<u>共同決定商品或服務之價格、數量、技術、產品、設備、交易對象、交易地區或其他相互約束事業活動之行為</u>，而足以影響生產、商品交易或服務供需之市場功能者。

聯合行為之合意內容，係指事業共同決定商品或服務之價格、數量、技術、產品、設備、交易對象、交易地區或其他相互約束事業活動之行為。公平法第14條第1項屬例示性質，舉凡事業限制彼此間之營業活動者，均屬之；所限制者為限制對供方競爭、買方競爭、現有競爭、潛在競爭、或第三人競爭，亦均屬之。

（一）例示之限制

1. 價格：

事業聯合約束彼此之定價行為係常見之案例類型，包括統一定價、哄抬價格、制定價目表或計價公式、交換價格情報、禁止折扣減價等。

實務案例如：

(1) 共同縮短交易票期[89]：

春源鋼鐵公司與 16 家競爭同業協議合意共同縮短與下游客戶交易票期為 2 個月。最高行政法院認為，水平事業間若共同為交易條件之約束行為，應論為共同干預價格，「又按公平交易法第 7 條及其施行細則第 2 條第 2 項所稱之聯合行為，係重在有競爭關係之事業間，就有關之交易競爭事項彼此消弭競爭，相互約束事業活動，而該相互約束事業活動足以影響市場之功能而言。而公平交易法第 4 條規定所稱之競爭，乃指二以上事業以較有利之價格、數量、品質、服務或其他條件，爭取交易機會之行為。故事業以價格條件爭取交易機會，是否屬公平交易法第 7 條之聯合行為，應同時考量所有影響價格之因素。而上開影響商品交易價格之因素，實務上除須考量市場供需情況外，尚包含成

---

[89] 最高行政法院 86 年度判字第 219 號行政判決、《行政法院裁判要旨彙編第 17 輯之裁判內容》。

本差異、交易數額、信用風險、其他交易條件如票期久暫、廣告支持、資訊分享、技術回饋、利息成本等因素，未可一概而論。交易雙方對於交易條件之計算，均足以直接、間接影響其價格之形成，故水平事業間若共同為前述交易條件之約束行為，而發生限制競爭之效果時，自應論為共同對於價格之干預，又倘有事實上可導致共同行為之意思聯絡存在，即屬公平交易法第 7 條所稱之聯合行為，其嗣後有無依協議執行，與其違法行為之成立不生影響。」、「又按交易條件之良窳、風險之高低，允宜由事業依其經營成本自行判斷，以爭取交易機會，而不宜未考量各事業之經營狀況概以合意齊一交易條件。本件原告及其他被處分人於 83 年 11 月 14 日合意共同縮短票期交易條件之行為，將使買方因財務周轉用於縮短之票期造成額外利息支出，被告論為影響市場供需功能之共同干預行為，認屬公平交易法第 7 條所稱之聯合行為，而為同法第 14 條明文禁止，要無不合。」

(2) 約定報價[90]：

億固公司等預拌混凝土業者於85至86年間，為了同業間不要惡性削價競爭、避免價

---

[90] 87公處字第 200 號處分書、最高行政法院 90 年度判字第 1316 號行政判決。

格太低及同業間有合理參考價位，而共同以約定預拌混凝土報價、約定彼此出貨數量及依約定價格從事相互調料等限制競爭合意，調高預拌混凝土價格及限制業者間數量競爭並有配合實施稽查等相互約束事業活動行為，遭公平會認定為聯合行為。本件中，雖然報價與實際成交價間，尚有所差異，但最高行政法院表示，「事業間聯合行為之構成，不論事業是否有共同一致之價格或同時實施，縱相互之報價與實際成交價間有差異，就整個聯合行為合意之形成，係在報價前或當時即已完成，而非在實際成交價時進行判斷，故聯合行為以有競爭關係之事業間基於限制競爭合意，共同為聯合行為並生足以影響市場功能之效果即足當之，不以成交價格一致為要件，原告稱自慶和等 3 家營造商之證詞可知 85 年間宜蘭地區混凝土價格仍於一定彈性內，並非一致，應認原告間並無聯合行為之協議云云，亦無足採。」

實務另有類似約定報價之方式，如涉及共同議訂國內航線機票價格，約定「維持 108 年 4 月後之機票價格」以及「108 年第 3 季團體機票價格不要低於去年」之合意。（公處字第 110041 號）

(3) 同業公會制定參考價格表、成本分析表等：

坊間多有同業工會制訂參考價目表或成

本分析表等,然同業公會或協會有一定的公信力,多有拘束會員訂價考量之事實,且足以影響相關市場之供需功能[91]:

I. 統一訂定家電舊品處理費用供會員參考（公研釋 068 號[92]）:

公平會謂:「係屬公會對會員銷售商品之價格或服務報酬之協議、訂定、公告維持、變更之聯合行為態樣。依據公平交易法第 14 條（現行法第 15 條）規定,事業不得為聯合行為。如聯合行為係屬有利於整體經濟與公共利益之統一規格或型式聯合、合理化、專業化聯合、輸出入聯合、不景氣聯合或加強中小企業經營效率之聯合行為等為公平交易法同條規定之 7 種行為,經向本會申請許可後,始得為之。」

II. 砂石商業同業公會協議訂定各區砂石價格表[93]:

臺灣省砂石商業同業公會聯合會多次召開會議、協議訂定各區砂石價格表,並交由各縣市砂石商業同業公會配

---

[91] 陳煒,〈參考不僅僅是參考?協會製作建議價格表影響會員自由訂價〉,公平交易委員會電子報第 235 期。

[92] 行政院公平交易委員會 82 年 9 月 27 日(82)公貳字第 05388 號函復臺北縣電器商業同業公會。

[93] 85 公處字第 172 號處分書、最高行政法院 88 年度判字第 407 號行政判決。

合實施。最高法院以該砂石同業公會透過會議之協議：「已彙整訂定各區砂石價格表，交由各縣市砂石公會配合實施，則該等價格表有驅使市場價格一致化之效果，已影響市場機能，符合公平交易法第7條及同法施行細則第2條足以影響生產、商品交易或服務供需之市場功能之要件，構成聯合行為。不因少數人之未受拘束，而影響其認定。」

III. 臺北市機車商業同業公會[94]：

臺北市機車商業同業公會定期刊載或公告建議工資、改善汙染價目參考表及機車未維修診斷建議估價費等收費標準，訂定建議工資；或以改善汙染價目參考表及機車未維修診斷建議估價費予會員之行為，此舉不僅影響會員對於機車維修服務價格之決策，甚至影響未加入公會之業者對機車維修服務價格之決策，當亦足以影響生產、商品交易或服務供需之市場功能，並足以影響相關市場之供需功能，違反聯合行為禁止規定。

IV. 臺灣區拉鍊工業同業公會請釋若對會員提供各類拉鍊原物料成本分析表是否違

---

[94] 公處字第113020號。

反公平法之聯合行為乙案[95]：

公平會謂：「二、本案經提 84 年 4 月 12 日本會第 183 次委員會議決議認為，個別事業對所經營行業之成本變化，應知之甚詳，如何合理計算成本與產品售價，自宜由其視市場情況個別決定，貴公會於拉鍊原物料市場行情發生劇烈波動時，提供會員廠是項資料，由於拉鍊原物料成本高占總成本的 70%，此種作為倘造成廠商對產品價格之合意，影響市場價格呈一致性變動，可能涉及違反公平交易法聯合行為之規範。」

V. 有關桃園市保全商業同業公會制定「報價參考基準對照表」案[96]：

桃園市保全商業同業公會經會員大會通過自律公約及自律公約切結書，記載「駐衛保全人員報價及受委任業務，不得低於勞動基準法之相關規定，及法定實質成本」，所謂「報價」係指會員向業主提供駐衛保全服務所收取價格，或參與採購之投標金額、「法定實質成本」（即報價參考基準）係桃園市保全

---

[95] 行政院公平交易委員會 84 年 4 月 28 日(84)公貳字第 02950 號函復臺灣區拉鍊工業同業公會。

[96] 公處字第 108044 號、臺北高等行政法院 108 年度訴字第 1673 號行政判決。

商業同業公會依據勞動基準法等相關勞動條件所核算之金額。該公會稱，若會員對業主的報價低於報價參考基準，則無法支應依據勞動基準法應給付給保全員的薪資及勞動條件，故要求參與自律公約、簽署自律公約切結書之會員，報價不得低於報價參考基準。會員報價若低於「報價參考基準對照表」所列「對照自律公約基準」金額，該會員即違反自律公約，須接受公會裁罰（所繳交之「暫收款」依自律公約捐贈予公會）。

　　公平會認為上開限制會員報價之行為，乃對「價格決定」之限制，屬於共同定價之價格聯合行為類型，理由為：「被處分人雖辯稱，限制會員報價之目的係督促會員遵守勞動基準法等法令規定，避免違反法令規定而受罰。惟勞動基準法等法令僅規定雇主應給予勞工之最低勞動條件，並無限制保全公司定價自由。桃園市政府勞動局函復意見亦表示倘有保全公司對客戶報價低於『報價參考基準對照表』金額，該保全公司給付保全員之薪資或勞動條件，不必然違反勞動基準法或勞動相關法規。更何況被處分人在認定會員報價低於報價參考基準而違反自律公約第 3 條第 15 款之

前，並未查核該會員給付保全員之薪資或勞動條件是否低於勞動基準法相關規範。被處分人表示自律公約及切結書將報價低於報價參考基準列為違反規定之行為，因此只要會員的『報價』低於『報價參考基準』就構成違反自律公約，故不需要查核該會員給付保全員之薪資或勞動條件是否符合勞動基準法要求，顯見<u>被處分人所欲限制之競爭變數，係保全公司向業主所收取之報酬（亦即駐衛保全服務之價格），而非保全公司給付保全員之薪資（亦即保全公司提供駐衛保全服務之成本）</u>，故本案屬於『價格聯合』類型。」、「保全業法及勞動基準法均未限制保全公司向業主所收取之報酬高低。勞動基準法雖對基本工資及勞動條件訂有相關規範，而此法令管制會影響保全公司之經營成本，但無法以此作為限制保全公司價格之正當理由。被處分人限制會員之報價不得低於其所訂定之報價參考基準，將阻礙會員依照市場狀況彈性決定價格的空間，也剝奪交易相對人能獲取較有利價格的機會，而有限制競爭之效果。」、「被處分人之報價參考基準，並非依照勞動基準法規定所計算出之最

低成本金額。報價參考基準之初始金額（即 105 年之報價參考基準 3 萬 3,000 元），係依照臺灣銀行保全（警衛勤務）決標一覽表第 33 項北區第 1 級 3 萬 4,786 元之未稅金額訂定。該金額係『北區：第 1 級定期性警衛勤務含僻地或離島加給』項目之契約金額，除含僻地或離島加給外，尚含 1.5%作業費，並非依照勞動基準法規定所計算出之最低成本金額。被處分人再依 105 年報價參考基準之金額，加計 106 年勞動基準法基本工資之調整幅度 5%，訂出 106 年報價參考基準 3 萬 4,500 元（107 年及 108 年報價參考基準亦循此模式訂定）。由於被處分人在訂定 105 年報價參考基準時，即採用臺灣銀行保全（警衛勤務）之決標金額，而非依照勞動基準法規定所計算之最低成本金額，後續各年度之報價參考基準係以前 1 年之報價參考基準為基礎，並依勞動基準法基本工資之變動幅度調整，顯與促使會員遵守勞動基準法規定、保障保全員勞動權益等目的並無直接關係[97]。」

臺北高等行政法院認同公平會之看法，並補充：「在涉及競爭行為之範

---

[97] 公處字第 108044 號。

疇，<u>不得以其職業之社會角色與其所擔負之公益性，作為其阻卻競爭法規範之正當理由</u>。準此，原告主張保全業法涉及保全人員勞動權益一節，核與市場競爭機制不相衝突，保全業者倘從事限制競爭行為，自仍應受公平交易法規範，並不因行業是否具公益性或擔負社會責任而有所差異。」、「勞動法令係規範雇主（保全公司）與勞工（保全人員）間之關係，並非規範保全公司與業主（如公寓大廈、社區等保全服務之需求者）間之關係，勞動法令係規範事業在勞動市場中『取得』勞動力的成本，並非規範事業在產品市場（本案為駐衛保全服務）的『銷售』價格，是勞動法令僅規定雇主應給予勞工之最低勞動條件，惟未限制保全公司爭取保全業務時決定價格之自由[98]。」

　　類似案例，如臺中市保全商業同業公會之章程附則「優良保全公司基本規範實施辦法」，記載「駐衛保全人員報價及受委任業務時，不得低於勞基法之相關規定，及『法定實質成本』」，且違反者將「無條件接受處分，不得異

---

[98] 臺北高等行政法院108年度訴字第1673號行政判決。

議，……該業者暫收款捐贈公會。……亦受公平會處分。[99]」

2. 數量：

數量之限制，如事業合意約定限制供給量等。例如依彼此產能做一定產銷配額，或聯合採購時，分配採購額度、或聯合減少供應量等，或如技術合作契約中常見之產銷分工、或阻止特定相對人進入市場。

3. 技術、產品、設備：

技術、產品、設備之限制包括事業合意共同限制新技術的開發或利用、共同拒絕技術授權、限制特定商品之生產或銷售、或協議分工參與事業之生產商品、共同限制現有設備的操作率或汰舊率、限制事業可得增購之設備及數量。為本項聯合行為有時得屬於可豁免之聯合行為（例如第15條第2款）。

例如：公平會表示，臺灣經濟研究院所擬邀集相關業者共同研究開發「燃料電池機車」之行為，應屬公平交易法所規範之聯合行為（89公貳字第8816469001號）[100]。

4. 交易對象：

例如共同拒絕特定交易對象、或同業公會決議不得供貨、調貨給非會員。實務常見之圍標案

---

[99] 公處字第106039號、臺北高等行政法院106年訴字第1053號行政判決。
[100] 劉華美，《競爭法與能源法》，頁148，元照出版專書。

件，為具有競爭關係之數廠商間，於第三人公開招標時相互約束競標之一種約定，亦屬於對交易對象所為之限制競爭行為。

臺北市旅行商業同業公會會員代表大會決議暫緩信用卡交易行為，核屬有競爭關係之旅行業間，相互約束並擬共同限制持有信用卡交易對象之刷卡行為。有鑑於國內使用信用卡刷卡交易行為日益普遍，足以影響市場供需交易行為，該決議實有違反公平交易法第十四條首段「事業不得為聯合行為」之虞（84公壹字第07064號）。其他實務案例如84公處字第127號、89公處字第034號等。

5. 交易地區：

亦為所謂瓜分市場。例如協議劃分銷售區域、不越區營業之約定、聯合投標等。

實務案例如：

(1) 約定營業區域[101]：

87年2、3月間，中油公司「輕質散裝油料承運」之合約陸續到期，中油公司擬再次辦理招標作業，承運業者國油公司等，為達續約之目的，於87年2月22至24日以油罐車聯合怠運方式向中油公司施壓或藉由民意代表施壓，阻撓招標作業。嗣業者間發生利

---

[101] 88年公處字第117號、臺北高等行政法院90年度訴字第96號判決、最高行政法院92年度判字第46號行政判決。

益衝突,分裂為 2 集團,該 2 集團為瓜分中油公司輕質散裝油料承運業務市場,遂展開多次之談判。彼等合意約定各事業之營業區域、聯合怠運、共同脅迫中油公司停止招標作業、協議不投標及協議讓與營業區域等,為與有競爭關係之他事業共同限制交易對象、交易地區之聯合行為。有關聯合行為之限制競爭方式認定方面,最高行政法院原則上肯定公平會原處分見解,以為:「上訴人等(國油通運公司等)與其他競爭同業合意共同限制交易地區及協議不投標,已使上訴人等及其他競爭之同業透過相互之合意,減少或完全排除競爭,致上訴人等及其他業者與系爭招標案之交易相對人中油公司原應有之交易狀態遭受人為影響,中油公司辦理輕質散裝油料承運發包招標之選擇可能性及選擇自由,因而受到減縮或排除,損害其在自由競爭市場機制下可得享有之利益。如前所述,上訴人等與有競爭關係之他事業,既有約定各事業之營業區域、聯合怠運、阻撓中油公司之招標作業、協議不投標、協議讓與營業區域等共同限制交易地區、相互約束事業活動之合意,即已構成聯合行為之違法,不因事實上有無實施共同行為而異。」

(2) 約定不越區競標以分配銷售區域[102]：

鶴記本源等公司參與省自來水公司及臺北自來水事業處等液氯招標，該等公司共同對省自來水公司及北水處等液氯招標為以共同限制交易、不越區競標及相互陪標等分割市場之行為，經公平會認定屬聯合行為。最高行政法院肯認公平會之見解：「彼等實際上係以省自來水公司各區管理處為區域劃分及分割市場，……彼此間不會搶標，整體銷售區域而言，各液氯銷售商基於運輸成本、服務等因素考量，有共同認識，僅在其固定銷售區域銷售，……前開液氯生產廠之各經銷商並未於其有利之區域參與投標而得標，且縱使其未參與該區域投標或未於該區域得標，而卻仍可由其供應液氯獲取利潤等情事，則原處分認原告等共同對於省自來水公司及北水處等液氯招標為以共同限制交易、不越區競標及相互陪標等分割市場之聯合行為，違反行為時公平交易法第14條規定，即非無據。」

6. 其他相互約束事業活動之行為：

舉凡各種可能發生限制競爭效果之合意內容，均屬聯合行為規範之列[103]。例如共同銷售組

---

[102] 87年公處字第036號處分書、最高行政法院90年度判字第225號行政判決。
[103] 最高行政法院99年度判字第186號行政判決。

織（89公處字第075號）、限制交易時間（88公處字第088號）、限制入會（84公處字第127號）等。三家電視公司如自行達成限制某節目於特定時段不得播出之協議（83公壹字第65105號）；臺北市影片商業同業公會以決議方式區隔影片發行期間，雖對於電影事業之發展有其正面影響，但仍有限制相關構面競爭，涉及聯合行為之情事（83公壹字第63572號）[104]。

（二）相關案例

案例7：相互約束事業活動之行為──共同停止贈送贈品

案例8：相互約束事業活動之行為──鉭質電容器業者交換競爭敏感資訊

案例10：相互約束事業活動之行為──同業團體制定公休日或輪休日，是否構成聯合行為？

四、對市場的影響

依公平法第14條第1項規定，事業之行為須「足以影響生產、商品交易或服務供需之市場功能者。」始謂聯合行為，意即，事業即使透過合意共同決定價格、產量、交易對象等事業活動，若該行為並不發生「足以影響市場供需功能」的效果，也無禁止之必要。

---

[104] 劉華美（2003），〈註釋公平交易法──第七條〉，廖義男（等著），《公平交易法之註釋研究系列（一）第一條至第十七條》，行政院公平交易委員會合作研究報告，頁314。

又對於事業（含同業公會）之商業活動，是否足以影響生產、商品交易或服務供需等市場功能之聯合行為，係以不確定法律概念予以規範，原則上應尊重主管機關相當程度之判斷餘地。如主管機關判斷受處分人違法事實所憑之證據，並無取樣不當或所引數據並無運算上之顯然疏失，並已符合經驗法則或論理法則，而為主管機關據為判斷之基礎者，其所為之處分即屬合法有據[105]。

（一）危險犯

所謂「足以」影響市場功能，不以市場功能實際受影響為必要，解釋上僅需事業所為之共同行為／限制競爭行為，在客觀上有影響市場供需功能之抽象危險性，即屬該當，非以市場供需功能實際受到影響為必要，亦不以當事人因此獲得實際利益為必要[106]。準此，聯合行為之成立，只要客觀上有影響市場供需功能之危險為已足，非以市場供需功能實際受到影響為必要，且與合意內容有無法律上拘束力，合意後有無實際執行或事業是否因聯合行為獲得實際利益無涉，是聯合行為所要求之限制競爭效果的程度，僅具危險性即足[107]。

實務案例如：

1. 三大航空公司，達成「維持 108 年 4 月後之機票

---

[105] 參酌臺北高等行政法院高等庭 112 年度訴字第 593 號判決、最高行政法院 105 年度判字第 366 號判決。

[106] 公處字第 110041 號。

[107] 最高行政法院 107 年度判字第 490 號行政判決、最高行政法院 107 年度判字第 511 號行政判決。

價格」以及「108 年第 3 季團體機票價格不要低於去年」之合意案[108]。

公平會在判斷相關市場採「城市對」（city-pair）處理，從彼此航線間與相同、鄰近起訖點之鐵路、公路及水面運具運輸時間、距離及服務班次頻率，以及各國對於航空運輸服務市場之界定及國內航空運輸服務特性等作為界定航空運輸服務市場作為相關市場之範圍。

本件案關市場航線均僅有 2 家或 3 家航空事業經營，屬寡占結構。寡占市場基於其經營家數較少之特性，本即有利於市場內具水平競爭關係之事業間相互勾結。又航空運輸服務同質性高，具高度替代性，單一業者調整價格即會面臨市場流失、競爭對手不跟隨價格，甚至進一步競價之風險，爰易藉由聯合行為消除相關市場競爭，以獲取超額利潤。

該等事業縱稱未有具體之合意價格，且自始未有受其拘束之意思，實際上票價仍依市場供需決定等情，絕無認同、支持同業提議之意思，惟該意思係與會航空事業人員內心之意思，非其他事業代表所能窺知。如前所述，事業之經營本以營利為目標，機票價格大於或等於去（107）年同期，均為航空事業間共同之期望，故會面時有航空事業提議「維持案關航線 108 年 4 月後之機票

---

[108] 公處字第 110041 號。

價格」及「108 年第 3 季團體機票不要低於去年」，係與各家航空事業之營運目標及期望相符，已足使與會事業代表產生認同、支持，並達成相同之共識與理解，此依與會 3 家航空事業對於前開提議均表示同意、附和或不反對，即可明之。則該等事業即可能因競爭同業之允諾，以及不反對維持票價（不要降價）之表示，影響自身於案關航線機票價格之決定。至於實際銷售時是否有依該合意內容執行，與聯合行為事實之成立，係屬二事，尚難據此主張未有進行合意之行為。

案關 3 家航空事業均對 108 年市場供給增加，需求減少情狀有所認知，渠等藉由會面之機會，進行意見溝通，討論維持案關 7 航線 108 年 4 月後之機票價格，以及不要降低 108 年第 3 季團體機票價格等內容，就未來價格之設定方向達成相同之共識與理解，影響案關航線之銷售價格，以避免任一事業單獨調整或維持價格所生之競爭風險，客觀上已足有影響案關市場供需功能之抽象危險。

2. 韓商 Toshiba Samsung Storage Technology Korea Corporation（下稱 TSST 公司）光碟機採購圍標案[109]。

公平會以 TSST 公司與韓國日立樂金資料儲

---

[109] 公處字第 101132 號處分書、臺北高等行政法院 102 年度訴字第 1062 號行政判決、最高行政法院 104 年度判字第 212 號行政判決。

存股份有限公司（即 Hitachi-LG Data Storage Korea Inc.，下稱 HLDS 公司）、飛利浦建興數位科技股份有限公司（即 Philips & Lite-On Digital Solutions Corporation，下稱 PLDS 公司）及日本索尼光領公司（即 Sony Optiarc Inc.，下稱 Sony Optiarc 公司）於民國 95 年 9 月至 98 年 9 月間，共同就 Dell Inc.（下稱 Dell 公司）與 Hewlett-Packard Company（下稱 HP 公司）之光碟機採購案圍標，並基於單一聯合行為之意思，長期以來形成默契，不定時針對 Dell 公司或 HP 公司舉辦之光碟機採購招標，透過員工在投標前或投標進行中互相交換彼此曾經提出或將要提出之報價、預期投標名次等競爭敏感性資訊，共同決定對客戶採購案之價格及協商策略，減少彼此間競爭狀態之方式，足以影響我國光碟機市場之供需功能，違反行為時公平交易法第 14 條第 1 項規定，乃依同法第 41 條第 1 項前段規定，命 TSST 公司停止違法行為，並處罰鍰新臺幣 2,500 萬元。

臺北高等行政法院撤銷公平會之原處分，公平會上訴，仍遭駁回。其中，最高法院認為「*足以影響生產、商品交易或服務供需之市場功能*」為聯合行為之要件，而所謂「足以影響」市場功能，乃客觀上對競爭市場有發生影響生產、商品交易或服務供需市場功能之限制競爭效果之危險者，即屬之，並不以實際上發生限制競爭效果為必要。

此問題會影響行政罰裁處權期間起算時點。例如本採購圍標案，最高法院認為，假設TSST公司之行為確實構成聯合行為，裁處權時間之起算點會是從TSST等公司協議交換敏感性資訊，參與採購案時（斯時，限制競爭之危險已發生），就開始起算，而非從後來的得標、交貨，乃至於HP公司或Dell公司將個人電腦售至我國，而實際影響我國光碟機市場之供需功能之事實上結果之時點起算。最高法院見解如下：

「五、本院按：行政罰法第27條：『（第1項）行政罰之裁處權，因3年期間之經過而消滅。（第2項）前項期間，自違反行政法上義務之行為終了時起算。但行為之結果發生在後者，自該結果發生時起算。』本條立法理由載：『參考德國違反秩序罰法第31條。』而德國違反秩序罰法第31條第3項規定：『行為終了時，時效即開始起算。屬於構成要件之結果嗣後始發生者，時效自該時點開始起算。』足見行政罰法第27條第2項但書所稱行為之結果，係指成為行政罰構成要件一部分之違反行政法上義務行為之結果。又公平交易法第7條：『（第1項）本法所稱聯合行為，謂事業以契約、協議或其他方式之合意，與有競爭關係之他事業共同決定商品或服務之價格，或限制數量、技術、產品、設備、交易對象、交易地區等，相互約束事業活動之行為而言。（第2項）前項所稱聯合行為，以事業在同

一產銷階段之水平聯合，足以影響生產、商品交易或服務供需之市場功能者為限。（第 3 項）第 1 項所稱其他方式之合意，指契約、協議以外之意思聯絡，不問有無法律拘束力，事實上可導致共同行為者。』第 14 條第 1 項本文：『事業不得為聯合行為。』違反第 14 條第 1 項之禁止義務者，應依同法第 41 條第 1 項處罰，此為行政罰。上開公平交易法第 7 條所規範之聯合行為，係以『足以影響生產、商品交易或服務供需之市場功能』為要件。<u>而所謂『足以影響』市場功能，乃客觀上對競爭市場有發生影響生產、商品交易或服務供需市場功能之限制競爭效果之危險者，即屬之，並不以實際上發生限制競爭效果為必要。</u>換言之，違反公平交易法第 14 條第 1 項前段所定事業不得為聯合行為禁止義務之行為，<u>為危險犯，並非實害犯</u>。本件上訴人指被上訴人就 Dell 公司及 HP 公司於 95 年 9 月至 98 年 5、6 月間舉辦之光碟機採購案，為協議限制競爭行為（協議交換投標價格及欲得標順序）（原處分書則載最後一次進行圍標案於 2009 年 5 月間），苟上訴人所陳 HP 公司與 Dell 公司銷售個人電腦，而因其在我國電腦產品市場市占率約 10%，其向被上訴人及另 3 名受處分人採購裝置於個人電腦之光碟機，被上訴人之協議限制競爭行為，會影響我國光碟機市場之供需功能一節屬實，<u>則被上訴人於與另 3 名受處分人協議交換投標價格及欲得標順</u>

序，參與 HP 公司或 Dell 公司之光碟機採購案時，限制競爭之危險已發生，被上訴人即構成違反公平交易法第 14 條第 1 項之行為。至被上訴人得標、交貨，乃至於 HP 公司或 Dell 公司將個人電腦售至我國，而實際影響我國光碟機市場之供需功能之事實上結果，則非屬違反公平交易法第 14 條第 1 項，應依同法第 41 條第 1 項處罰之構成要件一部分。因而原判決以上訴人遲至 101 年 9 月 19 日始對被上訴人為處罰，已逾行政罰法第 27 條 3 年之裁處期間，而撤銷訴願決定及原處分，於法無不合。上訴人主張被上訴人及其他被處分人等最後一次進行圍標之標案，係 Dell 公司所舉辦針對 98 年 5 月 HHDVDRW 及 12.7mmTrayDVDRW 型光碟機採購案，該標案得標價格適用期間至 98 年 9 月，亦即出貨期間持續至 98 年 9 月 30 日止，為本案聯合行為終止日之認定，上訴人於 101 年 9 月 19 日作成處分決定，並未逾越 3 年裁處權時效之規定。……。上訴人對於系爭聯合行為終止日之認定，並非以實際發生影響市場功能之結果為要件，原判決認上訴人『係誤以非屬聯合行為要件之影響市場功能結果發生時，作為裁處權期間起算時點，……自無可採』，實有誤判之虞云云，並不足採。是上訴意旨指摘原判決違背法令，求予廢棄，為無理由，應予駁回[110]。」

---

[110] 最高行政法院 104 年度判字第 212 號行政判決。

3. 臺中市保全商業同業公會案：

臺中市保全商業同業公會以決議訂定辦法，要求會員報價及受委任業務不得低於成本分析表案，高等行政法院表示「依上引公平交易法第 14 條第 1 項規定，事業之聯合行為必須達到足以影響市場功能之程度，始足當之。惟所謂足以影響市場功能，係以事業合意所為之限制競爭行為，達到足以影響市場供需功能之風險即屬該當，而不以市場功能實際受影響為限。換言之，<u>判斷事業之聯合行為是否影響市場功能時，並不以完全消滅競爭或實際上已受到限制競爭為要件，倘有相當可能性具有弱化競爭壓力、對競爭程度產生負面影響之危險性即已足夠，不需達到市場功能已實際受到影響或完全消除競爭之程度</u>[111]。」

（二）「質」與「量」之標準綜合判斷

在質與量的判斷上，學者廖義男提出：聯合行為須有足以影響市場供需功能之作用或效果者，始有加以規制及禁止之必要。如未具備此要件，即有競爭關係之事業雖有限制彼此競爭之合意，但所形成之市場力量微小，不足以對市場供需功能產生影響者，則對市場競爭之減損程度有限，即無須予以禁止之必要[112]。

具體個案之認定基準有：

---

[111] 臺北高等行政法院 106 年度訴字第 1053 號行政判決。
[112] 廖義男（2021），《公平交易法》，初版，頁 335，元照。

1. 量的標準：

以參與聯合行為事業之市場占有率來推定聯合行為對相關市場的影響，市場占有率越高者，對市場影響越顯著。倘參與聯合行為事業之市場占有率在一定比例以下者，原則上推定該聯合行為不足以影響市場功能（或稱「微量原則」）。

實務上曾認為倘參與聯合行為事業之合計市場占有率未達10%者，原則上推定其不足以影響市場供需功能[113]。公平會亦曾主張參與聯合行為之業者市占率亦近90%，業已超過可察覺性理論市場占有率總和5%之門檻，具有足夠之集體市場力影響市場供需功能[114]。

2. 質的標準：

以該聯合行為所限制之競爭參數（即聯合行為之內容）為準，判斷該聯合行為本質上限制競爭之程度及傾向，越屬核心之限制競爭手段（如

---

[113] 臺北高等行政法院判決 105 年度訴字第 276 號。

[114] 在四大連鎖超商調漲含乳咖啡案中，公平會於更一審答辯時主張「(三)因原告等 4 家業者裝有咖啡機之店數，遠超過其他平價連鎖咖啡之全國總店數，故本件縱將85度C等其他平價連鎖咖啡店納入市場範圍，並不影響本件原告等 4 家連鎖便利商店就現煮咖啡之聯合行為已足以影響市場供需之認定。是以量的標準來看，原告等 4 家業者市占率亦近 90%，業已超過可察覺性理論市場占有率總和5%之門檻，具有足夠之集體市場力影響市場供需功能。又從質的標準觀之，原告等 4 家業者是針對價格之核心限制競爭手段進行聯合行為，其本質上必有相當之可能性會影響市場功能，且必然有害競爭。綜上，無論從質的標準或量的標準，原告等 4 家業者為本件聯合行為足以影響國內連鎖便利商店現煮咖啡供需之市場功能，應無疑義，已達足以影響該市場之供需功能程度，該當於公平交易法第 7 條之聯合行為，並不會因為市場範圍界定之寬窄，而阻卻渠等行為影響市場供需之違法性。」詳參臺北高等行政法院 102 年度訴更一字第 55 號行政判決。

對於價格、數量、交易對象或交易地區之限制，屬「核心卡特爾」（hard-core cartel）的範疇），對市場競爭之威脅越大，影響市場供需功能之風險亦越高。

3. 公平會訂定解釋性行政規則「微小不罰認定標準」[115]：

公平會處分聯合行為，除競爭者間存在關於限制競爭的合意外，還需該當一個「市場效果要件」，才會被處罰。而所謂「市場效果要件」，即公平法第 14 條第 1 項規定的「足以影響生產、商品交易或服務供需之市場功能」。是以，如多事業間發生聯合行為，但因參與聯合行為事業之市場力量極微，而對市場並無實質影響者，不致發生實質上「足以影響市場供需功能」的效果，容無管制之必要；其次，考量聯合行為查證不易，在資源妥適分配之考量下，主管機關宜集中查處對市場競爭秩序影響重大之聯合行為案件，因而公平會訂定解釋性行政規則，將對市場供需功能影響程度輕微之聯合行為，界定為「聯合行為微小不罰案件」，得豁免聯合行為禁制規範之適用[116]。

---

[115] 蔣慧怡（2016），〈發布「聯合行為微小不罰之認定標準」解釋令〉，《公平交易委員會電子報》，54 期，頁 1。張展旗顧問，公平法專欄：聯合行為的市場效果要件，與微小不罰的認定標準，群勝國際法律事務所。

[116] 公平會綜合審酌前開國外立法例及國內實務運作情形，於第 1266 次委員會議作成決議，並於民國 105 年 3 月 1 日發布公法字第 10515600941 號解釋令，將法律效果界定為推定該聯合行為不足以影響市場供需功能，以保留執法之

同時，法院也在相關判決中肯認該解釋令符合行政程序法第 159 條第 2 項第 2 款的解釋性行政規則，核屬闡明公平法有關「足以影響生產、商品交易或服務供需之市場功能」要件原意之判斷基準，並無違該規定之立法意旨及法律保留原則，因而肯認其合法地位（參考臺北高等行政法院 106 年簡上再字第 6 號行政判決[117]）。

公平交易委員會 令

發文日期：中華民國 105 年 3 月 1 日

發文字號：公法字第 10515600941 號

有關公平交易法第 14 條規定，參與聯合行為之事業，於相關市場之市場占有率總和未達10%者，推定不足以影響生產、商品交易或服務供需之市場功能；但事業之聯合行為係以限制商品或服務之價格、數量、交易對象或交易地區為主要內容者，不在此限。

在處理「微小不罰認定標準」，多參酌現行

彈性。

[117] 臺北高等行政法院 106 年簡上再字第 6 號行政判決。
（四）、……略以聯合行為內容倘以「價格」、「數量」、「交易對象」、「交易地區」為限制之主要內容，則屬所有競爭參數之核心問題，對市場功能自具重要影響，是依公平法第 6 條規定為該法主管機關之再審被告，基於其主管公平法權責，依行政程序法第 159 條第 2 項第 2 款規定，以 105 年 3 月 1 日令釋：「有關公平交易法第14條規定，參與聯合行為之事業，於相關市場之市場占有率總和未達 10%者，推定不足以影響生產、商品交易或服務供需之市場功能；但事業之聯合行為係以限制商品或服務之價格、數量、交易對象或交易地區為主要內容者，不在此限。」核屬闡明公平法上開規定其中有關「足以影響生產、商品交易或服務供需之市場功能」要件原意之判斷基準，並無違該規定之立法意旨及法律保留原則……。

歐盟及德國頒布之微小不罰指令，分別就「量的標準」與「質的標準」進行衡量。
(1) 量的標準：

市場力量的衡量方法，通常是以市占率作為分析的基礎，是以判斷上以參與聯合行為之事業，於相關市場之市場占有率總和未達 10% 者，作為微小不罰之門檻；又審酌公平會歷來聯合行為處分案件，多數案件之參與事業市占率總和均高於 10%；爰將參與聯合行為事業之市占率總和未達 10%者，界定為聯合行為微小不罰案件。

復鑒於聯合行為之內容，倘屬限制價格、數量、交易對象或交易地區等「惡性卡特爾（hard-core cartel）」，因該等聯合行為本質上對市場交易秩序具高度危害性，且歐盟及德國亦將惡性卡特爾排除於微小不罰之規範外；爰明定聯合行為倘屬惡性卡特爾者，則無聯合行為微小不罰規範之適用。

司法實務對「量的標準」適用，如最高行政法院 108 年度判字第 597 號行政判決：「(二)關於『足以影響市場功能』此要件之判斷，外國立法例或競爭法理論容有不同，惟於具體個案之認定，不外乎採取市場占有率之『量的標準』，以及限制競爭手段對競爭秩序妨礙程度之『質的標準』，亦即，倘參與聯合行為事業之市場占有率在一定比例以下者，原

則上推定該聯合行為應不致足以影響市場功能（此即『量的標準』或稱『微量原則』）；惟若聯合行為內容涉及約定價格，區分市場、減少產能、限制交易對象或聯合漲價等『核心卡特爾』（hard-core cartel），因該等行為本質上對市場競爭具有高度危害性，則不論市場占有率如何，即可視為足以影響市場功能（此即『質的標準』）。而因社會及經濟之變化演進，各式經濟活動及事業間合作態樣亦隨之日新月異，勢難針對各類行為態樣一一規範，故行為時公平交易法第 7 條規定，同一產銷階段競爭事業間之水平聯合，是否『足以影響市場供需功能』，立法者係將此一不確定法律概念之規範，交由上訴人依該違法聯合行為之時空背景、市場情況、產業特性及個案實際情形等而為解釋適用。依此，上訴人行使法律賦予之職權，經綜合參酌現今社經環境、多年執行公平交易法之經驗及國外相關見解，就事業之聯合行為是否『足以影響市場供需功能』，兼採『量的標準』與『質的標準』之判斷標準，倘參與聯合行為事業之合計市場占有率未達 10% 者，原則上推定其不足以影響市場供需功能；但事業聯合行為之內容，若涉及限制商品或服務之價格、數量、交易對象或交易地區等核心競爭參數之限制者，無論違法事業之市場占有率高低，均認該等聯合行為足以影響市場供需

功能。嗣並以 105 年 3 月 1 日公法字第 10515600941 號解釋令（下稱系爭函釋）核釋：『有關公平交易法第 14 條規定，參與聯合行為之事業，於相關市場之市場占有率總和未達 10% 者，推定不足以影響生產、商品交易或服務供需之市場功能；但事業之聯合行為係以限制商品或服務之價格、數量、交易對象或交易地區為主要內容者，不在此限。』而就何謂『足以影響市場供需功能』作成解釋性之行政規則，以供所屬公務員認定事實、執行法律之依據，依上開說明，符合立法目的且未逾越母法之限度，依司法院釋字第 287 號解釋意旨，應自法規生效日起有其適用[118]。」

(2) 質的標準：

在「質的標準」判斷上，其概念主要是認為事業經由合意而相互約束事業活動之行為，對市場可能造成的影響層面極廣，因此，市占率這個單一因素已不足以充分評價聯合行為對市場供需功能的影響。故法院曾在判決中指出，判斷聯合行為是否足以影響市場功能時，應該綜合審酌一切相關情狀後，將許多重要參考因素納入考量，以綜合研判該聯合行為是否足以破壞市場交易秩序。

雖然法院在適用「質的標準」時，羅列了

---

[118] 最高行政法院 108 年度判字第 597 號行政判決。

相當多必須審酌的重要參考因素,包括所涉市場的產業結構、市場結構、商品或服務特性、產業文化、上下游間交易習慣、聯合行為之內容、參加聯合行為者與不參加者間之數目比例及其市場地位等等,看似十分複雜;但其實判斷的重心,在於聯合行為的內容。亦即,「質的標準」衡量時的重點,在於透過合意的內容,判斷該聯合行為限制競爭的風險程度,越屬核心的限制競爭手段,對市場競爭之威脅越大,影響市場供需功能的風險也就越高。而實務上在個案發生時,通常會兼顧「質的標準」與「量的標準」,也就是「合意的內容」與「市占率總和」均列入考量,不過一旦發現屬於核心的限制競爭手段時,通常不會再採計市占率的高低,而直接經由「質的標準」判斷該行為本質上已足以影響市場功能[119]。

問題 4:是不是所有符合聯合行為要件的經濟行為,公平交易委員會都會加以管制[120]?

【範例】

　　A、B 兩家藥俱為某一條街的成藥供應者,昨天協議從下星期起,同時將綜合感冒藥的價格調高 5 元,使整條街民眾的

---

[119] 張展旗顧問,公平法專欄:聯合行為的市場效果要件,與微小不罰的認定標準,群勝國際法律事務所。

[120] 修改自范建得、莊春發,《公平交易法 Q&A 範例 100》,問題 20,商周文化,1992 年初版,後因授課需要,將原案例進行調整,編為課程講義使用。

感冒藥支出增加許多，公平會是否應介入加以糾正？

【相關條文】

➤公平交易法第 14 條

【解析】

　　從此一條街的市場來看，A、B 兩家藥局確實是具有競爭關係，而其彼此協議從下星期開始，將綜合感冒藥的價格調高 5 元，確實也符合公平交易法第 14 條第 1 項聯合行為定義的要件，與具競爭關係之同一產銷階段他事業共同決定商品或服務之價格，但此種聯合行為的影響**是否大到足以影響生產、商品交易或服務供需之關係，以至於造成妨礙市場功能的行為**，則有待商議。

　　問題的癥結在於**一條街的「市場」是否恰當**，因為一旦 A、B 兩家藥局同時同比例抬高產品價格時，街上的消費者也許多走幾步路到隔壁一條街，就能買到沒有漲價的綜合感冒藥，或者等到上班時再到附近地點購買，甚至改買止痛藥或消炎藥，不至於因此兩家藥局的漲價，使其選擇權受到嚴重的限制。

　　更重要的是，政府主管機關糾正不法經濟活動時，**可能需要衡量其成本效益效果**。以本文例子來說，主管機關派員調查一旦屬實，認定其符合聯合行為要件，最後的結果確實使藥局不敢隨意以聯合行為的方式漲價，令當地消費者處於不利的地位。主管機關的糾正使該條街的消費者減少成藥支出 1000 元，可是上述執法成本可能是 5 萬元，遠超過糾正所獲得的效益。因此，要不要對此類漲價行為進行糾正的工作，實有待商榷。

> 所以，政府單位對聯合行為的管制，是以其行為是否大到影響生產、商品交易或服務供需的關係，產生妨礙市場功能的效果來作為判斷標準。例如過年期間計程車費率全面調加兩成，或加倍收費，因其影響層面是屬於全面性的，所以有加以糾正的必要。

（三）相關案例

案例 9： 日本鉭質電容器業者交換競爭敏感資訊
　　　　——可察覺性理論

案例 11：臺南區藥品學術交誼連心會案

案例 12：中部砂石業者聯合調漲砂石價格案

案例 13：臺北市記帳士公會建議會員收費之最低標準案

案例 14：貨櫃業者一致恢復收取 3 噸以下貨物之 CFS 出口機械使用費

案例 15：筆記型電腦製造商申請標準化聯合案

案例 16：信用卡業務聯合行為案

案例 17：航空公司票證免背書轉讓案

第三節　聯合行為管制之除外

一、原則違法／禁止、例外許可

相關條文

公平交易法第 15 條：

　　事業不得為聯合行為。但有下列情形之一，而<u>有益於</u>

整體經濟與公共利益，經申請主管機關許可者，不在此限：

一、為降低成本、改良品質或增進效率，而統一商品或服務之規格或型式。

二、為提高技術、改良品質、降低成本或增進效率，而共同研究開發商品、服務或市場。

三、為促進事業合理經營，而分別作專業發展。

四、為確保或促進輸出，而專就國外市場之競爭予以約定。

五、為加強貿易效能，而就國外商品或服務之輸入採取共同行為。

六、因經濟不景氣，致同一行業之事業難以繼續維持或生產過剩，為有計畫適應需求而限制產銷數量、設備或價格之共同行為。

七、為增進中小企業之經營效率，或加強其競爭能力所為之共同行為。

八、其他為促進產業發展、技術創新或經營效率所必要之共同行為。

主管機關收受前項之申請，應於三個月內為決定；必要時得延長一次。

公平交易法施行細則第14條：

前條第一項第八款聯合行為評估報告書，並應載明下列事項：

一、參與事業實施聯合行為前後成本結構及變動分析預估。

二、聯合行為對未參與事業之影響。

三、聯合行為對該市場結構、供需及價格之影響。

四、聯合行為對上、下游事業及其市場之影響。

<u>五、聯合行為對整體經濟與公共利益之具體效益與不利影響。</u>

六、其他必要事項。

我國公平法就聯合行為採取「原則禁止，例外許可」之管制制度[121]。參諸公平交易法 80 年制訂時針對第 15 條第 1 項（原公平交易法第 14 條第 1 項）之立法理由謂：「事業間之聯合行為，具有造成限制競爭，妨害市場功能，以及危害消費者利益之作用，固應加以禁止，惟聯合行為之態樣甚多，效用亦不一，如有益於整體經濟與公共利益時，尚不宜完全否定其正面之功能。故若事業有公平法第 15 條第 1 項所列 8 款情事，經公平會許可之聯合行為，不在禁止之列[122]。」也就是說，倘事業有進行聯合行為之需求，應於事先向公平會申請並獲得許可後始得為之（申請許可制），不得逕自進行之後，再主張符合第 15 條第 1 項所列之事由阻卻違法。

---

[121] 相關法制比較、立法意旨與沿革，延伸閱讀：何之邁（2003），〈註釋公平交易法——第十三條〉，廖義男（等著），《公平交易法之註釋研究系列（一）第一條至第十七條》，行政院公平交易委員會合作研究報告，頁 483-509。

[122] 原公平交易法第 14 條（現行法第 15 條第 1 項）之立法理由，立法院法律系統。

二、程序上：聯合行為申請許可應注意事項及準備文件

（一）申請主體

依公平法施行細則第 12 條規定[123]，事業若欲依公平法第 15 條第 1 項但書規定所列例外許可情形為聯合行為，應由<u>各參與聯合行為之事業</u>共同向公平會申請許可。如屬公平法第 2 條第 2 項所定之同業公會或其他團體申請許可時，應由該同業公會或團體向公平會提出申請。又事業、同業公會或其他團體之聯合行為許可申請，得委任代理人代為申請，惟須附具代理人證明文件。

（二）申請許可所需檢附之相關文件

依公平法施行細則第 13 條規定，按公平法第 15 條第 1 項但書規定申請許可，應備下列文件：「

一、申請書，載明下列事項：
  （一）申請聯合行為之商品或服務名稱。
  （二）聯合行為之型態。
  （三）聯合行為實施期間及地區。
  （四）設有代理人者，其代理人之姓名及其證明文件。
  （五）其他必要事項。

二、聯合行為之契約書、協議書或其他合意文件。

---

[123] 公平交易法施行細則第 12 條，「事業依本法第 15 條第 1 項但書規定申請許可，應由參與聯合行為之事業共同為之。前項事業為本法第 2 條第 2 項所定之同業公會或其他團體者，應由該同業公會或團體為之。前 2 項之申請，得委任代理人為之。」

三、實施聯合行為之具體內容及實施方法。

四、參與事業之基本資料：

（一）參與事業之姓名、住居所或公司、行號、公會或團體之名稱、事務所或營業所。

（二）事業設有代表人或管理人者，其代表人或管理人之姓名及住居所。

（三）參與事業之營業項目、資本額及上一會計年度之營業額。

五、參與事業最近 3 年與聯合行為有關之商品或服務價格及產銷值（量）之逐季資料。

六、參與事業上一會計年度之財務報表及營業報告書。

七、參與事業之水平競爭或其上下游事業之市場結構資料。

八、聯合行為評估報告書。

九、其他經主管機關指定之文件。前項申請書格式，由主管機關定之。」

前揭「聯合行為評估報告書」之內容，依公平交易法施行細則第 14 條之規定，應載明下列事項：「

一、參與事業實施聯合行為前後成本結構及變動分析預估。

二、聯合行為對未參與事業之影響。

三、聯合行為對該市場結構、供需及價格之影響。

四、聯合行為對上、下游事業及其市場之影響。

五、聯合行為對整體經濟與公共利益之具體效益與不利影響。

六、其他必要事項。」

其餘應載明事項，請參閱公平法施行細則第 14 條至第 20 條之規定。

（三）申請時點

參與聯合行為之事業、同業公會或團體應於何時提出申請，本法及其施行細則並未明文規定。由於本法並未明確區分聯合行為及其事前之準備行為、事後之實施行為，參與聯合行為之事業或同業公會申請例外許可之時點容有模糊空間。

學者認為[124]，本法就違法聯合行為採「先行政後司法」之處罰模式，事業違反本法第 15 條本文之禁止規定時，尚待公平會依第 40 條規定限期命其停止、改正其行為或採取必要更正措施，而屆期仍未停止、改正其行為或未採取必要更正措施，或停止後再為相同或類似違反行為者，始構成刑事不法行為。解釋上，於公平會依第 40 條發動職權並於其所定改正限期屆滿之前，參與聯合行為之事業或同業公會似均得提出申請。然而，公平會執法實務上，係依第 15 條、第 40 條規定逕行命事業停止其聯合行為，並無限期改正或採取其他更正措施之情形。

---

[124] 石世豪（2003），〈註釋公平交易法──第十四條〉，廖義男（等著），《公平交易法之註釋研究系列（一）第一條至第十七條》，行政院公平交易委員會合作研究報告，頁 511。

因此，事業於公平會命其停止時即應停止聯合行為，否則即有受公平會依第 40 條連續處罰之虞。如其聯合行為具備例外許可要件，僅因未依第 15 條第 1 項但書規定提出申請，而受公平會命其停止，參與聯合行為之事業仍有必要重新申請，其申請時點將因而較通常情況為晚；縱屬此類情形，依本法第 15 條第 1 項本文對於聯合行為採「禁止原則」之立法意旨，至遲亦應於事業具體實施聯合行為合意之內容前提出申請，始有本條後段例外許可規定之適用。

（四）申請之效力[125]

參與聯合行為之事業或同業公會向提出申請，於公平會依法許可之前，其準備中或已完成之聯合行為並不因而合法；解釋上，應仍受第 15 條第 1 項本文禁止規範之拘束。至於聯合行為已遭公平會依本法第 40 條規定命其停止，參與聯合行為之事業或同業公會始提出申請者，如其申請時點在公平會依職權移送檢察署之前，依本法第 34 條「先行政後司法」之立法意旨，應解為尚未構成「屆期未停止、改正其行為或未採取必要更正措施」之刑事不法要件，因而不得逕依第 34 條規定加以處罰。反之，於公平會依第 40 條發動職權並已移送檢察署之後，參

---

[125] 石世豪（2003），〈註釋公平交易法——第十四條〉，廖義男（等著），《公平交易法之註釋研究系列（一）第一條至第十七條》，行政院公平交易委員會合作研究報告，頁 511-512。

與聯合行為之事業或同業公會始提出申請者，並不阻卻第 34 條規定構成要件之成立。

公平會命參與聯合行為之事業或同業公會停止其準備中或已完成之聯合行為，自應注意申請人是否藉申請以達拖延、規避處罰之效果，以決定是否移送檢察署訴追其刑事責任，並就其事後提出申請文件及應提供相關資料，儘速審查後為限期命其補正資料或核駁之決定。實務上，參與聯合行為之事業或亦有利用請釋案之形式，徵詢其準備中之聯合行為應否申請及能否獲得許可者；公平會宜透過適當之行政指導措施，要求業者補提正式申請並檢附相關資料，藉以及早有效審查聯合行為，確定禁止或例外許可之規範狀態。

三、實體上：公平會審酌之項目

（一）「有益於整體經濟與公共利益」之實質要件

公平交易法第 15 條第 1 項但書規定得經許可不受禁止規範拘束之聯合行為，除應屬於法定 8 款類型之一外，尚應符合「有益於整體經濟與公共利益」之實質要件，依學者石世豪在〈註釋公平交易法〉之整理可區分為三個要件做判斷[126]：

---

[126] 石世豪（2003），〈註釋公平交易法──第十四條〉，廖義男（等著），《公平交易法之註釋研究系列（一）第一條至第十七條》，行政院公平交易委員會合作研究報告，頁 515。

1. 整體經濟：

所謂「有益於整體經濟」，係指因聯合行為所帶來經濟利益之受惠者，非僅侷限於聯合行為之參與者，其正面效益影響之程度及範圍，應超越聯合行為參與者之間，而使交易相對人或社會大眾也能夠合理分享因聯合行為所帶來的經濟利益[127]。例如：電力電纜事業申請以合資新設事業方式，共同製造關鍵零組件及自主性技術，公平會除認為攸關該產業技術水準及進入國際市場等因素之外，並以其對上、中、下游之相關產業亦具有正面影響，符合整體經濟利益，而對其申請展延予以許可[128]。

就競爭法之整體目的性觀點而言，則「有益於整體經濟」之意義應與本法第 1 條立法目的之「促進經濟之安定與繁榮」相通；亦即，將競爭政策與其他促進經濟安定與繁容之各項政策，例如：景氣政策、繁榮政策、結構政策、貿易平衡政策等，一併納入整體經濟之考量中。

至於公平會許可聯合行為之實務，並未建立「整體經濟」之一般化判斷標準，而係依申請許可之聯合行為類型，分別就產銷及研發成本之降低、產銷效率之提高、品質改良、技術水準之提高、消費者便利性及權益保護等正面績效，於申

---

[127] 111 公聯字第 111004 號公平交易委員會駁回申請聯合行為決定書。
[128] 91 公聯字第 091001 號許可決定書。

請個案中具體認定之。另一方面,公平會亦將聯合行為實施前後之許可市場占有率變化、價格變化、產銷量變化、濫用市場地位之虞、對未參與聯合事業之阻礙程度、不當侵害一般消費者及其他相關事業利益之虞、外國政府報復可能性、克服不景氣困境可能性等因素加以權衡[129]。

例如在「桃園—胡志明市」客運航線,實施共同規劃航班、共同訂定票價與收益管理、增額營收分潤、共同行銷與共同提升周邊服務案,經公平會調查,本案聯合行為之實施,多屬申請人等之利益,能否促進整體經濟與公共利益尚屬有疑。就交易相對人或社會大眾因此聯合行為實施所得合理分享的經濟利益,未能具體說明。又其所稱,航班優化可增加消費者選擇及提升服務品質、聯合行為實施節省之營運成本可使消費者享有票價優惠、本案實施後不生限制競爭效果等語,皆屬有疑或與現有資料分析結果不符;本案可釋出尖峰時段時間帶供新進業者加入系爭航線經營涉及機場時間帶管理具不確定性,而有助於雙方防疫政策與新南向政策之推行等利益,其關連性未顯著。故本案亦未符合公平交易法第 15 條第 1 項但書「有益於整體經濟與公共利益」之要

---

[129] 石世豪(2003),〈註釋公平交易法──第十四條〉,廖義男(等著),《公平交易法之註釋研究系列(一)第一條至第十七條》,行政院公平交易委員會合作研究報告,頁 516。

件[130]。

2. 公共利益：

所謂「公共利益」，則係指該利益不限於經濟效率之範疇，亦包含經濟效率外之其他社會價值（例如：重要的產業政策、環境保護、文化多元或國家安全等[131]。）

學者石世豪以為，本條文在三讀通過後加入「公共利益」字眼，不僅使本項但書有擴及（整體）經濟之範疇以外、例外許可其他「有益於公共利益」聯合行為類型之解釋空間外，並從文義解釋著手，因立法者採用「與」將「公共利益」與「整體經濟」併存為實質要件，藉此強調「有益於整體經濟」之正面績效，應超越參與聯合行為之事業及其所屬產業。另一方面，透過加入「與公共利益」等字，有使「整體經濟」之內涵超越單純效能競爭之觀點，兼及於效率以外之環境保護、充分就業、穩定交易秩序、產業升級等與經濟效率同等重要之價值[132]。

此外，本項但書所列之聯合行為例外許可類型，其利益權衡亦僅限於經濟範疇內之降低成本、提高技術、改良品質、增進效率、合理經

---

[130] 公聯字第 111004 號公平交易委員會駁回申請聯合行為決定書。

[131] 111 公聯字第111004 號公平交易委員會駁回申請聯合行為決定書。

[132] 石世豪（2003），〈註釋公平交易法——第十四條〉，廖義男（等著），《公平交易法之註釋研究系列（一）第一條至第十七條》，行政院公平交易委員會合作研究報告，頁 516-517。

營、促進輸出、加強貿易效能、適應不景氣、增進經營效率、加強競爭能力等因素。就體系性解釋及競爭法之整體目的性觀點而言，本項但書規定之「公共利益」均不宜任意擴及經濟以外其他法益或政策目標；例如：三陽公司等 11 家事業申請延展電動機車策略聯盟案，公平會對於電動機車設計、製造攸關改善空氣污染之環保政策推動一節，亦以「將有助於我國電動機車及其相關零組件生產技術之發展，以及相關市場之形成，為於整體經濟之發展有其正面利益」肯定其正面績效[133]。又如 6 家輪船公司申請「東港（鹽埔）—小琉球聯合排班、共同售票、同一票證等聯合行為許可期限，認申請人等實施聯合行為後，可隨時互相支援及加開班次，有效管理航班、降低人事成本及提昇服務品質。對消費者而言，有更多班次可供搭乘選擇，具有正面交通運輸效益，故持正面意見[134]。

3. 有益[135]：

本項但書規定係以具體權衡聯合行為實施後所可能造成之利弊影響，作為聯合行為例外許可之實質要件，其主要判斷利弊之重點，在於權衡

---

[133] 89 聯字第 008 號許可決定書。

[134] 公聯字第 109003 號許可決定書。

[135] 石世豪（2003），〈註釋公平交易法──第十四條〉，廖義男（等著），《公平交易法之註釋研究系列（一）第一條至第十七條》，行政院公平交易委員會合作研究報告，頁 517-518。

「整體經濟與公共利益」之正面績效,是否足以化解、補償聯合行為限制競爭之負面效果。而公平法施行細則第 13、14 條規定,參與聯合行為之事業或同業公會申請例外許可者,應提出聯合行為評估報告書並應載明表列事項,以供具體權衡聯合行為實施後之各種利弊影響[136]。

雖然,產業經濟之研究成果與經濟分析,有助於推估聯合行為實施後各種利弊影響;然而,有學者以為聯合行為之實施是否有益整體經濟與公共利益,以及,其正面績效是否足以化解、補償聯合行為限制競爭之負面效果,均屬未來聯合行為具體實施之後始能確定之事態發展可能性,事業提出申請時或公平會審查作業之際均僅能依既有資料及過往經驗加以推測,無法如既已發生之事實加以證明、亦無從根據確切證據具體認定之。就此,於申請聯合例外許可時提出完整之聯合行為評估報告書,並載明有助於判斷之必要事項,應屬於申請人之釋明責任;申請人未充分釋明以致公平會作成不利之核駁決定,其風險亦將由申請人承擔。

---

[136] 公平交易法施行細則第 14 條:
前條第一項第八款聯合行為評估報告書,並應載明下列事項:
一、參與事業實施聯合行為前後成本結構及變動分析預估。
二、聯合行為對未參與事業之影響。
三、聯合行為對該市場結構、供需及價格之影響。
四、聯合行為對上、下游事業及其市場之影響。
五、聯合行為對整體經濟與公共利益之具體效益與不利影響。
六、其他必要事項。

（二）例外之類型[137]

授權公平交易委員會可以例外允許 8 項有益於整體經濟與公共利益聯合行為之申請許可，分別是（1）統一規格或型式之聯合、（2）合理化之聯合、（3）專業化之聯合、（4）輸出之聯合、（5）輸入之聯合、（6）不景氣之聯合、（7）中小企業之聯合、（8）其他為促進產業發展、技術創新或經營效率所必要之共同行為，以下分別討論之：[138]

1. 統一規格或型式之聯合：

第 15 條第 1 項第 1 款事業「為降低成本、改良品質或增進效率，而統一商品或服務之規格或型式」者，指不同的事業生產相類似的商品或服務時，考量規格標準化可使維修或替換更加便捷而增進效率，互相協調以求格式的一致，故而公平法例外地允許這種聯合行為合法化，可向公平會申請許可「規格化聯合」、「標準化聯合」或「統一規格或型式之聯合」（公平法第 15 條第 1 項第 1 款）。

解釋上，事業就其商品或服務統一規格或型

---

[137] 公平交易委員會，常見問答，聯合行為之規範，哪些型態之聯合行為可向公平交易委員會申請許可？https://www.ftc.gov.tw/internet/main/doc/docDetail.aspx?uid=1207&docid=13155&mid=1201

[138] 91 年修正公平法第十四條第一項時，有稱為標準化聯合、研究發展聯合、專業化聯合、輸出聯合、輸入聯合、不景氣聯合及中小企業聯合等七項。韓毓傑（2006），〈聯合行為之研究——以行政院公平交易委員會之實踐為中心〉，《育達學院學報》，第 11 期，13 頁（法源數位法學論著重新編排）。爾後在 104 年 1 月進行全文修正，將條文移至第十五條並新增第八款聯合例外類型。

式,是本款聯合行為類型之主要內容;而降低成本、改良品質或增進效率,則為其聯合行為之目的或可能發揮之效果。實務上,公平會在審查標準化聯合之申請許可案時,除了評估是否有顯著的限制競爭疑慮外,也會要求事業提出聯合行為評估報告書,會就商品價格變化預估、參與聯合行為事業之市場占有率、對未參與聯合事業之阻礙程度等「足以影響生產、商品交易或服務供需之市場功能」之情形,以及,生產成本降低程度、生產效率提高程度、產品品質改良程度、消費者便利性等「有益於整體經濟與公共利益」之因素一併判斷[139]。

公平法施行細則第15條規定「依本法第15條第1項第1款、第3款或第8款規定申請許可者,其聯合行為評估報告書除依前條規定外,並應詳載其實施聯合行為達成降低成本、改良品質、增進效率、促進合理經營、產業發展或技術創新之具體預期效果。」

以實務申請案來區分又可進一步區分為「商品」或「服務」的標準化聯合;前者商品規格進行標準化較為著名的為筆記型電腦製造商申請標準化聯合案,後者以服務進行標準化聯合,如「共同採用單一規格之聯合信用卡及服務標

---

[139] 石世豪(2003),〈註釋公平交易法——第十四條〉,廖義男(等著),《公平交易法之註釋研究系列(一)第一條至第十七條》,行政院公平交易委員會合作研究報告,頁519-522。

章」、「集中帳務處理、清算信用卡業務」、「共同委託處理中心代辦信用卡有關之特約商店推廣及收單業務中之『掛失停用卡號彙整、發送及信用查核授權』、『提供特約商店制式簽帳作業用品』、及『受理特約商店請款及帳單、帳務處理』」申請聯合行為許可，或者聯合排班、共用班號、票證免背書轉讓、聯合促銷或其他的聯營行為，詳後述：

(1) 筆記型電腦製造商申請標準化聯合案[140]，如

【案例 15：筆記型電腦製造商申請標準化聯合案】：

　　　仁寶、華碩、廣達 3 家筆記型電腦製造商擬共同開發筆記型電腦基座（即 D tray）的規格，包含基座本身各零組件間之共同機械、電子與軟體介面，以及基座本身零組件與筆記型電腦其他部分（即附有 LCD 液晶螢幕掀蓋及附屬結構）之介面，向公平會申請許可。

　　　公平會基於下列理由，評估後認為標準規格具有降低成本、改良品質、增進消費者利益等有益於整體經濟與公共利益之正面效益，因此許可 3 家電腦公司的申請，但為了消弭聯合行為許可後，可能產生的限制競爭或不公平競爭之不利益，另外附加了附款。公平會之許可理由：

---

[140] 公平會公聯字第 095002 號許可決定書。

I. 有益於整體經濟與公共利益：

i. 降低成本：

在標準規格下，除有助於大量生產而達規模經濟效益外，尚有助於降低研發支出、供應商與事業之交易成本、市場布局成本、售後服務與教育訓練等；經評估，標準化規格實施後第 1 年約可產生 50 億餘元以上之降低成本利益，隨著量產達規模經濟所引發之成本下降，暨最終價格下跌所增加之需求量，可預見未來之利益將逐年增加。（申請人提出具體成本數據）

ii. 改良品質、增進效率：

在規格標準化下，生產零組件之廠商，在相容零組件具高度替代性之情形下，可將其營業重點集中於提升品質以吸引顧客採購其產品，屆時品質將成為市場上競爭因素，有助於增進筆記型電腦之整體品質；又零組件規格標準化後，可以省卻零組件廠商為單一品牌廠商開立模組，在大量生產可相容性零組件下，有助於提升生產效率。

iii. 增進消費者利益：

在規格標準化後，除提供消費者於購買筆記型電腦時之其他選擇外，尚可享受規模經濟效益及成本降低帶來之價格下

　　　　　　降；另，規格標準化後，將帶動筆記型電腦組裝市場之生機，屆時消費者亦可選擇自行組裝一台個人化筆記型電腦，有助於增進消費者利益。

　　iv. 對我國資訊產業之發展具有正面意義：
　　　　　　參酌相關單位及事業所提意見，藉由申請人等之資金、人力、物力及技術所制定之標準規格將帶動整體筆記型電腦市場動力，擴大技術發展規模，而未參與之廠商亦可因外溢效果而獲得參與生產、銷售之利益，將可提高國內廠商與國際大廠競爭之機會，對我國資訊產業之發展具有重要正面意義。

II. 造成限制競爭或不公平競爭之不利益：
　　　　按申請人等共同研發制定標準化規格行為，所可能產生之限制競爭或不公平競爭之疑慮，在於本聯合行為申請人等未提供此標準化規格予未參與之相關廠商、或延遲公開標準規格之時程、未揭露生產相關產品及零組件所需之必要性專利、標準規格導致僅特定廠商得供應或提供利用於標準規格的相關零組件，亦或利用此標準規格之必要性專利權之排他性，無正當理由拒絕授權、或其授權行為有差別待遇之情形、實施費用收取不合理等，而可能造成限制競爭或不公平競爭之疑慮。倘本會將

上開情形以附加條件或負擔方式命渠等不得為之，應可消弭該等限制競爭或不公平競爭之疑慮。」

(2) 信用卡業務聯合行為案[141]，如【案例 16：信用卡業務聯合行為案】：

多家銀行、信用卡公司與聯合信用卡處理中心「共同採用單一規格之聯合信用卡及服務標章」及「不定時聯合採購信用卡」之行為，因以下之理由而獲得公平會之許可：「共同採用單一規格之聯合信用卡及服務標章，係參照國際信用卡規格及其作業流程、機具設備，須規格固定，方能配合安裝於各特約商店及會員銀行營業場所端末機設備，得在同一機器內辨識聯合信用卡等各種卡片規格，以確認其資料完成交易；又聯合信用卡持卡人依據『聯合及梅花圖』服務標章，得以辨識聯合信用卡中心所屬特約商店，進行簽帳交易，並使商店易於辨識卡片，從而分別真、偽卡，使授權、製卡作業因規格統一，而不須有多種投資，可有效運用設備、系統，以達最大效益」、「各會員銀行於有卡片需求時，由處理中心聯合整批採購，較單一會員銀行逐筆購買卡片成本為

---

[141] 石世豪（2003），〈註釋公平交易法——第十四條〉，廖義男（等著），《公平交易法之註釋研究系列（一）第一條至第十七條》，行政院公平交易委員會合作研究報告，頁 520-521。84 公聯字第 001 號許可決定書、89 公聯字第 007 號許可決定書、公平會公聯字第 104007 號許可決定書。

低」。另外,這些金融業者也就「集中帳務處理、清算業務」申請聯合行為許可,公平會認為「目前該項業務係由財政部政策責成處理中心辦理,透過統一、集中之信用卡帳務處理作業機制,可達成降低營運成本、提高服務品質及增進效率之目的」。又關於「共同委託處理中心代辦信用卡(含國際卡及國內卡)特約商店推廣及收單業務中『掛失停用卡號彙整、發送及信用查核授權』、『提供特約商店制式簽帳作業用品』及『受理特約商店請款及帳單、帳務處理』等事項」,因有資訊利用、作業方便之利益,公平會均許可之。

(3) 航空公司票證免背書轉讓案,如【案例 17:航空公司票證免背書轉讓案】[142]:

遠東航空公司、華信航空公司、復興航空公司與立榮航空公司擬針對臺北－高雄航線實施「票證免背書轉讓」行為,凡旅客持此 4 家航空公司之臺北－高雄航線之有效機票,不須經原開票航空公司背書轉讓,即可同時選擇搭乘此 4 家航空公司之臺北－高雄航線班機,屬行為時公平法第 7 條(現行法第 14 條)所稱之聯合行為,爰依公平法第 14 條(現行法第 15 條)第 1 項但書第 1 款規定申請許可。

公平會評估後,以本申請案有益於整體經

---

[142] 行政院公平交易委員會公聯字第 096003 號許可決定書。

濟與公共利益，且限制競爭或不公平競爭之不利益尚不顯著，應予許可：

I. 關於有益於整體經濟與公共利益方面，該「票證免背書轉讓」之聯合行為可：A.縮短旅客候機時間，創造旅運時間價值，增進消費者福祉。B.提升旅客搭機之便利性，可吸引更多商務旅客搭乘，增進生產效益。C.降低4家航空公司旅客簽轉作業之飛航成本，且由於臺北－高雄航線之提供座位數處於供過於求狀態，票證之流通性增加，可提升機位之利用率及減少資源之浪費。D.航政主管機關交通部表示對本案申請內容樂觀其成。

II. 關於本案造成限制競爭或不公平競爭不利益方面：A.臺北－高雄航線航空運輸服務市場提供者皆參與本案聯合行為申請，是本案實施後，尚無對競爭者產生不公平競爭之疑慮。且臺北－高雄航線之載客率供過於求，加上國內高鐵通車後，新替代性運具加入競爭，是就市場供需狀況而言，未來是否有足夠誘因引進新進航空運輸業者參與競爭尚存疑義，爰本案聯合行為實施後，對未來臺北－高雄航線航空運輸服務市場造成參進障礙之不利益尚不顯著。B.對價格僵固性之影響有限：按航空公司間實施票證免背書轉讓行為時，均須事先

簽署拆帳協定，開票公司依協定之拆帳比例支付予實際飛航公司，開票公司為確保獲利或避免虧損，其機票之市場售價將不低於約定之拆帳價格，故票證免背書轉讓之拆帳協定有造成機票價格僵固，而達到相互約束其價格下限效果之疑慮，進而減損市場之競爭機能。經審酌申請人等除華信航空公司以外，目前於機場櫃檯銷售比例均達 5 成以上，而渠等目前在機場櫃檯的銷售價格，均依交通部核定之票價上限價格進行銷售（遠東航空公司 2,200 元，華信航空公司 2,120 元，復興航空公司 2,110 元，立榮航空公司 2,200 元），該等價格仍遠高於本案協議全票之拆帳價格 1,450 元（約為全額票價之 66 折），尚難謂造成價格僵固效果之疑慮。另本案聯合行為實施後，並不影響各種優惠折扣票種之使用，亦不影響回饋及爭取客源而實施之優惠促銷專案，是本案造成價格僵固性之影響難謂顯著。C.不致減損業者提供創新服務之誘因：運輸行業特性在於所提供之服務無法儲存，例如航空公司飛機座位倘未賣出，即是一種成本之消耗，而無任何營收。故各航空公司仍有提高載客率，降低商品（服務）庫存成本之誘因，在國內整體航空市場仍供過於求情況下，倘能提供

較佳之服務或飛行器，爭取持他家航空公司機票之消費者選擇搭乘，進而增加營收，故業者間仍存有創新服務之誘因。再者，自高鐵通車營運後，遠東航空公司、華信航空公司等於96年3月起已陸續推出優惠促銷方案，以增加旅客搭機誘因，故在高鐵參進競爭之情狀下，本案聯合行為之實施，應無減損業者追求提供創新服務之誘因。D.尚未對上下游市場產生影響：本案市場為航空運輸服務市場，尚無上游市場。就下游票務銷售市場而言，由於各旅行社與航空公司均分別訂有合約，其銷售通路並未改變，且本案僅為票證免背書轉讓之聯合行為，尚不涉及票務聯合銷售行為，故本案對下游市場應無顯著影響。E.對消費者權益減損之影響尚不顯著：按航空公司間實施票證免背書轉讓行為時，因票證免背書轉讓之拆帳協定有造成機票價格僵固，而達到相互約束其價格下限效果之疑慮，進而有造成票價不易下跌或下跌幅度有限之疑慮，惟按本案聯合行為實施後，對於價格僵固性之影響尚不顯著，且由於實施票證免背書轉讓並不改變臺北－高雄航線之班次、座位供給及運價調整機制；另渠等雖有協議之拆帳金額，但仍各自訂有優惠票種以吸引旅客（如學生優

惠票、網路優惠票等），並未減損原享有折扣票價旅客之權益。且在高速鐵路正式營運後，旅客於臺北－高雄線之運具選擇增加，凡此，均不致嚴重減損消費者利益。

2. 合理化之聯合：

第 15 條第 1 項第 2 款為提高技術、改良品質、降低成本或增進效率，而共同研究開發商品、服務或市場，一般稱之為合理化聯合[143]，亦有稱之為「共同研發之聯合」或「研究發展聯合」[144]。由法條內容可知，本款主要內容為事業共同研究開發商品之生產技術、改進產銷流程或共同開發銷售市場；至於提高技術、改良品質、降低成本或增進效率，則為其聯合行為之目的或可能發揮之效果。

實務上在認定申請案是否屬於本款之合理化聯合時，同時亦就產銷量變化預估、商品價格變化預估、參與聯合行為事業之市場占有率、事業有無濫用市場地位之虞、事業產銷策略是否受約束等「足以影響生產、商品交易或服務供需之市場功能」之情形，以及，研究發展成本降低程

---

[143] 公平交易委員會，常見問答，聯合行為之規範，哪些型態之聯合行為可向公平交易委員會申請許可？https://www.ftc.gov.tw/internet/main/doc/docDetail.aspx?uid=1207&docid=13155&mid=1201

[144] 另有稱為研究發展聯合。韓毓傑（2006），〈聯合行為之研究──以行政院公平交易委員會之實踐為中心〉，《育達學院學報》，11期，頁13。（法源數位法學論著重新編排）

度、技術水準提高程度、生產效率提高程度、產品品質改良程度等「有益於整體經濟與公共利益」之因素一併判斷之[145]。

此外，為助於公平會審查申請案之聯合行為類型及實質要件是否具備，公平法施行細則第 16 條規定，依本款規定申請許可者，其聯合行為評估報告書除第 14 條規定外，並應詳載下列事項：

一、個別研究開發及共同研究開發所需經費之差異。

二、提高技術、改良品質、降低成本或增進效率之具體預期效果。

實務上案例如：

(1) 電腦製造商 IBM 公司與摩托羅拉公司於 83 年向公平會申請成立「威力晶片技術服務中心」，以提供客戶訓練、技術支援服務及組合系統之必要協助案，經公平會審查後予以許可。公平會認為，IBM 公司與摩托羅拉公司所研發之「威力晶片」係屬新產品，本案之實施，可以促進市場競爭，有助我國軟、硬體資訊工業之技術升級，且其實施應無限制競爭之虞，促進競爭之效果大於限制競爭，有利於整體經濟及公共利益，故予以許

---

[145] 石世豪（2003），〈註釋公平交易法——第十四條〉，廖義男（等著），《公平交易法之註釋研究系列（一）第一條至第十七條》，行政院公平交易委員會合作研究報告，頁 522-523。

可[146]。

(2) 多家電力電纜事業申請以合資新設事業方式製造、銷售 69KV 至 161KV 接續器材為事業聯合，公平會認為：系爭商品開發為電力電纜產業亟待克服之關鍵零組件及自主性技術，攸關國內提升電纜工業技術水準及解決長期依賴外國事業供料之課題，且為國內事業進入國際電力電纜工程市場所需，對其上、中、下游之相關產業亦具有正面影響，符合整體經濟利益，而對其申請展延予以許可[147]。

3. 專業化之聯合[148]：

第 15 條第 1 項第 3 款為促進事業合理經營，而分別作專業發展，稱為「專業化之聯合」[149]。解釋上，事業間就其營業分別作專業發展，係本款聯合行為類型之主要內容；促進彼此之合理經營，則為其聯合行為之目的或可能發揮之效果。

---

[146] 83 公聯字第 007 號許可決定書。

[147] 許可展延：91 公聯字第 091001 號許可決定書。石世豪（2003），〈註釋公平交易法——第十四條〉，廖義男（等著），《公平交易法之註釋研究系列（一）第一條至第十七條》，行政院公平交易委員會合作研究報告，頁 523。

[148] 石世豪（2003），〈註釋公平交易法——第十四條〉，廖義男（等著），《公平交易法之註釋研究系列（一）第一條至第十七條》，行政院公平交易委員會合作研究報告，頁 524。

[149] 公平交易委員會，常見問答，聯合行為之規範，哪些型態之聯合行為可向公平交易委員會申請許可？https://www.ftc.gov.tw/internet/main/doc/docDetail.aspx?uid=1207&docid=13155&mid=1201

實務上在認定申請案是否屬於本款之專業化聯合時，同時亦就參與聯合行為事業之市場占有率等「足以影響生產、商品交易或服務供需之市場功能」之情形，以及，產銷成本降低程度、產銷效率提高程度、商品品質改良程度、生產技術提高程度、產銷量增加程度等「有益於整體經濟與公共利益」之因素一併判斷之。

此外，為有助於公平會審查申請案之聯合行為類型及實質要件是否具備，公平法施行細則第15條規定，依本款申請許可者，其聯合行為評估報告書除依第14條規定外，並應詳載「**其實施聯合行為達成降低成本、改良品質、增進效率、促進合理經營、產業發展或技術創新之具體預期效果。**」

學者認為，本款為達成合理化目的之一種特殊形態，但公平會為本款之許可時，應較合理化之聯合更為嚴格。蓋本款乃事業依所約定之分配，各自限制其生產或銷售之項目，而專門就少數特定自己特別優越或專長之生產或銷售項目作發展，俾能集中資源與人力，做大量系列之生產及銷售，而可降低成本及增進效率，並提高技術及改善品質而促進合理化經營之目的。專業化之聯合固然亦如同合理化之聯合有益於整體經濟利益及公共利益之效果，但專業化之結果亦容易造成各參與事業以其分配之專業化生產或銷售之項目瓜分相關市場勢力範圍之後果。因此，其許可

之條件，應較合理化之聯合更為嚴格，通常須附加條件或負擔，使各該專業項目之相關市場上仍存有相當之實質競爭者為限，始為許可，以緩和相關市場被瓜分勢力範圍之危險[150]。

　　實務上，台視等電視公司申請共同取得2012年倫敦奧運轉播授權、共同租用衛星與光纖線路，及分配轉播項目，公平會基於下列理由認為有益於整體經濟與公共利益，符合「統一規格或型式之聯合」及本款「專業化之聯合」，准予許可：A.共同取得授權，有助於參與聯合行為事業降低成本，收視戶得透過無線電視或其他多種平台選擇收看奧運轉播，有利於消費者權益。B.共同租用衛星、光纖線路，有助於參與聯合行為事業降低成本，且有技術上之便捷性與經營之效率性。C.共同規劃並分配奧運轉播項目，藉由分工合作，分別轉播各類型奧運賽事，而得以呈現較多節目內容。因本聯合行為係屬短期行為，對限制競爭之負面影響尚屬有限，且不損及申請人間轉播奧運會節目之競爭性[151]。

---

[150] 廖義男（2021），《公平交易法》，初版，頁342，元照。
[151] 公聯字第101005號。

問題 5：公車聯營是不是也有違反公平法的問題[152]？

【範例】

　　臺北市公車與其他民營公司依據協議，將臺北市的公車路線按東、西、南、北各區分配路線，在價格上也採行統一價格的制度，是否違反公平交易法？

【相關條文】

➢公平交易法第 14 條
➢公平交易法第 15 條

【解析】

　　臺北市公車與其他民營公司，依據契約或協議來劃分公車路線，確實符合聯合行為要件的「與有競爭關係的事業共同限制交易對象與交易地區」，但是公車與民營公車事業者的路線劃分，是為了「促進事業合理經營，而分別作專業發展的理由」，可依據第 15 條，有益於整體經濟與公共利益，向主管機關公平交易委員會申請，應當會獲得許可，而且依據公平法第 15 條第 1 項第 1 款的規定，公車業者亦可主張為增進效率，以申請許可其聯合行為。

　　公車業者劃分交易地區、交易對象的行為，確實有其必要，例如同一條路線最多允許兩家或三家公司經營，可避免太多公司經營，載客率不足，造成不敷成本，形成資源配置的浪費。因此路線、地區的劃分有其必要，所以其申請例外許可時應儘量予以方便。

　　事實上，黃金路線經常有多家公司搶著經營，至於偏遠地

---

[152] 修改自范建得、莊春發，《公平交易法 Q&A 範例 100》，問題 23，商周文化，1992 年初版，後因授課需要，將原案例進行調整，編為課程講義使用。

區或冷門路線經常出現乏人問津的情況，使得居住偏遠地區的民眾權益受到忽視，或不平等的待遇。這是主管機關在核准許可時應當予以附加條件，使這些非黃金路線的民眾也能享受應有的權利。

可是，現在一個縣市的客運公司想要聯合經營，共同排班，以增進資源配置效率，究竟應該依據汽車運輸業管理規則第15條、第16條向其所在地區之該管主管機關申請，還是向公平交易委員會做申請呢？公法字第10515602813號揭示，交通運輸業主管機關依公路法及汽車運輸業管理規則相關規定，基於職權審酌產業政策、公共運輸整體效率、商品或服務特性及消費者利益，核准聯合排班，各業者依據核准路線執行聯合排班措施，得依公平法第46條規定，優先適用公路法及汽車運輸業管理規則相關規定。

4. 輸出之聯合：

為確保或促進輸出，而專就國外市場之競爭予以約定，一般稱為「輸出之聯合」（公平法第15條第1項第4款）。解釋上，事業間專就其國外市場之競爭予以約定，係本款聯合行為類型之主要內容；確保或促進輸出，則為其聯合行為之目的或可能發揮之效果。

實務上在認定申請案是否屬於本款之輸出聯合時，同時亦就有無不當侵害國內一般消費者及其他相關事業利益之虞、外國政府報復可能性等「足以影響生產、商品交易或服務供需之市場功能」之情形，以及，出口成本降低程度、出口價

格變化預估等「有益於整體經濟與公共利益」之因素一併判斷之。

此外，為有助於公平會審查申請案之聯合行為類型及實質要件是否具備，公平法施行細則第 17 條規定，依本款規定申請許可者，其聯合行為評估報告書除第 14 條規定外，並應詳載下列事項：

一、參與事業最近 3 年之輸出值（量）與其占該商品總輸出值（量）及內外銷之比例。

二、促進輸出之具體預期效果。

學者提出，由於本款規定迄未具體適用於實際個案之中，且我國已於民國 92 年初正式加入世界貿易組織（WTO），就立法政策而言，本款規定在實務上既無規範實效，又將引起是否牴觸 WTO 相關規範如關稅暨貿易總協定（GATT）、服務貿易總協定（GATS）之疑慮，比較德國修正 GWB 刪除輸出卡特爾豁免規定之經驗，實有檢討刪除之必要[153]。

5. 輸入之聯合：

為加強貿易效能，而就國外商品或服務之輸入採取共同行為，一般稱為「輸入之聯合」（公

---

[153] 石世豪（2003），〈註釋公平交易法——第十四條〉，廖義男（等著），《公平交易法之註釋研究系列（一）第一條至第十七條》，行政院公平交易委員會合作研究報告，頁 525。並參考黃茂榮、劉孔中（2003），〈聯合行為之採證與例外許可項目之研究〉，《第十屆競爭政策與公平交易法學術研討會論文集》。

平法第 15 條第 1 項第 5 款）。解釋上，事業就其輸入之國外商品或服務採取彼此共同之行為，係本款聯合行為類型之主要內容；加強國內事業共同對外之談判地位等貿易效能，則為其聯合行為之目的或可能發揮之效果。

實務上在認定申請案是否屬於本款之輸入聯合時，同時亦就有無不當侵害國內一般消費者及其他相關事業利益之虞等「足以影響生產、商品交易或服務供需之市場功能」之情形，以及，進口成本降低程度、影響國內產業發展程度、產業經營成本降低程度等「有益於整體經濟與公共利益」之因素一併判斷之[154]。

此外，為有助於公平會審查申請案之聯合行為類型及實質要件是否具備，公平法施行細則第 18 條規定，依本款規定申請許可者，其聯合行為評估報告書應詳載下列事項：

依本法第 15 條第 1 項第 5 款規定申請許可者，其聯合行為評估報告書除第 14 條規定外，並應詳載下列事項：

一、參與事業最近 3 年之輸入值（量）。

二、事業為個別輸入及聯合輸入所需成本比較。

三、達成加強貿易效能之具體預期效果。

---

[154] 石世豪（2003），〈註釋公平交易法──第十四條〉，廖義男（等著），《公平交易法之註釋研究系列（一）第一條至第十七條》，行政院公平交易委員會合作研究報告，頁 526。

聯合進口大宗物資（如大麥、玉米、黃豆、小麥之河船裝運進口）為我國聯合行為例外許可案件中最常見之類型。實務上例如：公平會以「降低進口成本、減少倉儲損耗、減少資金積壓及利息負擔、降低採購風險、避免內陸運輸調度失常，於貿易糾紛中亦可增加交易能力，以及配合國內農糧與經貿政策」為由，許可小麥進口業者為「聯合採購」及「聯合裝船保險」之行為[155]。

公平會認為大統益公司等 5 家業者合船進口黃豆之聯合行為，有益於整體經濟及公共利益，准予附加負擔許可延展期限，理由為「合船進口黃豆可提高參與業者的運費議價能力並降低運輸成本，且本次合船之參與業者（統稱南部組）合船進口黃豆數量占我國黃豆總進口量比例不高，市場上亦有其他合船組或進口業者相互競爭，參與合船業者有誘因將節省之成本反映在售價上，進而使相關經濟效益得以擴散至消費者；且產業主管機關亦表示，合船進口可使相關業者增加國際運費議價能力，掌握原料供應，對於維持下游產業鏈供貨及國內急迫偶發性市場需求亦有所助益。」

至於附加之負擔如下：「一、申請人得依私法自治原則，訂定相關規範規定參與黃豆合船事業之合船運作事宜，惟申請人不得利用本許可或

---

[155] 86公聯字第 012 號許可決定書，89公聯字第 004 號許可決定書。

相關規範從事其他聯合行為,或無正當理由,拒絕他事業加入本聯合行為。本聯合行為主體變動並應報經公平會備查。二、申請人不得利用本許可或相關規範限制任一申請人自由決定其合船進口之數量,或禁止任一申請人自行進口。三、申請人應將本聯合行為之執行情形,包括每船次各進口人之登記採購量、實際採購量、採購裝船期及採購價格、裝貨船開航日期及抵達我國港口日期,各申請人每月進口量、加工量、銷售量、庫存量等資料,按季函報公平會[156]。」

有論者以為,我國公平會對於合船採購大宗穀物之管制模式,主要係鑑於其得以降低採購成本,至有益於整體經濟與公共利益,爰普遍許可其申請。就此許可理由觀之,顯示公平會期待藉由聯合採購大宗穀物達成之規模經濟效益,得以反映在滿足基本民生需求及安定消費物價之經濟效果上。不過,應予說明的是,公平會對於聯合進口大宗穀物之許可範圍,僅限於合船採購作業,其他諸如採購額度、產銷數量、加工穀物商品定價等事項,仍然受到聯合行為禁止規定之適用[157]。

---

[156] 公聯字第 106001 號許可決定書。

[157] 顏廷棟、馬泰成、黃美瑛、黃郁雯,聯合行為例外許可對民生物價與市場競爭之評析》,《公平交易季刊》,21卷2期,頁29-76。

問題 6：何謂聯合進口？是否也保證下一階段的出售仍可採取聯合行為[158]？

【範例】

為爭取和國外出口商談判的籌碼，國內進口商乃聯合起來，一起向國外出口商報價購買產品。該產品輸入國內市場後，為避免市場交易秩序混亂，於是對下一階段的購買者則採行統一訂價，這些行為是否有違反公平法之嫌？

【相關條文】

➤公平交易法第 15 條

【解析】

對整體國際經濟而言，臺灣地區的經濟活動只占一小部分，所以國際市場交易活動中，不管是站在賣方或買方的立場，臺灣經貿活動的影響可能十分有限，特別是以個別事業單位與對方進行交易時更是如此。為增加國際市場談判的籌碼，允許國內廠商以聯合方式和國外出口商進行交易，可使國內進口商取得有利的交易條件，這是值得鼓勵的作法，該活動可能帶來售價的降低，有益整體經濟和公共利益。

然而，國外產品進口到國內之後，國內廠商將其加工再出售時，應不允許其有聯合行為，除非有其他聯合例外的理由，並經向公平會申請獲得許可，否則不能以維持市場交易秩序為理由，進行違法的聯合行為。

國際市場與國內市場之所以採行不同的對待態度，是因為在國際市場上，若由全體廠商共同採購或輸出，將可增進貿易的談

---

[158] 修改自范建得、莊春發，《公平交易法 Q&A 範例 100》，問題 22，商周文化，1992 年初版，後因授課需要，將原案例進行調整，編為課程講義使用。

判條件，取得有利的交易條款。在國際市場的舞台上，胳膊是可以往裏彎的，因為這樣的作法將有利於整體經濟與公共利益，換言之，採集體式向外交易，可為本國爭取到更多的福利。

　　但產品一進到國內市場，廠商之間必須遵循效率原則，各憑本事，各顯神通，有效率者得以生存，沒有效率者只好接受殘酷的淘汰。而在競爭的過程中最好的手段便是價格，若因人為的故意延續國外購買時的聯合行為，將不利於市場的競爭，失去淘汰作用，而這種聯合行為對下游業者也不公平，其必須接受較高的價格，並進一步地將此高成本反映在消費價格上，不利於消費者福利。在台灣最典型的例子就是大宗穀物的小麥進口。

6. 不景氣之聯合：

　　有關不景氣之聯合，公平會在 80 年制定之初即考量聯合行為之態樣甚多，效用亦不一，如有益於整體經濟與公共利益時，尚不宜完全否定其正面之功能；故但書規定經中央主管機關許可之聯合行為，不在禁止之列。是以當時將「經濟不景氣期間，商品市場價格低於平均生產成本，致該行業之事業，難以繼續維持或生產過剩，為有計畫適應需求而限制產銷數量、設備或價格之共同行為者。」納入法條第一項第六款，即我們所稱不景氣之聯合條款。唯 104 年 1 月修正時，因原條文第一項第六款迄今並無任何申請獲准之案例，或係肇因於本款之規定要件嚴格，實務操作不易所致。且所謂「商品市場價格低於平均生產

成本」舉證上並不容易，而「市場價格」與「平均生產成本」之認定，更易滋生爭議，爰予修正，將「商品市場價格低於平均生產成本」之文字刪除；另為明確市場劃分，將「致該行業」文字修正為「致同一行業」，以臻合理[159]。

至此可知，公平交易法第十五條第六款所謂「不景氣」，包含整體經濟之不景氣所致之個別行業之不景氣以及單純之行業不景氣。公平交易委員會於收受行業不景氣之聯合申請時，除考量該行業之個別狀況外，仍以其聯合行為是否有益於整體經濟為核駁依據[160]。而因經濟不景氣，致同一行業之事業難以繼續維持或生產過剩，為有計畫適應需求而限制產銷數量、設備或價格之共同行為，則稱為「不景氣之聯合」。解釋上，事業有計畫限制產銷數量、設備或價格之共同行為，係本款聯合行為類型之主要內容；事業藉以適應不景氣、解決該行業生產過剩問題及繼續維持相關事業之經營，則為其聯合行為之目的或可能發揮之效果。

實務上在認定申請案是否屬於本款之不景氣聯合之際，除就總體景氣狀況、商品市場價格持續低於平均生產成本程度、該行業之事業是否難以繼續維持或生產過剩、事業之合理化經營是否

---

[159] 公平交易法法條沿革，立法院法律系統。

[160] 公平交易委員會，常見問答，聯合行為之規範，經濟不景氣與行業不景氣不盡一致，如整體經濟景氣甚佳，但行業不景氣時，是否可以申請聯合？

仍難克服不景氣困境等景氣條件加以判斷之外，同時亦就有無不當侵害國內一般消費者及其他相關事業利益之虞等「足以影響生產、商品交易或服務供需之市場功能」之情形，以及，參與聯合行為事業之員工人數等與「整體經濟」有關之因素一併判斷之[161]。

此外，為有助於公平會審查申請案之聯合行為類型及實質要件是否具備，公平法施行細則第19條規定，依本款申請許可者，其聯合行為評估報告書除第14條規定外，並應詳載下列事項：

一、因經濟不景氣，而致同一行業之事業難以繼續維持或生產過剩之資料。

二、參與事業最近三年每月之產能、設備利用率、產銷值（量）、輸出入值（量）及存貨量資料。

三、最近三年間該行業廠家數之變動狀況。

四、該行業之市場展望資料。

五、除聯合行為外，已採或擬採之自救措施。

六、實施聯合行為之預期效果。

除前項應載事項外，主管機關得要求提供其他相關資料。

實務上，民國87年底，臺灣區人造纖維製造工業同業公會及其下游之臺灣區人造纖維加工絲

---

[161] 石世豪（2003），〈註釋公平交易法──第十四條〉，廖義男（等著），《公平交易法之註釋研究系列（一）第一條至第十七條》，行政院公平交易委員會合作研究報告，頁526-528。

工業同業公會,曾分別向公平會提出「聚酯絲聯合減產案」、「聚酯加工絲聯合減產案」之申請,為公平會成立來第一宗申請不景氣聯合行為之例外許可案。惟公平會則以該 2 產業之「市場需求及銷售量未見衰退,且在成長,廠商庫存亦未見大幅增加」,又聚酯絲、聚酯加工絲廠商「非意願性庫存量(即庫存總量扣除廠商正常營運所需庫存之餘額)至 87 年 10 月止,分別占該年生產量的 1.15%及 1.46%,增加幅度尚屬有限,廠商得個別自行調整產量以為因應」,認為相關產業之市場機能尚能運作,無法證明此一聯合減產案合於「有益於整體經濟利益與公共利益」之要件,故不予許可[162]。

問題 7:有哪些經濟活動可列入聯合行為例外許可的範圍[163]?

【範例】

　　甲、乙兩家是供應全國 A 種產品的唯一廠商,現由於市場需求不佳,土地、人工、原料的大幅漲價,使得兩家公司產品在市場上的平均售價均低於其平均成本,為求生存,兩家公司乃協議將原有設備的利用率減半,並訂定較高的統一價格,該項行為是否違反公平法的聯合行為規定?

---

[162] 延伸閱讀:林利裕(2000),〈人纖業申請不景氣聯合減產案例實務報導〉,《公平交易季刊》,8 卷 2 期;曾明煙、胡祖舜、許俊雄、張心怡(2000),〈從競爭法探討不景氣期間事業申請聯合行為例外許可之整體經濟利益考量因素〉,《行政院公平交易委員會研究發展報告》。

[163] 修改自范建得、莊春發,《公平交易法 Q&A 範例 100》,問題 21,商周文化,1992 年初版,後因授課需要,將原案例進行調整,編為課程講義使用。

【相關條文】
➢公平交易法第 14 條
➢公平交易法第 15 條

【解析】
　　甲、乙兩家廠商將設備利用率減半，同時調高價格，符合公平法第 14 條有關聯合行為之要件，即具競爭關係同一產銷階段之事業彼此合意，共同決定訂價、相互約束事業活動的行為。而且甲、乙兩家廠商又是生產 A 產品的唯一供應商，因此也很可能影響生產、妨礙市場功能。依法理應加以禁止，因為其行為已造成市場競爭的限制，使市場機能無法正常運作。

　　問題是目前的市場狀況處於需求不足，而且生產成本大幅上漲的不景氣時代，兩家產品的售價已低於生產成本。依據經濟學理，固然可利用此市場機能淘汰沒有效率的廠商，但是依據題意，市場只有兩家廠商，若不允許其做設備限制使用，共同調高價格，很可能使兩家廠商不堪累賠，最後終於倒閉退出市場，使市場的 A 產品生產與供給變為零，對於整體經濟與公共利益反而不利，所以理論上在經濟不景氣期間應允許廠商有聯合行為。

　　但有一點必須提醒的是，所謂的經濟不景氣期間的定義和判斷有時候並不容易界定，反而可能造成廠商經營的有恃無恐，一旦發現其價格不敷成本時，即要求允許其不景氣的聯合行為，以逃過市場競爭的制裁，最後可能導致許多無效率的廠商得以苟延殘喘的留下，而市場機能優勝劣敗的淘汰作用便無從發揮，所以主管機關核准不景氣聯合行為時必須特別審慎，拿捏的分寸必須以整體經濟長期發展為依歸。

7. 中小企業之聯合行為：

所謂「中小企業之聯合行為」係指公平法第 15 條第 1 項第 7 款，為增進中小企業之經營效率，或加強其競爭能力所為之共同行為。在法律解釋上，本款聯合行為類型為中小企業之共同行為；其目的或可能發揮之效果，須以增進中小企業經營效率，或加強競爭能力者為限，而非所有中小企業之共同行為均可適用本款予以許可。實務在做認定時，首先應確定申請者符合中小企業之主體要件，再認定參與聯合行為之事業以個別之努力難以達成相同效果而有其必要性，然後再就有無不當侵害國內一般消費者及其他相關事業利益之虞等「足以影響生產、商品交易或服務供需之市場功能」之情形，以及，聯合後中小企業經營效率或競爭力提升程度等「有益於整體經濟與公共利益」之因素一併判斷之[164]。

又事業是否符合「中小企業」之認定標準，可依上開規定，提出聯合行為許可之申請，依公平交易法施行細則第 21 條規定，該法第 15 條第 1 項第 7 款所稱之中小企業，依中小企業發展條例規定之標準認定之。目前經濟部中小企業處訂頒之中小企業認定標準，依事業種類、資本額、營業額、經常僱用員工數等分別認定，項目繁多不

---

[164] 石世豪（2003），〈註釋公平交易法——第十四條〉，廖義男（等著），《公平交易法之註釋研究系列（一）第一條至第十七條》，行政院公平交易委員會合作研究報告，頁 528-530。

另逐一臚列[165]。

此外，為有助於公平會審查申請案之聯合行為類型及實質要件是否具備，公平法施行細則第 20 條規定，依本款規定申請許可者，其聯合行為評估報告書除第 14 條規定外，並應詳載下列事項：

依本法第 15 條第 1 項第 7 款規定申請許可者，其聯合行為評估報告書除第十四條規定外，並應詳載下列事項：

一、符合中小企業認定標準之資料。

二、達成增進經營效率或加強競爭能力之具體預期效果。

公平會另就中小企業聯合定價行為，發布「公平交易委員會對於中小企業申請聯合定價案件之處理原則」並制定「公平交易委員會例外許可中小企業聯合定價行為受理及審核程序[166]。」事實上，公平會最早制定之版本為「例外許可中小企業聯合定價行為審查原則[167]」，有論者主張此審理原則係公平會於第 15 條各款之許可時務上

---

[165] 公平交易委員會常見問答聯合行為之規範申請公平交易法第十五條第一項第七款「中小企業聯合」之中小企業應如何認定？https://www.ftc.gov.tw/internet/main/doc/docDetail.aspx?uid=1207&docid=13152&mid=1201

[166] 公平交易委員會主管法規，處理原則，聯合行為，公平交易委員會對於中小企業申請聯合定價案件之處理原則 https://www.ftc.gov.tw/internet/main/doc/docDetail.aspx?uid=162&docid=14675&mid=171。

[167] 原名「例外許可中小企業聯合定價行為審查原則」（83 年 11 月 2 日第 160 次委員會議通過），復於 94.1.13.第 688 次委員會議修正名稱「公平交易委員會對於中小企業申請聯合定價案件之處理原則」。

唯一的行政命令[168]。

【公平交易委員會對於中小企業申請聯合定價案件之處理原則】

83.11.2.第 160 次委員會議通過
88.11.3.第 417 次委員會議修正第 2 點、第 7 點、第 8 點及第 12 點
88.11.9.（88）公法字第 03182 號函分行
94.1.13.第 688 次委員會議修正名稱及第 1 點
94.2.24.公法字第 0940001284 號令發布
94.8.26.公法字第 0940006973 號令發布修正第 7 點、第 8 點
101.2.8.第 1057 次委員會議修正名稱及第 4 點
101.3.12.公法字第 1011560288 號令發布，溯及自 101 年 2 月 6 日生效
105.6.8 第 1283 次委員會議修正第 2 點、第 4 點、第 7 點、第 8 點、第 10 點
105.6.17 公法字第 10515603621 號令發布
105.12.14 第 1310 次委員會議修正
105.12.26 公製字第 10513608261 號令發布

一、目的：

為提昇中小企業從事效能競爭，並維護交易秩序與消費者利益，裨益整體經濟與公共利益，爰訂定本處理原則。

---

[168] 林易典（1999），〈淺析公平會『例外許可中小企業聯合定價行為審查原則』〉，《公平交易季刊》，7 卷 4 期。謂「公平交易委員會對於中小企業申請聯合定價案件之處理原則」，使用處理原則字眼，雖非法定名稱，但其已具體限制人民之權利，故已非單純行政機關內部之行政規則，而屬行政命令。

二、適用主體：

公平交易法（下稱本法）第15條第1項第7款所稱之「中小企業」。按本法施行細則第21條規定「本法第15條第1項第7款所稱中小企業，依中小企業發展條例規定之標準認定之。」

三、適用客體：

有益於整體經濟與公共利益之中小企業聯合定價（或稱中小企業統一定價）行為。

四、法律依據：

本法第15條第1項（第7款）「為增進中小企業之經營效率，或加強其競爭能力所為之共同行為。」得向公平交易委員會（下稱本會）申請許可。

五、適用範圍：

按中小企業聯合定價行為，將限制價格競爭，惟該聯合定價行為符合下列原則之一，而有益於整體經濟與公共利益者，得向本會申請聯合行為許可：

（一）「交易穩定化原則」：

同質性高、交易金額細微的商品或勞務的偶發性交易行為，若預見交易價格，可減輕如詢（議）價等交易成本，同時有促進提供商品或勞務之一方從事效能競爭，並防制其乘交易相對人之急迫為顯失公平之行為者。

（二）「資訊透明化原則」：

對於商品或勞務的交易，聯合定價行為的實現目的與效果，不在於影響市場供需，或市場上已有國際行情，另或其計價方式、計價項目及相關計算參數等資訊公開結果，有助於交易資訊的取得，減輕社會交易成本，且有益於交易機會的實現者。

六、申請條件：

（一）中小企業聯合定價行為，應提請所屬同業公會會員大會決議通過，由同業公會代為申請。

（二）中小企業聯合定價行為，應由同業公會與交易相對人團體協商，取得聯合定價行為及合理價格的共識及同意函件。

（三）為配合聯合定價行為的有效施行，同業公會代為申請時，應提具與本法精神不相抵觸之自律性公約或執行辦法。

七、申請人：

中小企業聯合定價之行為，應按本法施行細則第 12 條規定之精神，由同業公會代為提出申請。

八、申請程序：

（一）準備程序：

中小企業若認聯合定價行為符合前稱適用範圍所訂之原則，同時有益整體經濟與公共利益，應擬具書面理由送請本會進行初審。

經本會審查初步認定符合前揭原則時，中小企業即得申請同業公會代為申請統一價格之許可，同業公會為前項申請作業前，應與相關交易相對人團體協商，取得統一價格行為及合理價格的共識。

（二）申請程序及應備書件：

聯合定價行為經本會初審通過，並與交易相對人團體完成協商後，中小企業應由所屬同業公會向本會提出申請。

申請書件準備，除應按本法施行細則第 13 條、第 14 條、

第 20 條相關規定辦理外,並應備書件如次:同業公會會員大會決議同意代為申請聯合定價之相關會議紀錄、統一價格表(或計價公式等)、符合中小企業聯合定價行為原則之總體意見報告書、與交易相對人團體協商紀錄文件及同意函、同業公會自律性公約或執行辦法及其他經本會指定之文件。

九、審查基準:

(一)聯合定價行為是否與交易相對人團體完成協商與共識。

(二)聯合定價行為是否符合「交易穩定化」或「資訊透明化」原則。

(三)統一價格是否為「合理價格」。

(四)聯合定價行為是否有益整體經濟及公共利益。

十、審查程序:

本會為配合中小企業申請作業,審核程序採初審與複審二階段作業。

初審:初步評估聯合定價行為是否符合「交易穩定化」或「資訊透明化」原則,不符即予退件。

複審:本會採取形式要件審查(書件審查)及實質要件審查方式辦理。實質審查得以召開公聽會、座談會等方式,邀集學者專家、交易相對人等相關團體、同業公會、目的事業及社政主管機關參與。

(一)許可:經審議認定,該聯合定價行為,符合適用範圍所訂原則並有益於整體經濟及公共利益者,依據本法第 15 條第 1 項第 7 款予以許可並得附加條件、限制或負擔。

(二)退件或駁回:形式要件審查書表未備齊或補件,即予退

件；聯合定價行為經審查認定實質不符適用範圍所訂原則，或不符第 15 條第 1 項第 7 款許可要件者，予以駁回。

十一、例外許可聯合定價方式：

符合前稱適用範圍所訂原則，並有益整體經濟與公共利益之聯合定價行為，許可申請人所主張的合理價格為上限價格（即申請人不得要求以所提出之合理價格為齊一價格，要求成員遵守）為原則；若交易型態特殊者，定價包含買進、賣出價格時，或係為資訊透明必要者，以許可分別訂定上下限價格，或對於計價方式予以許可，許可期間由本會視個案情形審酌。

十二、聯合定價行為許可後申請新增主體應備書件：

聯合定價行為許可決定書內容倘要求主體變動應報經本會備查，嗣後倘有新增主體之情形，應備妥新增主體之事業基本資料、設立證明文件影本、符合中小企業認定標準之資料、最近三年與聯合行為有關之商品或服務價格及產銷值（量）之逐季資料、上一會計年度之財務報表及營業報告書（亦可以「資產負債表與損益表」替代）、水平競爭或其上下游事業之市場結構資料、同業公會會員大會決議同意代為申請聯合定價之相關會議紀錄、原許可文件影本，由原許可申請人報經本會備查。

十三、本處理原則於本會決議通過後實施。

註：

（一）第 195 次委員會議決議：本會許可中小企業聯合定價乃係參考價性質，若有申請許可之中小企業未遵循該價格時，尚不致違反本會許可內容，惟是否違反公平法相關規定，仍須視個案情形而定。

（二）第 187 次委員會議決議：

　　土地登記專業代理人係公平交易法第 2 條第 4 款（已修正為第 2 條第 1 項第 3 款）所稱之事業，自受公平交易法所規範。至公平交易法施行細則第 22 條（已修正為第 21 條）規定「本法第 14 條第 7 款（已修正為第 15 條第 1 項第 7 款）所稱中小企業，依中小企業發展條例規定之標準認定之」。而中小企業發展條例第 2 條第 2 項明定係以事業種類、資本額、營業額、資產總值等標準區分大企業與中小企業。土地登記專業代理人，年營業額在新臺幣 4 仟萬（已修正為 1 億元）以下，依中小企業認定標準第 2 條第 1 項第 4 款（已修正為第 2 條第 2 款）之規定，可認屬中小企業。土地登記專業代理人之交易相對人團體應包括消費者保護團體及建築投資商業同業公會等。（本會 84.5.20（84）公壹字 03561 號函）

8. 其他為促進產業發展、技術創新或經營效率所必要之共同行為：

　　104 年 2 月 4 日修正公布之公平法第 15 條第 1 項第 8 款，增訂「其他為促進產業發展、技術創新或經營效率所必要之共同行為」之類型為得例外許可之聯合行為。其立法理由謂：「按本法規定聯合行為採原則禁止，例外僅於事業所為之聯合行為有益於整體經濟與公共利益之前提下，經申請主管機關許可者，不在此限。鑒於現代經濟活動之多樣性考量，原條文第 1 項各款所採列舉

式之立法，無法窮盡、涵蓋所有有益於整體經濟與公共利益之聯合行為態樣，例如智慧財產權及技術之共同取得等情形。為避免此種不合理之管制現象，爰參考現行歐盟條約第 101 條之立法例，增列第 1 項第 8 款之概括規定，凡其他為促進產業發展、技術創新或經營效率所必要（比例原則）之共同行為，並有益於整體經濟與公共利益者，仍得申請主管機關為例外許可，以使本法例外許可之規範更臻合理與完備。」

　　學者認為上述概括條款之立法，有檢討之餘地[169]：

(1) 立法技術上，應增訂具體的例外類型，而非增訂概括條款：

　　本法對於聯合行為既然是採取原則禁止、例外許可之規範模式，則其例外之條件應明確，且採列舉方式，以避免例外條件過寬，稀釋了禁止原則之規範目的。舊法僅列舉 7 種例外類型而有所不足，修法方向應配合多年執法之實務經驗所累積之實際需要，明確增加例外之特定類型，始較妥適。修法理由中，既以「智慧財產權及技術之共同取得等情形」為例，說明有增定例外許可類型之必要，則立法技術上，亦可將此內容規定為一種例外得許可之特定類型，而不須如同現在修法後之第 8 款

---

[169] 廖義男（2021），《公平交易法》，初版，頁 345-348，元照。

為抽象化之概括規定，卻對事業聯合行為之目的及內容未有具體指標或內涵之要求。
(2) 新法第 15 條第 1 項第 8 款規定之文字過於寬鬆及抽象：

依新增訂之概括條款之文字，只要為「促進產業發展」或「促進技術創新」或「促進經營效率」三種目的之一，所必要之共同行為，即得申請許可，然具體方法為何？事業應為合作或具體配合實施事業活動項目為何？並未要求應明確表示，在此條文規定之文義下，其條件實過於寬鬆並將趨於浮濫。
(3) 與同條項他款規定之適用關係將有爭議：

公平法第 15 條第 1 項前 7 款所規定之各種類型，多少都有「促進經營效率」之作用，而「合理化之聯合」亦有「促進技術創新」之功能，從而依第 8 款為「促進經營效率」或「促進技術創新」之目的為共同行為而申請許可時，如何與前述 7 種特定類型之聯合行為相區別，以及如何適用正確條款，將有疑義。按第 8 款之規定，其前面既有各款分別列舉各種不同行為之類型，而後其文字用「『其他』為促進產業發展、技術創新或經營效率所必要之共同行為」為概括性規定者，應具有「補充」性，須前面 7 款所規定之各種類型，不能達到相同目的時，才有適用第 8 款之餘地。換言之，事業欲以第 8 款之規定為依據申請者，必

須先說明何以不能用同條項前 7 款所定特定類型之方法達成，始有其合理之理由。再者，所謂「促進『產業』發展」，其實應屬於「有益於整體經濟利益」之內涵，而為得予以許可之評估因素之一，將之置為「特定類型」之目的，將與「有益於整體經濟利益」之評估項目重疊，而發生同一項目作重複評價之結果，並非妥當。

(4) 應嚴格及確實要求有益於整體經濟利益與公共利益：

無論何種類型之聯合行為，申請公平會許可者，皆須符合「有益於整體經濟利益與公共利益」之條件（第 15 條第 1 項各款前段序文）。在聯合行為規範因增訂第 15 條第 1 項第 8 款得例外許可概括規定之條件過於寬鬆及抽象後，為避免聯合行為禁止原則受到嚴重侵蝕，公平會在許可聯合行為時，即須就是否符合「有益於整體經濟利益與公共利益」，嚴格把關。尤其事業藉聯合行為所形成之市場力量龐大，對相關市場產生重大限制競爭之效果者，則應認為不利於整體經濟利益。又即使聯合行為確實能降低成本、改良品質、增進效率、提高或創新技術，但不能僅是對參與聯合行為之事業本身有利而已，亦須將因此所產生之利益同時和消費者分享，始可認為有益於整體經濟利益與公共利益。

問題 8：百貨公司相互約定在一定期間內打折促銷是否合法[170]？
【範例】
　　臺北市各家百貨公司每年在換季期間採行折扣促銷，業者為避免市場行情紊亂，相互約定在一定期間內進行折扣促銷活動，並約定折扣促銷成數，這種行為是否合法？
【相關條文】
➢公平交易法第 14 條
➢公平交易法第 15 條
➢公平交易法第 21 條
【解析】
　　百貨公司於換季時，同業間相互約定於一定期間打折促銷，即屬於公平法第 14 條所稱，與有競爭關係的他事業共同決定商品價格，相互約束事業活動的行為，完全符合聯合行為的要件。原則上為公平法所禁止。
　　但是百貨公司每年固定於一定期間約定進行換季促銷，站在百貨公司的立場，應屬合情。因為季間更換之後，產品的需求可能大幅減少，必須等到次年才會再有需求，百貨公司於換季期間採取低價政策，是為了出清存貨，減少資金壓力，或者為了求現，這種差別取價行為應可理解，也應當為社會所接受。而且就整體社會而言，百貨公司約定於一定期間打折，也使消費者不致發生混淆，知道如何選擇，或者因不需進一步判斷是否真打折，減少市場搜尋成本的支出，有利於消費者的利益。這種打折促銷活動若於每年固定期間進行，應可視為事業

---

[170] 修改自范建得、莊春發，《公平交易法 Q&A 範例 100》，問題 24，商周文化，1992 年初版，後因授課需要，將原案例進行調整，編為課程講義使用。

的合理經營，有益於整體公共利益，可於固定期間向中央主管機關申請許可。

然而就個別百貨業之間約定打折的成數，相當於將其價格固定於某一水準，這種統一價格行為，無異減少市場機能的發揮，所以打折活動可以被允許，但不容許其相互約一定的折扣數，以免價格機能的發揮受到限制。

第四節　聯合行為之許可

一、公平會的審查期限

為避免聯合行為禁止規範的法律效果懸而未決，公平法第 15 條第 2 項規定：「主管機關收受前項之申請，應於 3 個月內為決定；必要時得延長一次。」公平會收到聯合行為許可之申請時，對於資料齊全者，原則上，將於 3 個月內為准駁之決定，但必要時得再延長 3 個月。

二、公平會的處理結果

有關公平法第 15 條及 16 條第 2 項關於事業向公平會申請聯合行為之許可、延展許可期限及申請變更聯合行為許可事項之案件。依其處理結果分為：

表 2：公平法第 15 條及 16 條處理結果[171]

處理結果	說明
核准	係指申請聯合行為許可或延展許可期限或申請變更聯合行為許可事項之案件，經提委員會議討論或報告，作成許可決定者。公平會為許可時，得附加附款。
部分核准 部分駁回	係指申請聯合行為許可之案件或延展許可期限或申請變更聯合行為許可事項之案件，經提委員會議討論或報告，就申請之事項作成部分許可部分駁回之決定者。
駁回	係指申請聯合行為許可之案件或延展許可期限或申請變更聯合行為許可事項之案件，經提委員會議討論或報告，就申請之事項作成駁回決定者。
停止審議	係指申請之事實發生於公平交易法實施前，或案件處理結果無法按前三項歸類，且經簽准結案者。

資料來源：自行整理

三、聯合行為許可之條件、負擔與期限

公平交易法第 16 條：

主管機關為前條之許可時，得附加條件或負擔。

許可應附期限，其期限不得逾 5 年；事業如有正當理由，得於期限屆滿前 3 個月至 6 個月期間內，以書面向主管機關申請延展；其延展期限，每次不得逾 5 年。

行政程序法第 93 條：

行政機關作成行政處分有裁量權時，得為附款。無裁

---

[171] 本表係整理自公平交易委員會統計名詞定義，申請聯合行為案，https://www.ftc.gov.tw/internet/main/doc/docDetail.aspx?uid=542&docid=1158&mid=538（最後瀏覽日：01/31/2024）。

量權者,以法律有明文規定或為確保行政處分法定要件之履行而以該要件為附款內容者為限,始得為之。

前項所稱之附款如下:

一、期限。

二、條件。

三、負擔。

四、保留行政處分之廢止權。

五、保留負擔之事後附加或變更。

行政程序法第 94 條:

前條之附款不得違背行政處分之目的,並應與該處分之目的具有正當合理之關聯。

(一) 公平交易法第 16 條之體系定位與規範功能[172]

1. 體系定位:

本條規定,係聯合行為第三階段管制「濫用控制」之一環。另一項重要「濫用控制」規範基礎,則為保留公平會事後廢止許可、變更許可內容等權限之相關規定[173]。另一方面,本條規定亦為行政程序法第 93 條之特別規定,並受同法第 94 條之限制。

2. 規範功能:

本條文於民國 80 年制定時之立法理由謂:

---

[172] 石世豪(2003),〈註釋公平交易法──第十五條〉,廖義男(等著),《公平交易法之註釋研究系列(一)第一條至第十七條》,行政院公平交易委員會合作研究報告,頁 532-533。

[173] 參照公平交易法第 17 條。

「一、明定中央主管機關依前條所為之許可，得另附加條件、限制或負擔，以達到監督、防止濫用之目的。例如附加遵守公定價格之條件，保持特定品質之限制及公益義務之負擔等是。二、前條之聯合，對於國內市場之競爭秩序有相當影響作用，雖因各有其特殊理由而容許其合法存在，但仍宜有期間之限制，故本條第 2 項規定許可應附期限，並規定期限不得逾 3 年，及依正當理由申請延展等情事[174]。」

民國 104 年之修正理由為：「三、原許可期限及延展期限上限為 3 年，惟某些經主管機關許可之聯合行為，或有持續實施必要且影響市場競爭疑慮輕微，尚無須於短期內重複申請，為適度減少申請事業之負擔及主管機關審查成本，爰將原條文第 2 項許可期限及延展期限之上限修正為五年，以符個案需求而為彈性適用。四、實務上對於原條文第二項『期限屆滿前 3 個月內』之解釋，屢生疑義，為使條文文義更加明確，並顧及申請人提出申請期間之權益保障及預留主管機關審查期間之彈性空間，爰修正申請延展期間之規定[175]。」

---

[174] 本條係 80 年 1 月 18 日制定，立法理由參立法院法律系統，當時公平法第十五條條文如下：
「中央主管機關為前條之許可時，得附加條件、限制或負擔。
許可應附期限，其期限不得逾三年；事業如有正當理由，得於期限屆滿前三個月內，以書面向中央主管機關申請延展；其延展期限，每次不得逾三年。」

[175] 104 年 1 月 22 日公平法修法時，進行條次變更，立法理由參立法院法律系統

學者石世豪認為，本條規定賦予公平會有效監督經其許可之聯合行為之權限，並依個案情況附加適當條件或負擔，藉以確保聯合行為實施後整體經濟與公共利益之利益得以實現，且不致於因限制競爭之效果而受影響。由於整體經濟及市場狀況變化快速，聯合行為許可時依據既有資料及過往經驗之推測，並不足以確保許可及其附款有效促進整體經濟與公共利益，或避免限制競爭或所造成之不利益。有鑑於此，本條第 2 項規定限制許可期限，適足以促使公平會定期檢討調整其聯合行為管制措施。

（二）許可之附款

許可附加附款者，許可內容並不因此而有所限縮或修正，僅是就期效力之發生與否繫於將來不確定發生之事實，或申請人因而額外承擔一定之作為、不作為或容忍義務，另依條件或負擔而有所調整。

1. 條件[176]：

在民法的法律行為，有時會以補充或是附加

公平法第十六條條文如下：

「主管機關為前條之許可時，得附加條件或負擔。

許可應附期限，其期限不得逾五年；事業如有正當理由，得於期限屆滿前三個月至六個月期間內，以書面向主管機關申請延展；其延展期限，每次不得逾五年。」

[176] 石世豪（2003），〈註釋公平交易法——第十五條〉，廖義男（等著），《公平交易法之註釋研究系列（一）第一條至第十七條》，行政院公平交易委員會合作研究報告，頁 533-534。

條件的方式,由雙方當事人約定條件或期限於該法律行為中,以作為該法律行為之特別生效要件。同樣的,在行政處分附款的條件概念與民法相同,係指客觀上成就與否未定的事實作為條件內容,亦即將許可內容之效力,繫於將來不確定發生之事實而言,又可區分為「停止條件」與「解除條件」兩種。按法律行為之「附停止條件」,係指該法律行為效力之發生,繫於將來、客觀、不確定的事實之成就,並於條件成就時,發生效力。此觀民法第 99 條第 1 項規定自明[177],亦即許可內容因條件成就而生效;附解除條件之法律行為,於條件成就時,失其效力;「附解除條件」之法律行為,於條件成就時,失其效力,民法第 99 條第 2 項定有明文。是以所謂解除條件,係當事人以將來客觀上不確定事實之成就或不成就,決定法律行為效力消滅之附款,須出於當事人之約定,亦即指許可內容之效力因條件成就而消滅。

　　由於聯合行為之許可「附停止條件」,將使聯合行為之效力久懸未決,是以學者石世豪認為,除聯合行為之內容依法須經目的事業主管機關特許,公平會許可聯合行為時並以該項特許為停止條件者外,實不宜就聯合行為之例外許可附

---

[177] 參閱最高法院 112 年度台上字第 2230 號民事判決、最高法院 110 年度台上字第 482 號民事判決。

加停止條件，以免背離本法明文限期核駁聯合行為許可申請案之規範意旨。

至於聯合行為之例外許可附加解除條件者，學者石世豪認為應與保留廢止權之情形應妥為區分；前者於條件成就時許可自動失其效力，後者則許可仍須經公平會另為廢止之處分始嗣後失效。此外，本法第 17 條明定公平會得因許可事由消滅、經濟情況變更或事業逾越許可範圍等理由廢止許可，實務上，公平會亦常於許可內容中重申法律明文之禁止行為，實際上亦僅具有宣示作用，並非就聯合行為之例外許可附加解除條件之情形。

2. 負擔[178]：

所謂「負擔」附款，係指作成授益處分之同時，另課予相對人特定作為、容忍或不作為義務而言[179]。在本處即謂於許可聯合行為時，課予申請人一定之作為、不作為或容忍義務。實務上，公平會於許可聯合行為時所附加之附款，大多為負擔。其中，有課予申請人一定之作為義務，以避免限制競爭之不利益者，諸如要求聯合制定 IC

---

[178] 石世豪（2003），〈註釋公平交易法──第十五條〉，廖義男（等著），《公平交易法之註釋研究系列（一）第一條至第十七條》，行政院公平交易委員會合作研究報告，頁 534-535。

[179] 所謂附負擔之行政處分，指行政機關基於行政目的之考量，在作成行政處分時，可以就其效力或內容加以限制。所謂附負擔之行政處分，是指行政機關在授益行政處分（請參授益行政處分的法律名詞解釋）作成時，對行政處分的相對人附加作為、不作為或忍受的義務（行政程序法第 93 條第 2 項第 3 款參照）。例如：准許外國人居留，但附加不得在我國就業的限制。

卡及特約商店收銀機等週邊設備時週邊設備規格應公開（83 公聯字第 001 號許可決定書）。亦有以主動申報聯合內容之實施及變動情形為負擔，藉以提供公平會後續監督所需資料者，如飛機航線實施票證免背書轉讓行為，公平會即要求在聯合行為許可期間，在該航線若因減班不得逾許可時當月已核定班次之 20%。（公聯字第 096002 號）或船班聯合排班與共同售票案中，若實施減班，不得逾申請時已獲核定班次 16 班之 10%。（公聯字第 098003 號）或如要求應將本聯合行為之執行情形，包括每船次各進口人之登記採購量、實際採購量、採購裝船期及採購價格、裝貨船開航日期及抵達我國港口日期，各申請人每月進口量、加工量、銷售量、庫存量等資料，按季函報本會。（公聯字第 109005 號許可決定書），等課予主動申報實施及變動之負擔行為。

　　此外，公平會許可事業所申請之聯合行為時，經常於許可中要求申請人「申請人不得利用本許可而取得之市場地位，為不當之價格決定維持或變更，或有妨礙他事業公平競爭或其他濫用市場地位之行為。」（公聯字第 096004 號）「不得利用本許可而取得之市場地位，為不當之強制性規定，或有礙他事業之公平競爭，或其他濫用市場地位之行為。」（公壹字第 0950011287 號、公聯字第 104007 號）或「不得利用本許可從事其他聯合行為，或限制任一申請人自由決定其聯合

採購進口之數量,或禁止任一申請人自行採購進口,或無正當理由,拒絕他事業加入本聯合採合採購」(公聯字第109002號許可決定書)或「不得利用本許可從事其他聯合行為、不得限制申請人之一自行開辦或退出該系統或參與其他信用卡發卡組織、不得限制其他事業加入本聯合行為;不得利用本許可而取得之市場地位,為不當之強制性規定,或有礙他事業之公平競爭,或其他濫用市場地位之行為等 2 項負擔[180]。」無非重申本法各條禁止規定之規範內涵,並未額外課予申請人一定之作為、不作為或容忍義務;雖有負擔之形式外貌,其實並非本項規定所稱之負擔。

【補充資料】

主管機關對聯合行為有無例外許可之規定,許可考量因素為何[181]?

1. 依公平交易法第十六條之規定,公平交易委員會除可於許可聯合行為時,得附加條件或負擔外,並應就各項聯合行為之許可附加期限,其期限不得逾五年,事業如有正當理由得於期限屆滿前三個月至六個月期間內以書面申請延展,其延展期限,每次不得逾五年。惟為因應經濟瞬息變化及監督管理

---

[180] 公平交易委員會109年12月23日第1520次委員會議決議通過附負擔許可財團法人聯合信用卡處理中心(下稱處理中心)暨27家會員事業申請延展辦理信用卡業務聯合行為,延展期間自110年1月1日起至114年12月31日止。

[181] 公平交易委員會常見問答,聯合行為之規範主管機關對聯合行為有無例外許可之規定,許可考量因素為何?https://www.ftc.gov.tw/internet/main/doc/docDetail.aspx?uid=1207&docid=13150&mid=1201 (最後瀏覽日 20240416)

之便，於第十七、十八條分別明定公平交易委員會於許可事由消滅、經濟情況變更、事業逾越許可範圍或違反本會依第十六條第一項所附加之條件或負擔者，得廢止許可、變更許可內容、令停止、改正其行為或採取必要更正措施，並主動公開，以昭信實。
2. 依據公平交易法之精神，公平交易委員會對於聯合行為例外許可之申請案件，須分別考量該聯合行為實施後，對於整體經濟與公共利益之正面貢獻，以及對於營業競爭限制之負面影響，而唯有當其正面貢獻大於負面影響時，聯合行為方有被許可之可能。
3. 前述衡量整體經濟與公共利益之考量因素，包括許可後可致整體產業技術水準提昇程度、產品或服務價格變化幅度，使用者便利性提高情形及安全等公共利益。
4. 衡量限制營業競爭之考量因素包括實施聯合行為前後成本結構及變動分析預估、對未參與聯合事業之影響、對該市場結構、供需及價格之影響、對上、下游事業及其市場之影響，業者有無濫用市場地位之虞及有無不當侵害一般消費者及其他相關事業利益之虞等。

（三）許可之期限[182]

1. 許可應附期限：

　　所謂期限係指行政處分內部效力之發生或消滅，繫於將來確定之事實或時點到來做為內容，

---

[182] 石世豪（2003），〈註釋公平交易法──第十五條〉，廖義男（等著），《公平交易法之註釋研究系列（一）第一條至第十七條》，行政院公平交易委員會合作研究報告，頁535-537。

前者為始期，後者為終期。又行政處分之內容限於一定期間內有效者，稱為「期間」。由於本項規定應附期限者，係聯合行為之例外許可，又公平會於許可內容所附加者，通常均為屆至特定時點之終期。再者，本項規定許可期限不得逾 5 年，應指自許可生效日起至其效力消滅之日止，期間不得長於 5 年。至於期間計算，因本法無特別規定，則應依民法規定為是。

如關於砂石事業配合政府政策從事砂石共同採取之聯合行為，合資成立新設公司，公平會核定之許可有效期限時，即多自水利單位核准開採（申請人取得土石採取許可書）時起算（90 公聯字第 002 號許可決定書、92 公聯字第 092010 號許可決定書）。又如核准「東港（鹽埔）—小琉球航線」實施聯合排班、共同售票、同一票證等聯合行為，公平會核定之許可有效期限時，自民國 109 年 7 月 2 日起至民國 114 年 7 月 1 日止（公聯字第 109003 號許可決定書）。

2. 延展期限：

本項前段規定之期限屆滿後，聯合行為之許可失其效力，該項聯合行為即回復不得為之法定禁止狀態。事業如有正當理由繼續為聯合行為之必要，固然得另行申請例外許可。本項後段則規定，原申請人得於期限屆滿前 3 個月至 6 個月期間內，以書面向公平會申請延展許可期限。如此，則原申請人不必就相同之聯合行為另提新申

請，節省額外之行政程序成本；公平會亦得藉此機會，定期檢討聯合行為是否仍應例外予以許可，以及，其所附加之條件或負擔有無調整之必要。因此，事業提出延展許可期限之申請，並非書面完備者即應核准之；解釋上，公平會仍應依第 15 條第 1 項但書規定，審查各項法定許可要件。

例如，合船進口大麥案中，申請人基於成本效益與經濟效益考量申請合船進口之聯合行為，公平會認定對相關市場之影響尚屬有限，同意申請展延許可時，同時基於消弭本聯合行為可能產生限制競爭之疑慮及監督實施執行情形，另規定附加期限及負擔如許可內容。（111 公聯字第111003 號許可決定書）

例如，申請續行延展信用卡業務聯合行為，經評估具有降低成本、改良品質、增進效率等，有益於整體經濟與公共利益，並於同意申請展延許可時，同時基於消弭本聯合行為可能產生限制競爭之疑慮及監督實施執行情形，另規定附加期限及負擔如許可內容。（公聯字第 098006 號許可決定書）

另，例如，多家電力電纜事業經公平會許可以合資新設事業之方式製造、銷售接續器材，嗣後申請人以其簽訂技術移轉協議書之進度，較原規劃時程落後，又申請人等目前從事者僅達試製階段，先前獲許可之申請事項尚未完成，故公平

會認為合於公平法第 15 條第 2 項（現行法第第 16 條第 2 項）之「正當理由」而許可其延展期限之申請。（91 公聯字第 091001 號）

　　至於申請之時點，本項後段規定「期限屆滿前 3 個月內」，為配合第 15 條第 2 項規定之 3 個月審查期限，解釋上應自本項前段期限屆滿之時點回算 3 個月，在此之前提出延展期限之申請。申請延展許可之期限者，依本項後段規定應以書面為之；為有利於公平會審查是否核准，依公平法施行細則第 24 條規定，申請者應備齊並提出下列資料：

一、申請書。

二、聯合行為之契約書、協議書或其他合意文件。

三、實施聯合行為之具體內容及實施方法。

四、參與事業之基本資料。

五、參與事業最近 3 年與聯合行為有關之商品或服務價格及產銷值（量）之逐季資料。

六、參與事業上一會計年度之財務報表及營業報告書。

七、參與事業之水平競爭或其上下游事業之市場結構資料。

八、聯合行為評估報告書。

九、原許可文件影本。

十、申請延展之理由。

十一、其他經主管機關指定之文件或資料。

公平會經審查後核准延展許可之期限者,其延展期間依本項後段規定,每次不得逾 5 年;亦即,延展後許可期限屆滿之新時點,係自原屆滿時點向後推延,推延之期間不得逾 5 年。法條既稱「每次」不得逾 5 年,依文義解釋,新時點屆至前 3 個月至 6 個月期間內,原申請者自得依本項後段規定再提延展許可期限。

問題 9:主管機關准許的例外許可特權,是否可長期保有[183]**?**

【範例】

甲、乙兩家公司利用不景氣向主管機關取得聯合行為例外的許可,如今經濟情況已經恢復正常,主管機關是否可廢止該項例外許可?

【相關條文】

➢公平交易法第 15 條

➢公平交易法第 16 條

➢公平交易法第 17 條

【解析】

事業單位依照規定申請聯合行為例外許可,雖經公平員會許可,但並不保證已取得長期護身符,因為聯合行為之許可應附期限,其期限不得逾 5 年。5 年之後,若聯合行為例外許可之事由繼續存在時,必須在期限屆滿前,以書面再向主管機關

---

[183] 修改自范建得、莊春發,《公平交易法 Q&A 範例 100》,問題 25,商周文化,1992 年初版,後因授課需要,將原案例進行調整,編為課程講義使用。

申請延展，而其延展期限每次最多為 5 年（公平法第 16 條第 2 項參照）。換言之，僅於例外許可的事由繼續存在，持續有利於整體經濟與公共利益時，才可一而再、再而三的向公平會申請例外許可。

依據公平法第 17 條規定，如果在例外許可期間，第 15 條第 1 項但書所列許可事由消滅、經濟情況變更、事業逾越許可範圍，事業違反許可所附加之條件或負擔時，公平會可據此廢止許可、變更許可內容、令停止、改正其行為或採取必要更正措施。

例如本例之甲、乙兩公司原來申請的條件是事業面臨不景氣，產品價格低於成本，使得事業難以繼續維持，所以有計畫的減產，共同制定統一價格。而一旦經濟復甦，產品市場價格回復到平均成本之上，則原有申請例外許可的事由已經消滅，事業單位就不能再享有聯合行為的例外，應與其他事業一體適用聯合行為禁止的規範。

又如原來申請統一商品規格或形式者，一旦達成目標，聯合行為例外許可的原因已消失，公平會可據此廢止事業單位原有的例外許可，使其恢復正常身份，接受聯合行為禁止的規範。

因此取得聯合行為的例外，只是表示公平會顧慮到整體經濟利益而暫予暫時性的融通，原則上還是不許可事業有任何聯合行為的發生，因為聯合行為的存在，將造成市場競爭的限制，不利於價格機能的發揮。

四、許可之廢止與變更

公平交易法第 17 條：

> 聯合行為經許可後，因許可事由消滅、經濟情況變更、事業逾越許可範圍或違反主管機關依前條第一項所附加之條件或負擔者，主管機關得廢止許可、變更許可內容、令停止、改正其行為或採取必要更正措施。

行政程序法第 123 條：

> 授予利益之合法行政處分，有下列各款情形之一者，得由原處分機關依職權為全部或一部之廢止：
> 一、法規准許廢止者。
> 二、原處分機關保留行政處分之廢止權者。
> 三、附負擔之行政處分，受益人未履行該負擔者。
> 四、行政處分所依據之法規或事實事後發生變更，致不廢止該處分對公益將有危害者。
> 五、其他為防止或除去對公益之重大危害者。

（一）公平交易法第 17 條之體系定位與規範功能[184]

1.體系定位：

本條規定，亦屬聯合行為第三階段管制之「濫用控制」之一環。另一方面，本條規定亦為行政程序法第 123 條之特別規定，本條規定之效

---

[184] 石世豪（2003），〈註釋公平交易法——第十六條〉，廖義男（等著），《公平交易法之註釋研究系列（一）第一條至第十七條》，行政院公平交易委員會合作研究報告，頁 539。

力並優先於同法第 124 條以下各條規定。

2. 規範功能：

本條規定賦予公平會有效監督經其許可之聯合行為之權限，於許可事由消滅、經濟情況變更、事業有逾越許可之範圍行為或違反主管機關依前條第一項所附加之條件或負擔者，得依職權廢止許可、變更許可內容、命令停止、改正其行為或採取必要更正措施，藉以確保聯合行為實施後整體經濟與公共利益之利益得以實現。

（二）要件分析[185]

1. 許可事由消滅：

第 15 條第 1 項本文既然宣示聯合行為之禁止原則，但書亦僅就特定類型且有益於整體經濟與公共利益之聯合行為，授權公平會例外依申請許可之；因此，公平會依法為許可之後，如有新事實或新資料顯示：聯合行為有益於整體經濟與公共利益之預期效果不能達成，或聯合行為已非促進整體經濟與公共利益之必要手段，或法定 8 款情事，事後不能或已不存在者，則例外許可該項聯合行為之法律基礎亦隨之消滅，立法上即有必要透過許可之廢止使其回復禁止原則，或以變更許可內容、令停止、改正其行為或採取必要更正

---

[185] 石世豪（2003），〈註釋公平交易法──第十六條〉，廖義男（等著），《公平交易法之註釋研究系列（一）第一條至第十七條》，行政院公平交易委員會合作研究報告，頁 539-541。

措施,及時避免競爭秩序、整體經濟與公共利益遭受損害。

2. 經濟情況變更:

由於整體經濟及市場狀況變化快速,聯合行為許可時依據既有資料及過往經驗之推測,並不足以確保許可及其附款有效促進整體經濟與公共利益,或避免限制競爭或所造成之不利益。因此,經濟情況於公平會許可聯合行為之後發生不可預料之變動,致其限制競爭之負面影響擴大,或整體經濟與公共利益未蒙其利反受其害,立法上均有必要透過許可之廢止使其回復禁止原則,或以變更許可內容、令停止、改正其行為或採取必要更正措施補救之。

3. 事業有逾越許可範圍之行為及違反所附加之條件或負擔:

申請人於公平會許可聯合行為後,依法即應遵循許可所附加之各項限制、並接受「濫用控制」下各種監督措施,藉以確保聯合行為之例外許可不至於過度限制競爭,或確實如申請所釋明般有益於整體經濟與公共利益。申請人之具體實施行為如逾越許可範圍,理論上即不受許可效力所及,依法應屬禁止原則所規範之一般情形。然而,申請人既然於事後逾越許可範圍、未遵循公平會就許可所附各項限制,則該項聯合行為例外許可之個案監督架構不免有所動搖,法定「濫用控制」之規範目的將有落空之虞。於此情形,立

法上亦有必要透過許可之廢止使其回復禁止原則，或以變更許可內容、命令停止、改正其行為等必要措施補救之。

臺灣區麥粉工業同業公會向公平會申請聯合採購合船裝運小麥，經公平會以 86 公聯字第 012 號許可決定書予以許可，並附加以「不得利用許可從事其他聯合行為，或限制各會員自由決定其聯合採購進口之數量，或禁止自行採購進口，或無正當理由拒絕他事業加入該聯合採購，亦不得利用該許可取得之市場地位，為不當之價格決定維持或變更，或有妨礙他事業公平競爭或其他濫用市場地位之行為等」之附款。嗣後，經公平會調查認定該公會於辦理國內麵粉廠小麥聯合採購、合船進口作業事宜時，藉協調、配合及邀集會員廠商召開開會等方式，有不當協議實施總量管制暨配額制，並介入會員廠庫存撥補管理等行為，逾越前開許可之範圍，即依公平法第 16 條之規定撤銷（此為修正前舊條文，應指廢止而言）前揭許可決定；惟為避免影響國內麵粉產銷市況之銜接，命麥粉工業同業公會在緩衝期終止前，停止辦理小麥聯合採購、合船進口作業事宜，且不得有總量管制暨配額制等違法限制小麥進口數量之行為，同時並以該公會違反行為時公平法第 14 條前段之禁止規定予以處分[186]。

---

[186] 89 公處字第 91 號處分書，臺北高等行政法院 90 年度訴字第 1207 號判決。

（三）法律效果[187]

本條規定賦予公平會依職權所得裁量之法律效果，包括：廢止許可、變更許可內容、命令停止、改正其行為或採取必要更正措施。此外，公平會為許可時即已保留廢止權，或附加負擔而申請人未履行該負擔者，依行政程序法第123條第2款及第3款規定原即得廢止許可之一部或全部，其要件及效果自應依該法之規定[188]。

1. 廢止許可：

依行政程序法第125條規定，聯合行為之許可經廢止後，自廢止時或自公平會指定較後之日時起，失其效力。但申請人未履行負擔致許可遭廢止者，得溯及既往失其效力。自上述許可失效之時點起，聯合行為即回復禁止原則之規範狀態，亦即，原申請人依法負有不得為聯合行為之公法上不作為義務。對於已具體實施之聯合行為內容，公平會於必要時亦得依第40條規定命原申請人排除之，或為其他更正措施。

2. 變更許可內容：

公平會依本條規定變更許可內容者，係廢止原許可、並依變更後之內容另為許可。解釋上，前者應適用行政處分廢止相關之規定，後者則應

---

[187] 石世豪（2003），〈註釋公平交易法──第十六條〉，廖義男（等著），《公平交易法之註釋研究系列（一）第一條至第十七條》，行政院公平交易委員會合作研究報告，頁541-542。

[188] 行政程序法第123條至第130條。

準用第 15 條第 1 項後段聯合行為之例外許可相關規定。

3. 命令停止、改正其行為或採取必要更正措施：

　　許可經廢止失其效力後，或其他為防止或除去競爭秩序、整體經濟與公共利益重大危害之必要情形，公平會亦得依職權命令原申請人停止、改正其行為或採取必要更正措施。

第五節　聯合行為查證不易的強化措施

一、寬恕政策（Leniency Program／Policy）

公平交易法第 35 條：

違反第 15 條之事業，符合下列情形之一，並經主管機關事先同意者，免除或減輕主管機關依第 40 條第 1 項、第 2 項所為之罰鍰處分：

一、當尚未為主管機關知悉或依本法進行調查前，就其所參與之聯合行為，向主管機關提出書面檢舉或陳述具體違法，並檢附事證及協助調查。

二、當主管機關依本法調查期間，就其所參與之聯合行為，陳述具體違法，並檢附事證及協助調查。

前項之適用對象之資格要件、裁處減免之基準及家數、違法事證之檢附、身分保密及其他執行事項之辦法，由主管機關定之。

寬恕政策（Leniency Program／Policy）或稱「窩裡反

條款」，指在執法機關尚未知悉或充分掌握（聯合行為）違法事證前，對於提供聯合行為違法事證並協助調查之涉案成員，給予免除或減輕處罰之優惠，藉此提高聯合行為違法案件之查處成效，強化嚇阻違法之聯合行為。歐、美等世界各國多已採取此措施（如 TFT-LCD 面板案、電解電容器案）。

95 年 2 月 9 日經濟合作暨發展組織（OECD）全球競爭論壇中，公平會接受該組織及來自 70 餘國競爭法主管機關，對我國競爭法與競爭政策同儕檢視，建議引進寬恕政策以打擊違法聯合行為。按聯合行為之蒐證確已日益困難，各國競爭法主管機關之執法經驗顯示寬恕政策係預防及偵查聯合行為之有效工具。從而，我國於 100 年 11 月 23 日正式通過公平交易法第 35 條（寬恕條款），以期有效遏止及查處不法之聯合行為。另為使該寬恕政策之執行事項更臻明確，公平會依據該條文第 2 項之授權，訂定「聯合行為違法案件免除或減輕罰鍰實施辦法」，辦法內容包含：得申請適用寬恕政策之要件、資格與事業家數、適用對象（至多 5 家，強迫他事業參與或限制退出聯合行為者不得申請）、申請之時間、程序及方式（主管機關開始調查前後均可申請、得以書面或口頭提出、檢附一定事證）、申請者須配合之事項（保密義務、協助調查等）、可能獲得之罰鍰免除或減輕額度（視情形自 10%至全額免除）等規定，該辦法為我國執行寬恕政策主要規定[189]。

---

[189] 公平交易委員會網站，業務資訊寬恕政策專區我國寬恕政策簡介，https://www.ftc.gov.tw/internet/main/doc/docDetail.aspx?uid=1573&docid=15568&mid=1572（最後瀏覽日：01/31/2024）。

【聯合行為違法案件免除或減輕罰鍰實施辦法】

101年1月6日公法字第10015614641號令訂定發布全文21條
101年8月22日公法字第10115610601號令修正發布第5條、
　　　　　　　　第10條、第11條、第12條及第15條
104年3月6日公法字第10415601311號令修正發布全文21條

第一條
本辦法依公平交易法（以下簡稱本法）第35條第2項規定訂定之。

第二條
本法第35條第1項規定之適用對象，指參與涉案聯合行為之事業，且其未有強迫他事業參與或限制退出之具體情事者。

事業於準備提出申請至主管機關開始調查程序前，有下列情形之一者，不得申請免除或減輕其罰鍰：

一、湮滅、偽造、變造或隱匿涉案聯合行為之相關事證。

二、直接或間接對外揭露其準備提出申請之事實，或其將向主管機關提出申請之任何內容。

第三條
符合前條適用對象之事業，得依本辦法規定申請免除或減輕罰鍰。其申請之要件如下：

一、依本法第35條第1項第1款規定提出申請者，其所檢舉或陳述具體違法之內容及檢附之事證，須有助於主管機關開始調查程序。

二、依本法第35條第1項第2款規定提出申請者，其所陳述具體違法之內容及檢附之事證，須有助於主管機關認定該案參與事業違反本法第15條第1項規定。

事業依前項第一款規定提出申請時，如主管機關所得事證已足以開始調查程序或已進行調查者，得不予受理。事業依前項第 2 款規定提出申請時，如主管機關所得事證已足認定涉案事業違反本法第 15 條第 1 項規定者，亦同。

第四條
前條所定開始調查程序之時點，為主管機關就該案件依本法第 27 條規定開始進行通知或派員前往調查之日。
前條第一項第一款所稱有助於主管機關開始調查程序之檢舉或陳述內容與事證，指申請人須說明其參與涉案聯合行為之具體情節，並附具主管機關所未知悉或持有之相關事證，使主管機關得以知悉涉案聯合行為之事實概況與涉案聯合行為合意之時間、地點、內容及其他相關事項，並進而開始調查程序。

第五條
第 3 條第 1 項第 2 款所稱有助於主管機關認定違法之陳述內容與事證，指下列情形之一：
一、申請人陳述其參與涉案聯合行為之具體情節，同時附具申請人於申請時已持有得以證明該涉案聯合行為違法之證據。
二、申請人所陳述內容與檢附事證，有助於主管機關對於涉案聯合行為之調查者。
事業於主管機關調查期間提出免除罰鍰之申請者，應依前項第 1 款規定提出相關資料與證據；提出減輕罰鍰之申請者，應依前項第 2 款規定提出相關資料與證據。
前項調查期間，自主管機關開始進行調查程序之日起，至該案件作成最終決定之日。

第六條
事業之申請符合前4條規定者，主管機關得附條件同意免除或減輕其原應受處分之罰鍰。
前項附條件同意之內容，應包括下列事項：
一、於提出申請後，立即停止涉案聯合行為之參與；或於主管機關指定之時點，立即停止該違法行為。
二、申請人自提出申請時起至案件終結時止，應依據主管機關之指示，誠實、全面且持續的協助調查。其協助之內容，如下：
　（一）即時向主管機關提供其所現有或日後可能取得涉案聯合行為之所有資料與證據。申請減輕罰鍰者，其所提出之資料與證據，須明顯有助於主管機關對於涉案聯合行為之調查，或可強化主管機關已取得證據之證明力。
　（二）對於得以證明聯合行為之相關事實，依據主管機關指示迅速提出說明或配合調查。
　（三）必要時，指派曾參與涉案聯合行為之員工或代表人接受主管機關約談。
　（四）所陳述之內容或所提出之資料、證據，不得有虛偽不實之情事，亦不得湮滅、偽造、變造、隱匿與涉案聯合行為相關之資料或證據。
　（五）案件未終結前，非經主管機關同意，不得對外揭露其已提出申請之事實或其提出申請之任何內容。
三、其他主管機關指定事項。
　　前項所稱案件終結時，指主管機關對於該案件作成最終決

定之日。

第七條

申請人有下列情形之一，免除其原應受處分之全部罰鍰：

一、依本法第 35 條第 1 項第 1 款最先提出申請，獲主管機關為第 6 條第 1 項之附條件同意，並履行所附條件之全部事項者。

二、同一案件無他事業適用前款時，依本法第 35 條第 1 項第 2 款最先提出申請，獲主管機關為第 6 條第 1 項之附條件同意，並履行所附條件之全部事項者。

第八條

事業依本法第 35 條第 1 項第 2 款提出減輕罰鍰之申請，獲主管機關為第六條第一項之附條件同意，並履行所附條件之全部事項者，減輕其原應受處分之罰鍰。

前項減輕幅度，如下：

一、第一位提出申請且符合要件者，減輕其原應受處分之 30% 至 50% 之罰鍰。

二、第二位提出申請且符合要件者，減輕其原應受處分之 20% 至 30% 之罰鍰。

三、第三位提出申請且符合要件者，減輕其原應受處分之 10% 至 20% 之罰鍰。

四、第四位提出申請且符合要件者，減輕其原應受處分之 10% 以下之罰鍰。

第九條

涉案事業之董事、代表人、管理人或其他有代表權之人，因行政罰法第 15 條第 1 項、第 2 項或第 16 條規定而應併受處罰

者，其符合下列各款要件，得一併免除或減輕其罰鍰處分：
一、該涉案事業符合前二條規定而得免除或減輕其罰鍰處分。
二、誠實且完整的陳述違法行為。
三、於案件終結前，依據主管機關之指示，誠實、全面且持續的協助調查。

第十條

事業依本辦法申請免除或減輕罰鍰者，應檢附第3條至第5條所定之資料與證據，並據實就下列事項，以書面或口頭方式，單獨向主管機關提出申請：
一、事業之名稱、統一編號、實收資本額、營業額、代表人或負責人、營業所在地、設立登記日期。
二、涉案之相關商品或服務、聯合行為之態樣、影響所及之地理區域、行為實施之時期。
三、其他涉案事業之名稱、營業所在地、代表人或負責人之姓名。
四、代表該事業主要參與涉案聯合行為之自然人職稱、姓名。
五、涉案相關資料與證據之目錄與內容。
六、其他得供參考之事項。

事業依前項以書面提出申請者，應依主管機關所訂之申請書格式，以掛號郵寄或親持方式為之；以口頭提出申請者，應派員至主管機關辦公處所進行陳述，由主管機關作成紀錄，並經申請人簽名確認之。

二以上屬公司法上關係企業之事業，得依前2項規定共同提出申請，並適用同一申請順位；其有關本辦法之相關事項，均視為單一事業。

事業提出申請時，其申請內容、資料或證據不符第1項或第2

項規定或不完備，不受理其申請；其情形可以補正者，主管機關得限期命其補正或提出，屆期未補正、補正不完備或未提出者，不受理其申請。事業以第 2 項規定以外之方式提出，或非單獨提出者，亦不受理其申請。

第 1 項之申請，事業得委任代理人為之。

第十一條

申請免除罰鍰之事業，如因其現有資料及證據尚未符合第 3 條至第 5 條之規定，而無法依前條第一項提出申請者，得以書面或口頭方式敘明該條第 1 項第 1 款至第 3 款規定之事項，向主管機關申請保留其可能獲得免除之優先順位。

事業獲得前項優先順位之保留者，應於指定期限內提供符合第 3 條至第 5 條規定之資料與證據，逾期其保留之優先順位失其效力。

事業依第 1 項以書面提出申請者，應依主管機關所訂之申請書格式，以掛號郵寄或親持方式為之；以口頭提出申請者，應派員至主管機關辦公處所進行陳述，由主管機關作成紀錄，並經申請人簽名確認之。

第十二條

事業未依第 10 條第 1 項規定提出減輕罰鍰之申請，但已提供第 5 條第 1 項第 2 款之資料與證據，並於提供該等資料與證據時請求依本辦法減輕罰鍰者，視為其已提出申請，並以該等資料與證據之提供時間為其申請時點。

前項情形，事業仍應依第 10 條第 1 項及第 2 項規定方式提出申請。其經主管機關限期命其提出而屆期未提出者，不受理其申請。

第十三條

事業所提出之申請，經主管機關認定得依第 6 條第 1 項給予附條件同意者，應即發給附條件之免除或減輕罰鍰同意書。

前項同意書應以書面為之，並記載下列事項：

一、事業適用免除或減輕罰鍰之申請順位，及可能更動該順位之事由。

二、事業停止參與涉案聯合行為之時點。

三、第 6 條第 2 項第 2 款各目之具體條件內容。

四、於調查程序中經主管機關要求提出或補充相關事證之期限。

五、撤回同意免除或減輕罰鍰之事由。

第十四條

事業所提出之申請，經主管機關認定無法依第 6 條第 1 項給予附條件同意者，應予駁回。

前項駁回，應以書面為之。免除罰鍰之申請經駁回，事業得以書面請求改依申請減輕之程序續行審理，並以原申請免除之時點排定其申請順位。

第十五條

同一聯合行為案件申請免除或減輕罰鍰之事業有多數時，依其申請時點排定其申請順位。

前項申請時點，以書面提出申請之情形，指主管機關收受事業依第 10 條或第 11 條規定提出申請之時點；以口頭提出申請之情形，指申請人依第 10 條或第 11 條規定於陳述紀錄簽名確認之時點。

事業得於提出申請時，請求主管機關製發書面之收據，並載明收受日期及時間。

第十六條

事業於主管機關調查程序終結後，經認定符合第7條各款得免除全部罰鍰之要件，且無第 19 條各款所定主管機關應撤回原附條件同意之情事者，主管機關就該案所為之處分，應免除其原應受處分之全部罰鍰。

事業不符合前項規定而無法免除其全部罰鍰者，主管機關應駁回其申請。事業經駁回後，不得請求依本辦法免除或減輕其應受處分之罰鍰。

第十七條

事業於主管機關調查程序終結後，經認定符合第8條第1項得減輕罰鍰之要件，且無第 19 條各款所定主管機關應撤回原附條件同意之情事者，主管機關就該案所為之處分，應依第8條第2項各款規定減輕其原應受處分之罰鍰。

事業不符合前項規定而無法減輕其罰鍰者，主管機關應駁回其申請。事業經駁回後，不得請求依本辦法減輕其應受處分之罰鍰。

第十八條

主管機關依前2條規定作成應免除或減輕事業罰鍰之決定後，得以下列方式作成處分書或其他書面文件送達各被處分人：

一、經申請事業同意者，於該案處分書中記載其名稱、原應受處分之罰鍰金額、減輕罰鍰金額及理由。

二、無前款事業之同意時，於該案處分書以代號或其他保密方式記載申請事業之相關身分資訊，避免可能辨識該事業主體之相關敘述。

三、對於所有被處分人分別製作個別之處分書，其記載罰鍰之

主文內容以該個別事業為限，均不含其他同案被處分人之受罰內容。
四、其他對於申請事業之身分資訊得予保密之方式。

第十九條

案件調查程序進行中，申請事業有下列情形之一者，主管機關得撤回依第 6 條第 1 項所為免除或減輕罰鍰之附條件同意：
一、經查未符合第 2 條適用對象之規定。
二、無正當理由，逾期未提出或補充相關事證，或未依指示協助主管機關進行調查。
三、未履行主管機關依第 6 條第 2 項所附之各款條件。
　　主管機關依前項規定撤回免除或減輕罰鍰之同意時，倘有更動其他申請事業之申請順位時，應即以書面通知該等事業。

第二十條

對於申請免除或減輕罰鍰事業之身分資料，除經該事業事前同意者外，應予保密。

載有申請人真實身分資料之談話紀錄或文書原本，應另行製作卷面封存之。其他文書足以顯示申請人之身分者，亦同。

前項談話紀錄、文書，除法律另有規定者外，不得供閱覽或提供偵查、審判機關以外之其他機關、團體或個人。

第二十一條

本辦法自發布日施行。

二、設立反托拉斯基金檢舉獎金與鼓勵提出檢舉

公平交易法第 47-1 條：

主管機關為強化聯合行為查處，促進市場競爭秩序之健全發展，得設立反托拉斯基金。

前項基金之來源如下：

一、提撥違反本法罰鍰之百分之 30。

二、基金孳息收入。

三、循預算程序之撥款。

四、其他有關收入。

第 1 項基金之用途如下：

一、檢舉違法聯合行為獎金之支出。

二、推動國際競爭法執法機關之合作、調查及交流事項。

三、補助本法與涉及檢舉獎金訴訟案件相關費用之支出。

四、辦理競爭法相關資料庫之建置及維護。

五、辦理競爭法相關制度之研究發展。

六、辦理競爭法之教育及宣導。

七、其他維護市場交易秩序之必要支出。

前項第 1 款有關檢舉獎金適用之範圍、檢舉人資格、發給標準、發放程序、獎金之撤銷、廢止與追償、身分保密等事項之辦法，由主管機關定之。

鑒於經濟發展全球化，聯合行為違法態樣逐漸發展為跨國性之國際卡特爾，且其具有暗默不易察查之特性，使國際卡特爾案件之查處益發困難，因此為強化聯合行為之

查處及執行競爭法之國際合作交流,需有相對穩定之財源支應,故有設立反托拉斯基金之必要。其次,因聯合行為之高度隱密性,實務上常有蒐證之困擾,而事業內部員工較容易獲得消息,為鼓勵其等揭露違法聯合行為,提供事業內部告密者一筆獎金作為揭露之誘因,爰明定檢舉違法聯合行為獎金之支出為反托拉斯基金之用途之一[190]。本次修法之立法理由謂[191]:

1. 聯合行為本即有暗默不易察查之特性,為強化聯合行為查處,促進市場競爭秩序之健全發展,實有設立反托拉斯之特種基金。

2. 強化聯合行為之查處及促進市場競爭秩序之健全發展,攸關市場交易秩序永續發展,宜需有相對穩定財源之支應,方得有效且持續地打擊惡質卡特爾行為。惟為避免增加中央政府財政負擔、有效調配資源,期以現有財源提撥部分比率之金額,設立反托拉斯基金,做最有效之運用,爰於第二項及第三項明定特種基金之財源及用途。

3. 按聯合行為具有高度隱密性,實務上常有難以蒐證之困擾,鑑於事業內部員工較容易獲得消息,為鼓勵其等揭露違法行為,提供事業內部告密者一筆獎金作為揭露之誘因,爰參考韓國、英國等國立法例研議檢舉獎勵制度,於第三項第一款明定基金適用於檢舉違法聯合行為獎金之支出,並於第四項授權主管機關就檢舉獎金適用之範圍、檢舉人資格、發給標準、發放程序、獎金之撤

---

[190] 立法院第 8 屆第 7 會期第 15 次會議議案關係文書,本院委員丁守中等 41 人擬具「公平交易法增訂第四十七條之一條文草案」案審查報告。

[191] 104 年 6 月修正之立法理由。

銷、廢止與追償、身分保密等事項訂定辦法，藉以發現更多不法聯合行為，強化執法成效。

關於基金用途中有關檢舉違法聯合行為之獎金支出部分，公平會依公平法第 47 條之 1 第 4 項規定之授權，於 104 年 10 月 7 日訂定「檢舉違法聯合行為獎金發放辦法」，嗣於 105 年 4 月 19 日，基於鼓勵檢舉人勇於揭示不法，提高其檢舉誘因，以利有效查處違法聯合行為之理由，修正部分條文，該辦法如下：

【檢舉違法聯合行為獎金發放辦法】
中華民國 104 年 10 月 7 日公法字第 10415608631 號令訂定發布
全文 11 條
中華民國 105 年 4 月 19 日公法字第 10515602191 號令修正部分條文
中華民國 110 年 11 月 26 日公法字第 1101560525 號令修正發布
全文 11 條

第一條
本辦法依公平交易法（以下簡稱本法）第 47 條之 1 第 4 項規定訂定之。

第二條
檢舉人提供主管機關尚未獲悉之聯合行為事證，經主管機關調查後認定涉案事業違反本法第 15 條第 1 項規定者，依本辦法發放檢舉獎金。

第三條
前條所稱檢舉人為自然人、法人或設有代表人或管理人之非法

人團體。

檢舉人得以書面、言詞、電子郵件或其他方式敘明下列事項，向主管機關提出檢舉：

一、檢舉人姓名或名稱、聯絡方式及地址。

二、檢舉聯合行為之內容及提供符合第 5 條第 1 項之具體事項、相關資料或可供調查之線索等。

以言詞檢舉者，主管機關應作成檢舉紀錄。

第四條

檢舉人有下列情形之一者，不適用本辦法之規定：

一、未具名或未以真實姓名（名稱）、聯絡方式及地址提出檢舉。

二、參與涉案聯合行為之事業。

三、適用「聯合行為違法案件免除或減輕罰鍰實施辦法」獲免除或減輕罰鍰之事業，其董事、代表人或其他有代表權之人。

四、有強迫他事業參與或限制退出聯合行為之具體情事。

五、主管機關所屬人員及其配偶或 3 親等以內之親屬。

六、因行使公權力而得知違法聯合行為事證之機關及其所屬人員、配偶或 3 親等以內之親屬。

第五條

違法聯合行為案件經裁處罰鍰者，主管機關依檢舉人所提供證據之價值，發放檢舉獎金之標準如下：

一、提供有助於開始調查程序之證據資料者：罰鍰總金額之百分之 5，且最低發放新臺幣 10 萬元，最高以新臺幣 100 萬元為限。

二、提供之證據資料能間接證明聯合行為合意之事實存在者：
  罰鍰總金額之百分之 10，且最低發放新臺幣 10 萬元，最
  高以新臺幣 1000 萬元為限。
三、提供之證據資料能直接證明聯合行為合意之事實存在，無
  須再介入調查者：罰鍰總金額之百分之 20，且最低發放
  新臺幣 10 萬元，最高以新臺幣 2000 萬元為限。

違法聯合行為案件罰鍰總金額達新臺幣 2 億元以上未滿 5 億元者，前項獎金上限提高為 2 倍；如罰鍰總金額達新臺幣 5 億元以上者，前項獎金上限提高為 5 倍。

檢舉人於同一案件所提供證據資料同時符合第 1 項 2 款以上情形者，依較高額之款次發放檢舉獎金。且同一案件僅能受領一次。

第 1 項之證據資料若有下列情形之一，檢舉獎金應平均分配：
一、同款中有數名檢舉人共同聯名，或同時提供相同事證無法
  區別先後者。
二、同款中有數名檢舉人，均提供主管機關尚未獲悉之事證者。

第六條
違法聯合行為案件未裁處罰鍰者，主管機關得依檢舉人提供之證據資料價值，酌予發放每名檢舉人新臺幣 5 萬元以上 100 萬元以下之檢舉獎金。

第七條
主管機關應於違法聯合行為案件作成處分後 30 日內發放檢舉獎金，發放方式如下：
一、應發放予每名檢舉人金額為新臺幣 100 萬元以下部分，應
  一次發放。

二、應發放予每名檢舉人金額超過新臺幣 100 萬元部分，應先發放 4 分之一。

前項第 2 款情形，俟罰鍰處分確定維持後再發放其餘獎金。主管機關發放獎金餘額時，如罰鍰處分經部分撤銷或重為罰鍰處分而較原處分減少罰鍰時，依其金額計算獎金餘額，無獎金餘額者不另發放。

檢舉獎金之請求權，因 10 年間不行使而消滅。

第八條

依本辦法發放之檢舉獎金，除有第 9 條所定情形外，已發放之獎金不予追回。

第九條

檢舉人有下列情形之一者，主管機關應不予發放或追回已發放之檢舉獎金：

一、有第 4 條規定之情形。

二、主管機關尚未處分前，直接或間接對外揭露其所提出之檢舉事實或檢舉之任何內容。

三、使用偽造或變造證據經法院有罪判決確定。

第十條

對於有關檢舉人身分等相關資料，應予保密。載有檢舉人真實身分資料之談話紀錄或文書原本，應另行製作卷面封存之。其他文書足以顯示檢舉人之身分者，亦同。

前項談話紀錄、文書，除法律另有規定外，不得供閱覽或提供偵查、審判機關以外之其他機關、團體或個人。

第十一條

本辦法自發布日施行。

第六節　重要案例彙整

案例 1：台灣水泥聯合哄抬預拌混凝土單價

案例 2：中油及台塑預告調漲價格案──引用「促進行為理論」

案例 3：三大紙廠原紙價格一致漲價案──附加因素理論

案例 4：三大乳品業者漲價案

案例 5：四大連鎖超商同時調漲現煮含乳咖啡案

案例 6：台泥等五家預拌混凝土業者預告漲價案

案例 7：相互約束事業活動之行為──共同停止贈送贈品

案例 8：相互約束事業活動之行為──鉭質電容器業者交換競爭敏感資訊

案例 9：日本鉭質電容器業者交換競爭敏感資訊──可察覺性理論

案例 10：相互約束事業活動之行為──同業團體制定公休日或輪休日，是否構成聯合行為？

案例 11：臺南區藥品學術交誼連心會案

案例 12：中部砂石業者聯合調漲砂石價格案

案例 13：臺北市記帳士公會建議會員收費之最低標準案

案例 14：貨櫃業者一致恢復收取 3 噸以下貨物之 CFS 出口機械使用費

案例 15：筆記型電腦製造商申請標準化聯合案

案例 16：信用卡業務聯合行為案

案例 17：航空公司票證免背書轉讓案

案例1：台灣水泥聯合哄抬預拌混凝土單價

✠ **案件事實**[192]

> 　　以嘉義縣6家預拌混凝土業者聯合哄抬預拌混凝土單價，漲幅近30%，形成壟斷，及不具名民眾於民國94年8月2日反映嘉義縣PC水泥混凝土狂抬高價，每立方公尺預拌混凝土調高新臺幣（下同）200元至300元等情。經被上訴人調查結果，以台灣水泥股份有限公司與鳳勝實業股份有限公司、國產實業建設股份有限公司、亞東預拌混凝土股份有限公司、泉豐碎石廠股份有限公司、嘉義混凝土工業股份有限公司、掌石企業股份有限公司、任建企業股份有限公司、弘晟水泥製品股份有限公司、福楹混凝土股份有限公司、宏益達建材企業有限公司等為意思聯絡，事實上導致嘉義地區預拌混凝土價格共同調漲，足以影響嘉義地區預拌混凝土市場供需之聯合行為，違反公平交易法第14條第1項聯合行為之禁制規定。
>
> 　　行政院公平交易委員會依據行政院南部聯合服務中心傳真函，認定該6家預拌混凝土業者違反公平交易法第14條第1項聯合行為之禁制規定，乃依同法第41條前段規定，應立即停止前項違法行為，並處罰鍰550萬元及就其餘公司亦分別處不同金額罰鍰。

---

[192] 最高行政法院99年度判字第503號判決。

案例分析

　　法院要求公平會對於聯合行為之合意或意思聯絡，需負較高的舉證及說明責任，而非將所有的舉證責任強加諸被處分人身上：「復按公平交易法對於聯合行為之規範，係採實質認定之方式，除以契約及協議達成合意者外，尚包含因意思聯絡而事實上足以導致一致性行為（或稱暗默勾結行為）之『其他方式之合意』，此觀公平交易法第 7 條第 3 項規定自明。故 2 個或 2 個以上之事業，在明知且有意識之情況下，以意思聯絡之方式就其市場行為達成不具法律拘束力之『共識』或『瞭解』，足以形成外在行為之一致性。若經調查確實有意思聯絡之事實，或其他間接證據（如誘因、類似之漲價時間或數量、發生次數、持續時間、行為集中度及其一致性等）足以判斷事業間已有意思聯絡，且為其外部行為一致性之唯一合理解釋，即可認定該等事業間有聯合行為。再按違法事實固應依證據認定之，惟所謂證據，係指直接、間接足以證明違法行為之一切人證、物證而言，故認定違法事實所憑之證據，並不以直接證據為限，間接證據亦包括在內；而所謂間接證據，雖無法直接證明違法事實，惟足以證明他項事實，而由此他項事實，本於合理經驗法則之推理作用，足以認定為違法之事實基礎，並非法所不許。」、「惟查：1.關於上訴人訴稱與其他被處分人之預拌混凝土報價並無客觀上一致情形部分：(1)按合意之聯合行為，非指必同幅度或同一價格水平，始足為之，只要業者間之合意，使得某特定期間之價格有異常之僵固或上揚趨勢，並因此影響該特定市場之供需功能即已足。(2)原判決已說明：上訴人及其他被處分人之下游業者，均表示 93 年下旬至 94 年 6 月左右向上訴人及其他被處分人分別詢價，報

價均為一致，縱實際成交價格或有不一，然在該期間原料成本並無變化下，上訴人及其他被處分人之報價一致行為，並造成成交價格同步上漲趨勢，已足以影響嘉義地區預拌混凝土市場之供需功能，合致聯合行為之構成要件，是原判決認定事實要無不合，與證據法則無違。2.關於上訴人訴稱原判決並未證明上訴人與其他被處分人有相互調料情形，亦未充分說明何以相互調料即具有聯合調漲價格之意思聯絡，顯有判決不備理由部分：(1)按依市場之競爭常態，處於競爭之業者不應互相調料，因彼此品質及成本均有差異，當兩家品質不同之廠商互相調料時，品質較佳之廠商之利潤會下降，而另一家廠商利潤則會增加。因此，在非合作之市場競爭下，廠商應無任何調料之誘因存在，除非是在勾結之情形，否則品質較佳之廠商不會願意調料給對手。(2)原判決認上訴人與其他被處分人間確有相互調料之情事，業已詳論其依據，核與證據法則無違；又原判決認相互調料違反市場競爭常理，具有聯合調漲價格之意思聯絡，亦已詳述其理由，是原判決亦無理由不備之違法。」

案例 2：中油及台塑預告調漲價格案──引用「促進行為理論」

※**案件事實**[193]、[194]、[195]

> 　　中油公司及台塑公司為國內汽、柴油批售市場之 2 大油品供應商（2 公司寡占國內油品批售市場），立於同一產銷階段之水平市場地位，彼此間具有水平競爭關係。
>
> 　　此 2 家公司於 91 至 93 年間，多達 20 次同步調整 92、95 無鉛汽油及高級柴油批售價格，2 家公司透過價格預告的調價機制為：「①歷次調價過程中，率先宣布調漲價格者均提前宣布價格調漲訊息（尤其針對調價時點、調價幅度），公布訊息之時間約在預定生效前半天至幾個小時前。②競爭對手透過新聞媒體得知競爭對手提前公布價格調漲訊息後，通常即迅速宣布將跟進調漲（大部分是中油公司先行宣布調漲或調降、台塑公司隨即跟進）。③如果競爭對手未宣布跟進，或雖宣布跟進但調漲幅度較低時，率先宣布調漲訊息的廠商則立刻在新價格未實際生效前，宣布放棄調漲或下修原先預告的漲幅（例如中

---

[193] 最高行政法院 98 年度判字第 92 號行政判決。

[194] 公處字第 093102 號處分書、行政院 94 年 5 月 27 日院臺訴字第 0940085957 號訴願決定（將原處分關於罰鍰部分撤銷）、公處字第 094079 號處分書（仍各處中油公司、台塑公司 650 萬元罰鍰）、臺北高等行政法院 94 年度訴字第 2370 號判決、最高行政法院 98 年度判字第 92 號行政判決。

[195] 延伸閱讀：楊佳慧（2006），〈公平會處理國內二大供油商聯合調整油價之觀點〉，《公平交易季刊》，14 卷 1 期，頁 153-175；蔡宗儒（2008），〈寡占市場中廠商之平行行為與一致性行為──兼評中油、台塑聯合漲價案〉，《高大法學論叢》，4 期，頁 117-150。

> 油公司於 91 年 8 月 20 日、93 年 1 月 16 日、93 年 9 月 22 日之修正調幅行為）。④在預定生效時間前，若兩家廠商所宣布之漲幅一致，則新價格將在預定生效時間後付諸實施。」

公平會援引促進行為理論，認定 2 家公司以事先、公開方式傳遞調價資訊之意思聯絡（透過預告達成調價共識），形成同步、同幅調價之行為，屬以其他方法達成合意的違法聯合行為，足以影響國內油品市場之價格及供需機能，違反行為時公平法第 14 條第 1 項本文聯合行為之禁制規定，乃依同法第 41 條前段規定，命 2 家公司停止違法行為，並各處新臺幣 650 萬元罰鍰。

案例分析

1. 公平會的見解[196]：

公平會認為中油公司與台塑公司的預告調價機制有助於「達成共識」與「即刻偵測及嚇阻悖離」，屬於「促進行為」。因此，公平會在本案中雖然沒有發現 2 家公司間有何契約或協議，但基於該機制促成彼此形成同時間、同幅度的一致性調價結果，而認定本案一致性行為屬聯合行為。理由書之論述如下：

(1)「……公平交易法對於聯合行為之規範，除以契約及協議達成合意者外，尚包括因意思聯絡而事實上可導致一致性行為之『其他方式之合意』，而事業在明知且有意識地採行某一具有共同目的之市場行為，並可期待他事業亦會依

---

[196] 公處字第 093102 號處分書。

照事業相互發展之行為方式，所建立彼此間之信賴協調關係進行意思聯絡，不問有無法律拘束力，即屬『其他方式之合意』，為聯合行為中默示性行為之類型。」

(2)「三、寡占市場之事業因相互牽制關係，致在價格調整上具有僵固性，而事業基於『自身判斷』所為之單純平行行為，由於非屬意思聯絡所合致，固難謂構成聯合行為，<u>惟事業倘藉由價格宣示或發布新聞資訊等方式公開為意思聯絡，並影響寡占市場中相關業者之訂價行為，實則有別於單純之平行行為，難謂無意思聯絡之事實</u>。進一步言之，參酌各國競爭法主管機關『一致性行為』之執法經驗，<u>事業間倘在主觀上有意識採行特定行為，並可期待他事業亦採行相同之共識行為（惟該共識並不當然須形諸於文字，或以共同擬定計畫為必要），且在客觀上已導致外觀之一致性者，屬聯合行為態樣之一</u>，而應予以禁止；惟為區隔事業單純之平行行為與違法之『一致性行為』，<u>論斷上得依事業間有相同或類似之外在行為，且事業間曾有意思聯絡，例如經由公開與競爭有關之敏感性市場訊息，以相互傳達營業策略，或直接進行商業情報之交換等，用以證明達成聯合行為之合意</u>；抑有進者，<u>尚得以其他客觀間接證據（如誘因、經濟利益、漲價時間或數量、不同行為的替代可能性、發生次數、持續時間、行為集中程度及其一致性等）予以證明</u>；而所謂『意思聯絡』，在客觀上未必先<u>存有預定的計畫方案，其藉由直接或間接方式，如利用市場資訊之公開化，間接傳達相互之營業策略，或直接進行商業情報之交換等，均屬之</u>。另查美國法院利用間接證據證明寡占市場廠商價格平行行為已有多年歷史，法院通常

會要求原告（競爭法執法機關）提出證明廠商外觀一致之行為確實構成聯合行為之相關事實，是類事實資料亦包括：<u>被告有無採取方便溝通協調之促進作為等</u>。顯見，國內外競爭法主管機關與法院在無法有效掌握違法之直接證據情形下，亦須依賴間接證據，且如該間接證據無違一般經驗法則，並推論被處分人已有意思聯絡，為筆致一致性行為之合理解釋，則亦得認被處分人違反公平交易法聯合行為之禁制規定。」

(3)「四、本案被處分人以事先、公開之方式傳遞調價訊息，達成一致性調整油價之結果，顯然已構成以其他方式達成合意之聯合行為，相關事實如次：

（一）油品批售價格係供油商對加油站業者供油實際供應價格之準據，並非終端之零售價格，爰供油商調漲批售價格時，加油站業者是否自行吸收漲價之成本、或如何反映於其零售價格，皆屬油品通路下游零售商經營策略考量之範疇，上游供油業者原無對於大眾媒體發布調整批售價格訊息之急迫性及必要性，且價格競爭為事業爭取交易機會之重要手段，通常依據交易契約之不同交易條件，訂有不同之交易價格（包括數量、運輸及付款條件等折讓），屬其營業秘密之範圍，應非相互競爭事業所樂於揭露之交易訊息，被處分人之事先藉由大眾媒體預告調價訊息行為，顯不符合市場機制之經濟理性。

（二）寡占市場與單一獨占市場廠商之市場行為完全不同，單一獨占業者因為缺乏競爭對手，因此可以完全自主的決定價格或產出，而不用擔心競爭對手之

反應，而寡占市場業者間顯有相互依賴之互動關係，故易透過契約、協議形成聯合行為之合意、或利用相關促進作為達成合意之默契。油品寡占市場結構中，率先調漲價格的廠商須面對競爭對手不跟進、加盟加油站業者大幅流失等風險，而不跟漲的一方可藉以分食調價廠商原有的市場。然而，被處分人欲免於競爭並確保獲利，率先發動價格戰之廠商在市場上預先公布調價訊息，對市場上的競爭同業釋放出價格訊號，俾減少偵測可能發生的時間遲延或資訊不正確的風險；而競爭廠商在『知悉』的情況下，『有能力』且『有誘因』的選擇跟進或不跟進，致發動價格戰之業者即可隨之維持價格、撤回價格戰、或調整競價策略，以達成雙方利益之極大化。

（三）進一步言之，『沒有價格預告機制』之價格決策模式，雙方會謹慎發動調價機制，反之，『有價格預告機制』下之價格決策模式，廠商透過預告機制事先釋放價格調整訊息，試探競爭對手反應，倘對手宣布跟進，則發布價格調漲訊息的廠商就實施價格調漲，反之，倘對手宣布不跟進，則發布價格調漲訊息的廠商，也可以『毫無成本』的宣布撤銷原先調價的預告，幾近零風險。因此，有無價格預告機制，對廠商而言，兩者間的差異在於決定是否實施調漲價格時，先發者已經清楚掌握競爭對手是否跟進的訊息，後發者亦在第一時間發布同類調價資訊，結果是雙方將可選用一致之調價策略。基此，

被處分人前揭利用提前價格預告來進行偵測對手反應，降低調價的不確定性與資訊不對稱的風險；倘對手不跟進，發動調價者有撤回的能力，致使歷次調價透過該等促進行為均得以成功運作，爰認該等『促進作為』已構成合意或意思聯絡之事實，有促使雙方達成聯合調價之效果。

(四)針對被處分人中○公司辯稱並未主動預告調價資訊，係由媒體主動探詢相關資訊乙事，本會認被處分人歷次調價均能由媒體平台清楚揭露時點、調整幅度等資訊，利用預告與實施時點一定之時間差視競爭對手反應，甚而透過媒體予以發布修正調價資訊，倘非被處分人有意透過媒體平台交換資訊，何以 20 次之價格調整均循此一模式，而對照被處分人其他產品調價宣布方式與此均有不同，其所辯實不足採。其次，被處分人經由公開、事先預告價格調整資訊，透過媒體平台進行資訊交換，除可清楚偵測競爭對手之反應，並得藉由價格資訊之傳遞以降低資訊不完整性，進而強化價格上之亦步亦趨，爰整體觀察被處分人利用此等操作方式致使多達 20 次同步、同幅度之一致性調價之結果，足證渠等已形成調價上互信協調之機制，而有『其他方式之合意』存在。」

(4)「五、固然，被處分人辯稱歷次同步調價係源於供油條款保證價格之拘束，惟查，前揭供油條款文字意旨在提供有競爭力之價格，甚而雙方基於競爭及供油條款之拘束，係在一方調降價格時，另方亦須調降價格之拘束；然而，在

漲價行為上，對於一方調漲，競爭對手是否選擇跟進、及跟進幅度，顯與供油條款並無直接相關，爰該供油條款不足以作為同步、同幅調價之理由。另依被處分人自承供油條款之影響，顯有強化前揭『預告調價』之效果，當一方發布調漲油價訊息後，可偵測競爭對手選擇跟進與否，倘對手不予跟進，價格發動者則依供油條款之拘束撤回原調價，運作上形成被處分人同漲互蒙其利、同降互相牽制之效果。是故，被處分人透過調價預告既對於偵測競爭對手反應或交換價格資訊進行意思聯絡，其併同被處分人自承供油條款保證價格之拘束，致被處分人形成同時間、同幅度之一致性調價之結果，爰被處分人藉由利用發布調價訊息等促進作為，降低偵測對手調價訊息的時間遲延或資訊不正確的風險，形成調價之共識，以促使其達成共同決定油品批售價格之一致性行為，足堪認定。」

(5)「七、另，衡酌被處分人油價成本結構涉及原油價格、煉製成本、進口相關雜費、國內各項稅費、經營成本、盈餘等各項因素，而被處分人上開各項因素所占成本比例未見一致，復酌被處分人雙方進口油源、產能利用率、煉製產能、機械設備折舊攤提程度、業者內、外銷比重、運輸成本等亦均有差異，顯見雙方之成本結構不同，當無疑義。本會曾於 92 年 1 月 13 日去函警示被處分人不得有聯合調整油價之行為，而應自行參酌本身營運條件決定油價調整及幅度，惟被處分人仍歷次同時、同幅作油價調整，<u>究渠等外在一致性行為之參與動機、誘因、經濟利益、調整時間或幅度、發生次數等間接證據，足證被處分人若無公開進行調價意思聯絡之事實，即無法合理解釋其市場行為</u>：

（一）**調價時間與幅度均相同，非反映相關成本**：被處分人歷次調價之時點、幅度均相同，足堪認定客觀上具有一致性之行為外觀，且被處分人油源、產能、及煉製成本等均有不同，卻每每於同一時間調整價格，甚而幅度未有差異，從而推斷調價之原因、或調幅之級距，顯非自主性反映成本所致。

（二）**成本結構不同，同步調幅未有合理理由**：不同成本結構之業者於同一時間以『相同幅度』調整價格，顯非自由競爭市場下各事業獨立決定營業競爭行為結果，且據本會函請被處分人說明『個別』調幅計算之準據、及與成本上升程度之對應程度，被處分人均提不出造成調幅相同之合理理由。

（三）<u>供油商參進門檻高，導致互不為價格競爭之誘因與動機</u>：依石油管理法之相關規定，新供油業者參進不易，既有業者不必擔心新進業者從事價格競爭，破壞聯合調價之共識，主觀上有互不為價格競爭之誘因與動機，從而有意識的調漲價格，並期待同業亦採行相同行為之共識。

（四）被處分人互有調價發動及跟隨之合意，顯與成本無涉：觀諸 91 年 6 次調價，中○公司發動 5 次調漲、台○石化發動 1 次調降，互有發動與跟隨；92 年台○石化產能利用率提高，價格調降多由其發動，而中○公司同步跟隨；93 年全由中○公司發動調漲，台○石化即便在產能利用率、稅前盈餘及獲利程度均已提高之情形下，仍同步跟進，顯與成本無因果關係，難謂被處分人無合意之事實。

（五）以穩定加盟客戶為由，行意思聯絡之實：被處分人自承同漲同跌係為穩定客戶，否則在既有的供油條款約束下，將會面臨加油站業者終止合約之可能，從而推認鞏固既有客源策略之一，是雙方在價格上不作殺價競爭。惟爭取客源、擴大營收與利潤，本是市場機制之體現，無論新、舊業者均不能以穩定現有客戶為藉口，進行聯合行為妨礙競爭（包括價格競爭與非價格競爭）。被處分人固以供油條款之限制，為其同步漲跌之辯辭，惟如前述，雙方均明知對方在與下游業者簽訂之供油合約上承諾不高於他家之批售價格，且利用相互調價之促進過程後，罔顧調整油價對於加油站業者仍有舊價折算機制所形成得以從事競爭之空間，均捨價格競爭而為一致之漲跌，足認具有意思聯絡之實。」

2. 法院見解：

(1) 公平會於訴訟中提出經濟分析，說明廠商透過預告機制事先釋放價格調整訊息，用以偵測對手的反應，屬於促進行為。臺北高等行法院審酌後認為，依本案事實，已足以推定 2 家公司間具聯合行為之意思聯絡，而公平會援用促進行為理論，尚難指其有何違法之處[197]：

「(7)茲因經濟行為複雜，被告乃借用『賽局理論』來分析原告、中油公司 2 大供油商之調價策略……：

① 『沒有價格預告機制』之價格決策模式：在『沒有

---

[197] 臺北高等行政法院 94 年度訴字第 2370 號行政判決參照。

價格預告機制』,兩家廠商在同時作價格決策時,並沒有辦法觀察到競爭對手的決定,且一旦決定價格後,不能迅速更改原先的決策,是屬『靜態賽局』,亦即雙方『同時決定』是否調價及調價的幅度,雙方可採行的策略及償付結構可用規則式(normal form)賽局表示。典型的『囚犯兩難』(prisoner's dilemma)賽局,在這樣的償付結構下,兩家廠商都會選擇最小幅度的調幅,因為對第1家廠商而言,不管競爭對手選擇任何調價的幅度,自己選擇最小的調幅都是嚴格優勢策略(strictly dominant strategy),而由於這是對稱結構的賽局,所以對第2家廠商也會選擇最小的調幅,因此,兩家廠商選擇(0.5,0.5)會是此一靜態賽局下的均衡解。

② 『有價格預告機制』下之價格決策模式:

A. <u>『有價格預告機制』情形下,廠商可以透過預告機制事先釋放價格調整訊息,試探競爭對手的反應,倘對手宣布跟進,則發布價格調價訊息的廠商就實施價格調整,反之,倘對手宣布不跟進,則發布價格調價訊息的廠商,也可以『毫無成本』的宣布撤銷原先調價的預告,因此,在『有價格預告機制』下廠商價格決策模式,將由『同時決定』之靜態賽局,變成採『價格預告機制』,使廠商的價格決策模式,成為循序決定的『動態賽局』,對廠商而言,兩者間的差異在於決定是否實施調價時,先發者已經清楚掌握競爭</u>

　　　　對手是否跟進的訊息。

　　B. 就原告、中油公司 2 大供油商間作決策的先後順序、所掌握的資訊、可採行的行動及相對應的償付（pay off），利用展開式賽局（extensive form），分析渠等透過預告、保證最低價格之供油條款等促進行為，所導致之價格策略：由於這是一個展開式的賽局，須利用逆推法（back ward induction）求解，結果是雙方選用高價調漲是子賽局完美均衡解（Subgame Perfect Equilibrium）。

③ 綜言之，『沒有價格預告機制』之價格決策模式，雙方會謹慎發動調價機制，反之，『有價格預告機制』下之價格決策模式，廠商透過預告機制事先釋放價格調整訊息，試探競爭對手反應，倘競爭對手宣布跟進，則發布調價訊息的廠商就實施調價，反之，倘競爭對手宣布不跟進，則發布調價訊息的廠商，也可以『毫無成本』的宣布撤銷原先調價的預告，幾近零風險。因此，有無價格預告機制，對廠商而言，兩者間的差異在於決定是否實施調價時，先發者已經清楚掌握競爭對手是否跟進的訊息，後發者亦在第一時間發布同類調價資訊，結果是雙方將可選用一致之調價策略。

　　基此，原告、中油公司上開利用提前價格預告來進行偵測對手反應，降低調價的不確定性與資訊不對稱的風險；倘競爭對手不跟進，發動調價者有撤回的能力，致使歷次調價透過該等促進行為均得以成功運作，應認該等『預告調價機制』之『促進作為』構成聯合行為合意之事實，而有促使雙

方達成聯合調價之效果。」

「(8)此外，美國競爭法主管機關歷來處理之重要案例，引用促進行為理論，來判斷水平競爭事業之行為是否有助於促成聯合結果的形成，及有助於偵測業者間的背離行為。雖美國法院尚未見有何確定判決支持美國競爭法主管機關之上開作法，惟經濟行為百態，被告執法時借重於理論依據、經濟分析或國外執法經驗與見解，誠屬必須。從而，<u>被告援用促進行為理論，審酌判斷本件原告、中油公司之行為合法性，尚難指其有何違法之處，況促進行為理論，並非所有個案所涉細節均相同，亦非全盤援引比附，仍須視個案所涉及促進行為之情形，及所造成相關市場上減損競爭之效果而定</u>。」

「(9)按寡占市場與單一獨占市場之事業行為完全不同，單一獨占業者因缺乏競爭對手，因此可以完全自主的決定價格或產出，而不用擔心競爭對手之反應，寡占市場業者之間顯有相互依賴之互動關係，故較易透過契約、協議或其他方式之合意（其意思聯絡不問有無法律拘束力，事實上可導致共同行為者屬之，而利用相關促進行為達成合意之默契即屬此種合意態樣），形成聯合行為。<u>於油品寡占市場結構中，率先調漲價格的廠商須面對競爭對手不跟進，加盟加油站業者大幅流失等風險，而不跟漲的一方可藉以分食調價廠商原有的市場，是欲免於競爭並確保獲利，率先發動價格戰之廠商在市場上預先公布調價訊息，對市場上的競爭同業釋放出價格訊號，俾減少偵測可能發生的時間遲延或資訊不正確的風險，他競爭廠商在『知悉』的情況下，『有能力』且『有誘因』的選擇跟進或不跟進，致發動價格戰之業者可隨</u>

之維持價格、撤回價格戰或調整競價策略,以達成雙方利益之極大化。」

「(10)按所謂『跟隨性之平行行為』與『聯合行為』之區別在於『有無意思聯絡』,因二者之外觀均呈現行為之一致性,是以執法機關對於聯合行為取得合意之直接證據(例如書面會議紀錄)有困難時,應採『合理推定』之方式,如市場上多數業者同時並且以相同幅度調整價格,然市場上並無客觀之供需變化因素可資合理說明,應可合理懷疑及推定業者就該次價格調整,存有聯合行為之『意思聯絡』。要推翻此項『推定』,需行為人『合理說明』或證明,其價格之調整乃市場上客觀之供需變化因素所致(最高行政法院 92 年度判字第 1798 號判決意旨參照)。查聯合行為常因自利或資訊不對稱而瓦解,本身具有不穩定的因素,透過預告機制,可能的背叛行為即刻被偵測,故事先、公開預告有助於寡占事業協議的穩定。經查,原告的交易對象是加油站業者,雙方尚有舊價折算、月結帳 2 次之計價機制,爰原告調整批售價格時,僅須通知旗下加油站業者,或於計價拆帳時折算,而毋須提前、大張旗鼓的揭露調價訊息予競爭對手,此無助於原告所稱爭取加油站業者加盟之目的達成。再原告、中油公司於發布調價資訊之際,並未即時實施,也未必當然實施,僅利用『喊價』來進行調價溝通,並非『確定價格』,重點端視對手反應而定;當對手不跟進,或是跟進幅度未一致時,調價一方即有機會立刻下修調幅,以避免激烈之殺價競爭,尤其,當決定調漲價格並非有利於己之競爭,復採行預告通知競爭對手及加油站業者,實未足以解釋渠等不合經濟理性之行為。又油品批售價格,係供油商對加油站

業者提供油品價格之準據,而非終端之零售價格,供油商與加油站業者尚有舊價折算、月結帳 2 次之計價機制,爰供油商調漲批售價格時,加油站業者是否自行吸收漲價之成本或如何反映於零售價格,皆屬油品通路下游零售商經營策略考量之範疇,上游供油業者原無對大眾媒體發布調整批售價格訊息之急迫性及必要性,遑論以提前、公告周知之方式對消費者進行預告?原告稱其調漲批售價格係為反應國際油價等成本因素云云,然其與中油公司在成本結構不同下,仍在同一時間,以相同幅度調整價格,顯非自由競爭市場下各事業獨立決定競爭行為之結果,另方面,在原油價格攀升之際,供油商為反映成本而調漲價格本具有風險,惟雙方預先透過在媒體平台預告調價訊息等促進作為,正足以解決寡占協調不穩定之因素,而能有效達成一致性調價。原告復稱其並未主動預告調價資訊,而係由媒體主動探詢相關資訊云云,然查原告調整批售價格時,均以新聞稿對外發布,且原告歷次調價均能由媒體平台清楚揭露時點、調整幅度等資訊,利用預告與實施時點一定之時間差視競爭對手反應,甚而透過媒體予以發布修正調價資訊,倘非原告有意透過媒體平台交換資訊,何以多次價格調整均循此一模式,對照原告其他產品調價宣布方式,與此均有不同,則原告事先、公開傳遞油品批售價格,顯難認為具有經濟行為之合理性。」

(2) 最高法院亦贊同 2 家公司之預告調價機制,構成「其他方式之合意」,並認同在公平會在認定聯合行為時,「促進行為理論」有參酌之價值[198]:

---

[198] 最高行政法院 98 年度判字第 92 號行政判決。

「參照上開調價方式，發動調價者（無論調漲或調降），均『預先』透過新聞發布方式直接將價格調整訊息傳達給競爭對手，包括調價時間及調價幅度等重要價格資訊，而同業亦透過媒體在預告時間與生效時間的時間差內作出反應，可見上訴人於發布調價資訊之際『並未即時實施』，也『未必當然實施』，僅為預告價格，絕非如上訴人所稱之『確定價格』，<u>重點在端視對手反應而定</u>。申言之，純粹價格追隨下，率先發動並實施漲價的廠商，可能面臨競爭對手若未跟進調漲，或雖跟進但幅度較低，而流失客戶的風險，因此必須更謹慎的決定漲價時機與幅度，成功漲價的機率較低；<u>但若透過新聞發布及提前預告價格調整訊息，率先發動漲價的廠商，可以無風險地將新價格付諸實施，因此可以成功的發動漲價</u>。故上訴人與中油公司透過調價預告，偵測競爭對手反應或交換價格資訊進行意思聯絡，致上訴人與中油公司形成同時間、同幅度之一致性調價之結果，足認上訴人與中油公司上開調價機制合致公平交易法第7條規定所稱『其他方式之合意』之構成要件。」、「上訴意旨雖主張……本件乃寡占市場價格追隨之僵固一致性使然云云。然查上訴人油價調整預告，如果競爭對手未宣布跟進，或雖宣布跟進但調價幅度不同時，率先宣布調價訊息的廠商則立刻在新價格未實際生效前，宣布放棄調價或修正原先預告的調幅，係因寡占市場業者之間顯有相互依賴之互動關係，故較易透過契約、協議或其他方式之合意（其意思聯絡不問有無法律拘束力，事實上可導致共同行為者屬之，而利用相關促進行為達成合意之默契即屬此種合意態樣），形成聯合行為。於油品寡占市場結構中，率先調漲價格的廠商

須面對競爭對手不跟進，加盟加油站業者大幅流失等風險，而不跟漲的一方可藉以分食調價廠商原有的市場，是欲免於競爭並確保獲利，率先發動價格戰之廠商在市場上預先公布調價訊息，對市場上的競爭同業釋放出價格訊號，俾減少偵測可能發生的時間遲延或資訊不正確的風險，他競爭廠商在『知悉』的情況下，『有能力』且『有誘因』的選擇跟進或不跟進，致發動價格戰之業者可隨之維持價格、撤回價格戰或調整競價策略，以達成雙方利益之極大化。故本件情形與上訴人所稱寡占市場單純有價格追隨之僵固一致性，顯屬有異。」

「另查被上訴人所引國外之案例或理論，並非僅有美國 Ethyl 案，另有美國法院西元 1990 年『In re Coordinated Pretrial Proceedings in Petroleum Products Antitrust Litigation』案及 ATP 等案，縱 Ethyl 案業經美國法院廢棄確定，然該案所提出之『促進作為』之理論，並非無參酌之價值。況本件是否構成違反聯合行為之禁制，仍以我國公平交易法相關規定為主要論據，外國法例僅作為認定之輔，尚不因外國法例尚未經該國法院判決維持即不得採為參據之資料。從而上訴人以上開之詞加以爭執，核無足取。」

「依據前開上訴人與中油公司間調整油價行為之特徵事實，已足認定上訴人有事實上可導致共同行為，故原處分依上開規定認定上訴人與中油公司有聯合行為，於法並無不合，原判決以依本案事實已足以推定上訴人與中油公司之聯合行為，除上訴人能提出預告油價調整及跟進行為之正當理由，始能動搖該事實，上訴人並未提出本件行為之正當具體理由，是被上訴人與原判決認定上訴人有本件違章行為，自

與證據、經驗或論理法則無悖,亦與本院 32 年判字第 16 號判例揭示之舉證責任分配原則無違。」

3. 後續尚有其他援引促進行為理論之案例,諸如:

(1) 臺北高等行政法院 103 年度訴字第 1635 號行政判決:「依據臺北高等行政法院 95 年度訴字第 708 號判決意旨所示,主管機關如能證明事業間之行為,有助於達成共識、或『嚇阻悖離』及『防止競爭者加入』,以促進聯合行為之穩定,則證明此等『促進行為』之事證,則可作為認定聯合行為存在之間接證據。」

(2) 最高行政法院 100 年判字第 615 號判決指出:「引用促進行為理論,來判斷水平競爭事業之行為是否有助於促成聯合行為之證據,乃因應經濟態樣呈現之多面性及複雜性所需,如經查證結果與事實相符,並無不合。」

案例3：三大紙廠原紙價格一致漲價案——附加因素理論

※**案件事實**[199]

> 　　國內工業用紙產業，依產業性質可區分為上、中、下游3種不同層次，生產工業用紙之原紙（瓦楞芯紙、面紙）者為一級廠；中游為二級廠，生產瓦楞紙板；下游為三級廠，製成各種生產紙器等。國內3大紙工廠正隆公司、榮成公司及永豐餘公司兼營一級紙廠、二級紙廠事業，三廠商於民國98年間國內一級工業用紙市場產量占有率依序為51.2%、28.2%、19.1%。
>
> 　　公平會調查後，認定三大紙廠於民國98年11月至99年3月間聯合調漲原紙價格（渠等的發票價格之漲勢具有一致性，發票價為月底實收價格的計價基礎），而正隆公司、榮成公司復利用垂直整合之優勢，於99年1月至3月間聯合調漲二級瓦楞紙板價格，足以影響國內工業用紙市場之供需功能，違反行為時公平交易法第14條第1項（現行法第15條）規定，乃於99年5月5日以公處字第099054號處分書命三家業者立即停止上開違法行為，並處正隆公司罰鍰新臺幣（下同）500萬

---

[199] 99年5月5日公處字第099054號處分書、臺北高等行政法院100年度訴字第506、568、824號判決（原處分撤銷）、最高行政法院102年度判字第67號判決（原判決廢棄發回）、臺北高等行政法院102年度訴更一字第23、24、25號判決、最高行政法院104年度判字第181號判決、臺北高等行政法院104年度訴更二字第464849號判決、最高行政法院106年度判字第265號判決。

元、榮成公司罰鍰 300 萬元、永豐餘公司罰鍰 200 萬元。三家業者不服，均提起訴願及行政訴訟，歷經 7 年的審判程序，最高行政法院終於在 106 年 5 月 25 日做出判決，駁回三大紙廠的上訴，認定 3 家業者確有聯合行為。

案例分析

1. 公平會的見解[200]：

在一級市場的部分，公平會認為三大紙廠即被處分人等，於民國 98 年 11 月至 99 年 3 月間一致性調漲一級工業用紙（原紙）價格，具有聯合行為之合意，理由大抵為：①被處分人等乃藉由「發票價」之揭示形成暗默勾結；②渠等發票價調價時間相近、幅度一致且違背歷史、國際趨勢，並超過反應廢紙價格成本上升之所應有幅度，若非合意難以達成；③被處分人等同業常有聚會之事實，（後續的訴訟中，公平會補充被處分人等於 98 年 12 月 16 日均派員參加正隆公司后里廠舉行之廢紙原料會第 182 次會議，顯然有相關訊息之交換），足以達成合意。處分書記載：

1. 被處分人一致性調價未具合理說明之證明：

   (1) 系爭期間廢紙價格漲幅造成工業用紙價格波動之情形，對照歷史數據顯示，以 96 年 10 月至 97 年 5 月間國內廢紙與工業用紙價格對應狀況，及其調價緩衝幅度並不相稱，前次被處分人正隆公司廢紙漲幅達 51%、工業用紙漲幅 31%；被處分人永豐餘公司

---

[200] 公處字第 099054 號。

廢紙漲幅達 49%、工業用紙漲幅 33%；被處分人榮成公司廢紙漲幅達 59%、工業用紙漲幅 38%；惟此次據被處分人提報廢紙收購價格漲幅約與前次調整比例相當，惟此次被處分人調整工業用紙價格幅度皆超越前次調漲幅度，比例均位於 41%~45%之間。

(2) 前次廢紙價格於 96 年 10 月起漲，至 97 年 2 月被處分人廢紙收購價格均超過每噸 6,000 元，此時工業用紙價格約為每噸 11,500 元，至 97 年 5 月才緩步上漲至 15,500 元廢紙收購價量而言，月收量規模不同，整體價格漲幅依序為 34.2%、50.7%、58.9%，顯見被處分人在廢紙收購數量及成本上皆不相同，其所負之成本壓力、緩衝機制及轉嫁程度當所不同。再者，被處分人工業用紙產量規模及外銷、自控比例均不同，自控比例不同對於成本上漲之容忍度應有所異。

2. 由工業用紙業者之市場結構及行為論證，被處分人有聯合行為之意思聯絡致一致性調價，足以影響工業用紙價格及市場機能：

(1) 工業用紙業者為高度集中市場，受限於新工紙業者參進不易，進口業者有到岸之時間差，而欲期待新進業者產量或進口工紙量從事價格競爭之即時性與可能性極低，被處分人主觀上有互不為價格競爭之誘因與動機，並於調價過程中建立彼此間之信賴協調關係，從而促進調價過程之一致性，爰見本次漲幅期間無任一業者競價或延後調漲之況。

(2) 不同成本結構之業者於系爭期間一致性調漲未有合

理理由，顯非自由競爭市場下各事業獨立決定營業競爭行為結果，觀諸被處分人僅稱係為廢紙上漲及其他成本因素為主要事由，惟被處分人甚至同樣選擇芯紙 100g 之品項作 400 元微幅調漲，並均於 2、3 月急速調漲牌價等一致性情況，與各自成本對應顯無相稱，尤其被處分人所承受之廢紙成本壓力顯有不同，卻於工業用紙作一致性調價，爰相同時間、相同漲勢非屬單純自主性調價。

(3) 事業在市場上從事競爭，對於價格調整本應謹慎為之，率先調漲的廠商將面臨其他廠商是否跟進的不確定性，及市場流失的可能風險，競爭本身應是相當敵對且秘密的。惟被處分人到會時均證稱，當月先以牌價進行報價並開出發票結帳，月底再作實收，價差予以折讓，是<u>故牌價之作用即讓被處分人明知其競爭同業之調價上限與價格訊息，實收價格再往其上限趨近，導致一致性之價格上漲，復以被處分人坦承彼此多有頻繁聚會吃飯、輪流請客進行討論或聯誼，水平競爭同業彼此熟悉與交流實悖於競爭之理，亦非其他競爭產業所常見。</u>爰綜合一致性調價之因果關係，實難排除被處分人無合意之事實。

(4) 尤甚者，外銷價格跟內銷價卻有相當之價差，且被處分人正隆公司及永豐餘公司更在此期間提高自用比例，何以在前揭鉅幅調漲工紙期間，未見任一家業者以合理競爭行為搶占市場，爰見業者已有維持工紙牌價之漲幅而避免競價之勾結默契。簡言之，

> 被處分人於系爭期間縱有因成本推升之因素而調價，惟其所形成之一致性調價行為非屬聯合勾串則無以致之，又以三家被處分人在一級工業用紙市場高達九成之市場占有率，其聯合調價行為實足以影響市場功能。

2. 最高法院的見解[201]：

最高法院闡述其所應用之法理與判斷基準：

> 「對於聯合行為之規範，係採實質之認定方式，亦即兩個或兩個以上之事業，明知且有意識透過彼此間意思聯絡，就其未來的市場行為達成不具法律拘束力的共識或瞭解，形成具有外在市場上一致性行為，倘經調查確實有意思聯絡之事實，或得以其他間接證據（如誘因、經濟利益、類似之漲價時間或數量、發生次數、持續時間、行為集中度及其一致性等）判斷事業間有意思聯絡，且為其外部行為一致性之唯一合理解釋，即可認定該等事業間有聯合行為。所謂意思聯絡，在客觀上未必先存有預定的計畫方案，其藉由直接或間接方式，如利用市場資訊之公開，間接交換與競爭有關之敏感市場訊息，或相互傳達營業策略，或直接進行商業情報之交換等，均屬之。」

> 「次按認定聯合行為之違規事實所憑之證據，並不以直接證據為限，間接證據亦包含在內，蓋事業為避免留下聯合行為合意之直接證據，而遭競爭主管機關之舉發，乃漸發展出不具法律上與事實上拘束力之一致性行為，以遂行聯合之目的。因而，各國實務上為徹底執行限制競爭法對於聯合行為之規範，

---

[201] 最高行政法院 106 年度判字第 265 號判決。

不僅將一致性行為納入聯合行為之規範範疇,且於蒐證、舉證上,亦不限於直接證據,間接證據亦可作為證明合意存在之證據。採用間接證據時,其所成立之證據,在直接關係上,雖僅足以證明他項事實,但由此他項事實,本於推理作用,為合乎經驗法則及論理法則之推論判斷,自得作為認定違法事實之基礎。<u>蓋聯合行為之合意存於當事人之內心,若未顯示於外並留下契約、協議之書面紀錄等直接證據,主管機關於執法上就事實之認定與證據資料的掌握並不容易,因此在聯合行為的認定上,縱無直接證據可資證明事業間存有聯合行為之合意,然若透過間接證據之採證與分析,可合理推論若非事業間採取聯合行為,否則無法合理解釋市場上一致行為現象時,即可推論有聯合行為合意之存在,亦即在聯合行為乃事業間外部行為一致性之唯一合理解釋之情形下,可認定該等事業間有聯合行為。易言之,如市場上多數業者同時且以相同幅度調整價格,但市場上並無客觀之供需變化等因素可資合理說明,應可合理推定業者就該次價格調整存有聯合行為之合意。</u>」

　　最高法院就本案的判斷:
1. 正隆等 3 家公司調漲行為有不合理之處:
 (1) 依據正隆、永豐餘及榮成公司之說明,渠等於 98 年底、99 年初期間調漲價格之主要,是為了反映國際間廢紙價格上漲之壓力。但是,正隆公司自述,其使用之國外廢紙占全收量 30%至 45%之間、永豐餘公司表示其廢紙用量國內與國外比重約為 8:2、而榮成公司表示其僅使用國內廢紙。另依公平會之調查資料所示,工業用紙之重要原料為廢紙,約占工業用紙成本 65%左右。則依據前述比例計算,正隆等 3 家公司進口國外廢紙數量並未達

顯著之比例，且渠等因國際間廢紙價格上漲所致之調價壓力彼此不同，其各自因應廢紙上漲所採取之價格調整策略，理論上亦應因各自所進口之比例不同而存有差異，惟 3 家公司於上開期間內所為之漲價幅度卻趨於一致，明顯與常情不符。

(2) 國際廢紙價格雖有上漲趨勢，惟在國內廢紙供需未有明顯變化、3 家公司亦未增加進口量之情況下，其等以國際原物價格上漲原因調漲價格，顯有牽強。況渠等調漲工業用紙價格之幅度，明顯高於國際間相同產品上漲之幅度，對照其等使用進口原物料之比例、以及渠等調漲工業用紙售價之期間及幅度竟然趨幾近一致等情，益顯其等調漲之行為及動機確有不合理之處。

(3) 經濟分析：

「實務上，寡占市場之競爭者彼此間應對之方式以及競爭之手段常為經濟學者作為分析對象，此種關係模式亦為研判競爭者間是否存在類似協議默契（Tacit Collusion 或稱勾結默契）等不公平競爭行為之重要模組，而最常援用之研究方法即為賽局理論（DG Baird, RH Gertner & PC Picker, Game theory and the Law, Cambridge, MA: Harvard University Press 1994），其中最典型之例即為『囚犯困境』理論（Prisoners' Dilemma, PD），所有寡占市場之競爭者身處競爭市場中之情況頗類似囚犯困境理論中之困境地位，競爭者必須藉由不斷猜測對方可能採取之措施以調整自己相應之策略，並藉由此一過程找出均衡點（Equilibrium，或稱之為納許均衡點 Nash equilibria），其目的在於獲取最大之利益（如

同囚犯困境中之囚犯謀取無罪之最佳利益狀態，或寡占者取得如同獨占者一般之價格利益）。為了達到前開目的，理論上在寡占市場中之所有競爭者必須盡可能地取得並了解競爭對手之所有相關資訊，以及對方可能採取之措施，蓋倘非如此，有可能無法找出彼此獲取最大利益之均衡點。在寡占市場中，競爭者可透過許多手段或方式獲得對手所釋放出之訊息，以測試並確認彼此之均衡點，例如依據對手釋放之定價訊息（對手在市場上所開出之發票價），採取跟隨或稍微便宜之定價策略。由於定價高者必然擔心定價低者搶取市場，造成獲取最高利益之均衡點無法達到或維持，是以，競爭者彼此間為達成獲取最高利益之均衡點（即前述寡占者取得如同獨占者一般之價格利益），自然須確認彼此之態度，此種確認彼此態度之結果，使得競爭者彼此間呈現透明之狀態，在水平競爭者之間稱之為水平透明（Horizontal Transparency），在垂直競爭者之間即稱之為垂直透明（Vertical Transparency）。而使之透明之方式，有藉由簽署協議等有形方式者，有透過餐敘、協調會、溝通會、聯誼會掩飾訊息交換甚或以暗語、眼神等足使競爭者間為意思聯絡進而產生合意之所有有形、無形方式者均屬之。在以簽署協議等有形之方式達成彼此資訊透明者明顯構成聯合行為（Concerted Action），自不待言，而在以無形之方式達到資訊透明者，其最大之爭議，在於競爭者間之定價策略所以變成透明，有可能係經由自然形成者（Natural Transparency），例如有意的跟價行為（Conscious Parallelism），亦有可能係經由人工刻意

形成透明者（Artificial Transparency），例如前揭經由掩飾方式達到訊息交換目的之聯合行為。前者雖非法所不許，惟後者即屬公平交易法所規範之禁止行為。蓋自然形成與人工形成兩者大之差異在於人工形成者必須透過行為人間意思聯絡以達成外部一致性的回應行為，而此種人工行為嚴重扭曲競爭市場之公平性，故為法所不許。由於人工透明與自然透明之差異僅在於其間是否存在人為因素（即有無意思聯絡），是以，區別兩者最主要之式，即在於人為因素有無之調查與判斷，故為避免單純之跟價行為被誤判為聯合行為，在競爭者之間即必須避免瓜田李下之行為舉止，例如避免餐會、聯誼等，極端情形甚至宜避免同處於同一場合。而在主管機關部分，由於聯合行為之意思表示合致過程通常僅存在於競爭者之間，主管機關難以舉證，除非當事人協力提出，否則僅能藉由外部直接或間接證據證明（公平交易法第14條2項參照）。本院第二次發回判決中表示聯合行為之相關事證，有偏在於處分相對人之特性，因此，在違規情形顯現又事證蒐集不易之情況，除依據直接證據判斷外，通常需要利用間接證據證明（即由間接證據證明間接事實，再由間接事實推認主要事實）之方法等語，即為斯旨。本件更二審判決依據調查證據之結果認為98年間上訴人等3家公司一級廠市占率已高達98.5%，彼此間本有互不為價格競爭之誘因與動機，並於調價過程中建立彼此間之信賴協調關係，從而促進調價過程之一致性，加以上訴人等一級廠成本結構互不相同，被上訴人於調查期間已請上訴人等說明個（各）自調幅計算之

準據、及針對成本上升程度之對應程度,然上訴人等均僅一致稱係因廢紙原料上漲及其他成本因素為主要上漲事由,被上訴人乃依據調查上訴人等產品售價之結果,認為與上訴人等各自對應成本顯不相稱,特別是與渠等各自所承受之廢紙成本壓力明顯不同,所為一致性調漲價格行為自非係基於各自營運成本考量之自主性調價;另審酌上訴人等坦承彼此多有頻繁聚會吃飯、輪流請客進行討論或聯誼,及證人、業者證稱上訴人等間常有聚會等事實,實難排除上訴人等間無合意之事實,以及上訴人等在前揭鉅幅調漲工紙期間,未見任一上訴人以合理競爭行為搶占市場,足以間接推證上訴人等間應有維持工業用紙牌價之漲幅而避免競價之勾結默契,故原處分認定上訴人等間就一級工業用紙於 98 年 11 月至 99 年 3 月間違法一致聯合調漲行為違反公平交易法(行為時第 14 條第 1 項聯合行為禁制規定),並未違法等語……,核其判斷之結果並未違反經驗法則、論理法則及證據法則。」

案例 4：三大乳品業者漲價案

❇案件事實[202]

　　財團法人中央畜產會 100 年 9 月 5 日發布調漲生乳收購價格，自 10 月 1 日起每公斤調漲 1.9 元，嗣後味全公司、統一公司及光泉公司 3 大乳品業者以反映成本為由，對於不同通路調整具有乳品成分之產品建議售價表 6 至 12 元不等，並於 10 月份配合通路檔期進行調整。

　　公平會依職權主動調查，認為 3 大乳品業者占國內鮮乳市場 8 成，雖有成本壓力，但共同調高售價以排除彼此間價格競爭，足以影響國內鮮乳市場供需，分別對味全公司開罰 1000 萬元、統一企業 1000 萬元、光泉牧場 800 萬元。

📝 案例分析

1. 公平會的見解：

　　公平會界定本案特定市場為「國內鮮乳市場」，味全公司、統一公司與光泉公司之市場占有率依據約為 37%、30%、18%上下，屬寡占市場結構。此 3 大乳品業者間具有聯合行為之合意，其推論及研析如下[203]：

---

[202] 公平會公處字第 100204 號處分書。公平交易委員會，《認識公平交易法》第 18 版，頁 154。101 年度訴字第 573、575 及 829 號判決、最高行政法院 103 年度判字第 294 號行政判決。

[203] 公平會公處字第 100204 號處分書。

(1) 參酌各國競爭法主管機關就「一致性行為」（concerted action）之執法經驗，考量相關「附加因素」（plus factors）而排除調價係屬業者出於經濟理性之獨立行動，亦即除非業者有採取聯合行為，否則無法合理解釋一致性之市場現象，則可論證屬聯合行為態樣之一。故有關一致性行為之違法證明，倘未具被處分人間意思聯絡之積極事實，而據間接證據可解釋被處分人間若無事前之意思聯絡，即無法合理解釋其市場行為，則可推論其間存有意思聯絡。

(2) 按最高行政法院 92 年判字第 1798 號、98 年判字第 91 號、第 92 號判決理由明載：「執法機關對於聯合行為取得合意之直接證據（例如書面會議紀錄）有困難時，應採『合理推定』之方式……要推翻此項『推定』，需行為人『合理說明』或證明，其價格之調整乃市場上客觀之供需變化因素所致」，是以本案倘經由相關事證可資合理懷疑被處分人等調漲鮮乳售價之外觀上一致性之平行行為，係出於聯合行為之意思聯絡，則被處分人等是否藉由成本等因素上漲而為調價，應舉證為合理說明始得免責。

(3) 三大乳品業者調整參考建議售價之行為具有一致性之外觀，此一致性調漲行為，應可合理懷疑存有聯合行為之意思聯絡，且被處分人無法舉證說明，其價格調整係出於市場客觀合理之因素，若無進行調價意思聯絡之事實，誠無法合理解釋前揭一致性之調價行為：

A.系爭市場結構有利於聯合勾結之誘因：

國內鮮乳市場為寡占市場，寡占市場中涉及聯合行為穩定性的二大關鍵因素在於發現悖離及可信的制裁。

按被處分人等調價之決定均面對不確定之因素及猜測競爭對手之反應，爰調價本質上即有流失市場、競爭對手不跟價及競價風險。惟寡占市場廠商家數少，提高容易偵測悖離及制裁之程度，從而穩定卡特爾的運作，故寡占市場事業間限制競爭之默契多無需利用設計懲罰之機制或書面協議即可達成。又鮮乳市場所涉印證其一致性行為係出於行為人合意之「附加因素」諸如：產業結構（如寡占市場結構、同質性產品）、具有從事聯合行為的理性動機（如產品需求彈性小、市場參進不易）、若單獨為系爭行為，將有悖其經濟理性，若聯合為之，即符合經濟理性（如無市場供需變化卻調漲其價格）、系爭市場行為，若非基於合意，則殊難達成（如不基於自身之成本優勢訂定價格）等佐證，則符聯合行為之論證。

B. 三大業者考量調價之因素互異，及未提出一致性調漲行為之合理說明及佐證：

公平會於調查過程中，曾請被處分人提出試算、或說明「個別」調幅計算之準據、或調價作業之損益評估，被處分人均無法提出決策會議參考資料或調價分析之有利佐證，俾能證明其調價設定，進而陳稱調漲之理由各有不同，如味全公司敘明有生產原料、包材、工資與動力等成本，光泉公司則稱運銷費用、紙漿、塑膠原料等，統一公司則稱以公式 1：3 進行試算（生乳調 2 元鮮乳則須調漲 6 元，實為穩住內部各單位之毛利率）、尚不包括其他塑化、管銷等成本云云，載明於被處分人等筆錄可稽。既以被處分人營運成本殊異，考量調價之

因素各有不同、加諸被處分人經營通路比重不同，對於渠等相關營業成本等之攤銷理應呈現不同之影響，進而因應生乳成本所致之價格調漲緩衝能力及競爭誘因應屬不同，然則竟呈現前揭一致性調價行為，以 1 公升裝（936ml）為例，被處分人等均一致調漲為 6 元，僅有 2 元具合理之解釋，4 元之部分（6 元扣除 2 元）各被處分人所陳述之調漲理由既不同，不可能在各自計算不同調整因素後，漲幅全然相同。又被處分人俱稱全係依各自成本考量而決定，對於同業之調價全無所悉等云云，是無法提出合理說明一致性調價之證明，爰此一致性調價難以排除非出於被處分人等意思聯絡之事實。

C. 建議售價表之價格吻合度極高，若非合意無以致之：

被處分人等之建議售價表均於 10 月份調價前，於 9 月時即交付通路業者，不僅被處分人等競爭性品牌之價格調整具一致性，嗣後亦未有任何更動，被處分人等經由自身之計算卻得出相同之結果，顯有疑義，而各該價格多有畸零尾數，精算至此毫無所差，調價前後之產品價差相似，若非合意，殊難達成。以調漲額度而言，亦有多樣競爭性之選擇，惟未見有任一被處分人等競價而爭取市場，尤其時序進入冬季，可預期之市場需求漸次降低，被處分人等卻無一業者願「微調」或僅「反映」收購價格而搶奪市場，實違商業競爭之常理。蓋以成本互異而提出吻合度高之參考建議售價，銷售上亦未出現偏離價格，被處分人等無法合理舉證，窮究其因非有合意則不足以致之。

D. 超額之調漲決策印證具有聯合合意：

　　查諸 96 年生乳收購價格由 21.5 元調漲至 25 元達 4.5 元之況，調幅達 16.28%，當次被處分人等調幅均維持在幅度以內。每公升鮮乳絕對價格調整 7 至 8 元上下（為生乳之 1.7 倍左右），惟本次生乳收購價格僅約達 2 元，則全數調整每公升達 6 元以上，達 3 倍之鉅。市場競爭原存有敵對及秘密性，業者對於任何調漲均謹慎而為，被處分人等此次對應收購成本呈 3 倍之漲勢，對照過去調價經驗，倘非合意而為之單獨行為，實悖於經濟理性，爰見被處分人等已有聯合超額調漲而避免競價之聯合行為。

E. 鮮乳產品之相關公開資訊對聯合行為之穩固作用：

　　復查被處分人等極力辯稱當時內部會議即已決定調價時間，從未考量同業是否調價、也從未得知同業若干調價時點幅度等訊息等語，有悖於任何事業於市場上從事競爭該具有之敏感性。查諸各媒體報導自 8 月 15 日至 10 月 9 日所披露之資訊，姑不論該等市場訊息由業者所釋出、抑或是媒體主動報導，該等訊息對於被處分人等之調價難謂全無穩定聯合之作用，其中 9 月 6 日先行披露「鮮奶將於下月漲價」、續而 9 月 23 日「鮮乳漲 12%」、甚而 9 月 26 日「鮮乳下月起每公升漲價超過 6 元」對照其後調價結果足資對應，尤其被處分人等無法自證其價格調漲之準據。此等訊息對於競爭對手調價市場偵測及不跟價之風險亦隨之降低，助於聯合行為之穩固。

2. 最高行政法院的見解[204]：

最高法院支持公平會的處分，並指出：

(1) 得以間接證據判斷事業間有意思聯絡，且為其外部行為一致性之<u>唯一合理解釋</u>，即可認定該等事業間有聯合行為。

(2) 業者須就其一致性行為提出合理解釋，例如公司內部簽呈紀錄、成本等計算資料、試算資料，以證明調價之決定乃出於自身決策所為。

最高法院指出聯合行為意思聯絡的認定方式：

「對於聯合行為之規範，係採實質之認定方式，亦即兩個或兩個以上之事業，明知且有意識透過彼此間意思聯絡，就其未來的市場行為達成不具法律拘束力的共識或瞭解，形成具有外在市場上一致性行為，倘經調查確實有意思聯絡之事實，或得以其他間接證據（如誘因、經濟利益、類似之漲價時間或數量、發生次數、持續時間、行為集中度及其一致性等）判斷事業間有意思聯絡，<u>且為其外部行為一致性之唯一合理解釋</u>，即可認定該等事業間有聯合行為。至所謂意思聯絡，在客觀上未必先存有預定的計畫方案，其藉由直接或間接方式，如利用市場資訊之公開，間接交換與競爭有關之敏感市場訊息，或相互傳達營業策略，或直接進行商業情報之交換等，均屬之。」

「聯合行為之合意存於當事人之內心，若未顯示於外並留下契約、協議之書面紀錄等直接證據，主管機關於執法上就事實之認定與證據資料的掌握並不容易，因此在聯合行為的認定上，縱無直接證據可資證明事業間存有聯合

---

[204] 最高行政法院103年度判字第294號行政判決。

行為之合意,然若透過間接證據之採證與分析,可合理推論若非事業間採取聯合行為,否則無法合理解釋市場上一致行為現象時,即可推論有聯合行為合意之存在,亦即在聯合行為乃事業間外部行為一致性之唯一合理解釋之情形下,可認定該等事業間有聯合行為。易言之,如市場上多數業者同時且以相同幅度調整價格,但市場上並無客觀之供需變化等因素可資合理說明,應可合理推定業者就該次價格調整存有聯合行為之合意。」

本件的判斷:

「(三)……又依上訴人等經被上訴人通知後,就各自所為價格調漲之理由所為之說明……,可知鮮乳價格之調整極為複雜,考量因素多端,且其成本除生乳收購費用外,尚有生產原料、包材、工資、運輸、營運等各項成本費用,又應維持通路的毛利率並兼顧消費者感受,則在如此複雜之因素交錯影響下,竟於100年10月初調價結果呈現一致上漲之情形,且調漲之價格完全相同或極為相近,此已非上訴人等泛稱係因渠等成本結構與成本上揚因素相似性高所能解釋。況上訴人等既稱渠等於生乳收購價格公告調漲後,為反映成本,即決定調整乳製產品售價,衡諸經驗法則,應早已有所規劃並精算相關成本費用,否則成本未明,何來反映成本可言,然上訴人等在被上訴人詢以調價之各產品別的細項計算方式時,均未能立即提出相關資料,迄至被上訴人作成原處分前仍未能提出。味全公司雖稱其試算結果1公升應該要反映6元,但經被上訴人要求提出試算表時,卻又稱要『再瞭解,有的話再提供』;光泉公司稱各品項的調整是會計部門決定,再跟業

務部門討論,卻稱『沒有仔細記錄的會議紀錄』,且直至被上訴人作成處分前均未提供任何相關會議紀錄以實其說,凡此均與常情有違。從而,<u>被上訴人以上訴人等未能就渠等彼此考量調價因素不同且成本互異之情況下,卻呈現一致性調價行為,提出合理說明及解釋係出於市場客觀之合理因素,認上訴人等若無調價之意思聯絡,誠無法合理解釋前揭一致性之調價行為</u>,並佐以上訴人等調價之決定均須面對不確定之因素並猜測競爭對手之反應,調價本質上即有流失市場、競爭對手不跟價及競價的風險,然寡占市場廠商家數少,提高容易偵測悖離及制裁之程度,從而穩定卡特爾的運作,系爭市場結構有利於聯合勾結之誘因,以及各平面媒體自 8 月 15 日至 10 月 9 日已披露鮮乳調漲之相關訊息,其中 9 月 6 日先行報導『鮮奶下月漲價』,9 月 23 日續而披露『10 月起鮮奶漲 12%』,9 月 26 日再披露『受到生乳收購調漲,鮮乳下月起每公升漲價超過 6 元』……,與上訴人等事後調價結果足資對應,此等訊息利於競爭對手調價市場偵測並降低競爭對手不跟價的風險,有助於聯合行為的穩固,<u>因而推論上訴人等一致性調漲鮮乳參考建議售價之行為,係出於意思聯絡所為之聯合行為,揆諸前揭規定及說明,核與經驗法則及論理法則無違,亦無不合</u>。再按聯合行為中的一致性行為,常與寡占市場中有意識的平行行為(或稱價格追隨行為)混淆,因兩者在客觀上均有一致之市場行為,惟前者有主觀上的意思聯絡,以及基於合意而有一致之行為,是與後者最大之區別,易言之,聯合行為中違法之一致性行為,係因事業間在主觀上有採行特定共識行為之合意,並基此合

意而採行相同之共識行為，以致外觀上存在一致之市場行為。衡諸經驗法則，寡占市場上之跟隨行為係在領導者作出決策後，追隨者方跟進，上訴人等三家公司在決定調價時，勢須提前至少 2 至 4 週通知通路業者並進行協商，要無在 100 年 10 月初味全公司調漲後，再由統一公司及光泉公司見其調漲後數日內即跟隨調漲之可能。從而，原判決認定被上訴人據此排除上訴人等一致性行為係因寡占市場結構使然之有意識平行行為（追隨行為），核屬有據。」

「（四）再按構成聯合行為之核心要件，在於論證業者間有無合意之事實。其一致性行為非以同時日、完全等幅度調整價格為限，倘相關事證足資論證證明其一致性行為之合意，縱有時間落差或微幅價格之不同，亦無礙違法性之認定。易言之，若業者間有意思聯絡分別於不同時間內調漲價格，抑或是有意思聯絡調漲幅度不同，雖無同時調漲或漲幅不同等情形，均亦構成公平交易法所稱之聯合行為。查上訴人三家公司實際調漲日期雖有差異（分別 10 月 1 日、10 月 4 日、10 月 11 日），但參酌下游通路商陳稱『3 家上游業者此次調漲鮮乳，均在相類似之一定幅度及範圍內，我們認為上游業者間應該互相都有認識，整體調價過程可能有相互調查或參考同業調價之情形。』（見原處分卷乙第 63 頁）、『有關此次調漲鮮乳價格，上游業者之業務彼此間均熟識，且會向本公司刺探其他業者的調漲時點，並有意識的希望錯開調漲之時間點』（見原處分卷乙第 83 頁）等語，以及統一公司代理人於 100 年 10 月 14 日接受被上訴人約談時自陳『（此次跟同業不

同時間調整？跟過往同日調整不同？）前次（2007）整體漲價是同一天，本次是不同天，為了避免與上次一樣的情況，因此本部門授權給 KA，讓他們與通路商協調漲價時間』等語（見原處分卷甲 3 第 130 頁），味全公司代理人於 100 年 10 月 13 日陳述紀錄表示『跟隨不可能，而且調價都要求通路要機密，也不可能合到本公司的價格，因為調價要事先作業，所以應該都是各自決定......』等語（見原處分卷甲 1 第 9 頁）、光泉公司代理人同日陳述紀錄表示『價格調整的部分主要是有生乳收購價格，還有其他成本......』、『（這次調價）都是自行決定，都沒有經過下游得知其他同業訊息......』等語（見原處分卷甲 2 第 47 頁、第 48 頁）可知，<u>若上訴人等若係依據自身成本試算自主決定調價，且其等所提出之調漲理由均不相同，而其等經營通路比重亦有所不同，衡諸經驗法則，其等相關營業成本成之攤銷理應不同，因應生乳成本所致之價格調漲緩衝成力及競爭誘因亦應有所不同，但結果卻產生調價結果呈現一致上漲 6 元之情形，此等客觀事實，無法以單純平行行為解釋或認係市場機制運作之結果。再酌諸上訴人等不僅於第一時間開出高度雷同之建議售價表，且均無任何修正價格之情形，衡諸論理法則，欲達此種穩固市場之確信，要非聯合在前不足以佐證</u>，易言之，本件不論上訴人三家公司電子郵件最後發送日期是 9 月 21、22、26 或 27 日，均無法否認其等先於 9 月初至中旬達成 10 月初調漲之共識，上訴人等縱使避開或不避開同一日調漲價格之時點，基於前述說明，已不影響其等合意之事實。從而，原判決認定其實際調漲日期係有意識地錯開，核無不合。

又上訴人三家公司自 100 年 10 月起調漲各自品牌之鮮乳參考建議售價，雖各項產品調幅不等，但其中規格、等級及價格區間相同之 1 公升裝鮮乳，味全林鳳營由 77 元調至 83 元、統一瑞穗由 76 元調至 82 元、光泉香世家由 76 元調至 82 元，均完全一致調漲 6 元。另 2 公升裝鮮乳，味全調漲 12 元、統一與光泉均調漲 11 元，亦甚一致。酌諸下游通路商向被上訴人陳明資料（見原處分卷乙第 62 頁、第 82-83 頁）足見上訴人三家公司不僅所開出之參考建議售價價格及調漲額度均相當一致。此外，就機率概算而言，上訴人三家公司一致性調漲品項計有 6 種，其一致性調漲價格之機率為（1/8）即 1/262144，在此種機率之下仍能一致性調漲鮮乳價格，若非有漲價之合意，殊難想像。而 100 年 10 月生乳收購價漲 2 元，而上訴人等 1 公升鮮乳漲價為 6 元，上訴人三家公司對於調漲 4 元部分（6 元扣減 2 元）均無法提出合理解釋，所陳理由均不相同，且上訴人等三家公司在成本結構均不同情況下，卻於 100 年 10 月初調價結果呈現一致上漲之情形，其上漲價格極為相近，衡諸經驗法則及論理法則，益證上訴人等漲價行為已符合行為一致性之要件，要無疑義。光泉公司上訴意旨主張原判決一方面援引『一致性行為理論』，適用於本案，另方面認定上訴人等有聯合行為意思聯絡，適用法律及認定事實違反經驗法則及論理法則云云，殊不足採。』

『（五）又查被上訴人於 100 年 10 月初鮮乳價格調漲前後，……函請上訴人三家公司就『何時對下游業者發出調價通知及交付建議售價表？並請詳細說明前揭流

程』、『倘貴公司旗下品項有超額調漲之情形,請說明其原因,並依品項各予說明其試算依據』、『請提供貴公司調整鮮乳價格之內部決策相關文件,包括各品項價格決定之會議資訊』、『被上訴人前已就本案函詢貴公司其它相關資料之補充說明』等檢據相關事證提出陳述書。惟迄至100年10月25日被上訴人作成系爭處分前,上訴人等均未提供所詢詳細說明、調價之內部決策等文件,以資證明本次一致性調價係各自所為獨立行為。此外,被上訴人亦親赴上訴人等營業處所訪談,並製作陳述紀錄……,足見被上訴人業已給予上訴人三家公司陳述意見之機會,並無未注意上訴人等權益事項。又統一公司於訴願階段提出試算基準之機密文件,於原審審理時亦提出作為試算資料,原審法院於101年7月10日準備程序時,請被上訴人表示意見……,被上訴人嗣以書面補充答辯……,統一公司聲請閱覽被上訴人限制閱覽卷,原審責成被上訴人整卷拆分可閱及不可閱部分……,被上訴人旋以遮蔽方式提供統一公司閱覽……,統一公司且就此提出攻防……,足見原審業就本案相關證據資料均以審酌,並由統一公司與被上訴人雙方進行答辯,要無統一公司上訴意旨所稱原審未予審酌其有利證據之情事。從而,上訴人三家公司均未能於被上訴人調查時即時提出渠等價格調整之計算方式與資料,以證明渠等價格調整確係基於自身決策所為,遲至於訴願程序及訴訟中始陸續提出相關計算資料,<u>衡諸經驗法則及論理法則,業者對於調漲價格之重大決策,竟無任何公司內部之簽呈紀錄,已屬匪疑所思,而上訴人等不僅無法證明上開試算資料是當時調整價格之確切證據,且一再</u>

更動調查階段及行政救濟階段之說詞或主張，原判決認上訴人等所提試算資料係事後彌縫之作，不足以證明上訴人等所為價格調整確係依據該等資料計算所得，不得作為本案有利於上訴人等之認定，核無不合。統一公司上訴意旨主張原判決未有任何客觀證據，僅因上訴人未於調查階段時提出價格調整試算公式，率認上開公式係事後彌縫不足採信，顯有違職權調查之違誤云云；味全公司上訴意旨主張原判決放寬被上訴人舉證責任，要求上訴人負舉證說明之責，濫用舉證責任之轉換，當然違背法令云云；光泉公司上訴意旨主張被上訴人調查過程中從未要求其提出試算表，公司內部開會未必有開會紀錄，原法院未說明未採之理由，指摘原判決違背法令云云，均不足採。另原審認定本案聯合行為，係以上訴人三家公司之行為具有一致性超額調整參考建議售價，品牌競爭性產品維持一致性價格區間、一致性超幅調漲設定率，調漲時點之一致性等「一致性外觀」，輔以與市場結構、媒體披露有助於穩固價格等間接證據，已據原判決未於調查證據之辯論結果，論述甚詳，該等間接證據堪認已可推定上訴人三家公司有不為競爭之合意聯合行為，核無認事用法並無違誤。」

「（六）再查<u>上訴人等既稱其等於生乳收購價格公告調漲後，為反映成本，即決定調整乳製產品售價，衡諸經驗法則，應早已有所規劃並精算相關成本費用，否則成本未明，何來反映成本可言，然上訴人等在被上訴人詢以調價之各產品別的細項計算方式時，均未能立即提出相關資料，迄至被上訴人作成原處分前仍未能提出，顯與常情有違</u>。又依上訴人等經被上訴人通知後，就各自所為價格調

漲之理由所為之說明……，可知鮮乳價格之調整極為複雜，考量因素多端，且其成本除生乳收購費用外，尚有生產原料、包材、工資、運輸、營運等各項成本費用，又應維持通路的毛利率並兼顧消費者感受，則在如此複雜之因素交錯影響下，卻於 100 年 10 月初調價結果呈現一致上漲之情形，且調漲之價格完全相同或極為相近，此已非上訴人等泛稱係因渠等成本結構與成本上揚因素相似性高所能解釋。若價格相似或一致為鮮乳寡占市場之必然結果，相似性是商品的本質，則 100 年 10 月 1 日生乳收購價格調漲時，包含上訴人三家公司之所有乳品業者若不同時調漲鮮乳建議售價，勢必面臨虧損之風險，但查 100 年 10 月初，上訴人三家公司以外之其他競爭同業在生產成本理應較高之情況下，並未調漲，足見上訴意旨所稱價格相似或一致為鮮乳寡占市場之必然結果云云，要不足採。」

案例 5：四大連鎖超商同時調漲現煮含乳咖啡案

✽案件事實[205]

統一、全家、萊爾富及來來（OK）四大連鎖超商於 100 年 10 月 4 至 6 日，以鮮奶漲價為由，調漲含乳現煮咖啡，無論冰熱、容量大小、額度均為每杯調漲 5 元；各家業者為因應咖啡漲價而作之促銷活動，所需工作時間應不一致，卻都在同 1 週內同步漲價並舉行第 2 杯半價等優惠促銷活動。

公平會認為四家業者營運成本不同、管理效率不一，卻出現完全相同之上漲額度、時間、品項，可推定此一致性調價行為，是出於業者間之意思聯絡所導致，因此認定四大超商符合行為時公平法第 7 條聯合行為之要件，並依同法第 41 條之規定，對統一罰鍰新臺幣（下同）1,600 萬元、全家罰鍰 250 萬元、萊爾富罰鍰 100 萬元、來來罰鍰 50 萬元罰鍰[206]。法院則與公平會的見解不同。

---

[205] 公處字第 100220 號處分書、臺北高等行政法院 101 年度訴字第 607、649、703 及 715 號判決、最高行政法院 102 年度判字第 251 號判決、臺北高等行政法院 102 年度訴更一字第 54、55、56 及 57 號判決、最高行政法院 103 年度判字第 195 號判決。延伸閱讀：劉姿汝（2015），〈論聯合行為之認定──從超商咖啡案談起〉，《第 21 屆競爭政策與公平交易法學術研討會論文集》。

[206] 公處字第 100220 號處分書。

案例分析

1. 公平會如何認定四大超商具聯合行為之意思聯絡[207]：

    本案中，公平會查無四大超商間共同決定價格之直接證據，而是審視產品特性、市場結構、需求及成本因素等<u>經濟證據</u>以及幾近同時的調價決定及新聞發布、新聞內容相似程度等<u>附加因素</u>，推論渠等價格平行變動並非出於獨立決策，而係出於聯合之合意。

    公平會之原處分書指出：

    「參酌各國競爭法主管機關就『一致性行為（concerted action）之執法經驗，<u>考量相關『附加因素』（plus factors）而排除調價係屬業者出於經濟理性之獨立行動，亦即除非業者採取聯合行為，否則無法合理解釋一致性之市場現象</u>，則可論證屬聯合行為態樣之一。故有關一致性行為之違法證明，倘未具行為人間意思聯絡之直接證據，而據間接證據可解釋行為人間若無事前之意思聯絡，即無法合理解釋其市場行為，則可推論其間存有意思聯絡。』

    『按最高行政法院 98 年度判字第 91 號、第 92 號判決理由明載：『執法機關對於聯合行為取得合意之直接證據（例如書面會議紀錄）有困難時，應採「合理推定」之方式……要推翻此項『推定』，需行為人「合理說明」證明，其價格之調整乃市場上客觀之供需變化因素所致。』最高行政法院 92 年判字第 1798 號判決理由書亦同此意旨，明載：『執法機關對於聯合行為取得合意之直接證據

---

[207] 公處字第 100220 號處分書。

（例如書面會議紀錄）有困難時，應採「合理推定」之方式，詳而言之，具有水平競爭關係之諸事業間，有無意思聯絡，而為共同行為致影響市場供需功能，除了少數有直接證據之情況外，一般而言，事實層面之認定與證據資料的掌握並不容易。因此在聯合行為之監控上，事業彼此間是否有聯合行為之意思聯絡，往往必須採用合理推定的方式。換言之，<u>如市場上多數業者同時並且以相同幅度調整價格，然市場上並無客觀之供需變化因素可資合理說明，應可合理懷疑及推定業者就該次價格調整，存有聯合行為之「意思聯絡」。要推翻此項「推定」，需行為人「合理說明」或證明，其價格之調整乃市場上客觀之供需變化因素所致</u>。申言之，當事者之企業，為共同一致之行為，自該各個企業之個別利益觀點而言，無從解釋之，僅能基於有共同之目標及計畫加以了解時，即可認為有該等合意存在。」是以本案倘經由相關事證可資合理懷疑被處分人等調漲現煮咖啡售價之外觀上一致性行為，係出於聯合行為之意思聯絡，則業者對於係因為成本上漲等客觀因素而調整含乳現煮咖啡價格，應負有合理說明之舉證責任。又一致性行為非以同時日、完全等幅度調整價格為限，倘相關事證足資論證證明其一致性行為之合意，縱有時間落差或微幅價格之不同，亦無礙違法性之認定。」

公平會認為四家事業等一致性調漲現煮咖啡零售價格之行為，應可合理懷疑存有聯合行為之意思聯絡，且渠等無法舉證說明，其價格調整係出於市場客觀合理之因素，若無進行調價意思聯絡之事實，實無法合理解釋前揭一致性調價行為。公平會就間接證據的採用及研判如下：

「(一) 系爭市場結構具有利於聯合勾結之誘因：

被處分人等聯合調價之決定，因調價本質上有流失市場、競爭對手不跟進及競價風險，故須猜測競爭對手之反應，提高甚至確定競爭者不會悖離或制裁之可能性，以穩定價格聯合行為的運作，惟寡占市場廠商家數少，因此渠等一致性行為無須利用設計懲罰之機制或書面協議即可達成。國內連鎖便利商店市場為具有高度集中性之寡占市場，連鎖便利商店現煮咖啡市場一致性行為係出於行為人合意之『附加因素』計有：產業結構（如寡占市場結構、同質性產品）、具有從事聯合行為的理性動機（如產品需求彈性小、市場參進不易、習知競爭對手之商品調整週期），若單獨為系爭行為，將有悖其經濟理性，若聯合為之，即符合經濟理性（如無市場供需變化而調漲其主力商品價格）、系爭市場行為，若非基於合意，則殊難達成（如不基於自身之成本優勢訂定價格而以習慣性訂價）等。」

「(二) 被處分人等考量調漲因素互異，卻未能提出解釋其可疑之一致性調漲行為之合理舉證：

1. 就被處分人等之營業收入規模、全國門市據點數以觀，調整相關商品價格勢必牽動各部門內直向溝通與橫向聯繫，故本會於調查過程中曾請被處分人等提出公司內部精算漲幅之依據、方式、訂價策略、內部調價標準作業流程等，業者均無法提出相關書面精算報告，亦未能具體說明各品項含乳現煮咖啡均同步一致調漲 5 元之經濟上合理事由並加以佐證，進而各家業者陳稱調漲之理由各

有不同,包括進口咖啡豆上漲、耗材上漲、人工成本上漲、咖啡機上漲、店租上漲、確保加盟商之利益、5元方便找零、只漲2元很奇怪等等,均載明附卷。

2. 被處分人等同質性高之相關現煮咖啡商品共約有72種之多,若非於調漲前已進行相當程度之意思聯絡,實難想像在市場競爭之牽制下,個別事業竟能不顧客源流失之風險,單獨決定調漲之品項、規格、冰熱及容量。

3. 按據被處分人等證稱<u>各品項現煮咖啡的毛利率各不相同,熱銷商品與冷門商品之銷售量間差距頗大,而4家事業卻一致性調漲現煮咖啡零售價格,實有悖於經濟理性</u>。經計算使用於被處分人等所銷售之各項拿鐵之鮮乳進貨成本,隨鮮乳進貨價格上漲,各不同規格、冰熱、容量之拿鐵成本上漲約在1至3元之間(四捨五入至個位數),均低於5元,足證鮮乳造成不同產品成本上漲之幅度,因咖啡之品項、冰熱、配方、容量不同而改變,<u>被處分人等若非合意,難認有其他經濟上合理之理由</u>,使4家業者鮮乳成本上漲反映至各項現煮咖啡之調漲額度竟產生高度之一致性。

4. 生產現煮咖啡需使用咖啡豆、耗材、人工等變動成本,以及咖啡機等固定成本。相關成本之投入不獨供含乳現煮咖啡使用,不含乳之美式咖啡亦有使用,倘被處分人等確係為反映各項原物料之上漲而擬調漲現煮咖啡價格,則各家美式咖啡亦

有調漲之需要，惟渠等卻一致性未調漲美式咖啡，可合理懷疑其係出於事前之合意且被處分人未能合理舉證並解釋其理由。

5. 再者，被處分人統一超商公司表示其自 100 年 8 月底起，即與統一公司協調鮮乳進貨價格，直至 9 月 27 日始確定新進價於 10 月 5 日開始調漲；被處分人卻能在未知鮮乳進貨價格之情況下，事先於 9 月 22 日於五股工商展覽館會議室決定含乳現煮咖啡於 10 月 5 日起調漲 5 元，倘無事先意思聯絡，在重要投入成本鮮乳漲幅未明之情況下，卻能確定擬隨鮮乳進貨價格調整之現煮咖啡品項、漲幅、調漲日期及促銷活動，實悖於經濟理性，顯可懷疑及推定業者間已有避免競爭之合意，而業者卻不能舉證，以合理解釋推翻此一推定。

6. 復查，被處分人萊爾富公司雖提供相關試算資料主張調漲 5 元係經試算，惟其 9 月 16 日始接獲光泉公司書面通知鮮乳自 10 月 5 日調漲，9 月 20 日方得知光泉營業用鮮乳新進貨價格及新進價生效日，該公司卻能於 9 月 13 日討論因應鮮乳漲價擬調漲 8 個品項現煮咖啡，實悖於經濟理性；又稱以鮮乳調漲幅度 13% 計算，各品項含乳咖啡均調漲 5 元，並未完全反映鮮乳漲幅云云，若非被處分人於事前與競爭對手對現煮咖啡調漲額度有所聯絡或共識，殊難產生含乳現煮咖啡價格上漲額度一致之情形。

7. 另，被處分人等辯稱所有含乳現煮咖啡隨鮮奶價

格一致調漲 5 元係基於消費者習慣、方便找零等；經查，雖被處分人等現煮咖啡零售價格個位數原係以 0 元或 5 元之習慣性訂價，然並不表示渠等一致性調漲 5 元或其他額度之一致性調漲行為具有經濟上之合理理由。即使被處分人調漲 5 元有消費習慣、方便找零之考量，但渠等同步同幅一致性調漲，實可合理懷疑被處分人等有避免價格競爭之意思聯絡。

8. 既被處分人等營運成本殊異，考量調價之因素各有不同，對於渠等相關營業成本等之攤銷理應呈現不同之影響，進而各家業者因應鮮乳成本所致之價格調漲緩衝能力及競爭誘因應屬不同，然則竟呈現前揭不合理之一致性行為，又業者俱稱係依各自成本而決定，無法提出合理說明一致性行為之證明，爰難以排除業者間非無意思聯絡之事實。」

「（三）被處分人等調漲現煮咖啡之相關內部作業流程互異，並未提出時間上一致性調漲現煮啡價格之合理舉證：

1. 此次鮮乳上漲並非連鎖便利商店引進現煮咖啡模式所面臨之第一次鮮乳調漲，而連鎖便利商店之管理及供應鏈十分複雜也不盡相同，其中每個環節都須相互合作才能順暢營運，業者通常不會甘冒風險率爾縮短各項準備作業。

2. 又被處分人等調漲含乳現煮咖啡價格，需同時更換散處全國各地之各門市長期使用之現煮咖啡價格牌，張貼促銷活動展示版、貼紙、立牌或布條

等，相關資材均需耗時製作，所需工作時間並不一致；而調漲後之促銷活動涉及常態性檔期之安排、供貨商之成本配合折價之程度、備貨量之穩定程度等因素；且連鎖便利商店與供貨商協商促銷費用所需工作時間長短不一、難易不同，並非隨時倉促可行，以免造成各門市活動不一、影響企業形象之後果；然四家事業卻一致性於同一週內調漲現煮咖啡價格，並均於其後舉辦促銷活動。<u>綜合研判在供應鏈管理效率不一、鮮乳進價談判時間無法掌握、相關準備作業期程長短不同等客觀時間因素均不一致之情況下，若非四家連鎖便利商店對 10 月 4 日起同一週內調價已事前有合意，實難合理解釋渠等調漲含乳現煮咖啡之行為何以具有如此高度之一致性。</u>」

2. 行政法院的見解：

原審法院不認同公平會將本案市場界定為「全國連鎖便利超商現煮咖啡市場」，且認為全家超商率先漲價、其餘業者跟價之行為，乃四大超商依據所處市場結構及狀況，根據自己利益最大化考量，所為之合理舉動。公平會所憑之間接證據，實不足以藉由間接事實之證明，本於推理之作用而導出四大超商有聯合行為合意之存在，更無法推論四大超商間存有「合意」乃渠等一致提高價格客觀行為之唯一合理解釋。職是之故，原審法院撤銷了公平會之處分[208]。

---

[208] 臺北高等行政法院 101 年度訴字第 607 號判決、臺北高等行政法院 101 年度訴字第 649 號判決、臺北高等行政法院 101 年度訴字第 703 號判決、臺北高等行政法院 101 年度訴字第 715 號判決。

公平會不服，提起上訴，經最高行政法院將原判決廢棄發回，最高法院指摘原判決關於聯合行為合意之證明部分，如下[209]：

「（三）關於聯合行為合意之證明部分：

1. ……又合意之舉證向為各國主管機關執法上之最大難題，若一味要求聯合行為合意之存在需要直接證據方得以成立，將造成不當之脫法行為，與公平交易法之規範目的不合。換言之，當執法機關對於取得聯合行為合意之直接證據（例如書面會議紀錄）有困難時，應採『合理推定』之方式，要推翻此項『合理推定』，須行為人合理說明或證明其價格之調整乃市場上客觀之供需變化因素所致，否則即可推定有聯合行為之意思聯絡存在。此為本院多數判決所採之見解。原處分從鮮奶成本、生產現煮咖啡所需使用咖啡豆、耗材、人工、咖啡機等成本、調漲作業期間、新聞稿之發布、促銷活動準備期間等多項間接證據觀察，在眾多變動因素下，並無客觀之供需變化可資合理說明何以被上訴人等四家連鎖便利商店外觀上有一致性之行為（除『有意識之平行行為』及『價格跟隨行為』外），依上開『合理推定』之實務見解，自可合理推定被上訴人等有聯合行為之合意。惟原判決不採『合理推定』之見解，並未要求被上訴人等四家連鎖便利商店對於渠等何以外觀上有一致性之調價行為？何以能在新的鮮乳進貨價格還未確定前即作成調漲含乳現煮咖啡之決定？負合理說明之舉證責任，卻認應由上訴人舉證證明聯合行為之合意，且其證明須達『沒有合理可疑』之程度，若經法院依職權調

---

[209] 最高行政法院102年度判字第251號判決。

查，仍有待證事實真偽不明之情況，上訴人即應負擔敗訴之風險等語，遽將舉證責任倒置於上訴人，有違舉證責任分配之原則，不但有悖上開本院實務之見解，亦有適用證據法則不當之違法，上訴意旨執以指摘，非屬無據。」

更審法院審理後，以原處分所提出有關產業及案關間接證據，尚不足以合理推定四家事業間有聯合行為之合意，四家事業之價格調漲行為具有高度的經濟合理性，仍撤銷原處分[210]：

「2. 經查，全家於 100 年 10 月 4 日，統一、萊爾富於同年 10 月 5 日，來來於同年 10 月 6 日，就含乳現煮咖啡，無論冰熱、容量大小、額度，每杯均調漲 5 元一節，為兩造所不爭執。原處分係以從鮮奶成本、生產現煮咖啡所需使用咖啡豆、耗材、人工、咖啡機等成本、調漲作業期間、新聞稿之發布、促銷活動準備期間等多項間接証據觀察，在眾多變動因素下，並無客觀之供需變化可資合理說明何以原告等四家連鎖便利商店外觀上有一致性之行為，依實務上『合理推定』之見解，自可合理推定原告等有聯合行為之合意。惟查，

(1) <u>鮮乳漲價經媒體強力報導，含乳咖啡可能漲價早在業者期待之中，甚至為消費者所預料之中</u>，原告全家因其牛乳供應商味全食品工業股份有限公司於 100 年 9 月 5 日即以 100 全乳字第 204 號函，通知全家預計同年 10 月 1 日起將全面調整乳製品類各通路之進售價格，咖啡豆供應商伯朗咖啡股份有限公司於 100 年 9

---

[210] 臺北高等行政法院 102 年度訴更一字第 54 號行政判決、臺北高等行政法院 102 年度訴更一字第 55 號行政判決、臺北高等行政法院 102 年度訴更一字第 56 號行政判決、臺北高等行政法院 102 年度訴更一字第 57 號行政判決。

月26日伯朗字第100092601號函，通知全家於同年10月4日調漲咖啡豆之價格……，全家乃率先為調漲含乳現煮咖啡價格之行為。以被告於本案所界定『連鎖便利商店現煮咖啡』為特定市場之前提下，因市場集中度高、商品價格公開且透明、銷售係屬零售、商品內容單純且具有高度替代性等市場狀態，則該調漲行為本可視為風向球，其他原告透過公開透明之價格可觀察到原告全家調價行動，即可迅速應對、追隨、漲價，原告全家調漲之行為即無客戶流失之疑慮；同時，若原告全家發現其他原告並未追隨其漲價行為時，亦可迅速反應，撤回其價格調漲行為，回歸原本價格水平。是以，原告等其實不需要有任何的意思聯絡，即可達成上開結果。換言之，原告等前揭之平行行為實係具有高度經濟合理性，尚難據以認原告間有聯合行為合意之存在。

(2) 又市場上所謂『合理價格』，廠商於定價時，除考慮成本之外，尚須考慮市場需求與產業內競爭情勢之變化，不必然是廠商依成本漲跌所計算之相應價格，甚至也不必然是當下廠商追求利潤極大下之最適價格。觀諸原告統一所提出之『市場飲品價格之書面整理結果』……，可知臺灣現煮咖啡市場之售價，確實有以5元為級距價格訂定之習慣，原告等就咖啡飲品漲價以5元為級距，其實合於行銷管理學上所謂『習慣性定價』理論。至於原告等成本結構不同，卻能於相近時間之時間調整相近價格，本來就是寡占市場廠商出於平行行為之正常現象。倘如被告所言，原告等成本

結構及其他條件相異事業間之價格一致即可推論出其具有聯合行為，則諸多事業均應受到聯合行為之管制，如國內報業之價格幾乎皆為相同，國內航空票價也幾乎相同，然各該產業內各事業之規模、管理成本、用人價格當然也有所差異，若採取此種間接證據方法，則上開產業莫不應受長期聯合行為之推論，其不合理自明。另被告以原告全家於 10 月 4 日率先發布新聞稿調漲各品項含乳現煮咖啡價格 5 元乙節，推認原告全家事前有把握競爭即其他原告亦會藉由商品調整週期同步調漲，否則將不會冒著客戶流失之風險而率先公布調漲訊息，因此確認原告等就漲價有意思聯絡。然則，正因被告所稱原告等系爭商品『同質性高』、『競爭對手彼此瞭解對方之商品調整週期』、『系爭市場結構具有利於聯合勾結之誘因』等因素，以及現煮咖啡市場價格公開且透明、銷售係屬零售而非大宗買賣、產品內容單純且具有替代性等特色，反而可以作為原告等不須存在任何意思聯絡，一致漲價之平行行為即可自然發生。蓋此一推論，可合理解釋本件原告全家率先漲價，其餘原告跟價之行為，乃原告等依據所處市場結構及狀況，根據自己利益最大化考量，所為之合理舉動。

(3) 被告另以原告等於漲價後均有促銷行為為據，指原告等就調漲行為具有意思聯絡。惟原告等之促銷活動係為降低消費者對於調漲價格之敏感度，也是緩衝、撫平消費者不滿情緒所必要，乃為長期經營事業者於調漲價格之際，經常使用安撫消費者之手法，非可以一

致促銷活動推定原告等就調漲行為有意思聯絡。況觀諸原告統一所提出之促銷活動海報及原告來來之 2012 年咖啡促銷檔期表顯示，渠等所為之促銷活動均係針對美式咖啡第 2 杯半價……並非針對含乳現煮咖啡，是以，被告以原告等於漲價後均有促銷行為，而認原告等就調漲行為具有意思聯絡，尚有未合。

(4) 綜上，由被告所整理之相關事證，尚難可合理推定原告等調漲現煮咖啡售價之外觀上一致性行為，係出於聯合行為之意思聯絡；且因原告等之價格調漲行為具有高度的經濟合理性，其平行行為結果的發生，並不需要依賴原告彼此間存在有事前合意或意思聯絡，已如前述，可認系爭調漲行為係原告等各自根據市場狀態及競爭對手行銷策略，基於其經濟合理性及利益最大化之追求，在獨立的意思決定下所為的經濟行為，要屬有意識之平行行為，應排除聯合行為之適用。」

最高法院支持更審法院的見解，駁回公平會的上訴[211]：

「(二) 原判決已敘明：原處分係以具備『高度』之需求替代性，作為能否劃入為同一『相關產品市場』之準則，依消費者是市場買方的主角而言，應以消費者對該等商品或服務的評價為判斷，然上訴人於裁處前，並未就市場上已存在的現煮咖啡產品之品質、最終使用目的、消費者主觀的感覺與態度、產品價格相似與交互影響、產品一般交易習慣等因素，對消費者作問卷調查。而上訴人就國內 10 家連鎖咖啡業者現煮咖啡銷售情形之調查結果，亦顯

---

[211] 最高行政法院 103 年度判字第 195 號判決。

示被上訴人等就系爭商品調漲價格之影響，需待時間觀察。無論是在連鎖咖啡業者、餐飲速食業者、一般咖啡專賣店，或大賣場、超級市場與商店所提供之現煮咖啡，均可符合消費者對現煮咖啡之需求，而具有高度相互替代性。然上訴人根本未進行任何SSNIP測試，亦未經市場實證之情形下，僅依書面資料於短期之內即遽行界定『連鎖便利商店現煮咖啡』為本件之產品市場，尚嫌速斷。現煮咖啡市場僅須具備咖啡機、咖啡豆及紙杯等設備、原料及沖泡技術，即可販售咖啡予消費者，而具有供給替代性，但供給替代性之判斷，係以供給者的角度，視其有無能力進入相關市場，至於產品訂價、供給者之行銷、經營策略並非為直接考量之因素，上訴人之認定及推論之過程，亦有未合。所謂『有意識之平行行為』，係指事業彼此間並沒有主觀意思聯絡，而源於客觀之市場結構，於市場上因一事業採取行動後，其他事業亦隨之跟進，造成外觀上同一形式之行為。而此等行為多存於寡占市場間，若經評估結果，認為如不採取同一形式之行為，將導致同業競爭者或市場交易相對人實施對抗措施，經濟上係屬不理智，遂跟著看齊而為『有意識之平行行為』。本件被上訴人全家率先為調漲含乳現煮咖啡價格，其他被上訴人透過公開透明之價格可觀察到被上訴人全家調價行動，即可迅速應對、追隨、漲價，被上訴人全家調漲之行為即無客戶流失之疑慮。至於被上訴人等成本結構不同，卻能於相近之時間調整相近價格，本來就是寡占市場廠商出於平行行為之正常現象。另上訴人既稱被上訴人等系爭商品同質性高、競爭對手彼此瞭解對方之商品調整週期、系爭市場結構具

有利於聯合勾結之誘因、以及現煮咖啡市場價格公開且透明、銷售係屬零售而非大宗買賣、產品內容單純且具有替代性等特色等因素，反而可以證明被上訴人等不須存在任何意思聯絡，透過一致漲價之平行行為即可自然發生，自應排除聯合行為之適用等語。業已詳述其認定事實之依據，及得心證之理由，經核尚無上訴意旨所指違背法令之情事。」

「又原判決認上訴人所提出聯合行為意思聯絡之相關事證（從鮮奶成本、生產現煮咖啡所需使用咖啡豆、耗材、人工、咖啡機等成本、調漲作業期間、新聞稿之發布、促銷活動準備期間等多項間接證據觀察），尚不足以合理推定被上訴人等調漲現煮咖啡售價之外觀上一致性行為，係出於聯合行為之意思聯絡等情，並非將舉證責任轉換由上訴人負擔，而係認被上訴人等之價格調漲行為具有高度的經濟合理性，其平行行為結果的發生，並不需要依賴被上訴人彼此間存在有事前合意或意思聯絡，可認系爭調漲行為係被上訴人等各自根據市場狀態及競爭對手行銷策略，基於其經濟合理性及利益最大化之追求，在獨立的意思決定下所為的經濟行為，要屬有意識之平行行為，應排除聯合行為之適用等語，並無違聯合行為意思聯絡之舉證原則，上訴意旨主張原判決對於舉證責任之分配顯有錯誤云云，核無足採。」

案例 6：台泥等五家預拌混凝土業者預告漲價案

✽案件事實[212]

台灣水泥、亞東、國產、天誠及環球等五家預拌混凝土業者，先後於 107 年 12 月 14 日至 21 日間，以荖濃溪流域砂石嚴重短缺影響預拌混凝土供貨為由，通知下游業者（營建公司、營造業者等）將調漲預拌混凝土價格，調漲數額為 200 元至 280 元間（台泥每立方公尺調漲 280 元、亞東調漲 270 元、國產調漲 260 元、環球調漲 200 元至 270 元、天誠 250 元至 270 元），漲幅則為 13.64%至 18.67%間，且均於 108 年 1 月 1 日實施。

公平會調查後，認定五家預拌混凝業者預告漲價行為，因調漲日期相同、調漲數額與幅度相當，及通知調漲時間相近等，具有一致性外觀，且難認有經濟合理性，遂依公平法第 14 條第 3 項規定，推定這些業者間存有聯合行為之合意。又基於五家預拌混凝土業者在臺南市場、高雄市場之市占率，其一致性調漲預拌混凝土價格之行為，足以影響預拌混凝土供需之

---

[212] 公平會公處字第 108021 號處分書、臺北高等行政法院 108 年度訴字第 801 號行政判決、臺北高等行政法院 108 年度訴字第 1007 號行政判決、臺北高等行政法院 108 年度訴字第 1062 號行政判決、臺北高等行政法院 108 年度訴字第 1098 號行政判決、臺北高等行政法院 108 年度訴字第 1123 號行政判決，本案最高法院審理中。本案研析可詳參魏杏芳（2021），〈論合意證明的溝通證據──由預拌混凝土處分案談起〉，《公平交易季刊》，29 卷 2 期，頁 109-148。

> 市場功能，違反公平法第 15 條第 1 項規定，而令停止前揭違規行為，並處國產公司、台灣水泥公司各 2,000 萬元、亞東公司 1,100 萬元、環球公司 800 萬元、天誠公司 100 萬元之罰鍰。

本案為公平法第 14 條第 3 項於 104 年增訂後，首件適用該條項之案件。在本案中，公平會未掌握五家事業間有何「溝通證據」，而是僅憑「經濟性的情況證據」來推定事業間存有聯合行為之意思聯絡，但遭高等行政法院駁斥而撤銷原處分[213]。

案例分析

1. 公平會就聯合行為合意之推定[214]：

公平會原處分關於聯合行為合意之證明，是以五家預拌混凝土業者調漲價格之行為，有異於過往模式、調漲數額復超過成本增加之數額、於上游砂石原料是否漲價及其漲幅猶未確定之際，即發布預告調漲預拌混凝土價格等不合經濟理性之情，遂認定五家預拌混凝土業者之集體預告價格可作為一種「促進行為」或已有合意之證據。說明如下：

(1) 超額漲價：

被處分人等 108 年 1 月 1 日調漲預拌混凝土價格所涉成本（砂石、爐石粉、運費等）增加情形，與 108 年 1 月 1 日起調漲預拌混凝土價格之數額相較，預拌混凝土調漲數額高於所增加之成本。

---

[213] 原處分公處字第 108021 號處分書經臺北高等行政法院判決撤銷，公平會第 1499 次委員會議決議上訴，公平交易委員會魏杏芳委員不同意見書。

[214] 公平會公處字第 108021 號處分書。

(2) 跳躍式的價格上漲：

被處分人等於 108 年 1 月 1 日之前，係以微幅、漸進調整售價以反映成本為主，以避免流失客戶為競爭手段。若以 107 年強度 3,000 磅品項之預拌混凝土為例，其預拌混凝土價格由 1,400 元緩步上揚至 1,500 元，惟自 108 年 1 月 1 日之後，依被處分人等宣告之預拌混凝土每立方公尺漲價數額，相較其等 107 年 12 月 3,000 磅預拌混凝土每立方公尺之平均價格顯示，被處分人等 108 年 1 月 1 日起調漲每立方公尺預拌混凝土價格之幅度，有跳躍式價格上漲之現象，難認僅單純反映成本增加之因素所致。

(3) 被處分人等於 107 年 12 月中旬以通知書通知客戶自 108 年 1 月 1 日起調漲預拌混凝土價格之行為，具有一致性外觀，<u>且此一致性外觀難由被處分人等如採各自獨立調價行為可獲致</u>，爰依公平法第 14 條第 3 項之規定推定為具有聯合行為之合意，且經事證判斷，排除被處分人等係出於競爭者獨立行為之可能性，理由如次：

A. 市場狀況：砂石價格上漲強化預拌混凝土事業從事聯合行為之**誘因**。

公平會認為本件符合寡占市場，且因產品技術單純、產品同質性高及價格資訊透明度高等，每一廠商的行動都會影響到其他廠商的銷售與收益，故市場競爭激烈，尚非任一家競爭廠商得單獨提高價格而不必擔心客戶流失。但為了避免彼此間的激烈競爭，寡占廠商常透過暗中或公開相互勾結，以達到共同壟斷市場，獲取集體利益之目的。故此市場結構下之競爭廠商，在面臨短期成本壓力下，若不調漲價格，將可能產生利潤下降或

虧損，惟若單獨大幅調漲價格，勢必導致客戶流失，從而其等本具有聯合漲價以確保共同利益之誘因。而此次自107年10月起因南部地區砂石價格上漲，更強化被處分人等從事聯合行為之誘因。

B. 商品或服務特性同質性高，以價格競爭為常態：

預拌混凝土是由砂石、水泥、爐石粉、飛灰及水摻配而成之簡單加工產品，具技術單純、產品同質性高、從攪和初凝到澆置時間短暫，否則凝固後即不能使用等特性，故難以商品差異化進行銷售，而須透過價格競爭以爭取客戶，價格競爭為市場常態，從而在面臨短期成本壓力下，率先調漲價格者將須面臨客戶流失風險。以107年強度3,000磅品項之預拌混凝土為例，被處分人等預拌混凝土價格約在每立方公尺1,400元緩步上揚至1,500元間。但108年1月1日起大幅度調漲價格，顯然有違常理。

C. 由成本及利潤觀之，被處分人等除調漲數額均高於所涉成本增加之數額外，其等對預拌混凝土所涉成本增加之調價及吸收程度亦應有所差異：

被處分人於公平會調查時，均表示係為反映成本而調漲價格，與市場供需無關，<u>被處分人等各自的成本增加數額與成本內涵尚有不同，則其各自反映成本而調價之結果亦應有差異</u>。甚且，被處分人等損益狀況有別，虧盈差異甚大，故被處分人等對於原物料成本增加所造成的營業成本之攤銷理應呈現不同影響，從而個別業者應當以追求最大競爭優勢及報酬率而採不同價格策略。但是，竟然宣告自108年1月1日起大幅調漲不分品項

之預拌混凝土價格每立方公尺 200 元至 280 元，且其調漲數額均超過所涉成本增加之數額，並不合理。

D. 被處分人等事業之行為不具經濟合理性：

a. 被處分人等宣告自 108 年 1 月 1 日起調漲不分品項之預拌混凝土價格每立方公尺 200 元至 280 元的漲價行為，明顯呈現大幅調漲，迥異於過往緩步上揚之價格調漲模式。

b. 被處分人等之事業經營規模較大，復有部分業者（台泥與環球）有上下游垂直整合生產之優勢，其相對於該等規模較小業者具有規模經濟之生產優勢，理應能吸收更多成本。例如本案其他規模較小之預拌混凝土業者，107 年底亦面臨相同成本壓力下，自 107 年 10 月至 108 年 1 月間，雖有調漲預拌混凝土價格者，惟調漲數額平均僅約 131 元；而預拌混凝土市場以價格競爭為常態，業者要大幅調漲價格恐有流失客戶的風險，規模較大廠商擁有規模生產利益之優勢，為確保其市場地位，於價格策略上理應更具吸收成本上漲之價格競爭優勢。但在 107 年底面臨砂石漲價的成本壓力下，被處分人等竟未利用具有規模生產利益之優勢，而集體採取漲價幅度（平均每立方公尺約 261 元）高於其他規模較小廠商（平均調漲數額僅約 131 元）之價格策略，且其等漲幅非僅單純反映成本，與其他規模較小廠商大多僅單純反映成本之行為模式有別，實難謂符合經濟合理性。

c. 被處分人等於上游砂石原料成本尚未調漲確定，且或有漲幅未定，即先發布調漲預拌混凝土價格，且呈現

相同調漲日期、調漲數額及調漲幅度相當、通知調漲時間相近等一致性外觀，又調漲數額均超過所涉成本增加之數額，顯有違常理，顯不具經濟合理性。

E. 集體預告價格作為一種「促進行為」或已有合意之證據：

　　a. 本案依臺南市及高雄市預拌混凝土市場結構及系爭產品具有技術單純、同質性高、市場價格透明度高之特性，市場競爭激烈，在此市場結構下之競爭廠商倘因面臨短期成本增加造成利潤減少或虧損，爰具有聯合漲價以確保共同利益之誘因。查被處分人等係於107年12月中旬，因面臨南部地區砂石短期供需失衡之際，透過大量寄發調價通知書予其客戶，告知將自108年1月1日起，不分品項大幅調漲預拌混凝土每立方公尺200元至280元，遠超過107年間僅微幅價格波動之市場狀況，且調漲數額及調漲幅度相當，漲價日期相同，造成下游客戶無法透過詢價及轉換交易相對人機制，以維繫預拌混凝土之市場競爭機能，故該等集體價格預告行為，或有集體藉此價格促進行為以達鞏固彼此聯合漲價合意之效果。

　　b. 另，被處分人等係於107年12月中旬大量寄發調價通知書後，直至108年1月1日正式漲價，其間各業者調價訊息在市場上廣泛流通長達十數天，更促進漲價資訊之透明化，引起恐慌，顯有透過預先告知價格變動資訊，可彼此偵測價格，亦足認有促進達成共識之效果，故集體預告價格作為一種「促進行為」或已有合意之證據。

F. 綜上，被處分人等以聯合行為之合意於108年1月1日

起調漲預拌混凝土價格之行為，迥異於過往之價格調漲模式，不僅調漲數額均超過所涉成本增加之數額，且呈現相同調漲日期、調漲數額及調漲幅度相當、通知調漲時間相近等一致性外觀；另被處分人等砂石原料成本尚未調漲確定或有漲幅未定，即先發布調漲預拌混凝土價格，且其等經營規模較大，復有部分業者有垂直整合生產之優勢，惟其等為反映成本增加而調漲預拌混凝土價格之漲幅，卻高於同市場中的小廠之價格漲幅，又有透過預先告知價格變動資訊，可彼此偵測價格以促進達成共識與協調行動之效果，集體預告價格作為一種「促進行為」或已有合意之證據；故被處分人等於107年12月中旬以通知書通知下游客戶自108年1月1日起調漲預拌混凝土價格之行為，縱有成本推動因素而調漲價格之誘因，惟其調漲價格之一致性行為尚難認有經濟合理性。

2. 行政法院認為公平會未能合理推定之五家被處分事業有意思聯絡[215]：

臺北高等行政法院撤銷公平會之處分，認為五家預拌混凝土業者之預告調漲行為，並非基於聯合行為之合意所為，理由如下：

(1) 高等法院針對依間接證據推定聯合行為合意之審查基準的說明：

① 「……事業為避免留下聯合行為合意之直接證據，而遭主管機關之舉發，逐漸發展出不具法律上與事實上

---

[215] 臺北高等行政法院108年度訴字第801號行政判決參照。

拘束力之一致性行為，以遂行聯合之目的。因而，各國實務上為徹底執行限制競爭法對於聯合行為之規範，不僅將一致性行為納入聯合行為之規範範疇，且於蒐證、舉證上，亦不限於直接證據，間接證據亦可作為證明合意存在之證據。採用間接證據時，其所成立之證據，在直接關係上，雖僅足以證明他項事實，但由此他項事實，本於推理作用，為合乎經驗法則及論理法則之推論判斷，自得作為認定違法事實之基礎。」

② 「另一方面，事業間有意識地採取外觀相同之行為，可能有兩種情形，其一為公平交易法上之『聯合行為（有合意）』；另一情形，倘事業間並無聯合行為之合意存在，而僅係單純為自身利益以因應對手策略所不得不為者，稱為『有意識之平行行為』或『價格跟隨行為』。所謂有意識之平行行為，係指事業彼此間並沒有主觀意思聯絡，而源於客觀之市場結構，於市場上因一事業採取行動後，其他事業亦隨之跟進，造成外觀上同一形式之行為，而此等行為多存於寡占市場間。因寡占市場上之競爭非常激烈，事業在他事業採取某種行為後即須為相應之調整或變動，若經評估結果，認為如不採取同一形式之行為，將導致同業競爭者或市場交易相對人實施對抗措施，經濟上係屬不理智，基此認識，遂跟著看齊而為『有意識之平行行為』。又或者因為寡占市場上之廠商家數少且力量相當，彼此透明度高，因此如果其中一家廠商調高價格，其他廠商通常亦會跟進，以獲取利益（價格領

導);又如果意圖以降低售價來提高市場占有率,其他廠商亦會很快跟進降價,以免喪失其占有率,從而,可能引發價格大戰,而領導降價者因為利潤降低,實際上亦無利可圖,是以其亦無片面調漲或調降之動機。準此,<u>寡占市場上之廠商行為有相當程度之一致性,實屬正常,故尚不能以事業有外觀一致行為,遽認渠等就此已有某程度之合意或意思聯絡</u>。職故,<u>有意識之平行行為,乃係市場結構中有意識之模仿,並非由於意思合致,因此,有別於意思合致而成立之一致性行為,由於有意識之平行行為欠缺聯合行為之合意,因此,並不構成聯合行為</u>。」

③「由於以間接證據推定聯合行為合意之存在,並以之作為處罰人民之根據,畢竟係因取得直接證據及有效規範聯合行為有所兩難之例外情形,本於行政機關應依證據認定事實,對當事人有利及不利事項且應一律注意之基本原則,<u>公平會依據間接證據推定聯合行為之合意存在,其事實認定即應受法院較嚴格之審查</u>。具體操作上,最高行政法院92年度判字第1798號裁判[216]意旨:執法機關對於聯合行為取得合意之直接證據(例如書面會議記錄)有困難時,應採『合理推定』之方式,如市場上多數業者同時並且以相同幅度調整價格,<u>然市場上並無客觀之供需變化因素可資合理說明,應可合理懷疑及推定業者就該次價格調整,存有聯合行為之『意思聯絡』</u>。要推翻此項『推定』,需

---

[216] 即北誼公司案。

> 行為人『合理說明』或證明，其價格之調整乃市場上客觀之供需變化因素所致。」

(2) 法院認為五家預拌混凝土業者預告調漲價格，固然具有一致性外觀，然其等之價格調漲行為既然可認具有經濟合理性，且其平行行為結果的發生，復可認係五家業者各自根據市場狀態及競爭對手行銷策略，基於其經濟合理性及利益最大化之追求，在獨立的意思決定下所為的經濟行為：

① 原告（臺灣水泥公司）針對其調價緣由及時點、調價幅度提出說明，主張預告調漲價格及所列金額具有經濟合理性，法院認為其說明與經濟部礦務局會議報告及資料所建構之當時的產業供需情境相符，應屬可採。

② 依經濟部礦務局有關砂石供給短缺的報告，當時市場上有客觀之供需變化因素，原告（台灣水泥公司）等事業之調價與經濟部礦務局提出的供需曲線相合，故其漲價，似不能認有違經濟理性：

> 「(3)再觀諸經濟部礦務局於前述會議中報告，分析南部地區砂石失衡主要原因為：①疏浚作業遲延：高屏地區去年度豪雨致河川局疏浚作業延後辦理及屏東縣政府疏浚作業延遲，去（107）年高屏溪流域疏浚量較前（106）年同期減少 194 萬公噸，標售價上揚 16 元/公噸。②砂石需求增加：台積電園區新建、鐵改局工程、南部豪雨後臺南、高雄道路工程整護等標案陸續發包，需求量陡增。③老舊砂石車汰除：空氣污染防制法自 107 年 8 月 3 日施行，14 年以上老舊車輛需汰換者眾，影響運能。④固定污染源空污費暨排放量申報：環

保署自 107 年 7 月 1 日起,對固定污染源的懸浮微粒開徵空氣污染防制費,砂石業者首當其衝。⑤預期心理惜售:12 月市場價格已調漲 15%以上,後續市場觀望氣氛濃厚等因素,致影響南部砂石料源供應。……預拌混凝土市場客觀之供需確實發生變化,亦堪認定。」

「(4)依據經濟部礦務局於 108 年 4 月 1 日所提出之「南部地區砂石料源供需調配與後續作為」簡報……,荖濃溪砂、石價格於 107 年 9 月至 10 月間呈現較大變化,圖表上且註記『107 年 10 月疏浚作業延遲起始點,價格急遽上漲』,之後於 107 年 11 月至 108 年 1 月又逐月漲價,可見南區砂石價格大約於 107 年 9、10 月間,及 108 年 1 月間有 2 次較明顯的價格變化。<u>以此比對原告於 107 年間價格係在 1,445 元至 1,520 元(/立方公尺,下同)間微幅波動,趨勢尚與砂石價格之變化大致相符</u>。被告認原告 108 年 1 月所預告調漲之價格及幅度異於過往緩步調漲模式,雖屬事實,<u>但原告價格之調整既與供需曲線相合,似不能認有違經濟理性。</u>」

「(5)其次,市場上所謂『合理價格』,廠商於定價時,除考慮成本之外,尚須考慮市場需求與產業內競爭情勢之變化,不必然是廠商依成本漲跌所計算之相應價格,甚至也不必然是當下廠商追求利潤極大下之最適價格。在寡占市場結構下,任何一家企業都無法單獨取得市場決定優勢,為了避免競爭尤其是價格競爭帶來的損失,一般均將產品價格保持在市場平均價格水準(也就是俗稱的行情)上,以此獲得平均報酬。再參諸交易雙方協商議定價格時,定價方會利用錨定效應提出較有

利報價，其後雙方則會以該報價為基準修正，因此定價方基於市場有利現況，或有相當理由可說服對方確有調漲價格需求時，先行抬高報價作為日後議價調整空間；又在商品『同質性高』、『競爭對手彼此瞭解對方之商品調整週期』、『系爭市場結構具有利於聯合勾結之誘因』等因素的寡占市場下，由於產品內容單純且具有替代性等特色，反而可以作為不須存在任何意思聯絡，一致漲價之平行行為即可自然發生。<u>查預拌混凝土業者基於 107 年 10 月以後南部砂石市場供需變化，並以砂石業者調漲為契機，預告配合砂石同步調漲，先行報價者所預告價位因此成為新的行情，經由市場獲悉價格調整的其他業者，只要配合跟隨行情即可在避免價格競爭的情況下追求平均報酬，此為原告與其他預拌混凝土業者根據自己利益最大化考量所為之合理舉動。</u>被告以原告及其他預拌混凝土業者之經營規模、營運績效盈虧不同，所以理當各自形成不同的報價，故原告之定價未符經濟理性等語，本院遂不採取。」

③ 本次調價亦符合既往慣常之作法：

「(6)末查，自 107 年 10 月間起即有砂石包商向原告反映砂石供應短缺，嗣於 10 月底、11 月間起，則有砂石包商陸續以書面要求調漲價格……，經於 107 年 12 月 28 日協商後，原告與上游砂石業於 108 年 1 月 4 日再以原物料協調會議確認砂石調漲及其幅度，並回溯自 108 年 1 月 1 日起生效，此有各該會議記錄……卷內可考。對照原告發函通知預告調漲價格告發函通知預告調漲價格之日期為 107 年 12 月 18 日……，被告指摘原告

猶未確定砂石是否漲價及漲幅即遽為預告調漲等情，並非無據。然觀諸原告前於93年、103年與107年間之價格調整，亦係以預告方式，通知將於約1週至3週內調漲……，足見『預告調漲』後再行磋商議約，應為原告進行價格調整之慣常作法。而對預拌混凝土價格影響最大的砂石價既係自108年1月1日調漲，則原告以該日為基準再向下游業者通知調漲，顯係避免損失的合理作為。被告以上游砂石原料是否漲價及其漲幅猶未確定，爭執原告即發布預告調漲預拌混凝土價格之作為不合經濟理性，乃有未合。」

「六、綜上所述，本件原告與其他預拌混凝土業者預告調漲價格，固然具有一致性外觀，然其等之價格調漲行為既然可認具有經濟合理性，且其平行行為結果的發生，復可認係原告與其他預拌混凝土業者各自根據市場狀態及競爭對手行銷策略，基於其經濟合理性及利益最大化之追求，在獨立的意思決定下所為的經濟行為。被告以原告及其他業者之調漲有異於過往模式、調漲數額復超過成本增加之數額、於上游砂石原料是否漲價及其漲幅猶未確定之際，即發布預告調漲預拌混凝土價格等情，認不合經濟理性而可推定具聯合行為之合意，乃為本院所不採。從而，原處分以原告與其他預拌混凝土業者違反公平交易法第15條第1項規定，而依同法第40條第1項前段規定命原告停止違法行為、並裁處2,000萬元罰鍰，即有違誤，原告訴請撤銷，為有理由，應予准許。」

案例 7：相互約束事業活動之行為——
共同停止贈送贈品

✱案件事實[217]

> 翰林公司、康軒公司、南一公司及牛頓公司四家教科書業者，多次利用同業聚會之機會，針對贈送學生物品之品項相互討論，並達成合意自 95 學年度起停止贈送學生作業簿及測驗卷。這些業者並將集會會議紀錄提供予律師，委由律師代擬自律規範及擔保金作業規則，就免費提供學生使用之品項作限制。經公平會認定構成聯合行為，對四家業者均予以處分。

📝 案例分析

1. 公平會：

　　公平會調查後，認定業者相互約束事業活動之行為，足以限制競爭並影響國內國民中小學教科書市場功能，構成聯合行為，故於 95 年 9 月 13 日以公處字第 095138 號處分書命四家教科書業者停止違法行為，並分別處翰林公司罰鍰新臺幣（下同）228 萬元、康軒公司 653 萬元、南一公司 423 萬元及牛頓公司 142 萬元。

---

[217] 公平會公處字第 095138 號處分書、臺北高等行政法院 96 年度訴字第 2117 號判決、最高行政法院 99 年度判字第 186 號判決、臺北高等行政法院 99 年度訴更一字第 29 號判決。

2.法院：

　　更審法院認為[218]，四家教科書業者間就該等競爭方式為相互限制之合意，顯屬約束事業活動。學校為了減輕教師尋找或研發教學輔助教材之壓力，或會視「出版業者贈送之輔助教材」等物品，而決定使用之教科書版本。教科書除本身之價格、品質等外，贈品及週邊服務等其他交易條件亦為教科書出版業者競爭方式之一，本件學生作業簿、測驗卷雖非系爭教科書之交易標的，惟於國內國民中小學教科書市場，是否贈送該等贈品，仍屬事業間得從事競爭活動之一環。

---

[218] 臺北高等行政法院99年度訴更一字第29號行政判決。

案例 8：相互約束事業活動之行為——
鉭質電容器業者交換競爭敏感資訊

同業間的資訊交流，是否構成違法聯合行為？怎樣的資訊屬於競爭敏感資訊？這些問題可參考鉭質電容器業者交換競爭敏感資訊乙案。

※案件事實[219]

Matsuo 公司為日本鉭質電容器業者，經公平會主動立案調查結果，以該公司自民國 94 年至 103 年 1 月止，與其他日本鉭質電容器業者，透過共同參與 Market Study Meeting 會議（下稱 MK 會議）及不定期雙邊聯繫方式，交換價格、數量、產能及對客戶之因應等競爭敏感資訊，達成限制競爭之合意，足以影響我國鉭質電容器市場供需功能，違反下稱行為時公平交易法第 14 條第 1 項本文聯合行為之禁制規定，以公處字第 104140 號處分書（下稱原處分），令 Matsuo 公司停止上開違法行為，並以本案屬行為時公平交易法第 41 條第 2 項規定之情節重大案件，依同法第 41 條第 3 項授權、101 年 4 月 5 日訂定發布之「違反公平交易法第 10 條及第 14 條情節重大案件之裁處罰鍰計算辦法」，處 Matsuo 公司新臺幣（下同）2,430 萬元。Matsuo 公司不服，提起行政救濟，嗣經原審法院判決撤

---

[219] 公處字第 104140 號處分書、臺北高等行政法院 105 年度訴字第 284 號判決、最高行政法院 108 年度判字第 598 號。

銷原處分，公平會不服，提起上訴，最高行政法院判決認定公平會就原處分實體部分之上訴為有理由，故廢棄原審判決關於撤銷原處分實體部分之判斷，並自為判決（即原處分實體部分），駁回 Matsuo 公司之訴；另公平會就原處分罰鍰部分之上訴則為無理由，故維持原審判決關於撤銷原處分罰鍰部分之判斷。公平會因而再以公處字第 110056 號處分書另為處分，裁處 Matsuo 公司新臺幣 1,589 萬元罰鍰。

案例分析

1. 公平會之原處分就本件聯合行為之合意內容，調查及認定如下：

（一）按 MK 會議為自 2005 年以來電容器業者長期參與之會議，在此之前亦有 ATC 會議（Aluminum Tantalum Capacitors Group）及更早期鉭質電容器業者之 TC 會議（鉭質電容器之同業會議），故業者長期以開會方式交換彼此敏感資訊實為日本電容器業界常態。MK 會議中所填制式表格雖非實際銷售金額及數量，惟所填寫數量及金額之百分比均可推估各公司訂單之現況及未來價格與數量發展之趨勢，由他事業甲提證之會議紀錄可知他事業甲會將所獲資訊根據市場訊息及詢問業者之數量，推估該業者實際之數量及銷售金額，此外再由他事業乙之會議紀錄亦可得知他事業乙將與會公司所提數量及銷售金額之百分比繪成圖表，即可窺見該公司未來數量及金額之趨勢。

（二）另據 MK 會議與會公司等到會就 MK 會議進行方式及上開表格之意義所為之陳述，不乏有事業表示『可以作比對』、『注重未來的趨勢上漲或下跌』、『可看到訂單趨

勢』、『有時覺得得參考』、『可看到數量的趨勢』，且認為與會公司於會中之討論甚具參考價值，此有 NEC TOKIN、SANYO、VISHAY POLYTEC、MATSUO 等之證詞確認在案。查上開表格包含現在及未來之數量或銷售金額等資訊，為涉案事業內部產銷控管之資訊，<u>屬競爭敏感資訊，透過該等資訊之交換，其意應有達成業者間的共識，避免產能過剩、價格競爭之作用</u>。

（三）再經比對渠等與會公司之筆記或會議紀錄，更有不同公司同時記載同業於會中發言提及敏感產銷資訊之情事，如 2009 年 3 月 11 日（NEC TOKIN 進行庫存調整）、2009 年 4 月 16 日（HAIC 提高價格）、2010 年 2 月 18 日（NEC TOKIN 調漲價格）、2010 年 4 月 21 日（NEC TOKIN 的臺灣訂單較去年度成長）、2010 年 5 月 21 日（NEC TOKIN 於中國大陸華南及華東地區之訂單較去年度成長）、2010 年 6 月 17 日（MATSUO 於臺灣及韓國市場的訂單急增）。足證與會公司於 MK 會議中交換敏感資訊，皆有會議紀錄比對可稽。

（四）另，有關雙邊聯繫部分，涉案事業另不乏透過雙邊聯繫交換特定客戶之價格資訊、數量、採購議價情形等敏感資訊或期盼競爭對手與自身對客戶採取相同之作為（例如：拒絕客戶之降價要求或期盼競爭對手一同漲價等）。

（五）又查本案涉案事業雖未就合意設有處罰及監督機制，惟按卡特爾行為涉及成員間彼此之信任與背叛，在聯合行為中，或透過訂定罰則以懲罰背叛者，或是經由信任關係而穩固聯合。本案涉案事業透過 MK 會議之各不同層級會議（月會、聯席會及社長會），層級節制，且藉由報表中之各公司過去及未來資料填報予會中問答之程序，達到勾稽及監督之目

的,建立彼此互信之基礎。此外尚有部分業者間之雙邊聯繫,均有會議紀錄及電子郵件可稽,彼此就價格、數量、訂單情形交換意見及達成漲價之協議,也就產品趨勢、面對的困難互通有無、相互支援協助。此等藉由定期集會及層級會議之安排,加深與會公司間之信任及監督。

2. 公平會在原審訴訟中,補充說明[220]:

「(二)競爭過程中,競爭者行動之不確定性乃產生競爭之基礎,而此一不確定性建立在無法充足掌握競爭者經營上重要資訊之前提下,倘事業透過召開會議方式交換競爭敏感性資訊而有限制競爭,則與公平交易法有關聯合行為禁制規定相違,非僅限於廠商對產品價格有合意一定價格、數量、比例始構成聯合行為。原告與其他鉭質電容器業者透過不間斷、長期開會與其他事業共同參與會議,交換價格、數量、產能及對客戶之因應等競爭敏感資訊,達成限制競爭之合意,屬行為時公平交易法第7條第1項規定之其他行為態樣。本件原告確有與其他業者達成限制競爭之合意:

1. 交換競爭敏感資訊降低競爭對手行為不確定性之同業勾結行為,有礙市場競爭:

   (1) 按經濟學理所稱之市場機能,係指市場能夠自動達成整體經濟福祉最大化或經濟效率。在市場上,價格就像一支指揮棒,指導生產者、消費者該如何生產與消費,最後自動達成均衡而完成整體經濟福祉之最大化,即市場上追求個人效用最大化之消費者,與追求利潤最大化之生產者,在各自獨立之自利動機而不被強迫或扭曲(如

---

[220] 臺北高等行政法院105年度訴字第284號行政判決。

聯合行為）之狀況下，價格指導他們同時在實現自我目標之同時，也達到了消費者福祉與生產者福祉加總之最大化。此一市場自動調整與達成整體經濟福祉最大化之自動機能，即為亞當斯密所說之「一隻看不見的手」（an invisible hand）。故在市場機制下，生產者係各自獨立透過價格（價格則會影響數量、品質、服務等）進行競爭，爭取交易之機會。

(2) 在競爭過程中，競爭者行動之不確定性乃產生競爭之基礎，而此一不確定性建立在無法充足掌握競爭者經營上重要資訊之前提下，包括競爭者產品價格、成本、產量、產能、經營計畫、行銷策略、與客戶交易的具體細節等，由業者依據自身考量、獨立決定其價格、數量、品質、服務等營業行為，爭取交易機會；若同業間存有意思聯絡，彼此就競爭參數取得明示、暗默之瞭解或共同意思之合意，此等有意識的共識因降低競爭者行動的不確定性（減輕市場不確定性），實質上已經減損市場競爭效能，無法達成經濟福祉之最大化。

(3) 鑑於聯合行為是最典型扼傷市場機能之限制競爭行為，近年來各國為保障市場競爭機制，莫不加強查察及嚴懲此種惡性排除或弱化市場競爭之行為，我國行為時公平交易法第14條第1項本文及第7條第1項規定立法目的在於維護市場秩序及事業自由競爭，免於人為操縱，而聯合行為相互約束事業活動，使事業無法自由為營業活動或自由競爭，即屬對於競爭之一種限制，原則上違法，至於合意之內容為決定價格或限制數量、技術、產品、設備、交易對象、交易地區等，僅係法規對於限制

競爭行為之一種表述,不排除仍有其他行為態樣,故倘事業透過召開會議方式交換競爭敏感性資訊而有限制競爭,仍與公平交易法有關聯合行為禁制規定相違,非僅限於廠商對產品價格有合意一定價格、數量、比例始構成聯合行為。

(4) 上開概念在日本『獨占禁止法有關行業協會行為之指導原則』亦有說明,該指導原則第 9 條規定,行業協會內部交換有關重要競爭因素資訊,涉及參與事業現在或未來商業行為,如參與事業提供或接受產品或服務價格或數量之具體計劃或展望、與客戶交易或詢問之具體內容,以及預期建廠投資之限度等,有違法之疑慮。

2. 本件參與事業利用 MK 會議制式表格與提問即答,交換敏感性資訊:

(1) MK 會議參與事業須於會議前填具制式表格,並自行印製後攜帶至會場發送,此制式表格內容包含該業者與過去特定基期比較,全球(包括臺灣市場)銷售量及銷售金額之百分比、實績分析、未來展望、終端產品市場之預估需求趨勢。從制式表格可得知各參與事業現在及未來之數量或銷售金額等資訊。

(2) 且會議中,參與事業尚會依序報告自身公司之現況,並針對其他與會事業之提問即時回答。參與事業於會中提問即答,充分交換、溝通、探詢各參與事業關於價格、成本狀況、目前接單情形、庫存狀況、產能利用率等資訊,此等資訊屬內部產銷控管之營業機密資訊,並未有任何可公開取得之管道,且參與事業藉由會議進行更得以反覆確認競爭敏感資訊的正確性。

(3) 會議中討論涉及價格、產量、產能、議價情形等競爭敏感資訊。討論內容均涉及價格、產能，若非業者釋放此等消息，其他業者如何得知？此等競爭敏感資訊根本未有任何公開取得之管道，況且業者之間之報價或價格本具有隱密性，何以原告及其他與會公司願以揭露自身價格、成本狀況、目前接單情形、庫存狀況、產能利用率等方式交換資訊，實有悖競爭常理，其意乃在反覆確認此等競爭敏感訊息之正確性，競爭者倘於市場上釋放虛假或不實之訊息即可經由定期召開的 MK 會議中被確認為偽（與會公司輪流報告，並可立即問答），如此可抑制競爭者於市場上提供不實資訊之情形，而與會公司更可藉由長期高密度之聚會形成相互約束的互信互賴關係。

(4) 透過參與 MK 會議，事業可藉由與會事業所填列之制式表格推估各公司訂單之現況及未來價格與數量之趨勢，此由他參與事業甲將所獲之資訊根據市場訊息及詢問業者之數量，推估該業者實際之數量，及參與事業乙將與會公司所提供之數量及銷售金額百分比繪成圖表，即可窺知該公司未來數量及金額之趨勢，均得證之。另不乏有事業就 MK 會議進行方式及制式表格可以作比對、參考之證詞：『可以作比對』、『注重未來的趨勢上漲或下跌』、『可看到訂單趨勢』、『有時覺得得參考』、『可看到數量的趨勢』，且認為與會公司於會中之討論甚具參考價值，此有與會公司之證詞確認在案。

3. MK 會議交換敏感性資訊之目的在於達成限制競爭：競爭者行動之不確定為產生競爭之基礎，原告與其他參與事業於

MK 會議交換敏感資訊，已降低競爭者行動的不確定性，自將影響參與事業於日本及其他地區（包括我國等）有關價格、產量等的經營決策，已侵害競爭的機制，由前述參與事業就 MK 會議進行方式及制式表格可以作比對、參考之證詞，更得以證之，其意應有達成同業間共識，避免產能過剩、價格競爭之作用。MK 會議與會公司即表示 MK 會議之目的在於限制競爭，整理如本院卷 3 第 51、52 頁表 1。

4. 鉭質電容器產品特性與本件限制競爭合意之達成：就鉭質電容器產品而言，鉭質電容器除依外觀形狀大小而有不同尺寸，亦可依額定電壓（Rated Voltage Range V.DC）及容值或稱容量（Rated Capacitance RangeμF）選擇所需的規格，是鉭質電容器種類、規格繁多，客戶會依機板或終端設備應用特性不同，選擇適用之規格。因電容器產品有此一特性，在 MK 會議多方會議中，其合意之方式並非針對每項產品或規格就價格或數量達成協議，而是以揭露自身價格、成本狀況、目前接單情形、庫存狀況、產能利用率等方式，與他與會公司交換競爭敏感資訊，藉以知悉競爭者之價格策略並控制產能防止價格下跌，達成不為價格競爭之合意，而對市場產生限制競爭效果，其合意之內容為『限制競爭之合意』，屬行為時公平交易法第 7 條第 1 項規定之其他行為態樣，原處分已清楚載明：『被處分人與其他事業共同參與會議，交換價格、數量、產能及對客戶之因應等競爭敏感資訊，達成「限制競爭之合意」』。

5. 本件限制競爭合意內容具有拘束力：卡特爾行為涉及成員間彼此之信任與背叛，在聯合行為中，或透過訂定罰則以懲罰背叛者，或是經由信任關係而穩固聯合。本件透過 MK 會議

之各不同層級會議（月會、聯席會及社長會），層級節制，且藉由報表中之各公司過去及未來資料之填報供予會中問答之程序，達到勾稽及監督之目的，建立彼此互信之基礎。尤其 MK 會議自 2005 年 4 月起直至 2014 年 1 月結束，召開時間長達近 9 年，開會頻率為按月召開，每年初即訂有該年度每月負責之輪值公司，除了一般經理層級的月會外，尚有負責海外營業成員的聯席會及更高層級的社長會。再就會議召開模式而言，各公司出席的與會人員大多固定、彼此熟識，且各公司於會議中輪流報告，倘有問題其他公司即可於會議中立即提問，是以高頻率的召開會議、穩定且熟識之與會成員、公司內部長官與下屬的監督，均使得 MK 會議形成穩固的信任關係，達到監督與稽核目的。」

在交換競爭敏感資訊部分，原審法院支持公平會的見解，認定參與 MK 會議的 Matsuo 等公司之行為，確實有聯合行為之合意，判決中並參考了日本「獨占禁止法有關行業協會行為之指導原則」第 9 條規定，行業協會內部交換有關重要競爭因素資訊，涉及參與事業現在或未來商業行為，如參與事業提供或接受產品或服務價格或數量之具體計劃或展望、與客戶交易或詢問之具體內容，以及預期建廠投資之限度等，有違法之疑慮。且本案參與事業間彼此關係密切，已超出一般正常情況下競爭對手間之聯繫程度，故不採 Matsuo 公司主張 MK 會議只是同業間討論及分享一般資訊，不可能達成限制競爭合意的抗辯[221]：

「是倘事業透過召開會議方式交換競爭敏感性資訊，而得充足掌握競爭者經營上重要資訊而有限制競爭之相互約束

---

[221] 臺北高等行政法院 105 年度訴字第 284 號行政判決。

事業活動之行為，自與公平交易法有關聯合行為禁制規定相違，尚非僅限於廠商對產品價格有合意一定價格、數量、比例始構成聯合行為。」

「（三）經查，鉭質電容器業者及鋁質電容器業者自 2005 年 4 月至 2014 年 1 月間於日本召開逾百次 MK 會議，其中鉭質電容器業者成員包括原告、……。其會議分為月會、聯席會及社長會方式舉行，月會每月召開 1 次，聯席會（日文或稱為合同會議）於每年 8 月舉行，社長會則於每年約 5、6 月（日文或稱為水無月會）及 11 月（日文或稱為霜月會）舉行，由與會公司輪流擔任幹事公司，處理會議中例行性事務。參與事業均須於會議前填具制式表格，並自行印製後攜帶至會場發送，此制式表格內容包含該業者與過去特定基期比較，全球（包括臺灣市場）銷售量及銷售金額之百分比、實績分析、未來展望、終端產品市場之預估需求趨勢（樣式如被證 4，被告答辯卷第 9、10 頁）；於會議中，參與會議事業依序報告自身公司現況，並針對其他與會事業之提問即時回答。此外，於聯席會及社長會，參與事業尚須依據所分配之產品（即參與事業之強項產品）填具終端產品所需電容器之個數需求預測表後回傳幹事公司，再由幹事公司彙整月會討論結果及各公司所填具之需求預測後彙製 5 年需求預測之會議資料（樣式如被證 5，被告答辯卷第 11 至 41 頁）；於社長會及聯席會中討論並再確認，有原告參與 MK 會議所自行製作之會議記錄（自 2005 年 1 月 27 日至 2014 年 1 月 25 日）在卷可稽（原處分甲 6 卷，第 157 至 261 頁，原告提出之中譯本為原處分甲 6 卷，第 276 至 406 頁）。又查，原告與其他鉭質電容器業者共同參與 MK 會議，會議中

討論內容並非可見於公眾之一般性公開資訊，而係涉及價格、產量、產能、議價情形等競爭敏感資訊，例如：……」。此等競爭敏感資訊根本未有任何可公開取得之管道，業者間之報價或價格本具有隱密性，原告及其他與會公司於 MK 會議上揭露自身價格、成本狀況、目前接單情形、庫存狀況、產能利用率等方式交換該等競爭敏感資訊，意在達成同業間的共識，影響參與事業於日本及其他地區（包括我國等）有關價格、產量等的經營決策，避免產能過剩、價格競爭之作用。且由於參與 MK 會議之鉭質電容器業者包含原告、……等（與會業者退出 MK 會議或停止生產鉭質電容器之時間不等），聚會成員之市場力量高；又 MK 會議屬於業界之秘密性聚會，並非眾所周知，不具信任者即被摒除在外，亦具封閉性；MK 會議成員每月聚會 1 次，係高密集度聚會，成員間彼此熟識，長期開會建立信任關係；資訊具有高度機密性及未來性：競爭同業之間按月填報價格與數量之百分比，屬於高頻率的直接交換資訊、並於會議中個別、逐家輪流報告，與會公司均可獲得個別公司之產銷狀況，亦可於會議中隨時提問，彼此互動關係緊密，參與事業可藉會議中所獲資訊推估各公司訂單現況及未來價格與數量發展趨勢，此等資訊並非透過第三方單位，而是由業者間直接交換而來，只需參照市場情形或詢問業者即可得實際銷售情形及未來發展趨勢；由於 MK 會議屬於高密集度聚會，成員間倘有疑問即可以隨時發問互動，每個月開會時皆可查核上個月會議紀錄之真實性，成員間不易提供不實資料，因而形成相互約束的互信互賴關係。可參日本『獨占禁止法有關行業協會行為之指導原則』第 9 條規定，行業協會內部交換

有關重要競爭因素資訊,涉及參與事業現在或未來商業行為,如參與事業提供或接受產品或服務價格或數量之具體計劃或展望、與客戶交易或詢問之具體內容,以及預期建廠投資之限度等,有違法之疑慮。實際上,MK 會議亦有透過交換價格、調漲比例以達成價格合意之具體事實,例如:……。……可見原告與其他參與事業確有藉由 MK 會議交換價格資訊,達成共同漲價之合意。(2)2009 年 10 月 16 日○○○○○○○○在 MK 會議上表示『○○○○,○○○○○○○○○』(被證 20 第 139 頁),之後 MK 會議上持續有關於漲價之資訊,包括同年 12 月 21 日○○○○○○○○於會議上表示○○○○○○-○○○(被證 20 第 140 頁)、2010 年 1 月 21 日○○○○於會議上表示有提價意向,○○○○表示將捨去低價訂單(被證 20 第 141 頁)、2010 年 2 月 18 日○○○○○○○○及○○○○亦持續於會議中表示特定鉭質電容器漲價後金額及接單情形,○○○○尚對○○○○○○○○特定規模產品建議調漲 3 日圓,調漲後價格為 5.8 日圓(被證 20 第 142 至 144 頁),顯見與會公司有透過交換價格、調漲比例以達成價格之合意。如此,原告與其他參與事業透過於 MK 會議交換敏感資訊,得以降低競爭者間行動之不確定性,達成不為競爭之合意,甚至透過交換價格、調漲比例以達成價格之合意,顯已侵害競爭之基礎,自符合修正前之公平交易法第 7 條第 1 項有關以『其他方式之合意』限制競爭之聯合行為要件。且因原告係以參與 MK 會議持續透過高密度定期聚會而為敏感性之資訊交換,達成限制競爭之合意,故其所為之聯合行為,原則上自應整體視為一行為。」

3. 最高法院之見解：

「是以，倘兩個或兩個以上之事業，在明知且有意識之情況下，透過召開會議方式交換與競爭有關之成本、生產、行銷、服務等敏感之市場資訊，而得充足掌握競爭者經營上重要資訊，而有限制競爭之相互約束事業活動之行為，即屬公平交易法禁制規範之聯合行為，尚非僅限於廠商對產品價格有合意一定價格、數量、比例始構成聯合行為。」

「（三）經查，電解電容器因原料及製程之差異，可分為『鉭質電容器』與『鋁質電容器』；二者之應用與需求亦各異，故電解電容器劃分為『鉭質電容器市場』與『鋁質電容器市場』。被上訴人係銷售鉭質電容器予我國之日本鉭質電容器業者，其於94年至103年1月止，參與日本鉭質電容器業者與鋁質電容器業者在日本召開之MK會議；該會議屬於業界之祕密性聚會，聚會成員具有高度市場力，藉由MK會議定期舉行聚會，被上訴人與甲○○、丙○○、戊○○、丁○○等鉭質電容器業者（戊○○、丁○○分別於99年、100年4月間退出會議），在MK會議上交換涉及價格、產量、產能、議價情形等競爭敏感資訊，意在達成同業間的共識，影響參與事業於日本及其他地區（包括我國等）有關價格、產量等的經營決策，避免產能過剩、價格競爭之作用，並透過交換價格、調漲比例資訊，達成共同漲價之合意；且因MK會議屬於高密度聚會，每月開會時皆可查核上月會議紀錄之真實性，成員間不易提供不實資料，因而形成相互約束之關係；此外，被上訴人尚與涉案鉭質電容器事業透過雙邊聯繫交換特定客戶價格資訊、數量、採購議價情形等敏感資訊，或期盼競爭對手與自身對客戶採取相同之作為，顯見MK會議參與事業間彼此關係密切，已超出一般

正常情況競爭對手間之聯繫程度等情，業經原審依調查證據之辯論結果，認定甚明，核與卷內證據相符，則依上開說明，原判決論究被上訴人與其他鉭質電容器事業透過於 MK 會議交換敏感資訊，得以降低競爭者間行動之不確定性，達成不為競爭之合意，甚至透過交換價格、調漲比例以達成價格之合意，符合行為時公平交易法第 7 條第 1 項規定以『其他方式之合意』限制競爭之聯合行為要件；且因被上訴人係以參與 MK 會議持續透過高密度定期聚會而為敏感性之資訊交換，達成限制競爭之合意，其所為之聯合行為，原則上應整體視為一行為，即無不合。」

案例 9：日本鉭質電容器業者交換競爭敏感資訊[222]——可察覺性理論

❋案件事實[223]

> Matsuo 公司為日本鉭質電容器業者，經公平會主動立案調查結果，以該公司自民國 94 年至 103 年 1 月止，與其他日本鉭質電容器業者，透過共同參與 Market Study Meeting 會議（即市場研究會，下稱 MK 會議）及不定期雙邊聯繫方式，交換價格、數量、產能及對客戶之因應等競爭敏感資訊，達成限制競爭之合意，足以影響我國鉭質電容器市場供需功能，違反 104 年 2 月 4 日修正前（下稱行為時）公平交易法第 14 條第 1 項本文聯合行為之禁制規定，於 104 年 12 月 16 日以公處字第 104140 號處分書（下稱原處分），命 Matsuo 公司停止上開違法行為，並以本案屬行為時公平法第 41 條第 2 項規定之情節重大案件，依同法第 41 條第 3 項授權、101 年 4 月 5 日訂定發布之「違反公平交易法第 10 條及第 14 條情節重大案件之裁處罰鍰計算辦法」（下稱行為時情節重大罰鍰計算辦法），處被 Matsuo 公司新臺幣（下同）2,430 萬元。Matsuo 公司不服，提起撤銷訴訟，聲明求為撤銷原處分，經原審法院判決撤銷原處分，公平會不服，提起上訴，經最高行政法院 108 年度判字第

---

[222] 公處字第 104140 號處分書、臺北高等行政法院 105 年度訴字第 284 號判決、最高行政法院 108 年度判字第 598 號。

[223] 公處字第 104140 號處分書、臺北高等行政法院 105 年度訴字第 284 號判決、最高行政法院 108 年度判字第 598 號。

598 號判決認定公平會就原處分實體部分之上訴為有理由,故廢棄原審判決關於撤銷原處分實體部分之判斷,並自為判決(即原處分實體部分),駁回 Matsuo 公司之訴;另公平會就原處分罰鍰部分之上訴則為無理由,故維持原審判決關於撤銷原處分罰鍰部分之判斷。公平會於 110 年 7 月 28 日以公處字第 110056 號處分書另為處分,裁處 Matsuo 公司新臺幣 1,589 萬元罰鍰。

公平會

公平會之原處分書謂本件聯合行為對我國市場供需之影響為:「(一)按行為時公平交易法第 7 條第 2 項規定,聯合行為必須達到足以影響生產、商品交易或服務供需之市場功能者為限,但所謂足以影響市場功能,則不以市場功能實際受影響為必要,僅須事業合意所為之限制競爭行為,達到有影響市場供需功能之危險性,即已該當。涉案事業為日本主要鉭質電容器廠商,依據日本產業情報調查會報告 2012 年全球市占率而言,第一為 KEMET 約 26%、其次為 AVX 約 23%,第三為 SANYO 約 15%、NEC TOKIN 及 MATSUO 均為 4%,而與會公司中 VISHAY POLYTECH 並未列入排名。(二)次查我國並無生產鉭質電容器之業者,均仰賴國外業者之供貨,據涉案業者提供之銷售資料,2011 年至 2013 年間,分別自涉案事業採購 2,500 萬元至 28 億元不等之金額。再就臺灣市場對涉案事業之地位而言,NEC TOKIN、VISHAY POLYTECH、SANYO 對我國之銷售金額均占日本母公司銷售額之 3 成以上,且前揭事業之進口值占我國總進口值之 6 成以上,顯見我國市場對前揭事業具有重要性地位,渠

等價格之漲跌對我國市場會有直接、實質且可合理預見之影響。」

📝 法院

1. 原審法院評論公平會之處分理由：

「係以『可察覺性』理論，分別適用『量的標準』或『質的標準』為判斷，以被上訴人與其他涉案事業透過共同參與MK會議，交換價格、數量、產能及對客戶之因應等競爭敏感資訊，達成限制競爭之合意，屬惡性卡特爾，且其等進口值占我國總進口值6成以上，無論依質或量的標準，均得認已足影響國內鉭質電容器市場之供需功能。」，但原審法院不採公平會的看法，認為「惟查，上訴人係向海關調取101年進出口資料，核算被上訴人與涉案事業進口值占我國總進口值6成以上。實則，其中丁○○於100年4月已退出MK會議，MK會議之鉭質電容器業者僅餘被上訴人、甲○○及丙○○，上訴人計算101年參與聯合行為之鉭質電容器業者進口值時，自不得列入丁○○，上訴人稱本件聯合行為參與業者進口值占我國進口值6成以上，自屬錯誤。再者，就我國101年鉭質電容器進口值而言，丁○○占總進口值逾5成，被上訴人僅占0.8%，甲○○亦不到7%，與原處分所認定占總進口值6成以上之基礎，相距甚遠，且於100年4月剔除丁○○之進口值後，上訴人上開有關本件聯合行為影響市場功能之認定，顯屬有疑。」

2. 最高法院：

「（二）關於『足以影響市場功能』此要件之判斷，外國立法例或競爭法理論容有不同，惟於具體個案之認定，不外乎採取市場占有率之『量的標準』，以及限制競爭手段對競爭秩

序妨礙程度之『質的標準』，亦即，倘參與聯合行為事業之市場占有率在一定比例以下者，原則上推定該聯合行為應不致足以影響市場功能（此即『量的標準』或稱『微量原則』）；惟若聯合行為內容涉及約定價格，區分市場、減少產能、限制交易對象或聯合漲價等『核心卡特爾』（hard-core cartel），因該等行為本質上對市場競爭具有高度危害性，則不論市場占有率如何，即可視為足以影響市場功能（此即『質的標準』）。而因社會及經濟之變化演進，各式經濟活動及事業間合作態樣亦隨之日新月異，勢難針對各類行為態樣一一規範，故行為時公平交易法第 7 條規定，同一產銷階段競爭事業間之水平聯合，是否『足以影響市場供需功能』，立法者係將此一不確定法律概念之規範，交由上訴人依該違法聯合行為之時空背景、市場情況、產業特性及個案實際情形等而為解釋適用。依此，上訴人行使法律賦予之職權，經綜合參酌現今社經環境、多年執行公平交易法之經驗及國外相關見解，就事業之聯合行為是否『足以影響市場供需功能』，兼採『量的標準』與『質的標準』之判斷標準，倘參與聯合行為事業之合計市場占有率未達 10% 者，原則上推定其不足以影響市場供需功能；但事業聯合行為之內容，涉及限制商品或服務之價格、數量、交易對象或交易地區等核心競爭參數之限制者，無論違法事業之市場占有率高低，均認該等聯合行為足以影響市場供需功能。嗣並以 105 年 3 月 1 日公法字第 10515600941 號解釋令（下稱系爭函釋）核釋：『有關公平交易法第 14 條規定，參與聯合行為之事業，於相關市場之市場占有率總和未達 10% 者，推定不足以影響生產、商品交易或服務供需之市場功能；但事業之聯合行為係以限制商品或服務之價格、數量、交易對象或交易地區

為主要內容者，不在此限。』而就何謂『足以影響市場供需功能』作成解釋性之行政規則，以供所屬公務員認定事實、執行法律之依據，依上開說明，符合立法目的且未逾越母法之限度，依司法院釋字第 287 號解釋意旨，應自法規生效日起有其適用。」

「（四）又承前論，事業所為之聯合行為，是否達到足以影響市場供需功能之程度，係採取「量的標準」與「質的標準」為綜合判斷；如聯合行為事業於相關市場之市場占有率合計未達 10%者，原則上推定其不足以影響市場供需功能，但事業聯合行為內容涉及價格、數量、交易對象或交易地區等核心競爭參數之限制，即可認為該聯合行為足以影響市場供需功能。查我國因無鉭質電容器製造商，對於鉭質電容器之需求，完全仰賴國外進口，而經上訴人（公平會）向海關調取 101 年進出口資料顯示，參與 MK 會議為本件聯合行為之被上訴人（Matsuo 公司）與丁○○、甲○○、丙○○等鉭質電容器業者進口值，合計占我國 101 年鉭質電容器進口總值 6 成以上；其中，丁○○占總進口值逾 5 成、被上訴人約占 0.8%、甲○○約占 6.9%、丙○○約占 4.5%，是扣除 100 年 4 月退出 MK 會議之丁○○後，被上訴人與甲○○、丙○○之合計進口值仍達我國總進口值 10%等情，有上訴人提出之海關 101 年鉭質電容器進口值比例表附卷為憑；且丁○○於 100 年 4 月退出 MK 會議後，被上訴人與甲○○、丙○○等鉭質電容器業者，仍持續透過 MK 會議交換價格、數量、產能及對客戶因應等競爭敏感資訊，達成限制競爭合意等情，亦為原審所確定之事實。<u>足見，無論於丁○○退出會議前或退出會議後，被上訴人與 MK 會議成員之鉭質電容器業者，透過 MK 會議高密度定期聚會而為交換競爭敏感資</u>

訊，達成限制競爭合意之行為態樣並無不同，且其等所為聯合行為內容涉及約定價格、共同漲價等核心競爭參數之限制，本質上對市場競爭具有高度危害，依上述『質的標準』，即可認為足以影響我國鉭質電容器市場供需功能；況且，以我國101年鉭質電容器進口而言，剔除100年4月退出MK會議之丁○○後，被上訴人與其他涉案事業甲○○、丙○○之合計進口值仍達我國總進口值10%，亦超過上述『量的標準』之上限；易言之，本案聯合行為依『量的標準』或『質的標準』，均可認足以影響我國鉭質電容器市場之供需功能，已合致行為時公平交易法第7條第2項規定聯合行為之構成要件。」

3. 尊重判斷餘地：

「對於事業之商業活動，就是否「足以影響商品交易市場功能」之聯合行為，係以不確定法律概念予以規範，原則上應尊重主管機關相當程度之判斷餘地，惟主管機關之判斷所根據之事實，是否符合論理法則或經驗法則，原審法院有衡情斟酌之權，如經斟酌全辯論意旨及調查證據之結果，認為主管機關判斷受處分人違法事實所憑之證據，並無取樣不當或所引數據並無運算上之顯然疏失，而為主管機關據為判斷之基礎者，其所為之處分即無適用法規不當之違法，自應予維持[224]」。

---

[224] 最高行政法院105年度判字第366號判決。臺北高等行政法院106年度簡上字第21號行政判決援引此見解。

案例 10：相互約束事業活動之行為──同業團體制定公休日或輪休日，是否構成聯合行為？

實務上，公平會有不同的見解：

民國 81 年：公研釋 011 號

臺灣省青果商業同業公會聯合會函詢由公會統一休市日是否違反公平交易法？

公平會做成公研釋 011 號：「同業公會以決議方式決定會員之公休日，其目的不在影響生產，商品交易或服務供需之市場關係，而係基於會員員工之福利與休閒之需求，為一種例行性的休假，該行為不致妨礙市場之功能，應無公平交易法之適用。」

民國 83 年：公研釋 085 號

臺灣區陶瓷工業同業公會請釋：「公會統一於炎夏期間訂定 2 至 3 星期之休假日是否違反公平交易法？」

公平會公研釋 085 號解釋謂「關於『公會統一於炎夏期間訂定 2 至 3 星期之休假日之行為』與公平交易法之適用關係乙節，經本會 83 年 11 月 9 日第 162 次委員會議決議：若涉及勞工工作條件與福利，而由代表勞方工會與廠商透過集體協商途徑，依團體協約法之規定締結團體協約者，則不適用公平交易法。惟倘事業之活動已逾越一般交易習慣，若足以影響生產、交易或供需之市場功能，應屬公平法第 7 條所稱之聯合行為，應不得為之，而

宜由個別事業視需要自行斟酌處理。」

民國 88 年：公處字第 088 號處分書

臺北市家禽批發市場業者代表會召集會員業者討論，決議增加臺北市家禽批發市場公休日，共同休市（應加尾牙結後 2 日為公休日）。公平會認定屬聯合行為，理由為「三、……惟依被處分人代理會長潘炳煌到會陳述記錄所載：『業者於（88 年）1 月 24 日、25 日之間，臨時聚會討論（未經發文通知行口會員），在環南市場代表會辦公室內討論因應有色雞價過高之反映事宜，於形成具體共識後，由本人指示本代表會總幹事張庭豐於 88 年 1 月 26 日行文臺北市市場管理處，通知增加尾牙節後兩日公休（按：擬增加之公休日為 88 年 2 月 3、4 日）。』按其供述與被處分人於 88 年 1 月 26 日（88）業會字第 003 號函說明五：『業者商議於國曆 2 月 1 日（農曆 12 月 16 日尾牙）12 月 17 定期公休日，利用節後較淡市之（農曆）12 月 18 日、19 日增休 2 日以免長期虧累。』所載相符。且查，前開之共同休市行為之決議，除無相關農產品批發市場法規可資屏障外，另業經臺北市畜產運銷公司發函及召開會議制止，另據部分到本會說明之人員，業已坦承有配合繳交新臺幣 2 萬元給被處分人『總幹事張庭豐』保管，相互約束事業活動等事證；復依臺北市畜產運銷股份有限公司家禽批發市場管理費 88 年 1、2 月收入日報表彙算統計，88 年 1 月間系爭市場有色雞銷售每日平均銷售件數為 6108 件，而行口業者於環南市場該被處分人會址聚會研商、謀思反映之期間，88 年 1 月 24 至 26 日交易件數則僅約前開平均量之 8 成。更有甚者，88 年 2 月間適逢農曆春節，每日成交量平均約達 7598 件，惟被處分人建議休市之 2 月 3 日，成交件數僅為 1608 件，不及

當月平均成交量之 2 成等客觀事實，綜合加以研判，前開否認聯合減量及共同休市之到會說明，顯不足採。是被處分人所為『召集業者討論因應土雞價格高漲，並實際函發主管機關建議增加休市日』等意圖影響市場供需之約束事業活動行為，核屬公平交易法第 7 條所稱之『聯合行為』[225]。」

---

[225] 類似情節之案件還有：
(1)公處字第 092141 號處分書：公平會認為，臺灣省家畜肉類商業同業公會聯合會第 16 屆第 2 次會員代表大會決議，92 年 8 月 13 日至 8 月 17 日即中元節後會員連續公休 5 日，足以影響國內毛豬交易市場之供需功能，違反行為時公平交易法第 14 條規定。理由為，被處分人的會員代表大會，討論提案第 4 案案由「近日毛豬價格節節高漲，我業者購豬成本相對提高，在零售價格未能提高下，使我交易量較大之業者損失不貲，如何因應」，及被處分人理事長張國樑君所為之說明，表示係因毛豬交易價格不斷高漲，而會員受限於零售市場長年交易情誼，不易將成本反映於零售價格，故本次會議有會員提案，希冀藉由中元節後連續休市 5 日，使毛豬交易價格合理回穩，並獲會員代表大會決議通過等，前揭會員代表大會休市決議乃就交易時間進行相互約束事業活動之行為，行為時依據公平交易法第 7 條第 4 項規定，乃公平交易法規範之水平聯合。
(2)公處字第 098045 號處分書：公平會認為，臺東縣家畜肉類商業同業公會公告 97 年 11 月份增加休市日，約束會員標購毛豬之行為，足以影響臺東縣毛豬批發市場之供需功能，違反行為時公平交易法第 14 條第 1 項本文規定。理由是，被處分人以郵件及張貼公告方式通知所屬會員「本會於 97 年 11 月份公休日如下：11 月 3、10、17、24 日（星期一）及 11 月 6、13、20、27 日（星期四）均為公休日，公休期間仍有販售冷藏（冷凍）豬肉，敬請週知。」並於公告記載「臺東縣肉品市場股份有限公司毛豬共同運銷 97 年 11 月份各供應單位頭數分配表」。查臺東縣之豬肉零售攤商有 160 餘人，皆為被處分人之會員，而同業公會之會員為彼此具有水平競爭關係之事業，同業公會決定以公告方式通知所屬會員 97 年 11 月份增加休市日，約束會員標購毛豬之行為，合致公平交易法第 7 條第 4 項所稱：「同業公會藉章程或會員大會、理、監事會議決議或其他方法所為約束事業活動之行為……」。被處分人坦承 97 年 10 月 16 日及 27 日分別召開毛豬供銷調配會議，就被處分人提議增加休市日之提案，均未獲共識及具體結論，惟被處分人仍逕自對外公告增加休市日，縱被處分人理事長取得「臺東縣肉品市場股份有限公司毛豬共同運銷 97 年 11 月份各供應單位頭數分配表」之調配表記載每週日、週三休市，惟其明知該分配表未經前開 2 次調配會議決議實施，或報經臺東縣政府核備，核不得據以作為增加休市日之合理事由而免責。

民國 91 年：公處字第 091194 號處分書

　　高雄市醫師公會以公會內部會議決議，對所屬基層診所醫師會員實施週日隔週輪休制度，限制基層診所輪休週日不得看診，公平會認為，決議內容足以影響高雄市醫療服務市場之競爭功能，違反行為時公平交易法第 14 條（現行法第 15 條）規定。處分理由為「三、被處分人雖稱，訂定基層診所週日輪休措施，係為落實並方便推動基層醫師終身學習及持續進修，提昇醫療品質為目的；而高雄市是一個醫療豐富地區，每一區皆有醫院，就醫之可近性並無問題。且輪休制度僅適用於基層診所會員，地區醫院層級以上之醫事機構均有門診或急診，而執業於基層診所之醫師會員數僅占被處分人會員 3 分之 1，另被處分人尚考量病患就診之方便性，而依行政區域分成南、北兩區，輪流休診，並未全面休診，其影響所及僅約被處分人會員 6 分之 1，當不致對高雄市醫療服務市場有所影響。惟查當前高雄市醫療服務市場結構中，2 家醫學中心及 7 家區域醫院中之 6 家本已於週日休診，<u>是地區醫院與基層診所成為週日醫療服務市場中之主要提供者，被處分人逕以公會決議為由，實施基層診所週日隔週分區輪休制度，限制基層診所隔週之週日不得看診，勢將導致特定市場之醫療服務供給減少，而降低其競爭性</u>；……。另就被處分人歷次會員代表大會、理監事聯席會有關討論基層診所休診之會議記錄觀之，90 年 4 月 8 日第 8 屆第 1 次會員代表大會討論提案四，案由：『1.醫界應團結，多運動，多休息；星期日休診……』。說明：『……2.大醫院掛號費大多提高，部分診所不收掛號費、部分負擔，惡性競爭，對醫界不利。』大會決議：『交由第 8 屆理監事會規劃處理。』90 年 6 月 22 日第 8 屆第 1 次理監事會議聯席會議討論事項十，案由：『診所是否實施公休制，勿惡性競

爭,請討論案。』說明:『……3.部分診所不收掛號費、部分負擔,應訂定罰責,因惡性競爭,對於醫界不利。』決議:『1.宣導3個月(7-9月)。2.由紀律委員會於下次理監事會議提出具體辦法。』90年10月16日第8屆第2次理監事會議討論事項七,案由:『有關實施會員公休制乙案,經本會紀律委員會召開會議決議辦理情形詳如說明3.請討論追認案。』說明:『……3.(1)公休制:月休2個星期日,將本市診所分南、北2區,南區公休單週第1、3星期日,北區公休雙週第2、4星期日,若遇第5個星期日則自由決定。(2)90年11、12月份為宣導期2個月,91年1月1日正式實施,期間並再以文宣或公文通知會員作宣導;實施1、2個月後再針對違反公休公約情形作檢討,決定是否訂定罰責、罰款,提會員代表大會討論決議。』決議:『通過。』91年4月21日第8屆第2次會員代表大會討論提案九,案由:『請檢討本會3、4月實施輪流公休制度是否繼續施行案。』說明:『1.北區公休單週(每月第1、3週週日)、南區公休雙週(每月第2、4週週日)。2.3、4月份實施情形統計如P8。』大會決議:『繼續實施週日輪流公休制度。』討論提案十,案由:『請討論訂定基層診所為配合實施週日公休之罰責案。』說明:『91年2月20日第8屆第2次紀律委員會決議擬將不配合週日公休之診所公告於會員通知及會誌。2.檢附罰責草案如P7下。』大會決議:『1.5月份起未配合之診所公布名單。2.通過,罰責內容由理監事會、紀律委員會及醫療法規稅務保險制度研究委員會再研議,公告日期另訂之。』<u>且主管機關行政院衛生署表示,假日休診與否,係屬醫事機構內部管理事項,原則上係由各該機構視需要訂定,並考量病患就診之需要調整;而高雄市政府衛生局亦表示,傳統上醫師執業係屬自由業,有其開業</u>

與休診之自由。是被處分人無視於基層診所假日執業看診之營業自由，為降低同業間競爭之故，強制渠等休診，既非屬相關衛生、社政等法規之合理授權範圍內，亦對該特定市場基層診所之自由競爭產生限制，核屬不當限制會員事業活動，且影響特定市場供需之不當行為。」

「四、……。末按被處分人前揭經會員代表大會、理、監事會議決議，實施基層診所醫師會員週日隔週分區輪休制度，限制基層診所輪休週日不得看診，並發函所屬會員之行為，實屬強制約束會員間事業活動之行為，並擬以訂定違反規定之處罰事項等，規範其所屬基層診所醫師會員須配合辦理，核其效果業足以影響高雄市醫療服務市場之供需功能，該當公平交易法第 7 條規定之構成要件。」

案例 11：臺南區藥品學術交誼連心會案

✽案件事實[226]

> 本件被處分人為臺南縣、市各鄉、鎮、區從事西藥買賣業務的藥房，同時為地區性電臺的廣告藥品指定藥局，其共同組成「臺南區藥品學術交誼連心會」。該會會員分工細密，由「監察小組」以試買方式，對於流貨、降價者，施以罰款，該會之售價建議表，實質上即為監察小組執行試買及罰款之依據。公平會調查後認為，連心會限制會員降價促銷、提供統一售價及施以罰款處分，為共同決定商品價格，相互約束事業活動之行為，不僅直接破壞市場價格競爭機制，減損市場競爭機能，亦間接影響消費者權益，足以影響商品交易之市場功能，故命受處分人停止聯合行為，並分別處罰鍰 5 萬元至 40 萬元不等。

📝 公平會

公平會以臺南地區當時藥局總數共有 854 家，參與連心會事業共有 48 家，因此以全臺南地區的藥局總數為分母所計算出連心會占西藥零售業 5.6%之市占率。惟由於電臺廣告藥品為一特殊結構之市場，其行銷方式、藥品品質，與一般處方箋用藥或成

---

[226] 行政院公平交易委員會（90）公處字第 019 號、臺北高等行政法院 90 年度訴字第 4423 號判決、最高行政法院 92 年度判字第 1336 號判決、臺北高等行政法院 92 年度訴更一字第 118 號判決。

藥均不相同，故無法界定一正確之市占率，上游廠商基於信用、行銷策略等之考量，並非供應全部藥房，故連心會在電臺廣告藥品市場占有率應高於前述 5.6%；同時一般藥房市場具有區域壟斷性競爭之特性，消費者之選擇受到限制，連心會成員在各該區域應具有市場力量。

📝 高等行政法院

高等行政法院則認為 5.6%的市占率，以經驗及論理法則下，顯不足影響該地區商品交易供需甚明，而撤銷原處分。

公平會不服提起上訴。最高行政法院廢棄原判決，發回臺北高等行政法院：「<u>認定聯合行為之約定，對於市場足以影響生產、商品交易或服務供需之市場功能者，除參加聯合行為者之『市場占有率』外，尚有『參加聯合行為者數目』、『參加聯合行為者與不參加者間之數目比例』、及『對於交易關係的影響』等，作整體衡量。</u>而上訴人（公平會）以本件電臺廣告藥品為一特殊結構之市場，其行銷方式、藥品品質，與一般處方箋用藥或成藥均不相同，而獨資行號西藥零售業又屬小規模營業人，依查定銷售額繳納營業稅額，故無法界定一正確之市場占有率，惟地區性電臺廣告藥品之上游廠商基於信用（如拒絕與信用不佳者交易）、行銷策略（如經銷點避免鄰近地區競爭）等之考量，並非供應全部藥房，而一般地區性電臺廣告藥品亦鮮有全部供應情形，故有所謂的指定或指名藥房（局）。因此，連心會於臺南地區在地區性電臺廣告藥品市場占有率應更高於前述 5.6%，一般藥房市場具有區域壟斷性競爭之特性，所謂區域壟斷性，係指某區內僅有一家或少數幾家業者，基於便利性因素，消費者就近選擇交易對象；本件西藥零售業依規定必須取得衛生署許可證照，

始能販售,即易產生上述情形,尤其愈到鄉下更是如此,依臺南縣政府提供資料顯示,西藥房(局)家數少於 5 家者有柳營鄉、後壁鄉、下營鄉、西港鄉、將軍鄉、北門鄉、歸仁鄉、南化鄉、山上鄉等,其中下營鄉、西港鄉、歸仁鄉即有連心會成員,消費者之選擇受到限制,連心會成員在各該區域應具有影響市場力量。此外,連心會對於會員流貨或降價者均予以嚴厲罰款處分,曾有會員遭罰者,並未選擇退出連心會,且全數繳清未有拖延或抗拒情事,顯見連心會在臺南地區藥房市場具有影響力,故被上訴人等行為不僅直接破壞市場價格競爭機制,減損市場競爭機能,亦間接影響消費者權益,足以影響商品交易之市場功能等理由,是否均不足採?原判決對前揭事項未予詳究,即遽爾判決撤銷訴願決定及原處分,容有未洽[227]。」

在更審中,公平會強調,市場占有率並非事業對市場影響力的唯一判斷依據,另應兼顧「事業合意之內容就事業之市場地位而言,足以影響市場者」:「4.公平交易法第 14 條之構成,並非以其市場占有之家數為唯一判斷基準,而應論渠等之聯合行為於當時之時空環境下,是否違反市場競爭效能、扭曲市場機能。且本案情形,參酌國外競爭法先進國家之相關立法亦咸認為違法。有關原告質疑連心會會員僅占臺南縣市地區西藥零售業之 5.6%,顯不足影響該地區藥品交易供需之市場機能乙節。查公平交易法第 14 條之構成,並非以其市場占有之家數為唯一判斷基準,而應論渠等之聯合行為於當時之時空環境下,是否違反市場競爭效能、扭曲市場機能。參照美國法之規範,對於特定的聯合行為如:(1)統一定價(fixed pricing);(2)集體杯葛(group

---

[227] 最高行政法院 92 年度判字第 1336 號行政判決。

boycotts）；(3)水平市場分割（horizontal market divisions）；(4)垂直市場分割（vertical market divisions）等四種市場行為，法院經過多次處理經驗後，發現這些行為明顯對市場競爭產生限制效果，因此仍以<u>當然違法</u>原則處理。因為這些行為類別，本質上有妨害市場競爭的可能，所以法律處理程序上並不進行市場分析，當然也就不涉及市場定義的問題。另參照德國法之規範，德國法在判斷市場功能是否受影響之具體標準上，係依德國法所發展出來之<u>「可感覺性」理論</u>，將判斷標準分為『量』與『質』的標準分別測量後，綜合判斷之。量的標準乃於劃定相關市場後，以測定參與事業總和之市場占有率為重心，德國法一般以 5%為門檻，但仍有個案上之些微區別；質的標準，則以事業所限制之競爭參數在本質上限制競爭之程度與傾向有多高為斷，愈屬核心限制競爭手段（如訂價）之排除，被認為影響市場功能之可能性也就愈高。總而言之，事業市場占有率之總和一般固為主要之判斷因素，亦具有相當說服力，惟不宜一概以市場占有率為判斷依據，而置合意之內容於不顧。較妥適之作法為兼顧兩者，即所謂足以影響市場功能者，應係指『事業合意之內容就事業之市場地位而言，足以影響市場者』。查本案之情形，即屬美國法所稱之『統一定價』，本不待市場定義，即可認其為當然違法。退一步言之，如參照德國法之規範，本案原告等均屬從事西藥零售業，渠等合組之臺南區藥品學術交誼連心會組織，共有 48 個會員，分佈於臺南縣、市各鄉、鎮、區，依臺南縣、市政府提供之營利事業登記資料，臺南市西藥零售業約有 531 家（獨資行號 406 家，公司組織 125 家），臺南縣西藥零售業約有 323 家（獨資行號 252 家，公司組織 71 家），臺南縣市合計 854 家，連心會成員 48 家雖僅約占臺南地區 5.6%，而前述資料中公司組織部分，

實際上多數在行銷管道包括醫療院所、西藥房（局），與獨資行號並不相同，亦即二者並不屬同一產銷階段之競爭事業，故若前述計算占有率中扣除母體有關公司組織部分，臺南縣市之獨資商號共計 658 家，則連心會成員市場占有率可達 7.3%，其『量』（已超過德國法 5%之範圍）與『質』（統一定價）均已達違法標準。原告雖陳稱連心會並無影響力，僅係聯誼性之團體而已云云，則原告如何解釋連心會對於會員有流貨或降價之情事，甚或僅是會議遲到、請假、未出席時，均予以嚴厲罰款處分，曾有會員遭罰累計逾二十幾萬者，亦未選擇退出連心會，並且全數繳清未有拖延或抗拒情事，此均有連心會帳冊附卷可稽，由此顯見連心會對市場確有相當影響力[228]。」

更審法院認同公平會所主張的「質」與「量」判斷標準：「（三）本件之爭點，次在於原告等行為是否足以影響服務供需之市場功能？1.查公平交易法並未對於何謂足以影響服務供需之市場功能為進一步之定義，是此一不確定之法律概念之適用，應依是否違反市場競爭效能、扭曲市場機能而為觀察及判斷。2.本件被告參照美國法之規範，對於特定的聯合行為如統一定價、集體杯葛、水平市場分割等市場行為，明顯對市場競爭產生限制效果，以當然違法原則處理；復參照德國法之規範，依所發展出來之『可感覺性』理論，將判斷標準分為『量』與『質』的標準，量的標準乃於劃定相關市場後，以測定參與事業總和之市場占有率為重心（一般以 5%為門檻）；質的標準，則以事業所限制之競爭參數在本質上限制競爭之程度與傾向有多高為斷，愈屬核心限制競爭手段（如訂價）之排除，被認為影響市場功能之可能性

---

[228] 臺北高等行政法院 92 年度訴更一字第 118 號行政判決。

也就愈高。簡言之,被告以事業市場占有率之總和一般固為主要之判斷因素,亦具有相當說服力,惟不宜一概以市場占有率為判斷依據,而置合意之內容於不顧之認定原則,於法無違,職是,被告進而認定本件之情形,屬美國法所稱之『統一定價』,本不待市場定義,即可認其為當然違法;又依臺南縣、市政府提供之營利事業登記資料,以臺南市西藥零售業約有531家(獨資行號406家,公司組織125家),臺南縣西藥零售業約有323家(獨資行號252家,公司組織71家),臺南縣市合計854家,連心會成員48家約占臺南地區5.6%,其在『量』的方面已超過5%之範圍,在『質』的方面係屬核心限制競爭手段排除之統一定價,亦均達違法標準,綜合判斷原告等之行為足以影響服務供需之市場功能,核屬有據。3.承上說明,因本件之聯合行為係涉及統一定價之核心限制競爭手段之排除,且原處分其已計算連心會成員約占臺南地區西藥零售業者5.6%,並說明由於電臺廣告藥品為一特殊結構之市場,其行銷方式、藥品品質,與一般處方箋用藥或成藥均不相同,而獨資行號西藥零售業又屬小規模營業人,係依查定銷售額繳納營業稅額,故無法界定一正確之市場占有率,且上游廠商基於信用、行銷策略等之考量,並非供應全部藥房,故據以認定連心會在電臺廣告藥品市場占有率應高於前述5.6%,是被告抗辯洵屬有據,原告主張被告未就電臺廣告藥品之市場占有率為調查一節,則非可採[229]。」

---

[229] 臺北高等行政法院92年度訴更一字第118號行政判決。

案例12：中部砂石業者聯合調漲砂石價格案

❋案件事實[230]

寶仁公司與多家中部地區砂石銷售業者102年3月至5月多次聚餐，於聚餐中相互交換市場價格訊息，彼此並表示，為反映砂石成本，決定調漲砂石價格，於民國102年4月、5月及6月聯合調漲砂石價格，經臺灣區預拌混凝土工業同業公會函請公平會立案調查臺中地區砂石業者有無涉及聯合壟斷之行為。

📝 公平會

公平會調查後認為，寶仁公司與其他被處分人在中部地區的市占率雖僅有1.71%[231]，「惟就案關聯合行為之內容觀之，渠等合意之目的在共同調漲砂石價格，屬『價格限制』之行為類型；復因價格乃事業最重要之競爭要素之一，各國競爭法咸認『價格限制』係最核心之競爭手段，屬『惡性卡特爾（hard-core cartel）』之一種，本質上對市場競爭即具有高度之危害性，不論其市占率高低，均認其足以影響市場供需功能。故依前開『質

---

[230] 105年3月4日公處字第105019號處分書、臺灣臺北地方法院105年度簡字第127號行政判決、臺北高等行政法院106年度簡上字第21號行政判決。

[231] 「依經濟部礦務局『臺灣地區各縣市砂石產量及價格』資料所示，中部地區102年1月至6月之砂石總產量約1,299萬2,257公噸，同時期原告（寶仁公司）及其他被處分人之砂石總產量約22萬3,092公噸，核算市場占有率約為1.71%。」臺灣臺北地方法院105年度簡字第127號行政判決。

的標準」，因原告及其他被處分人之聯合漲價行為本質上具有影響市場供需功能之高度風險，故即使渠等之市場占有率不高，仍應認定該聯合漲價行為顯然足以影響市場供需功能，而為公平交易法所禁止。」公平會依「質的標準」判斷後，認為寶仁公司等之行為，仍足以影響中部地區砂石市場之供需功能，違反行為時公平法第 14 條第 1 項聯合行為禁制規定，乃依同法第 41 條第 1 項前段規定，處寶仁公司 40 萬元罰鍰。

📝 臺北地方法院

臺北地方法院撤銷公平會之處分，理由是「惟依行為時公平交易法第 7 條規定，我國並未對價格限制競爭等所謂惡性卡特爾採當然違法原則，被告提出『可察覺性理論』，僅著重於『質』的考量，凸顯價格、產量等接近核心競爭參數之惡性卡特爾本身對競爭之影響顯著，可以直接認定影響市場供需，卻忽略『量』的標準（市占率）之考量，則其之判斷，顯不合行為時公平交易法第 7 條所規定之聯合行為之要件，自難採取。五、綜合上述，被告認定原告與誌建等 5 家公司，僅占中部地區砂石市場砂石販售總量 1.71% 之市占率，顯未足以影響該地區砂石交易供需之市場功能，被告徒以原告與誌建等 5 家公司有聯合調漲砂石價格之行為，即認定原告所為係價格限制競爭之惡性卡特爾，自與行為時公平交易法第 7 條規定之聯合行為要件，尚有未合。」

上訴審臺北高等行政法院支持公平會的判斷：「（二）……上訴人（公平會）於 105 年 3 月 1 日頒布公法字第 10515600941 號解釋令（下稱系爭函釋）……自屬上訴人為行使公平法所賦予之職權，就何謂『足以影響商品市場供需功能』所作成之解釋性行政規則，應得作為上訴人認定本案被上訴人及其他被處分人之

聯合漲價行為是否『足以影響商品市場功能』而構成行為時公平法第 7 條及第 14 條所禁止之聯合行為之依據，故縱使聯合事業之市場占有率總和未達 10％，但於涉及『價格限制』等核心參數時，如上訴人另審酌商品特性、市場結構等其他因素後，仍可認定事業之行為有影響商品交易市場功能而構成聯合行為，而非一概以市場占有率為斷。（三）再者，數事業經由合意而相互約束事業活動之行為，對市場可能造成之影響層面極廣，故判斷事業之聯合行為是否足以影響市場功能，本應綜合審酌一切相關情狀後予以考量，故聯合行為所涉市場之市場結構、商品或服務特性、產業文化、上下游間交易習慣、聯合行為之內容、參與事業家數及其市場地位等，均為評估該聯合行為是否足以影響市場供需功能之重要參考因素，應一併納入考量，以綜合研判該聯合行為是否足以破壞市場交易秩序，市場占有率之單一因素已不足以充分評價聯合行為對市場供需功能之影響。聯合行為內容如屬『價格限制』，實屬所有競爭參數之最核心問題，對市場功能之影響力尤巨（最高行政法院 103 年度判字第 292 號判決參照）。（四）本案所涉及的商品為砂石，屬笨重物品，運輸費用於砂石成本結構中占相當之比重，故同一地理市場內之砂石產品雖然可互相流通，但在考量運費成本之情形下，無論供給者或需求者均傾向於就近供料，而距離較遠地區，砂石雖然亦可供料，但流通量較少，亦即對於砂石需求端之下游客戶而言，距離較近之砂石業者顯較距離較遠之砂石業者具有競爭優勢。此外，因砂石於營建產業中具有不可替代性，產品缺乏彈性，且因砂石之購買尚涉及供應來源、囤積場所、環保條件等因素，故為了確保穩定之砂石供應來源，下游客戶多半固定向特定之砂石業者長期購料，此為砂石產業之交易習慣，而在長期交易往來下，供需雙方對於砂

石之品質、價格、交易信用等已形成了一定之默契,故即使被上訴人及其他被處分人之市場占有率不高,下游客戶對被上訴人仍會有一定依賴關係存在,而不會輕易因價格調漲即轉換交易對象。況且,砂石為同質產品,主要是價格競爭,而前開聯合行為所造成之累積效果或漣漪效果,均將對市場供需功能造成負面影響。故即使被上訴人及其他被處分人之合計市場占有率不高,然因『價格限制』惡性卡特爾之情形所形成之累積效果及漣漪效果,可能引發中部地區砂石市場其他砂石業者之價格跟隨行動、甚至形成另一起聯合行為,對市場供需功能造成負面影響。是以,上訴人於被上訴人及其他被處分人聯合作成『價格限制』惡行卡爾特之情形後,復審酌商品特性、上下游交易習慣、產業結構等因素,認定被上訴人及其他被處分人之行為足以影響商品交易市場功能而構成聯合行為,於法自無不合。(五)綜上所述,原判決以被上訴人與誌建等5家公司,僅占中部地區砂石市場砂石販售總量 1.71%之市占率,顯未足以影響該地區砂石交易供需之市場功能,不合行為時公平交易法第 7 條所規定之聯合行為之要件,因而撤銷原處分,揆諸前開說明,自有適用法規不當之違背法令,上訴人求予廢棄為有理由,應由本院將原判決廢棄。」

案例 13：臺北市記帳士公會建議會員收費之最低標準案

✽案件事實[232]

> 臺北市記帳士公會於其 99 年 12 月 14 日理事會議，作成有關會員執業收費標準，建議會員報價盡量不要低於財政部所核定之收入標準，即每家每月臺北市 2,500 元，新北市 2,000 元之決議，並將該決議內容以函文行文所屬全體會員。公平會調查後認為，該決議及建議會員收費最低標準之函文，除抑制所屬會員間之價格競爭，亦間接紓解其他市場參與者所面臨來自臺北市記帳士公會會員之競爭，而跟進調漲價格或更無誘因降價，影響相關市場（地理市場為臺北市及新北市；產品市場為記帳及報稅代理業務，但不包含須經查核簽證申報之稅務代理案件）之供需功能，構成聯合行為，以 101 年 8 月 19 日公處字第 101096 號處分書，命立即停止違法行為，並處罰鍰新臺幣 40 萬元。

---

[232] 100 年 5 月 5 日公處字第 100076 號處分書、行政院 100 年 8 月 24 日院臺訴字第 1000102004 號訴願決定撤銷前揭處分（命公平會應究明相關市場如何界定、系爭函文對市場供需功能是否確實造成影響，及就公平交易法施行細則第 36 條所定裁處罰鍰應考量因素逐一衡酌等情後，另為適法之處理）、101 年 8 月 19 日公處字第 101096 號處分書、臺北高等行政法院 102 年度訴字第 751 號判決、最高行政法院 103 年度判字第 292 號行政判決。

公平會裁處

公平會認定臺北市記帳士公會會員之市場占有率為15%，就聯合行為對市場功能影響之「量的標準」方面，已遠超過德國法上「可察覺性」理論所謂市場占有率總和 5%之門檻；另就「質的標準」而言，臺北市記帳士公會從事價格下限之聯合行為，係屬核心競爭手段排除，不僅將使其所屬會員收費趨向其理事會決議之建議價格，且透過聯合行為之外溢效果，影響非屬臺北市記帳士公會會員之其他市場參與者競爭程度，故具有影響服務供需之市場功能之高度可能性。

案例 14：貨櫃業者一致恢復收取 3 噸以下貨物之 CFS 出口機械使用費

✱案件事實[233]

> 長榮儲運公司等 21 家貨櫃儲運業者共同決定，自民國 103 年 7 月間聯合恢復收取 3 噸以下 CFS 出口貨物裝卸搬運使用機械費，每計費噸新臺幣（下同）55 元（下稱 CFS 出口機械使用費，其中就 3 噸以下部分稱系爭費用），並請中華民國貨櫃儲運事業協會（下稱貨櫃儲運協會）發函通知輪船、船務代理、海運承攬運送業、託運人、報關、進出口、汽車貨櫃貨運等相關公（協）會。

📝 公平會裁處

公平會接獲檢舉後調查，據以認定長榮儲運公司等 21 業者共同決定自 103 年 7 月間聯合恢復收取系爭費用，為相互約束事業活動之行為，足以影響貨櫃集散服務供需之市場功能，違反公平交易法第 15 條第 1 項規定，命長榮儲運公司等 21 業者立即停止共同決定收取系爭費用之違法行為，並處罰鍰。

📝 更一審法院

「五、然按聯合行為係相互約束事業活動，以達限制競爭之目的，故就其效果而言，自須足以影響生產、商品交易或服務供

---

[233] 臺北高等行政法院 107 年度訴更一字第 41 號行政判決。

需之市場功能。而聯合行為是否達到『足以影響市場功能』之程度，一般係以『質』與『量』之標準綜合判斷之。其中『質』之標準，係以聯合行為之內容亦即事業所限制競爭之本質是否屬核心事項為斷，愈屬核心限制競爭手段（如價格）之排除，被認為影響市場功能之可能性也就愈高。蓋在自由市場之經濟體系下，價格機制係立於市場功能之核心地位，經濟活動之參與者透過價格機制之指引，形成消費、生產及交換之決策，並藉此過程達成資源有效率的分配。而所有反競爭行為中，尤以價格聯合對市場功能之傷害較大，該行為使市場價格脫離競爭市場下應有之水準，經濟活動參與者因而無法接受到正確之價格訊號，而扭曲市場之供給與需求功能，進而影響經濟資源之有效分配。而『量』之標準，主要係以參與聯合行為事業之數目及聯合行為之市場占有率（下稱市占率）為具體指標。至於市占率之計算，則依公平法施行細則第 4 條規定：『（第 1 項）計算事業之市場占有率時，應先審酌該事業及該相關市場之生產、銷售、存貨、輸入及輸出值（量）之資料。（第 2 項）計算市場占有率所需之資料，得以主管機關調查所得資料或其他政府機關記載資料為基準。』」

「經查，被告認定原告等 21 業者所為聯合行為已足以影響市場功能，就『質』之標準方面，係以：原告等 21 業者均有經營貨櫃集散站業務，彼此具水平競爭關係，屬同一產銷階段之事業，其等為免單獨恢復收取系爭費用導致交易機會之流失，透過貨櫃儲運協會餐敘時機，彼此就恢復收取系爭費用之訊息進行意思聯絡，形成恢復收取之共識，並透過該協會通知報關、進出口等相關公會，以達恢復收取之目的，並藉此降低任一家單獨恢復收費之競爭風險，導致各貨櫃場一致恢復收取之結果，該行為已降低貨櫃集散服務市場內，貨櫃場間以較有利之價格、品質、服

務爭取交易相對人之誘因，影響市場功能等情為據（見原處分卷2第786、787頁），尚屬合理有據。然有關足以影響市場功能之判斷，不能僅考量『質』的因素，否則事業對於價格之合意，未合理評估其市場力量之影響，一律認屬惡質卡特爾（hard-corecartel）而成立聯合行為，實有違公平法之規範目的，自非可採。對此，原處分認：依航港局來函資料，全國經營貨櫃集散站業務之業者計有31家，而參與聯合行為之貨櫃儲運協會會員21家，已占全國業者之6成以上，倘以全國貨櫃集散站營業額及CFS出口運量計算市場占有率，前等21家業者亦占全國營業額及運量之8成以上，故渠等透過聚會方式，共同決定恢復收取費用而相互約束事業活動之行為，已足以影響貨櫃集散服務供需之市場功能，違反公平法第15條第1項規定（見同上卷第787頁）。再依最高行政法院發回判決意旨，本件相關市場範圍扣除中部地區業者之營業數量，雖可能影響原告之市場占有率計算，然其市場變小，市占率可能反而變高，亦不影響原處分此部分認定。然而原告21業者恢復收取系爭費用（55元），僅屬產品市場即貨櫃集散服務所繳費用之一小部分，因為一次航程，必會支付多項費用，並非選擇支付，因此除前述『質』、『量』之考量外，仍應在前述所界定之地理市場及產品市場下，評估其市場力量。蓋本件貨櫃業者之營業範圍遍及全國，已如前述，倘係因航線、航期、停泊港口、當地法令規定等因素，不得不然或受影響極大，因此選擇非屬其區域內之貨櫃業者，則恢復收取系爭費用之價格因素，對於貨主之選擇結果並無因果關係，核無足以影響市場功能之情事。另若非上開航線、航期等因素，而係價格成本因素決定貨主之選擇，則為滿足貨主出口貨物集散服務需求，本件聯合行為所收取之系爭費用，在所有前述應繳費用中（見原處

分卷3第9頁），占有多少比例？此部分營業額占CFS出口運量總營業額之比例若干？其在上開費用未變，而移動貨櫃場所增加運費、時間、保險費、風險等成本下，是否仍具有足以影響生產、商品交易或服務供需之市場功能，誠有可疑，被告所為原處分未詳予調查審究，遽認原告等21業者有違公平法第15條第1項規定，並命原告自本處分書送達之次日起，應立即停止上開違法行為，似屬速斷，自有違誤。」

案例 15：筆記型電腦製造商申請標準化聯合案

✻案件事實[234]

> 仁寶、華碩、廣達 3 家筆記型電腦製造商擬共同開發筆記型電腦基座（即 D tray）的規格，包含基座本身各零組件間之共同機械、電子與軟體介面，以及基座本身零組件與筆記型電腦其他部分（即附有 LCD 液晶螢幕掀蓋及附屬結構）之介面，向公平會申請許可。

公平會裁處

公平會基於下列理由，評估後認為標準規格具有降低成本、改良品質、增進消費者利益等有益於整體經濟與公共利益之正面效益，因此許可 3 家電腦公司的申請，但為了消弭聯合行為許可後，可能產生的限制競爭或不公平競爭之不利益，另外附加了附款。公平會之許可理由：

（一）有益於整體經濟與公共利益：

1. 降低成本：

在標準規格下，除有助於大量生產而達規模經濟效益外，尚有助於降低研發支出、供應商與事業之交易成本、市場布局成本、售後服務與教育訓練等；經評估，標準化規格實施後第 1 年約可產生 50 億餘元以上之降低成本利益，

---

[234] 公平會公聯字第 095002 號許可決定書。

隨著量產達規模經濟所引發之成本下降，暨最終價格下跌所增加之需求量，可預見未來之利益將逐年增加。（申請人提出具體成本數據）

2. 改良品質、增進效率：

在規格標準化下，生產零組件之廠商，在相容零組件具高度替代性之情形下，可將其營業重點集中於提升品質以吸引顧客採購其產品，屆時品質將成為市場上競爭因素，有助於增進筆記型電腦之整體品質；又零組件規格標準化後，可以省卻零組件廠商為單一品牌廠商開立模組，在大量生產可相容性零組件下，有助於提升生產效率。

3. 增進消費者利益：

在規格標準化後，除提供消費者於購買筆記型電腦時之其他選擇外，尚可享受規模經濟效益及成本降低帶來之價格下降；另，規格標準化後，將帶動筆記型電腦組裝市場之生機，屆時消費者亦可選擇自行組裝一台個人化筆記型電腦，有助於增進消費者利益。

4. 對我國資訊產業之發展具有正面意義：

參酌相關單位及事業所提意見，藉由申請人等之資金、人力、物力及技術所制定之標準規格將帶動整體筆記型電腦市場動力，擴大技術發展規模，而未參與之廠商亦可因外溢效果而獲得參與生產、銷售之利益，將可提高國內廠商與國際大廠競爭之機會，對我國資訊產業之發展具有重要正面意義。

(二) 造成限制競爭或不公平競爭之不利益：

按申請人等共同研發制定標準化規格行為，所可能產生之限制競爭或不公平競爭之疑慮，在於本

聯合行為申請人等未提供此標準化規格予未參與之相關廠商、或延遲公開標準規格之時程、未揭露生產相關產品及零組件所需之必要性專利、標準規格導致僅特定廠商得供應或提供利用於標準規格的相關零組件，亦或利用此標準規格之必要性專利權之排他性，無正當理由拒絕授權、或其授權行為有差別待遇之情形、實施費用收取不合理等，而可能造成限制競爭或不公平競爭之疑慮。倘本會將上開情形以附加條件或負擔方式命渠等不得為之，應可消弭該等限制競爭或不公平競爭之疑慮。」

案例 16：信用卡業務聯合行為案

✳案件事實[235]

> 多家銀行、信用卡公司與聯合信用卡處理中心因信用卡業務聯合行為延展項目「共同採用單一規格之聯合信用卡及服務標章」、「集中帳務處理、清算信用卡業務」之行為，向公平會申請聯合行為許可。

📝公平會裁處

多家銀行、信用卡公司與聯合信用卡處理中心「共同採用單一規格之聯合信用卡及服務標章」及「不定時聯合採購信用卡」之行為，因以下之理由而獲得公平會之許可：

（一）有關「共同採用單一規格之聯合信用卡及服務標章」乙項：

> 按統一信用卡規格及服務標章有利於各特約商店得以同一端末機設備辨識信用卡，從而分辨真、偽卡，並使各發卡事業因規格統一，而不須於製卡作業上重複投資，降低業務成本。此項聯合行為申請符合公平交易法第 14 條第 1 項但書第 1 款：「為降低成本、改良品質或增進效率，而統一商品規格或型式者。」之規定，爰予許可。

---

[235] 98 年 11 月 12 日公平會公壹字第 0980010361 號函、行政院公平交易委員會許可決定書公聯字第 098006 號。

（二）有關「集中帳務處理、清算信用卡業務」乙項：

　　按統一、集中之信用卡帳務處理作業機制，得達成降低資訊交換與結算作業成本，及增進發卡、收單機構間跨行資料交換及帳款處理效率之目的。此項聯合行為申請符合公平交易法第 14 條第 1 項但書第 1 款：「為降低成本，改良品質或增進效率，而統一商品規格或型式者。」之規定，爰予許可。

（三）有關「共同委託處理中心代辦信用卡有關之特約商店推廣及收單業務中之『掛失停用卡號彙整、發送及信用查核授權』、『提供特約商店制式簽帳作業用品』及『受理特約商店請款及帳單、帳務處理』」乙項：

　　按該等行為得產生促進資訊利用、避免重覆投資、降低營業成本、改善服務品質之利益。此項聯合行為申請符合公平交易法第 14 條第 1 項但書第 1 款：「為降低成本，改良品質或增進效率，而統一商品規格或型式者。」之規定，爰予許可。

（四）綜上論結，本案申請人等申請續行延展信用卡業務聯合行為，經評估具有降低成本、改良品質、增進效率等，有益於整體經濟與公共利益，爰依公平交易法第 14 條第 1 項但書規定予以許可。另為消弭本聯合行為許可後可能產生之限制競爭或不公平競爭之疑慮，並確保本聯合行為所帶來之整體經濟利益與公共利益，爰依公平交易法第 15 條規定附加附款如許可內容三、四。

案例 17：航空公司票證免背書轉讓案

✳案件事實[236]

> 　　遠東航空公司、華信航空公司、復興航空公司與立榮航空公司擬針對臺北－高雄航線實施「票證免背書轉讓」行為，凡旅客持此四家航空公司之臺北－高雄航線之有效機票，不須經原開票航空公司背書轉讓，即可同時選擇搭乘遠此四家航空公司之臺北－高雄航線班機，屬行為時公平法第 7 條（現行法第 14 條）所稱之聯合行為，爰依公平法第 14 條（現行法第 15 條）第 1 項但書第 1 款規定申請許可。

📝 公平會裁處

　　公平會評估後，以本申請案有益於整體經濟與公共利益，且限制競爭或不公平競爭之不利益尚不顯著，應予許可：

（一）關於有益於整體經濟與公共利益方面，該「票證免背書轉讓」之聯合行為可：A.縮短旅客候機時間，創造旅運時間價值，增進消費者福祉。B.提升旅客搭機之便利性，可吸引更多商務旅客搭乘，增進生產效益。C.降低四家航空公司旅客簽轉作業之飛航成本，且由於臺北－高雄航線之提供座位數處於供過於求狀態，票證之流通性增加，可提升機位之利用率及減少資源之浪費。D.航政主管機關交通部表示對本案申請內容

---

[236] 行政院公平交易委員會公聯字第 096003 號許可決定書。

樂觀其成。

(二) 關於本案造成限制競爭或不公平競爭不利益方面：A.臺北－高雄航線航空運輸服務市場提供者皆參與本案聯合行為申請，是本案實施後，尚無對競爭者產生不公平競爭之疑慮。且臺北－高雄航線之載客率供過於求，加上國內高鐵通車後，新替代性運具加入競爭，是就市場供需狀況而言，未來是否有足夠誘因引進新進航空運輸業者參與競爭尚存疑義，爰本案聯合行為實施後，對未來臺北－高雄航線航空運輸服務市場造成參進障礙之不利益尚不顯著。B.對價格僵固性之影響有限：按航空公司間實施票證免背書轉讓行為時，均須事先簽署拆帳協定，開票公司依協定之拆帳比例支付予實際飛航公司，開票公司為確保獲利或避免虧損，其機票之市場售價將不低於約定之拆帳價格，故票證免背書轉讓之拆帳協定有造成機票價格僵固，而達到相互約束其價格下限效果之疑慮，進而減損市場之競爭機能。經審酌申請人等除華信航空公司以外，目前於機場櫃檯銷售比例均達5成以上，而渠等目前在機場櫃檯的銷售價格，均依交通部核定之票價上限價格進行銷售（遠東航空公司2,200元，華信航空公司2,120元，復興航空公司2,110元，立榮航空公司2,200元），該等價格仍遠高於本案協議全票之拆帳價格1,450元（約為全額票價之66折），尚難謂造成價格僵固效果之疑慮。另本案聯合行為實施後，並不影響各種優惠折扣票種之使用，亦不影響回饋及爭取客源而實施之優惠促銷專案，是本案造成價格僵固性

之影響難謂顯著。C.不致減損業者提供創新服務之誘因：運輸行業特性在於所提供之服務無法儲存，例如航空公司飛機座位倘未賣出，即是一種成本之消耗，而無任何營收。故各航空公司仍有提高載客率，降低商品（服務）庫存成本之誘因，在國內整體航空市場仍供過於求情況下，倘能提供較佳之服務或飛行器，爭取持他家航空公司機票之消費者選擇搭乘，進而增加營收，故業者間仍存有創新服務之誘因。再者，自高鐵通車營運後，遠東航空公司、華信航空公司等於96年3月起已陸續推出優惠促銷方案，以增加旅客搭機誘因，故在高鐵參進競爭之情狀下，本案聯合行為之實施，應無減損業者追求提供創新服務之誘因。D.尚未對上下游市場產生影響：本案市場為航空運輸服務市場，尚無上游市場。就下游票務銷售市場而言，由於各旅行社與航空公司均分別訂有合約，其銷售通路並未改變，且本案僅為票證免背書轉讓之聯合行為，尚不涉及票務聯合銷售行為，故本案對下游市場應無顯著影響。E.對消費者權益減損之影響尚不顯著：按航空公司間實施票證免背書轉讓行為時，因票證免背書轉讓之拆帳協定有造成機票價格僵固，而達到相互約束其價格下限效果之疑慮，進而有造成票價不易下跌或下跌幅度有限之疑慮，惟按本案聯合行為實施後，對於價格僵固性之影響尚不顯著，且由於實施票證免背書轉讓並不改變臺北－高雄航線之班次、座位供給及運價調整機制；另渠等雖有協議之拆帳金額，但仍各自訂有優惠票種以吸引旅客（如學生優惠

票、網路優惠票等），並未減損原享有折扣票價旅客之權益。且在高速鐵路正式營運後，旅客於臺北－高雄線之運具選擇增加，凡此，均不致嚴重減損消費者利益。

第二章 垂直的限制競爭

　　垂直交易限制是廠商間經常運用的經銷策略，其可被分類為價格交易限制（即限制轉售價格，又可稱維持轉售價格）及非價格交易限制（搭售、獨家交易、地域或顧客限制等）[237]。

　　前者規定於公平交易法第 19 條「事業不得限制其交易相對人，就供給之商品轉售與第三人或第三人再轉售時之價格。但有正當理由者，不在此限。前項規定，於事業之服務準用之。」

　　後者規定於公平交易法第 20 條第 5 款「有下列各款行為之一，而有限制競爭之虞者，事業不得為之：五、以不正當限制交易相對人之事業活動為條件，而與其交易之行為。」、同法施行細則第 28 條補充「本法第 20 條第 5 款所稱限制，指搭售、獨家交易、地域、顧客或使用之限制及其他限制事業活動之情形。」

第一節　維持轉售價格（resale price maintenance）

一、主要法條

　　公平交易法第 19 條：

　　　　事業不得限制其交易相對人，就供給之商品轉售與第

---

[237] 胡祖舜（2019），《競爭法之經濟分析》，初版，頁 525，元照。亦有學者主張，關於垂直交易限制，不論是有關價格、抑或是非價格，應適用同一套的違法性判斷標準，延伸閱讀：黃銘傑（2019），〈維持轉售價格之規範理念與革新之道——以經濟分析及我國法制變革為中心〉，《第 25 屆競爭政策與公平交易法學術研討會論文集》，頁 83-86。

三人或第三人再轉售時之價格。但有正當理由者，不在此限。

前項規定，於事業之服務準用之。

公平交易法施行細則第 25 條：

本法第 19 條第 1 項但書所稱正當理由，主管機關得就事業所提事證，應審酌下列因素認定之：

一、鼓勵下游事業提升售前服務之效率或品質。

二、防免搭便車之效果。

三、提升新事業或品牌參進之效果。

四、促進品牌間之競爭。

五、其他有關競爭考量之經濟上合理事由。

二、定義

所謂「限制轉售價格」依公平會說明為：「限制轉售價格」係屬於上下游事業間垂直交易限制之一種，指事業對於其下游經銷商，就所供給之商品或服務設定轉售價格，限制交易相對人遵行該轉售價格之限制交易行為。舉例而言，若 A 製造商在將商品出售予 B 批發商時，要求 B 必須按照其所規定的價格轉售予零售商，或 A 直接限定其所製造商品之零售價格等行為，即所謂之「限制轉售價格」[238]。

而限制轉售價格（RPM）的類型有限制最低轉售價

---

[238] 公平交易委員會網站，何謂「限制轉售價格」？公平交易法有何相關規範及罰則？，https://www.ftc.gov.tw/internet/main/doc/docDetail.aspx?uid=1208&docid=14288&mid=1201（最後瀏覽日：01/31/2024）。

格、限制最高轉售價格、區間轉售價格的限制，甚至是建議售價，其中尤以限制最低轉售價格對市場競爭的影響最鉅。限制轉售價格長久以來在競爭法中都被視為是「當然違法」，最主要的理由是上游[239]。製造商可藉由對下游經銷商轉售價格的限制來達成水平價格的聯合，從而規避競爭法對水平協議嚴格的規範。

三、經濟評價

限制轉售價格行為之經濟評價，持正面肯定看法與負面敵視者均有之，相當分歧。學者廖義男、王以國解釋：「學說有『當然違法（per se illegal）、合理原則（rule of reason）』兩說。前者認『限制轉售價高度違法』，毋庸判斷行為所生之市場影響；後者則以『限制轉售價格應具體判斷行為本身是否影響市場，若認定可能影響市場，再討論如何非難該行為』[240]」。

（一）認為限制轉售價格行將產生負面效果之見解[241]：

1. 上下游廠商各自為獨立事業，下游廠商定價本得由市場機制決定，故不應允許上游廠商任意介入下游廠商價格決定。若下游廠商受到轉售價格限

---

[239] 公平交易委員會數位經濟競爭政策白皮書，頁 69 以下。

[240] 廖義男、王以國（2004），〈第十八條約定轉售價格〉，廖義男等，《公平交易法之註釋研究系列（二）第 18 條至第 24 條》，公平交易委員會 93 年度委託研究，頁 47。

[241] 廖義男、王以國（2004），〈第十八條約定轉售價格〉，廖義男等，《公平交易法之註釋研究系列（二）第 18 條至第 24 條》，公平交易委員會 93 年度委託研究，頁 48。

制，將不能因其管銷成本不同而任意更動產品或服務價格，不利市場競爭。
2. 限制轉售價格屬於垂直價格聯合，阻礙產品或服務價格透過市場機制決定，不利消費者。
3. 品牌內非價格競爭，不應透過限制轉售價格進行，應是下游經銷商在提供的服務或其他附加價值上為競爭，不是上游供應商直接就價格為限制。

(二) 認為限制轉售價格將生正面效果之見解[242]：
1. 限制轉售價格可維持品牌商譽，為上游供應商之正當商業行為。
2. 限制轉售下格可使得下游經銷商進入市場後皆可獲取利潤，避免下游經銷商間發生削價競爭，更可加強下游經銷商於價格外的其他要素為競爭。

四、公平交易法就限制轉售價格之規範

臺灣公平交易法以往對於轉售價格之限制是採取當然違法之立法例，於 2014 年間修改為具有正當理由之限制轉售價格行為，並不違法[243]。

104 年 2 月 4 日修法前，公平法第 18 條原規定「事業

---

[242] 廖義男、王以國（2004），〈第十八條約定轉售價格〉，廖義男等，《公平交易法之註釋研究系列（二）第 18 條至第 24 條》，公平交易委員會 93 年度委託研究，頁 47-48。

[243] 余惠如律師，「限制轉售價格」之立法變革及實務動向，https://www.saint-island.com.tw/TW/Knowledge/Knowledge_Info.aspx?IT=Know_0_1&CID=308&ID=753

對於其交易相對人，就供給之商品轉售與第三人或第三人再轉售時，應容許其自由決定價格；有相反之約定者，其約定無效。」是採取「當然違法」的立場。觀諸當時公平會之處分理由，對於該條規定立法意旨之闡釋，多指限制轉售價格行為「無形中剝奪配銷階段廠商自由決定價格之能力，經銷商將無法依據其各自所面臨之競爭狀況及成本結構訂定合理售價，其結果將削弱同一品牌內不同經銷商間的價格競爭，故為公平交易法所明文禁止[244]。」強調下游廠商之價格決定自由。最高法院謂：「其規範意旨，在於製造商直接對經銷商為商品轉售價格之拘束，此一限制訂價之自由，將使特定商品『品牌內』之價格競爭完全趨於消滅，再因品牌內競爭喪失，使得該特定商品價格下降壓力減少，進而間接導致『品牌間』之競爭減少，故具有高度之限制競爭效果，致使少數事業獲得利益，不利於自由市場之公平競爭、經濟繁榮及消費者之利益，均有公平競爭阻礙性，自應視為當然違法[245]。」學者廖義男認為：「公平法保護範圍應納入品牌內競爭[246]」。

　　104年修法時，條文內容修正為：「事業不得限制其交易相對人，就供給之商品轉售與第三人或第三人再轉售時之價格。但有正當理由者，不在此限。前項規定，於事業之服務準用之。」除了將效力規定變更為禁制規定，並

---

[244] 公處字第091080號處分書。
[245] 最高行政法院92年度判字第825號行政判決（立明光學有限公司金雙氧隱形眼鏡清潔液限制轉售價格案）。
[246] 廖義男（2004），〈第十八條約定轉售價格〉，廖義男等，《公平交易法之註釋研究系列（二）第18條至第24條》，公平交易委員會93年度委託研究，頁49。

改採「原則違法，但有正當理由不在禁止之列」的規範架構，公平會先認定上游事業之行為是否具限制轉售價格之拘束力，如是，則應由上游事業提出具有正當理由之具體事證，以免於違法。

學者主張：「限制轉售價格規範著重於避免上游事業以價格控制介入下游市場，排除品牌內價格競爭的可能性[247]」。因倘事業對於其交易相對人就所供給之商品設定轉售價格，或對交易相對人就其銷售商品與第三人後，就該第三人銷售價格為間接限制，並以配合措施迫使交易相對人遵行，致經銷商無法依據其各自所面臨之競爭狀況及成本結構訂定售價，其結果將削弱同一品牌內不同經銷通路或零售業者間的價格競爭，是原則予以禁止；僅於限制轉售價格或有相較於自由訂價，更具促進競爭效果時，方例外得依公平法第19條第1項但書規定主張其正當性[248]。

五、構成要件

（一）上游與下游事業間

同一產銷階段之競爭者共同為價格決定，乃聯合行為範疇；非同一產銷階段的事業共同為價格決定，方為限制轉售價格[249]。

---

[247] 廖義男、顏雅倫（2004），〈不公平競爭〉，廖義男等，《公平交易法之註釋研究系列（二）第18條至第24條》，公平交易委員會93年度委託研究，頁3。

[248] 臺北高等行政法院105年度訴字第1833號、臺北高等行政法院106年度訴字第795號、臺北高等行政法院106年度訴字第336號行政判決。

[249] 廖義男（2021），《公平交易法》，初版，頁410，元照。

公平會在判斷事業是否違反公平法第 19 條規定時，首先要確認廠商與廠商間，或廠商與消費者間的交易地位是否處於上下游關係。即便是同業，如果同業間彼此互相調貨，如 A 水泥銷售者生意興隆，水泥提早賣完了，向 B 買了 100 噸水泥作為履約之用。雖然 A 與 B 之間在其他筆水泥交易上屬於同業關係，可是這裡 A 向 B 買 100 噸水泥的行為中，B 的地位對 A 而言卻是不折不扣的上游廠商。只要 B 在出售，為 A 周轉水泥時，對 A 轉售水泥的價格有所限制，即違反公平法第 19 條之強行規定，其約定無效。

問題 10：關係企業間是否有限制轉售價格規範之適用[250]？

學者廖義男認為，從屬事業在法律上為獨立之權利義務主體，與其控制事業為商品之交易時，形式上雖亦居於交易相對人之地位，但因其意思決定及業務決策事實上係聽從控制事業之指揮及管理，實質上常成為控制事業營運政策下之執行單位，因而其真正角色實僅居於控制事業整個關係企業集團經濟體中的一個營業部門或分公司之地位而已。因此，當從屬事業因受命於控制事業之指揮，於販賣控制事業所供給之商品時，直接執行其指定之價格政策，不應受限制轉售價格條文之規範。但是，如果控制事業就其所供給之商品要求其處於批發商位階之從屬事業，於其轉售於關係企業以外之他事業零售商時，須限制該等零售商與消費者之交易價格者，則因已構成

---

[250] 廖義男（2021），《公平交易法》，初版，頁 412-413，元照。

「限制其交易相對人,就供給之商品轉售與第三人或第三人再轉售時之價格」之要件,則仍有限制轉售價格規範之適用。

(二)供給之商品或服務

1. 商品:

商品指可獨立作為交易客體之有體物。至於技術授權商品之銷售:在一般智慧財產權授權契約中,授權人所供給者乃專利權、商標權或著作權等「權利」,被授權人再憑藉該等「權利」製造成「商品」販售,授權人及被授權人所出售之標的並不相同[251]。亦即,授權人限制授權商品之銷售價格者,因授權人所供給者乃智慧財產權之「權利」,而被授權人所銷售者則係將該等權利實現後自己所製造之「商品」,其交易態樣與公平法第 19 條所規範之情形不同。此類問題,依公平會訂定「公平交易委員會對於技術授權協議案件之處理原則」第 6 點第 2 項第 6 款[252]及第 7 點

---

[251] 廖義男、王以國(2004),〈第十八條約定轉售價格〉,廖義男等,《公平交易法之註釋研究系列(二)第 18 條至第 24 條》,公平交易委員會 93 年度委託研究,頁 54。

[252] 公平交易委員會對於技術授權協議案件之處理原則(105.8.24.公法字第 10515606031 號令發布),「六、(技術授權協議禁制事項例示)有競爭關係之技術授權協議當事人間以契約、協議或其他方式之合意,共同決定授權商品之價格,或限制數量、交易對象、交易區域、研究開發領域等,相互約束當事人間之事業活動,足以影響相關市場之功能者,授權協議當事人不得為之。技術授權協議之內容,有下列情形之一,而對相關市場具有限制競爭之虞者,授權協議當事人不得為之:……(六)限制被授權人就其製造、生產授權商品銷售與第三人之價格。……」

第 3 項[253]規定「限制被授權人就其製造、生產授權商品銷售與第三人之價格」之行為，若對相關市場具有限制競爭之虞者，將可能違反公平法第 20 條第 5 款之規定，而非公平法第 19 條規範範疇。

2. 服務：

公平法於民國 104 年 2 月 4 日修正時，將「服務」新增於第 19 條第 2 項規範，該項條文為：「前項規定，於事業之服務準用之[254]。」也避免「限制服務轉售價格」之行為因公平法未予明文而適用本法其他條文，造成法規規範意旨及適用之分歧。事業就其下游「服務」轉提供之價格予以限制者，例如，倘若再保險公司對於直接向消費者承保之保險公司約定，限制其收取之保險費金額；或如上游之電影發行商將其所發行之電影

---

[253] 公平交易委員會對於技術授權協議案件之處理原則（105.8.24.公法字第 10515606031 號令發布），「七、（法律效果）事業違反第 6 點第 2 項者，可能構成公平交易法第 20 條第 5 款之違反。」

[254] 公平交易委員會（2019），《認識公平交易法（增訂第 18 版）》，頁 172。「修法前，公平會在《自由時報》限制廣告代理商交易條件一案，被處分人為管理其分類廣告代理商，乃要求廣告商如有將『分類廣告稿面異常放大』、『低價承作』、『免費贈送客戶』或『不當集稿』之情形，將予以處分。其中，關於不得低價承作及免費贈送客戶之部分，均係對下游廣告代理業者就委刊廣告之收費所為之價格限制，而《自由時報》在本件交易中所提供者為刊登廣告之服務，並非商品，是以公平會乃依行為時公平交易法第 19 條第 6 款加以論處，而未直接適用限制轉售價格之規定，行政法院亦維持公平會之見解（(88)公處字第 133 號處分書、臺北高等行政法院 89 年度訴字第 1526 號判決）」，廖義男、王以國（2004），〈第十八條約定轉售價格〉，廖義男等，《公平交易法之註釋研究系列（二）第 18 條至第 24 條》，公平交易委員會 93 年度委託研究，頁 55。

提供給下游戲院播放予消費者觀賞，此時，戲院提供消費者的乃是服務，並無商品出售之行為，上游之影片發行商如進而限制戲院販售之票價，應得以本條規定論處[255]。

（三）轉售、再轉售——上下游事業間屬買賣關係而非代銷關係

公平法第 19 條第 1 項規定：「事業不得限制其交易相對人，就供給之商品轉售與第三人或第三人再轉售時之價格。但有正當理由者，不在此限。」本條若適用於服務時，學者主張應將其理解為：「服務請求權移轉予第三人或第三人再移轉該服務請求權時，應容許其自由決定價格[256]」。

本條文所規範之轉售價格限制態樣，自交易關係以觀，可分為上游事業「對交易相對人就供給之商品或服務轉售與第三人之價格限制」及「對第三人再轉售時之價格限制（再轉售價格）」。前者係上游事業對交易相對人販賣價格之直接限制，後者係對交易相對人就其販賣該商品給第三人後，就該第三人販賣價格之間接限制。

公平法第 19 條之規範乃適用於產品或服務出售

---

[255] 廖義男、王以國（2004），〈第十八條約定轉售價格〉，廖義男等，《公平交易法之註釋研究系列（二）第 18 條至第 24 條》，公平交易委員會 93 年度委託研究，頁 55。

[256] 廖義男、王以國（2004），〈第十八條約定轉售價格〉，廖義男等，《公平交易法之註釋研究系列（二）第 18 條至第 24 條》，公平交易委員會 93 年度委託研究，頁 56。

後,出賣人就買受人再次出售產品或服務時,對價格有所限制。但若此時之買受人僅為替出賣人出售產品或服務的「代銷」單位,此時出賣人若就「代銷」單位販賣商品或服務時為價格限制,並不違反公平法第 19 條[257]。關於代銷單位之定義,簡述如下:

1. 民法上之代辦商(代理商)、行紀與供應商之間,屬代銷關係:

　　我國民法上所規範之代辦商,謂非經理人而受商號之委託,於一定處所或一定區域內,以該商號之名義,辦理其事務之全部或一部之人[258],其乃是受他事業委託,以他事業之名義,辦理受託事務,效力直接歸屬於他事業,亦有稱之為代理商者;而行紀,則為以自己之名義,為他人之計算,為動產之買賣或其他商業上之交易,而受報酬之營業[259]。學者廖義男認為,此兩者均係「為他人之計算」從事銷售行為,僅是代辦商係以供應商(即本人)名義為之,行紀則係以自身之名義為之,故一般均將其等與供應商間歸類為代銷關係[260]。

---

[257] 廖義男、王以國(2004),〈第十八條約定轉售價格〉,廖義男等,《公平交易法之註釋研究系列(二)第 18 條至第 24 條》,公平交易委員會 93 年度委託研究,頁 56。公平交易委員會(2019),《認識公平交易法(增訂第 18 版)》,頁 171-172。

[258] 民法第 558 條。

[259] 民法第 576 條。

[260] 廖義男、王以國(2004),〈第十八條約定轉售價格〉,廖義男等,《公平

2. 上下游廠商間之關係屬代銷或買賣關係之認定標準：

(1) 在判斷是否為代銷關係或是買賣關係時，應就事業間實質之交易內容加以認定，而非僅憑契約之字面文字而為形式認定，以避免事業藉經銷（買賣）之名，行代銷之實，脫免公平法之規範。

(2) 關於認定之標準，最高法院舉例諸如：所有權是否移轉、以何人之名義做成交易、銷售價金之支付方式、不能履約之危險承擔、商品瑕疵之擔保責任、報酬之計算方式等，用以判斷為何人之利益而為計算[261]。公平會實務上的操作例如「查被處分人自行設計配方、包裝，委託泰國廠商生產貓罐頭等寵物食品，產品進口後直接售予寵物店、動物醫院或網路賣家等下游通路業者，<u>除非發生包裝破損、產品瑕疵等情形，交易後概由下游通路業者自負盈虧，雙方交易模式係屬產品『賣斷』關係</u>[262]。」

交易法之註釋研究系列（二）第 18 條至第 24 條》，公平交易委員會 93 年度委託研究，頁 59。

[261] 最高行政法院 92 年度判字第 825 號判決。

[262] 公處字第 110004 號處分書。

產品代銷契約中限制銷售價格及銷售地區有無違反公平交易法修正公研釋 004 號解釋文[263]

行政院公平交易委員會　函

受文者：

發文日期：中華民國 90 年 3 月 20 日

發文字號：（90）公法字第 00827 號

主旨：本會 81 年 4 月 30 日公研釋字第 004 號函解釋文修正如說明二、三，請　查照辦理。

說明：

一、依據本會 90 年 3 月 8 日第 487 次委員會議決議辦理。

二、有關產品代銷契約中限制銷售價格及銷售地區與公平交易法有無牴觸一節，前經本會 81 年 4 月 22 日第 27 次委員會議決議，並於 81 年 4 月 30 日以（81）公釋字第 004 號函復當事人如次：

（一）是否為代銷契約，不能僅從其契約之字面形式而應就其之實質內容加以認定。

（二）如確屬代銷契約，有關公平交易法之適用問題說明如下：
關於代銷契約中約定有銷售價格者，因代銷之事業所獲得之利潤並非因購進商品再予轉售而賺取其間之差額，因此無轉售價格之問題，不適用公平交易法第 18 條（現行法第 19 條）之規定。

關於代銷契約中定有銷售地區之約款者，因代銷契約係

---

[263] 行政院公平交易委員會 90 年 3 月 20 日(90)公法字第 00827 號函。https://www.ftc.gov.tw/internet/main/doc/docDetail.aspx?uid=220&docid=388&mid=220

> 由本人負擔銷售風險,本人之事業為自己利益而設之上開約款,不適用公平交易法第 19 條第 6 款(現行法第 20 條第 5 款)之規定。
>
> 三、前開公研釋字第 004 號函釋 2「關於代銷契約中定有銷售地區之約款者,因代銷契約係由本人負擔銷售風險,本人之事業為自己利益而設之上開約款,不適用公平交易法第 19 條第 6 款(現行法第 20 條第 5 款)之規定」部分,業經本會 90 年 3 月 8 日第 487 次委員會議決議,修正為「關於代銷契約,是否違反公平交易法第 19 條第 6 款規定,仍應視個案具體認定」。
>
> 備註:本文說明二所引公平交易法第 18 條、第 19 條第 6 款規定,於 104 年 2 月 4 日修正公布,條次變更為第 19 條、第 20 條第 5 款,內容並酌作修正。

3. 加盟關係[264]?

加盟總部限制加盟商品或服務之售價,是否有公平法第 19 條之適用?應視加盟總部與加盟店間之關係,究屬買賣、經銷關係,或是代銷關係。倘加盟總部配銷予加盟店之商品,其所有權已移轉(賣斷)予加盟店,那麼,加盟總部對於加盟店銷售商品予第三人之價格予以限制或干涉,即構成限制轉售價格之行為。

公平會處分加盟業主之案例,可參考【臺鹽

---

[264] 廖義男(2021),《公平交易法》,初版,頁 429-431,元照。

第二章　垂直的限制競爭　321

公司限制加盟店傳售價格案】[265]：臺鹽公司於加盟契約及經銷契約中就所供給之商品約定轉售價格，復於契約關係存續中發函要求加盟店及經銷商遵循該等限制轉售價格之約款，並對違約者予以處罰，公平會認定臺鹽公司構成限制轉售價格之行為，處分書略以：「一、公平交易法第 18 條規定：『事業對於其交易相對人，就供給之商品轉售與第三人或第三人再轉售時，應容許其自由決定價格；有相反之約定者，其約定無效。』上開條文係在規範上、下游事業間之垂直價格限制行為，亦即事業應容許其交易相對人有自由決定價格之權利。倘事業對於其交易相對人就所供給之商品約定轉售價格，並以配合措施限制交易相對人遵行，此種限制下游廠商事業活動之交易行為，已剝奪配銷階段廠商自由決定價格之能力，配銷商將無法依據其各自所面臨之競爭狀況及成本結構訂定合理售價，其結果將削弱同一品牌內不同經銷通路間的價格競爭，而為上開法條所禁止。二、本案依被處分人之臺鹽生技加盟店契約書以及經銷契約相關約定，加盟店與經銷商須對進貨商品事先支付貨款並自負盈虧，被處分人僅於進貨金額達一定數目時額外給予比例不一之獎金，但不吸收貨品滯銷之損失；檢舉人亦表示向被處分人進貨係屬買斷性質，商品售出之利潤均

---

[265] 公處字第 096010 號。

由加盟店取得，並未與被處分人有利潤分配拆帳之約定。可知被處分人銷售予加盟店與經銷商之商品，其所有權已移轉予加盟店與經銷商，並由渠等自行設法轉售獲取利潤及負擔商品未能售出之風險，是若被處分人對於加盟店與經銷商銷售商品予第三人之價格予以限制或干涉，將構成限制交易相對人轉售價格之行為。」

實務上常見的便利商店加盟，加盟總部與加盟商間之法律內部關係為：「加盟總部委任加盟商經營、管理」，商品所有權仍存在於加盟總部。消費者購買商品時，乃消費者與加盟總部直接為所有權移轉，故加盟總部對加盟廠商為商品價格限制，並非轉售價格限制[266]。

另一種常見於餐飲業的加盟，加盟總部提供中央工廠物料給加盟商，由加盟商自行加工或製作為成品販售予消費者。雖物料由中央工廠提供，但加盟商為對中央工廠物料實際進行烹煮、加料者，此時商品性質已由中央工廠物料轉化為新商品，非屬中央工廠物料之直接轉售，因此加盟總部若對最終賣給消費者商品之價格為規範，亦非轉售價格限制[267]。

---

[266] 張展旗，公平法專欄：公平法對於限制轉售價格的規範（中）：交易關係的規劃，https://btlaw.com.tw/web/Home/NewsInfo?key=0227079976&cont=321800（最後瀏覽日：01/31/2024）。

[267] 張展旗，公平法專欄：公平法對於限制轉售價格的規範（中）：交易關係的規劃，https://btlaw.com.tw/web/Home/NewsInfo?key=0227079976&cont=321800（最後瀏覽日：01/31/2024）。

4. 百貨公司專櫃[268]？

在百貨公司內設櫃位，租用其場地一部分或一角落為營業，而租金之計算，除依其租用場地之樓層、位置、面積大小計算外，並依其營業銷售金額之一定比例計算，故兼有「使用租賃」及「用益租賃」之性質，為櫃位商與百貨公司間成立租賃。因此，櫃位中所販賣之商品，所有權歸屬為櫃位商，百貨公司與櫃位商間不存在商品買賣關係，故無公平法第 19 條之適用。

問題 11：經銷關係中，上游廠商要求下游經銷商按一定價格銷售其產品，是否違反公平法[269]？

【範例】

機車製造商或汽車製造商為使其產品在市場行情不致混亂，常常要求其經銷商須按一定的價格或最低價格出售其產品，這種要求是否違反公平法？

【相關條文】

➢公平交易法第 19 條

➢公平交易法第 20 條

➢公平交易法第 36 條

【解析】

機車製造商或汽車製造商，以維持產品市場行情為理由，

---

[268] 廖義男（2021），《公平交易法》，初版，頁 411-412，元照。

[269] 修改自范建得、莊春發，《公平交易法 Q&A 範例 100》，問題 26，商周文化，1992 年初版，後因授課需要，將原案例進行調整，編為課程講義使用。

要求經銷商按其最低價格出售，確實限制了下游經銷商的訂價自由，而違反公平法第 19 條第 1 項本文「事業不得限制其交易相對人，就供給之商品轉售與第三人或第三人再轉售時之價格。」的規定。倘經銷契約約定此類限制轉售價格條款，在法律上是沒有效力的。

除上面例子中的汽車、機車外，國內市場的家電產品，如冰箱、電視、錄放影機，和各類藥品的產銷流程，製造商與承銷商之間確實經常以「限制轉售價格」作為其銷售的手段，上下游廠商間的關係，常見名稱為「總代理」、「代銷」、「經銷」、「總經銷」，但不管是那一種名稱，只要實際上的法律關係為上下游廠商的購買關係（即商品賣斷），就會符合公平法第 19 條規定，上游事業須向公平會提出具體事證以說明其具有限制轉售價格之正當理由，否則就是違法的行為。依目前公平會即法院實務見解，上游廠商提出「維持產品市場行情」、「為使其產品在市場行情不致混亂」等作為正當理由，均不被公平會或法院所接受。

除非上下游廠商就產品的銷售關係，屬法律上的「代理」，即下游廠商於代理權限內，以本人所為之意思表示，將產品銷售予消費者，直接對本人發生效力。換言之，下游廠商若以代辦商的形式出現，受製造商委託，於一定的處所或區域內，以該製造商的名義，辦理其業務的全部或一部分的營業，則上下游的關係屬於委託寄售，就不屬於公平法第 19 條規定的買賣關係。亦即，「維持轉售價格」的施行只不過是代理人秉承被代理人的命令或要求，執行其代理業務，而非直接的買賣，應不受第 19 條的約束。

> 廠商經銷契約中除了上述的維持轉售價格外，若附加經銷商若有違反規定時，即中止經銷合約關係，或附加經銷地區、對象等的限制，則使得簡單的維持轉售價格制度，變成「以不當限制交易相對人之事業活動為條件，而與之交易之行為」，違反公平法第 20 條第 5 款，行為人有 2 年以下徒刑的風險（查公平交易法第 36 條），事業單位主管不能不慎。

（四）價格限制

1. 價格限制之類型：

高等行政法院實務見解指出：「公平交易法第 19 條限制轉售價格之規範目的，在於保護交易相對人之訂價自由，凡足以產生限制交易相對人形成價格自由之事業行為均應受規範，故有關<u>固定轉售價格[270]、最高[271]或最低[272]轉售價格、區間轉售價格（即廠商與經銷商約定在某價格範圍內訂價）[273]、承認的轉售價格（即經銷商訂價前須經廠商同意）及默示的轉售價格（即廠商未明示限制，惟倘經銷商訂價低於一定水準即施以制裁措施）均屬應受規範之限制轉售價格行為類型，不以下游經銷商之產品實際交易價格均須一致始足該當</u>。是縱函復被告之原告 8 家各區總經銷商，與原告協議約定之各機種瓦斯熱水器之建議

---

[270] 即限制其經銷商僅得依一特定之價格銷售。
[271] 即設定一價格上限，其訂價不得逾此上限。
[272] 即限制其經銷商之訂價不得低於某一價格水準。
[273] 乃允許在某價格範圍任意訂價，例如許可其在進貨價格 5%內自由訂價。

經銷價格未盡相同，亦不影響原告前揭行為屬剝奪下游經銷商自由決定價格之能力，實已削弱市場價格競爭之認定[274]。」

其中，關於「**限制最高轉售價格**」[275]，學者廖義男、王以國認為「對於消費者利益及經濟效率亦可能有正面意義，在規範上不應採取與限制最低轉售價格行為相同之立場。此種情形，主要係發生在產銷通路存在『連環獨占』（或稱『接續性獨占（successive monopoly）』）之現象，亦即，當上游廠商與下游廠商均具有市場獨占力，可能形成上游獨占廠商將商品銷售給下游廠商時，即採取一次獨占訂價，而下游獨占廠商於出售商品時，又採取一次獨占訂價，如此將對消費者產生『雙重剝削』，同時亦將因為最終零售價格偏高，致使商品銷售量減少，影響上游廠商之利潤。從而，如允許上游廠商實施最高轉售價格，防止下游廠商採取不當之過高訂價，以增加該商品之銷售量，不僅將對上游廠商本身有利，亦可使消費者享受商品售價降低之利益[276]。」

---

[274] 臺北高等行政法院106年度訴字第336號行政判決。延伸閱讀：廖義男、王以國（2004），〈第十八條約定轉售價格〉，廖義男等，《公平交易法之註釋研究系列（二）第18條至第24條》，公平交易委員會93年度委託研究，頁67。

[275] 所謂事業對其交易相對人就其所供給之商品為「最高轉售價格之限制」者，依其意義，應指限制其轉售之價格僅不得高於該最高價格，而在該最高價格之下，則容許交易相對人於轉售時自決定其價格而言，詳參廖義男（2021），《公平交易法》，初版，頁424，元照。

[276] 廖義男、王以國（2004），〈第十八條約定轉售價格〉，廖義男等，《公平

公平會過去就限制轉售價格之執法態度，傾向於保護下游事業之價格決定自由，曾有處分上游事業限制最高轉售價格之案例[277]。嗣於104年2月4日修法時，公平法第19條第1項後段，增加但書「但有正當理由者，不在此限」之規定，其立法理由謂「另參酌國際潮流之趨勢，如最高轉售價格等有正當理由者，即不在此限」。立法者認為，限制最高轉售價格，因仍許交易相對人在該最高價格下為價格之競爭，即仍有競爭之存在；且該最高價格之限制可以使消費者於交易時不受更高價格之不利益，對消費者亦有保護作用，因而可認為屬於限制轉售價格之「正當理由[278]。」

2. 限制之方式——包含約定及約定以外之其他方式：

(1) 約定：

上下游事業間對轉售商品之價格、定價策略定有契約或協議。

交易法之註釋研究系列（二）第18條至第24條》，公平交易委員會93年度委託研究，頁49-51頁。

[277] 公平會85年公處字第013號處分書。「本案為豐禾實業股份有限公司為辦理其『優沛蕾』產品之地區性促銷活動，乃提供『炎夏大活動加量再回饋特價39元』之標籤，讓經銷商貼在瓶上，並派員調查下游廠商是否配合促銷，對於未配合者則以取消優惠或不再續約等方式作為處罰。公平會乃認為『促銷活動之目的在於鼓勵經銷商或其客戶增加訂貨，其方式甚多，而約定轉售價格之作法既為行為時公平交易法第18條所明文禁止』，豐禾公司自無權強制訂定其商品於下游各銷售階段之銷售價格，經銷商是否按所定轉售，應由經銷商自行決定，而裁處豐禾公司。」，廖義男、王以國（2004），〈第十八條約定轉售價格〉，廖義男等，《公平交易法之註釋研究系列（二）第18條至第24條》，公平交易委員會93年度委託研究，頁49-51。

[278] 廖義男（2021），《公平交易法》，初版，頁424-425，元照。

為了達成限制轉售價格之目的，契約中常約定未依該指定價格銷售，將予以停止供貨[279]、取消經銷商資格[280]、終止契約[281]、賠償損害[282]、沒收保證金[283]、拒絕提供免費維修服務、優惠價格或取消獎勵[284]等懲罰或制裁約款[285]。公平會及司法實務見解皆認為，只要下游廠商因契約或協議之拘束力而受有遵守定價的心理壓力即為已足，至於上游事業是否果真執行所約定之懲罰措施，並不影響限制轉售價格之判斷[286]。

此可參考臺北高等行政法院 105 年度訴字第 1833 號行政判決：「至被告未查獲原告（濟生股份有限公司）對違反上開銷售合約第

---

[279] 例如：(84)公處字 025 號、(84)公處字 084 號、(85)公處字第 013 號、(85)公處字 152 號、(85)公處字第 159 號、(86)公處字第 044 號等。

[280] 例如：(81)公處字第 042 號處分、(81)公處字第 048 號處分、(81)公處字第 056 號處分、(82)公處字第 051 號處分、(83)公處字第 002 號處分等。

[281] 例如：(81)公處字第 046 號處分、(82)公處字第 032 號處分、(82)公處字第 045 號處分、(87)公處字第 201 號處分等。

[282] 例如：(83)公處字第 063 號處分、公處字 092150 號。

[283] 例如：公處字 092054 號。

[284] 例如：公處字 091080 號、公處字 092054 號。

[285] 廖義男、王以國（2004），〈第十八條約定轉售價格〉，廖義男等，《公平交易法之註釋研究系列（二）第 18 條至第 24 條》，公平交易委員會 93 年度委託研究，頁 71-73。

[286] 例如杏輝公司限制藥品專櫃暗中，行政法院見解「縱被告未查獲原告就違反上述條款之簽約藥局，實施上開懲罰約款之具體事證，仍不影響簽約藥局因合約書該條款約定，基於契約拘束力，於其心理形成負有遵守契約約定義務，免因違約而生後續不利法律效果之心理壓迫。」臺北高等行政法院 106 年度訴字第 795 號行政判決。

6條第1項之經銷商,實施該項規定之懲罰措施,並不影響簽立上開銷售合約之經銷商,依該合約約定係負有不得以低於原告提供之銷售價格轉售他人,及不得跨區銷售等義務,而原告會對其經銷商是否違反該等義務進行查核之認定。換言之,<u>該銷售合約上開約定對原告經銷商產生之拘束力,係於經銷商簽約時即已發生,並不須查獲原告對違反該條約定之經銷商執行約定之懲罰措施始能判斷</u>,事實上徒以前開附有懲罰措施之契約約定,配合原告之查核行為,即足迫使簽約之經銷商遵守該約定,免致違約而生後續不利之法律效果。」

(2) 約定以外之其他方式:

依現行公平會就公平法第19條限制轉售價格之執法實務,所稱「限制」之方式,並不限於以契約條件之限制,亦包含契約以外之其他方式,足以使下游事業遵循該轉售價格之事實行為,例如對於不遵守轉售價格之下游業者取銷經銷權、提高供應價格、縮短票期或付款期間及最常見的拒絕供應(例如要求將商品下架、停止出貨)等手段[287]。亦即,當上游供應商以單方行為拘束下游經銷商之定價自由者,就構成限制轉售價格。

高等行政法院也曾闡述同樣的看法,只要

---

[287] 公處字第107023號處分書。

上游事業客觀上有對交易相對人決定轉售商品價格予以限制之行為，即構成限制轉售價格之行為，並不以其與交易相對人已就限制商品轉售價格一事明訂於契約中為必要[288]。

3. 限制轉售價格之拘束力——建議性參考價格（建議售價）與限制價格之區辨：

上游製造廠商因為投入大量的品牌行銷費用維護品牌及產品通路市場之形象，其不希望下游事業有不適當定價而傷害該公司品牌形象，或者為維護下游事業的秩序，避免削價競爭，在銷售產品時，提供批發商及零售商「建議價格」或「定價」，時有所見。

由於公平法第 19 條規定所欲規範者，係事業與交易相對人間對轉售價格之「限制」，是以，**不具任何拘束力之建議售價或定價，非屬限制轉售價格**。舉例言之，上下游廠商雖然於經銷契約上寫明產品之建議售價為 XX－XX 元，或事業於其產品上印有定價，或貼上產品價格標籤，但只要上游事業對下游經銷商未限制應以某固定價格出售或不得打折，或其他拘束下游經銷商價格決策自由之行為，即不能逕因產品訂有建議售價或定價而認定上游事業違反公平法第 19 條規定[289]。

---

[288] 臺北高等行政法院 103 年度訴字第 1046 號行政判決。

[289] 公平交易委員會網站，限制轉售價格行為之規範若上下游廠商於經銷契約上寫明產品之建議售價為 XX－XX 元，或事業於其產品上印有定價，或貼上產品價格標籤，是否違反公平交易法？，https://www.ftc.gov.tw/internet/main/doc

又學者廖義男認為公平會在執法實務上，對個案之所謂「建議售價」，是否確實僅具「建議」性質而無實質上拘束力，並非僅從形式認定，而會對是否具有搭配性的強制措施或實質影響力加以審酌[290]。

會被公平會認定具有限制轉售價格之拘束力之行為，例如：實際售價低於建議售價者，上游製造商施以停止供貨、斷貨方式之處理措施[291]、[292]。派員訪查，對未遵守建議售價者，取消返點、出國獎勵及終止契約[293]。合約約定，經銷商未依建議售價銷售商品，被處分人得暫時不予出貨，甚至終止合約[294]。

杏輝公司限制藥品專櫃案中，被處分之杏輝

/docDetail.aspx?uid=1208&docid=14291&mid=1201（最後瀏覽日：01/31/2024）。

[290] 廖義男、王以國（2004），〈第十八條約定轉售價格〉，廖義男等，《公平交易法之註釋研究系列（二）第18條至第24條》，公平交易委員會93年度委託研究，頁74。

[291] 公處字第106013號處分書（新視代公司限制經銷商轉售奇美家電商品價格案）。

[292] 「問：上游製造廠商銷售產品時，有提供批發商及零售商之銷售建議價格。若批發商或零售商就該商品售價顯然低於建議售價，影響上游廠商該商品之市場行情時，上游製造商倘採停止供貨方式處理，是否違反公平交易法？答：依據公平交易法第19條第1項規定，事業不得限制其交易相對人，就供給之商品轉售與第三人或第三人再轉售時之價格。故事業不得以其下游批發商或零售商違反雙方契約約定之商品建議售價，而對其下游批發商或零售商採取停止供貨等方式之處罰，否則即有違反公平交易法第19條之可能。」公平交易委員會網站，https://www.ftc.gov.tw/internet/main/doc/docDetail.aspx?uid=1208&docid=14292&mid=1201（最後瀏覽日：01/31/2024）。

[293] 公處字第105078號處分書（華廣生技公司限制血糖機商品轉售價格案）。

[294] 公處字第104110號處分書（達飛公司限制下游交易相對人就寵物商品轉售價格案）。

公司抗辯其與下游事業所約定之建議售價，僅為建議性質，不具強制性。法院認為：「（四）、觀之原告（杏輝公司）與藥局間之上開合約書第3條乙方（即下游事業）權利與義務第2款規定，簽約藥局同意依照雙方協議或原告建議之商品售價銷售商品，簽約藥局如違反時，原告為維護本專案合作體系、商品品牌形象及維護市場秩序，<u>係得逕行終止合約，並取消回饋％</u>。已見簽約藥局（即杏輝專櫃）於原告有建議商品售價時，負有依其所建議之商品價格銷售商品之義務，如有違反該義務，則負違約責任，原告係得據以實施終止合約、或取消贈藥、取消回饋％等懲罰措施；此參上述原告業務部經理張建國敘及：上述合約書條款約定建議價，係因原告投入相當大的品牌行銷費用維護品牌及產品通路市場之形象，其不希望下游事業有不適當定價，傷害該公司品牌形象等語，並提出建議售價表佐證（見原處分甲卷第23-24頁）益明。<u>縱被告未查獲原告就違反上述條款之簽約藥局，實施上開懲罰約款之具體事證，仍不影響簽約藥局因合約書該條款約定，基於契約拘束力，於其心理形成負有遵守契約約定義務，免因違約而生後續不利法律效果之心理壓迫</u>。況原告與上述下游事業簽約並提供建議售價表後，雖商品已賣斷，原告仍會<u>指派人員監管下游事業之銷售價格，主動查核、介入下游事業之定價情形，且在下游事業競價銷售時，除</u>

要求改善外,更聲稱將以斷貨(即終止合約,使之不負出貨義務)制衡,而下游事業則均依原告要求提高售價,復有原告不爭之 G、D、E 藥局人員陳述紀錄及調查報告在卷可憑(見原處分甲卷第 4、103、105 頁)。原告主張其與藥局雖有約定得終止契約及取消回饋%,並非罰款或類似之處罰,其與下游事業約定建議售價,僅為建議性質,並無約定應以某固定價格出售或不得打折,且無違反之違約罰款,而不具強制性云云,乃其主觀見解,尚非可取。至原告稱曾多次提供比建議售價更低之實際賣價云云,非惟未據舉證以實其說,且仍無礙其透過上開約款限制下游事業定價自由之認定[295]。」

公平會相關行政解釋如下:

公研釋 032 號
經銷契約上約定產品之建議價格與下游經銷商應有一定銷售業績,是否違反公平交易法之疑義[296]?

行政院公平交易委員會　函

主旨:關於 貴公司就經銷契約函請釋示案,復如說明二,請查照。

---

[295] 臺北高等行政法院 106 年度訴字第 795 號行政判決。
[296] 行政院公平交易委員會 81 年 8 月 3 日(81)公參字第 02148 號函。

說明（以下節錄）：
……

二、本案經提報本會第 42 次委員會議討論，獲致結論如次：

(一) 依公平交易法第 18 條（現行法第 19 條）規定：「事業對於其交易相對人，就供給之商品轉售與第三人或第三人再轉售時，應容許其自由決定價格，有相反之約定者，其約定無效。」其所欲規範者，係事業與交易相對人間對轉售價格之「約定」，在經銷契約上明定建議售價 2,700～4,000 元，如對下游經銷商未要求或約定應以該上下限價格出售或不得打折，即不能僅以印有建議售價而認定違反公平交易法第 18 條規定。

(二) 經銷契約上寫明「若區域經銷商連續 3 個月之平均業績未達公司要求之標準時，取消其經銷資格並沒收區域經銷權利金」，此種限制是否構成公平交易法第 19 條第 6 款（現行法第 20 條第 5 款）規定「不正當」之限制交易相對人之事業活動，宜參照公平交易法施行細則第 24 條第 2 項（現行施行細則第 27 條第 2 項）之規定，綜合當事人之意圖、目的、市場地位、所屬市場結構、商品特性及履行情況對市場競爭之影響等各項因素，並就個案加以判斷之。

(三) 在經銷契約上寫明「若各區域經銷商每月經銷之業績未達本公司要求之水準時，則該未達銷售水準之月份，區域經銷商之進貨成本需加部分金額給本公司。」此項約定之具體原因來函並未敘明，尚難認定與公平交易法有直接關聯。惟此種限制是否為「不正當」限制交易相對

人之事業活動而構成公平交易法第 19 條第 6 款（現行法第 20 條第 5 款）之違反，仍應參照公平交易法施行細則第 24 條第 2 項（現行施行細則第 27 條第 2 項）之規定，並就個案加以判斷之。

（四）按公平交易法第 18 條（現行法第 19 條）所欲規範者，係事業與交易相對人間對轉售價格之「約定」，廠商於產品外包裝上印上「全省建議售價 4,000 元」，如對下游經銷商未要求或約定應以該建議價格出售或不得打折，即不能僅以印有建議售價而認定違反公平交易法第 18 條（現行法第 19 條）規定。至於不印上「建議售價」是否會造成經銷商剝削消費者權益，應依具體個案判斷，惟下游經銷商如有不實標價之情形時，則違反公平交易法第 21 條規定。

備註：

一、本文說明二（二）、（三）所引公平交易法施行細則第 24 條第 2 項已於 88 年 8 月 30 日修正，條次變更為第 27 條第 2 項。

二、本文說明二所引公平交易法第 18 條、第 19 條第 6 款規定，於 104 年 2 月 4 日修正公布，條次變更為第 19 條、第 20 條第 5 款，內容並酌作修正。

問題 12：出版品印上標準定價，是否為出版商對經銷商採行維持轉售價格制度[297]？

【範例】

出版商一向將書籍的定價印刷在書的內頁，並經常按定價的 6 折批給書商，書商再依定價的折扣賣給一般消費者，出版商對於書商的售價並無強制的約束力，書商握有相當的決定權，這種將書價直接訂在內頁的行為是否違反公平法？

【相關條文】

➤公平交易法第 19 條

➤公平交易法第 21 條

➤公平交易法第 25 條

➤公平交易法第 42 條

【解析】

所謂的維持轉售價格制度，其要件必須是上游的製造商要求或約束下游經銷商，應以某一固定價格，或不能低於某一既定價格出售產品，或不能以折扣出售產品。出版商為減少交易成本，降低消費者購買產品所花費的搜尋成本，在書本的內頁印製定價，而**實質上對書商並不做強制性的約束**，應當不符合公平法第 19 條維持轉售價格的規定，該定價行為應被認定為普通之「商業習慣」，允許其在市面施行，反而有利於整體社會的交易。

除非出版商在轉售出版品給經銷商時，要求經銷商依據書本的定價作為零售價格，在契約上定有強制的約束力，否則定

---

[297] 修改自范建得、莊春發，《公平交易法 Q&A 範例 100》，問題 27，商周文化，1992 年初版，後因授課需要，將原案例進行調整，編為課程講義使用。

價只是交易習慣上的參考價格（reference price），不具強制力，應不違反公平法不得維持轉售價格的規定。

　　與標價有關的實務問題，尚有市面上經常發現製造商經年將產品打 4 折或 5 折促銷。如果廠商利用加價後再打折的方式來達到促銷目的，則顯然已觸犯公平交易法第 21 條的規定，在商品的價格上作虛偽不實的標示，誤導消費者作成錯誤的決定加以購買，或者也適用公平法第 25 條的規定，有明顯的不公平或欺罔的行為。公平會必須命令它限期停止或改正其行為，或逾期仍不停止或改正行為者，必須繼續限期命令它或改正其行為，並按次連續處新臺幣 10 萬元以上 5 千萬元以下罰鍰，一直到其停止或改正為止（查公平法第 42 條）。

　　至於要如何認定其有誤導之嫌，應當問其是否曾以原有價格出售過作為判斷，如果其原價確實而且也顯著地施行過一陣子，則其所謂的打折才算是真打折。不過由於工商業的產品技術變化迅速，生產方法的改進將使生產成本大幅下降，科技產品尤其如此，所以價格隨之大幅下降是有可能的。但廠商如果因此而真實反映生產成本的變化，以打折的方式將其利益與消費者分享，很可能陷入「欺罔」，或「引入錯誤」的控告。因此，廠商不如隨著成本來降低定價，而不用打折的手段來促銷，以免引來不必要的誤會。

六、原則禁止，例外「正當理由者」始容許之

　　限制轉售價格屬於對價格等核心競爭變數之限制，且上游廠商可藉由對下游經銷商轉售價格的限制來達成水平價格的聯合，從而規避競爭法對水平協議嚴格的規範，長

久以來在競爭法中都被視為是「當然違法」[298]；但限制轉售價格也非全無是處，其具有提升通路效率、促進品牌間競爭等經濟效果[299]，故國際潮流轉向「合理原則」。

我國公平法於 104 年 2 月 4 日修正時，就限制轉售價格改採「原則禁止，例外『有正當理由者』始容許之」之規範方式，依公平法第 19 條第 1 項規定「事業不得限制其交易相對人，就供給之商品轉售與第三人或第三人再轉售時之價格。<u>但有正當理由者，不在此限。</u>」

（一）何謂正當理由

「正當理由」之內涵，目前僅有公平法施行細則第 25 條單一條文可資參考，該條文規定：「本法第 19 條第 1 項但書所稱正當理由，主管機關得就事業所提事證，應審酌下列因素認定之：

一、鼓勵下游事業提升售前服務之效率或品質。

二、防免搭便車之效果。

三、提升新事業或品牌參進之效果。

四、促進品牌間之競爭。

五、其他有關競爭考量之經濟上合理事由。」

該條文於 104 年 2 月 4 日新增時之立法理由謂：「二、按限制轉售價格雖降低下游市場競爭，可能成為事業從事聯合行為之工具，降低品牌內同質產品之競爭；然亦可能提升品牌品質與服務，進而促

---

[298] 余惠如，「限制轉售價格」之立法變革及實務動向，https://www.saint-island.com.tw/TW/Knowledge/Knowledge_Info.aspx?IT=Know_0_1&CID=308&ID=753（最後瀏覽日：01/31/2024）。

[299] 魏杏芳，公處字第 107023 號不同意見書；公處字第 107023 號。

進品牌間競爭之程度。故限制轉售價格究係限制市場競爭抑或是促進市場競爭，在必要之期間及範圍內，以最低限制競爭之方法達到促進競爭之效果，<u>仍需視個案之具體情形謹慎評估</u>。三、參考 OECD（2008）維持轉售價格報告所列常見限制競爭效果，包括促進零售商或製造商價格聯合、損害對產品價格敏感度較低邊際內消費者（inframarginal consumers）之福利，及原本在價格競爭下應被淘汰無效率之零售商受到保護使得市場競爭品質下降。<u>維持轉售價格常見促進競爭效果，包括鼓勵零售商提供更有效率之售前服務、防止搭便車、解決需求之不確定性、提升市場參進可能、增加銷售網建立、促進品牌間競爭、預防經銷商獨占性定價及因提供價格之保障趨近於競爭價格，使消費者支付價格下降，消除雙重邊際化等情形</u>。四、為因應現代經濟活動之多樣性，參考美國判例 Leegin Creative Leather Products, Inc. v. PSKS, Inc., 551 U.S. 877（2007）、OECD（2008）維持轉售價格報告、歐盟 Commission Notice on Guidelines on Vertical Restraints，及日本流通‧交易慣行指針，於本條例示正當理由之審酌因素，並於第 5 款就有關競爭所考量經濟之因素作一概括規定，以補前 4 款例示之不足。」

（二）由事業就具有正當理由負舉證責任

公平會認為，限制轉售價格究係限制市場競爭

抑或是促進市場競爭，事業是否於必要之期間及範圍內以限制轉售價格之方法達到促進競爭之效果，屬事業之抗辯事由，事業就其限制轉售價格行為之正當性負有舉證責任，公平會再就其所提出合理事證加以審查，經審酌具有促進競爭之效果者，始有公平法第 19 條第 1 項但書之適用[300]。

　　法院同樣肯認由被處分之事業負客觀的舉證責任，即關於「正當理由之存否」這個事實仍真偽不明時，由事業承受不利益的結果；且如果事業僅是說明其採取限制轉售價格之理由或動機，並不足以說服法院，尚需要提出具體事證以實其說[301]「原告（臺灣櫻花股份有限公司）主張其有同法第 19 條第 1 項但書所稱限制交易相對人轉售價格之正當理由，乃應提出事證以供被告審酌是否該限制具促進競爭效果，始有公平交易法第 19 條第 1 項但書規定之適用」[302]、「依公平交易法施行細則第 25 條規定，原告（濟生股份有限公司）主張其有同法第 19 條第 1 項但書所稱限制交易相對人轉售價格之正當理由乙節，應提出事證以供審酌……是原告主張其

---

[300] 公處字 104080 號（104 年修法後的第一個處分案）、公處字第 105111 號處分書。公平交易委員會網站，限制轉售價格行為之規範公平交易法第 19 條第 1 項但書規定之「正當理由」意涵為何？由何人負舉證責任？，https://www.ftc.gov.tw/internet/main/doc/docDetail.aspx?uid=1208&docid=14290&mid=1201（最後瀏覽日：01/31/2024）。

[301] 臺北高等行政法院 106 年度訴字第 336 號行政判決、臺北高等行政法院 106 年度訴字第 795 號行政判決。

[302] 臺北高等行政法院 106 年訴字第 336 號判決。

與下游廠商約定上開條款，主要目的係為『避免下游廠商惡意以競價或哄抬價格之方式導致商品價格混亂，而不利胡椒商品之公平、自由競爭』，因下游各該經銷業者、盤商取得供給胡椒商品之成本不同，倘原告未為系爭約款之限制，苟取得商品成本較低之業者刻意採極低之利潤為惡性競爭，其他取得稱品成本較高之業者因無成本優勢，將陷入無利可圖之窘境，自無誘因提升售前服務之效率或品質云云，自應提出具體事證以實其說[303]」。

（三）實務運作的評論

公平會對正當理由的審查採嚴格的執法立場，自 104 年 2 月增訂公平法第 19 條第 1 項但書後迄目前為止，被處分事業關於正當理由之抗辯，完全不為公平會所接受，學者評論公平法第 19 條但書容許被處分事業主張「正當理由」的規定，名存實亡[304]。公平會委員亦評：「公平會處分理由的結構，大致可分成三大部分，一、說明處分的條文依據；二、依案關事實確認被處分人有限制轉售價格的行為；三、駁斥被處分人所主張的正當理由。其中第二部分，觀公平會各該處分的內容，旨在確立系爭事實符合第 19 條第 1 項形式上的構成要件，即被處分人的確有『限制』經銷商轉售價格『事實』的存

---

[303] 臺北高等行政法院 105 年訴字第 1833 號判決。

[304] 黃銘傑（2019），〈限制轉售價格之規範理念與革新之道——以經濟分析及我國法制變革為中心〉，《公平交易季刊》，27 卷 3 期，頁 72。

在，違法即屬成立；至於第三階段，則進入審酌由被處分人依公平法施行細則第 25 條各款例示所提出的抗辯事由，公平會逐一批駁。這樣的個案研析處理模式，使公平會對限制轉售價格的執行，在欠缺明確成文法律依據情況下，以近乎當然違法的嚴格標準執法[305]。」

公平法施行細則第 25 條所定內容是抽象的原則，當事人需提出何種證據始可謂已對有正當理由舉證以實其說，尚有待公平會或者行政法院於具體案例中加以解釋。學者顏廷棟則提醒「依據行政程序法第 9 條：『**行政機關就該管行政程序，應於當事人有利及不利之情形，一律注意。**』又公平法之目的為規範市場競爭秩序，而非處罰業者，因此，公平會進行調查時，應向事業適度闡明『正當理由』之舉證事項，如確實有正當理由之適用，反而有助於維護市場自由競爭，而非圖利行為人事業。至於正當理由舉證事項的證明程度，無須達到刑事案件的確信程度，經由行政機關審酌，達到合理相信存在程度即可[306]。」

公平會委員魏杏芳在不同意見書也提示：「⋯⋯細察公平法施行細則第 25 條所列各項事由，都是與限制轉售價格行為可能獲致的經濟效益有關，當事人要實證該等效益的存在，必須植基於已

---

[305] 魏杏芳，公處字第 107023 號不同意見書。
[306] 顏廷棟（2017），〈限制轉售價格規範之回顧與前瞻〉，《公平交易委員會電子報》，89 期，頁 1。

經被界定的相關市場、交易環境、商業模式、交易關係等與個案有關的經濟與法律情境，否則當事人的主張可能會流於空泛，公平會的准駁也失所附麗，使雙方攻防的說法，既可能是對的，也可能是錯的，沒有定論[307]。如何在個案中施予行政指導與教示，甚至提出通案性的指導方針，應是公平會目前執行禁止限制轉售價格最有待補強的部分[308]。」

七、問題討論：是否應考慮市場力量？

（一）目前公平會執法實務，事業市場力高低並非判斷限制轉售價格行為違法與否的考量因素

在研訂公平法施行細則第 25 條「正當理由」可審酌之事證時，公平會認為該條文並未如公平法第 20 條序文將「而有限制競爭之虞」明列為法定要件，非逕依事業市場力之高低即排除其違法性，因此未將「市場力」明列為可審酌之事證之一；後又再以美國 Leegin 案未建立市場力的篩選或評估標準，日本實務亦無以市占率或銷售數量高低即逕認具有正當理由而排除違法性，且施行細則第 25 條所列之 5 款正當理由實已涵蓋限制轉售價格行為可能產生之正面效益等理由，因此公平會認為可累積一段時間與案例經驗後，確定其對於市場競爭影響力

---

[307] 魏杏芳，公處字第 107023 號不同意見書。

[308] 魏杏芳，公處字第 107023 號不同意見書。

不大後，再行檢討是否訂定類似安全港規定[309]。是以，目前公平會尚未將市場力高低列為判斷事業限制轉售價格行為違法與否的考量因素，未來因應市場環境變遷，公平法施行細則第 25 條或許可增訂市場結構、商品特性或消費者利益等考量因素。

（二）論者對公平會執法實務之指摘

首先是公平法第 2 章限制競爭專章中之行為，無論是法律規定的內容，或是公平會實務處理立場，均考慮到了市場力，例如獨占事業之認定範圍、事業結合之申報門檻或審查時之競爭分析、聯合行為有無影響市場供需之 10%市占率和第 20 條有無限制競爭之虞之 15%市占率之安全港，無一不考慮市場力。既然如此，為何同屬限制競爭行為之轉售價格就不必考慮市場力？復以，亦無「而有限制競爭之虞」序文且危害性更大之聯合行為都已考慮市占率，那豈能以第 19 條無該文字即認無須考慮市占率之理[310]。

學者持相同見解者，認為：「104 年 2 月的公平法修正，將限制轉售價格規範從原本置放於第 3 章『不公平競爭』之章節中，特地配合對其規範理念及本質認知的轉換，將之改置於第 2 章『限制競爭』中。此種章節改置不能單純認知為僅是形式的變換，而應配合其規範性格從『行為不法』轉換成

---

[309] 胡祖舜（2019），《競爭法之經濟分析》，初版，頁 612-613，元照。
[310] 胡祖舜（2021），《競爭法之經濟分析（二版）》，頁 613-614，元照。

『市場不法』，進一步探討行為主體是否具有一定的市場力量（market power）、其行為是否對相關市場帶來限制競爭效果、其所具有之促進競爭效果並不足以彌補其限制競爭效果，並於確認上開對市場效果後，方能終局地對系爭行為做出合法、違法之判斷。蓋絕大多數的競爭行為皆同時具有限制競爭及促進競爭之效果，從而公平法對於其規範對象之限制競爭行為類型，遂要求依個案判斷，確認其反競爭或限制競爭效果後，方能介入加以管制、禁止。例如，對於聯合行為規範，要求必須滿足『足以影響生產、商品交易或服務供需之市場功能』之要件[311]；對於獨占事業的管制，則除要求必須存在同法第 9 條各款之『不公平之方法』、『不當』、『無正當理由』等具體濫用行為外，行為主體並必須擁有一定高度的市場占有率，以確定其濫用行為會對市場競爭造成不利影響；對於事業結合則僅於其所帶來之限制競爭的不利益大於整體經濟利益時，方得禁止之[312]；而於非價格垂直交易限制規範上，則要求系爭『無正當理由』或『不正當』的交易限制行為，於其『有限制競爭之虞』時，方得認

---

[311] 公平交易法第 14 條第 1 項，「本法所稱聯合行為，指具競爭關係之同一產銷階段事業，以契約、協議或其他方式之合意，共同決定商品或服務之價格、數量、技術、產品、設備、交易對象、交易地區或其他相互約束事業活動之行為，而足以影響生產、商品交易或服務供需之市場功能者。」

[312] 公平交易法第 13 條第 1 項，「對於事業結合之申報，如其結合，對整體經濟利益大於限制競爭之不利益者，主管機關不得禁止其結合。」

定違法[313]。由此可知，就我國公平法之立法體例而言，其有關限制競爭行為類型之規範方式，乃是以其必須同時滿足『行為形式或樣態』加上『對市場效果』二者要件後，主管機關方能介入、加以管制。限制轉售價格規範既屬於『限制競爭』章節之一環，自不例外於此規範方式。事實上，司法實務雖未明言但實際上亦是基此理念解釋、適用公平法限制轉售價格規範。例如，於有關限制轉售價格最為著名之最高行政法院 92 年度判字第 825 號判決[314]中，判決理由如此說明：公平法第 18 條『規範意旨，在於製造商直接對經銷商為商品轉售價格之拘束，此一限制訂價之自由，將使特定商品「品牌內」之價格競爭完全趨於消滅，再因品牌內競爭喪失，使得該特定商品價格下降壓力減少，進而間接導致「品牌間」之競爭減少，故具有高度之限制競

---

[313] 公平交易法第 20 條，「有下列各款行為之一，而有限制競爭之虞者，事業不得為之：一、以損害特定事業為目的，促使他事業對該特定事業斷絕供給、購買或其他交易之行為。二、無正當理由，對他事業給予差別待遇之行為。三、以低價利誘或其他不正當方法，阻礙競爭者參與或從事競爭之行為。四、以脅迫、利誘或其他不正當方法，使他事業不為價格之競爭、參與結合、聯合或為垂直限制競爭之行為。五、以不正當限制交易相對人之事業活動為條件，而與其交易之行為。」

[314] 本案為立明光學有限公司經人檢舉於 87 年 11 月間以銷售之金雙氧隱形眼鏡清潔液，售與店家之價格為新臺幣 230 元，限制店家銷售最低價格 250 元，如不從即斷貨，有違公平交易法之情形。案經公平會調查結果，以立明公司未依(85)公處字第 159 號處分書意旨，停止於銷售之金雙氧隱形眼鏡清潔液時，限制零售商之轉售價格行為，違反行為時公平交易 法第 18 條之規定，且於 88 年 2 月 3 日公平交易法修正公布後，行為仍持續中，乃以(89)公處字第 010 號處分書命立明公司停止限制轉售價格之行為，並處以罰鍰 100 萬元。

爭效果，致使少數事業獲得利益，不利於自由市場之公平競爭、經濟繁榮及消費者之利益，均有公平競爭阻礙性，自應視為當然違法。』乍看之下，該號判決似基於行為不法規範理念而為，惟仔細詳查之，卻又不然。判決理由之所以認定限制轉售價格行為屬當然違法，並非因其行為形式或樣態本身有以致之，而係法院基於過去實務運作經驗及當時相關學說論述之瞭解，認為限制轉售價格必定會使『「品牌內」之價格競爭完全趨於消滅』，進而導致『「品牌間」之競爭減少』，從而具有『高度之限制競爭效果』、『均有公平競爭阻礙性』，故一般應認定其屬違法。在其他限制競爭規定皆存在『對市場效果』以為其適用前提要件的情況下，公平法第 19 條雖未有類似之『對市場效果』要件，但若對其解釋、適用當不能偏離公平法『限制競爭』章節規範目的與原理有正確認知的情況下，則於認定系爭限制轉售價格違法之際，自當要求存在有對市場效果要件。上開判決雖屬 104 年修法前之判決，但已依當時實務運作經驗及學說見解，藉由闡明限制轉售價格行為所應具有的『對市場效果』之內涵，以正當化其判決結果[315]。」

---

[315] 黃銘傑（2019），〈限制轉售價格之規範理念與革新之道——以經濟分析及我國法制變革為中心〉，《公平交易季刊》，27 卷 3 期，頁 44-46。類似見解亦可參魏杏芳於公處字第 107023 號不同意見書指出，公平會就垂直價格限制採形式認定「例如本和冠公司案被處分人以電子郵件要求經銷商將商品下架，否則將予以斷貨或果然真的不再供應商品等情，這只是確立上游事業有限制下游事業定價的事實外觀，不過公平會認為這樣就已經滿足了公平法第 19 條第 1 項的要件；既不需說明案關產品特性與所屬產業現況，也毋庸界定

第二節　重要案例彙整

案例 18：立明光學公司限制轉售價格案

案例 19：杏輝公司限制藥品專櫃案

案例 20：建來公司限制自行車架組之轉售價格案

案例 21：天下遠見公司限制下游事業轉售《賈伯斯傳》價格案

案例 22：臺灣櫻花公司限制經銷商轉售產品價格案

案例 23：佑達公司限制寵物營養食品之下游零售價格

案例 24：Apple 公司限制三家電信事業之綁約手機價格案

案例 25：祥美公司限制豆米奶促銷價案

案例 26：和冠公司限制數位繪圖產品之轉售價格案

案例 27：濟生公司限制胡椒產品價格案

案例 28：忠欣公司限制經銷商轉售價格案

案例 29：達飛公司限制寵物沐浴商品價格案

相關市場並判斷被處分人的市場地位如何；不必探討上下游之間是否有具拘束力的約定存在，抑或在沒有契約的情況下，上游供應商究竟有沒有限制價格的實力等與限制競爭案件有關的構成要件論述，更遑論綜合評估個案整體情境下系爭行為究竟對市場產生何等的限制競爭效果。」

案例 18：立明光學公司限制轉售價格案

✳案件事實[316]

> 　　立明光學公司經人檢舉於 87 年 11 月間以銷售之金雙氧隱形眼鏡清潔液，售與店家之價格為 230 元，限制店家銷售最低價格 250 元，如不從即斷貨，有違公平法之情形。本案爭點之一為立明光學公司與下游廠商間之關係，屬代銷關係或買賣關係？

📝 法院見解

　　法院見解認為：「<u>事業在市場上從事交易時，基於交易成本等因素，除由事業之內部組織成立或進行交易外，亦有以『代銷』、『代理』等法律關係，藉由事業以外之人或組織為之</u>，此時，該『代銷商』或『代理人』，雖獨立於事業本身之外，惟其交易皆為本人之利益而計算，其損益風險皆歸由本人負擔，在經濟上及私法效果上，其所成立或進行之交易效果皆歸於本人，即如同事業之本身所為，是事業對其代銷商所為之轉售價格限制，其效果僅約束事業本身之交易條件，自難構成公平交易法第 18 條之要件。<u>而所謂『代銷』，因非屬民法上之典型契約，實務上係指以供應商之風險和計算將商品賣給他人，而向供應商收取佣金之謂</u>。是在<u>判斷是否為代銷關係時，應就系爭事業間實質之交

---

[316] 89 公處字第 10 號處分書、臺北高等行政法院 89 年訴字第 2052 號判決、最高行政法院 92 年度判字第 825 號判決。

易內容加以認定，諸如所有權是否移轉、以何人之名義做成交易、銷售價金之支付方式、不能履約之危險承擔、商品瑕疵之擔保責任、報酬之計算方式等，用以判斷為何人之利益而為計算；亦非僅憑契約之字面形式，而應就其實際之交易內容加以認定[317]。」

---

[317] 臺北高等行政法院89年度訴字第2052號行政判決參照，最高行政法院92年度判字第825號判決見解相同。處理相同爭議之案件，可參考臺北高等行政法院104年度訴字第473號行政判決。

案例 19：杏輝公司限制藥品專櫃案

✳案件事實[318]

> 杏輝藥品公司與藥局（杏輝專櫃）簽訂「杏輝專櫃專案合約書」，該合約書約定：「乙方（即藥局）同意依照雙方協議或甲方（即杏輝藥品公司）建議之商品售價銷售商品，乙方如違反時，為維護本專案合作體系、商品品牌形象及維護市場秩序，甲方得逕行終止合約，並取消回饋%。」（下稱系爭條款）。公平會乃以杏輝藥品公司有限制下游經銷商轉售價格之情事，違反公平法第 19 條第 1 項規定，依同法第 40 條第 1 項規定，裁處新臺幣 250 萬元。

📝 公平會裁處

杏輝藥品公司主張其與杏輝專櫃間之關係為「內部之代銷」、「內部關係」或類似內部關係，而非「經銷」。就此問題，臺北高等行政法院謂：

「（三）、次按所謂『代銷』，因非屬民法上之典型契約，實務上係指以供應商之風險和計算將商品賣給他人，而向供應商收取佣金之謂。是在判斷是否為代銷關係時，應就系爭事業間實質之交易內容加以認定，諸如所有權是否移轉、以何人之名義做成交易、銷售價金之支付方式、不能履

---

[318] 公處字第 106024 號處分書、臺北高等行政法院 106 年度訴字第 795 號行政判決。

約之危險承擔、商品瑕疵之擔保責任、報酬之計算方式等，用以判斷為何人之利益而為計算；亦非僅憑契約之字面形式，而應就其實際之交易內容加以認定（最高行政法院 92 年判字第 825 號判決參照）。查原告與藥局簽立上開合約書係將商品<u>賣斷</u>予藥局，前已述及，此觀 102、103 年版本合約書……第 6 條（104 年之後版本列於第 5 條）、第 13 條規定：『合約金額及收款方式：雙方合意本合約總金額計新臺幣 20 萬元（茲以此金額為例）整，乙方（即藥局，下同）應於簽約同時由乙方簽發／背書，指定受款人為甲方之支票共□張做為預付貨款，支票內容如後附明細。出貨金額最高上限為簽約金額，若已達上限，甲方（即原告，下同）得暫停出貨予乙方。』、『乙方應於合約期限提貨達簽約金額，如未達成，甲方有權取消所有優惠條件；甲方維持交貨品質良好，且不超過產品有效期限，乙方除產品瑕疵及貨運運送損壞外，不得退換貨。驗收方式：乙方應於貨到時驗收完畢，逾期視為驗收合格。』【104 年之後版本……規定於第 12 條：『甲方維持交貨品質良好，且不超過產品有效期限，乙方除產品瑕疵及貨運運送損壞外，不得退換貨。驗收方式：乙方應於貨到 3 日內驗收完畢，逾期視為驗收合格。』】，益明原告與簽約藥局就交易之商品係採買賣關係無誤，而簽約藥局依約向原告買受商品後，且係以該藥局名義出售予消費者，並有統一發票影本在卷可考……，由簽約藥局負擔不能履約之危險及商品瑕疵之擔保責任，顯見其非為原告代銷之情。至 102、103 年版本之合約書第 3 條甲方權利與義務第 4 款（104 年之後版本列於同條第 6 款）、第 7 款（104 年之後版本列於同條第 8 款）、第 15 條規定：

『甲方將派員並將乙方，包括、與內部管理作業等如下：1.本專案經營管理之技術；2.經營輔導及客源分析；3.廣告與促銷之企劃（促銷活動、商品組合）；4.商品之統一採購及配送；5.本專案商標及提供企業識別系統之使用標準；6.提供「杏輝專櫃」陳列之設計標準模式與圖案；……』、『甲方為本專案所設置或提供之設施，均為甲方財產，甲方有權無條件取回。』、『本合約終止時，乙方應返還甲方所提供之各項設施，並將之前送的贈藥於預付款中扣回，剩餘的預付款項結清後會再結算給乙方，若不足扣除時乙方應於3日內給付之，乙方若欲辦理退貨則依公司退貨辦法規定執行。合約期滿終止之日起不得再宣稱加盟關係，若有侵犯甲方之權益應賠償之除本合約規定之違約金外，應賠償合約金額之50%作為懲罰性違約金，本條約於合約期滿／終止後仍有效。』（104年以後之版本規定於第14條：『本合約屆滿且未於1個月內完成續約或合約終止時，乙方應返還甲方所提供之各項設施，乙方若欲辦理退貨則依公司退貨辦法規定執行。屆滿日或終止日之翌日起不得再宣稱合作關係，若有侵犯甲方之權益時，依合約各條支付違約金，並應另行賠償甲方按合約總金額之50%作計算之懲罰性違約金，本條約於合約期滿／終止後仍有效。』），固有原告派員輔導簽約藥局及其就原告所設置或提供之設施，於合約終止後，應予返還，倘藥局於合約終止後，欲辦理退貨，且得依原告之退貨辦法執行等規定。惟如上開原告業務部經理張建國陳述可知，原告與藥局簽立上開合約書旨在藉由藥局專業藥師將原告商品介紹給消費者服用，是原告派員輔導簽約藥局及提供之設施，無非為達其銷售予簽約藥局之商品，得由簽約藥局

順利銷售予消費者之目的，故縱原告提供簽約藥局輔導及設施，亦無礙原告與簽約藥局間之商品交易係屬賣斷之認定；而簽約藥局於合約終止後，既與原告無合作（加盟）關係，則原告於合約終止後，另規定有退貨辦法，核屬商業常情，尚無得以此即謂簽約藥局於合約存續期間，除上述合約書第 13 條（第 12 條）規定情形，得任意退貨予原告之論據。原告執該等規定主張其與簽約藥局之商品交易非賣斷，杏輝專櫃為原告出資設立，是以如招牌設備有毀損，均係原告負責，各藥局均無負擔此經營成本，原告與受託經營『杏輝專櫃』之藥局間關係為『內部之代銷』云云，無可憑採[319]。」

---

[319] 臺北高等行政法院 106 年度訴字第 795 號行政判決。

案例 20：建來公司限制自行車架組之轉售價格案

✳案件事實[320]

> 　　建來公司為自行車及零件批發商，cervélo 是其所代理的車架組及自行車品牌之一。建來公司與經銷商簽訂「2018 年度 cervélo 經銷商合作辦法」禁止事項明揭：「1.當季商品實際銷售價格或報價不得低於建議售價 9 折。……違反以上各點經查證屬實，本公司將提出警告並依情節輕重取消經銷商權益；若屢次違反，本公司有權立即中止合作並要求結清未支付之貨款。」後另附有 cervélo 產品價格表，載有各品項建議售價。
>
> 　　檢舉人 A 於 106 年 6 月中旬以 107 年度新款 cervélo R5 車架組建議售價 7 折，承接臉書社團團購活動，建來公司嗣於 106 年 6 月 30 日派員前往 A 營業處所查證屬實後，旋即停止出貨商品予 A 並取消經銷資格。

📝 公平會裁處

　　公平會認為，建來公司以<u>前揭合作辦法限制經銷商轉售商品價格及其違反效果，足以對下游經銷商心理上形成壓迫，並限制其自行決定產品價格之權利，核其前揭行為除使經銷商將無法依其所面臨之競爭狀況及成本結構自由訂定價格，其結果亦間接削弱同一品牌內個別經銷商之價格競爭</u>，另因 cervélo 車架組係屬

---

[320] 公處字第 107047 號處分書。

國外高價位品牌,其市占率不高且有固定行銷通路與特定消費族群,是縱使建來公司限制經銷商之轉售價格,亦難有助於強化車架組之品牌間競爭。末據公平會派員訪查經銷商獲悉,渠等均依建來公司之建議售價折扣數販售商品,足認建來公司前揭合作辦法中之限制轉售價格與懲罰措施條款,有維持轉售價格之實效[321]。

---

[321] 公處字第 107047 號處分書。

案例 21：天下遠見公司限制下游事業轉售《賈伯斯傳》價格案

✳案件事實[322]

> 天下遠見公司（甲方）與網路家庭公司（乙方）之協議書第 4 項、行銷價格第(1)款約定「本書雙方同意其終端銷售價格為新臺幣 599 元，乙方於銷售期間未經甲方同意不得逕行調整銷售價格或是提供任何形式之銷售折扣。」另第 5 項、違約處理第(2)款約定「如乙方違反本協議書上市時間規定而提前送達或流出本書，或逕行調整銷售價格，經甲方查證屬實，甲方將保留法律追訴權，並得取消乙方網站銷售本書之權利並請求損害賠償。」

📝 公平會裁處

公平會認為協議書之內容具限制轉售價格之拘束力，處分理由謂：「惟所謂拘束之概念，並不以實際上因違反該配合措施而蒙受任何不利益為必要，而係觀察交易相對人之價格設定自由有無受到人為的干涉，亦即在心理上形成壓迫，致實際上有維持轉售價格實效之虞者。本案經查被處分人與網路家庭國際資訊股份有限公司及書虫股份有限公司所訂系爭契約書內容，針對《賈伯斯傳》乙書約定其轉售價格為 599 元，且不得逕行調價或提供任何折扣；並約定倘業者逕行調降終端售價，經查證屬實，被處分

---

[322] 公處字第 101137 號處分書。

人將保留法律追訴權，並得取消業者銷售該書及請求損害賠償等違約罰則。是以系爭契約書條款之限制，確實已對於網路家庭國際資訊股份有限公司及書虫股份有限公司就該書之價格設定自由，形成干涉與壓迫，致實際上有維持轉售價格實效之虞。」

案例 22：臺灣櫻花公司限制經銷商轉售產品價格案

❋**案件事實**[323]

> 　　臺灣櫻花公司是櫻花牌產品系列之產製者，其只有與 10 家分區之總經銷商簽訂「總經銷契約書」，將商品賣斷予各區總經銷商，各區總經銷商再透過廚具店、瓦斯行及水電材料行等再下游經銷商銷貨。本案緣於再下游經銷商於網路交易平台（雅虎公司、露天公司等）販賣櫻花牌產品，售價低於臺灣櫻花公司網頁所載建議售價，臺灣櫻花公司以侵害商標權或著作權為由，向網路交易平台提出檢舉，致該網路賣家遭下架停權或移除網頁。
>
> 　　臺灣櫻花公司與各區總經銷商簽立之總經銷契約書第 5 條規定：「經銷價格：甲方（指總經銷商，下同）同意出售本產品之價格應依雙方約定之定價原則，如欲調整售價得由雙方另為協議後為之；如有違反相關協議之情形，乙方（指臺灣櫻花公司，下同）得以書面催告限期改善。」、第 24 條第 1 項第 3 款「契約終止：……3.任何一方違反或不履行任何本約規定，

---

[323] 公處字第 105107 號處分書、臺北高等行政法院 106 年度訴字第 336 號行政判決。類似的案件還有【新視代公司限制經銷商轉售奇美家電商品價格案】，新視代公司對下游網路平台賣家之實際售價低於報價表之建議售價者，實施斷貨懲罰措施。新視代公司雖抗辯其是為了避免削價競爭影響服務品質、提供售前服務、減少賣家的商品來源不明、降低呆帳風險等，但公平會仍認為新視代公司無提出具體實施內容及具體事證，故無正當理由而予以處分，詳參公處字第 106013 號處分書。

經他方以 30 天之期限要求補正或履行時，屆期仍不補正或履行者，任何一方均得書面通知他方終止本契約。」、第 25 條：「違約處理：甲方若違反本契約之約定及義務時，乙方除得終止契約、處分擔保品並要求甲方賠償因此所生損失外，甲方並應賠償懲罰性違約金新臺幣 300 萬元」。

案例分析

　　本案中，實際上受到價格限制的是下游經銷商（網路平台賣家），並未與臺灣櫻花公司簽經銷契約，亦非向臺灣櫻花公司進貨。但公平會仍認定，臺灣櫻花公司透過總經銷商之下游經銷商銷售產品，並以渠與總經銷商間約定之價格作為經銷商價格轉售之制約，經銷商倘未符規定，可能遭受網站移除網頁之處罰，對經銷商之心理易形成壓迫，經銷商之價格設定自由實已受前開不利益制裁配合措施之拘束，臺灣櫻花公司之行為形成之干涉與壓迫，致有限制轉售價格之實效，而有價格僵固之情事，影響經銷商自由決定商品價格，損及市場價格競爭機制[324]。臺灣櫻花公司有限制下游經銷商轉售價格之情事，復未能提出為此限制之正當理由，違反公平法第 19 條第 1 項規定，依同法第 40 條第 1 項規定，裁處新臺幣 120 萬。

　　法院則認為，各區總經銷商在價格決策上，依契約須受臺灣櫻花公司拘束：總經銷契約書第 5 條規定之內容，已見與臺灣櫻花公司簽立總經銷契約書之總經銷商，負有按雙方約定之定價原則作為出售產品價格之義務，又依所調查之證據顯示各區總經銷商配合臺灣櫻花公司召開會議先行提出產品售價之價格決定機

---

[324] 公處字第 105107 號處分書。

制，復參總經銷契約書第 24 條第 1 項第 3 款、第 25 條等有關違約法律效果及處罰約定，益見各區總經銷商倘欲出售自臺灣櫻花公司購得之產品時，並無法自由決定售價，而須依據各區總經銷商與臺灣櫻花公司約定之價格銷售，各區總經銷商欲調整產品售價時，亦無法自行決定調整，而須與臺灣櫻花公司協議後才能調整售價，各區總經銷商無論係決定售價或調整價格均無法依單方意思即可決定，而須依照與臺灣櫻花公司約定之價格或協議調整，訂價決策完全受臺灣櫻花公司牽制，無法依據各自所面臨之經營情況訂定售價。

臺灣櫻花公司雖然主張：總經銷契約書第 5 條訂定目的，係指由締約雙方依成本、市場機制及其他因素綜合討論經銷價，並非臺灣櫻花公司單方限制拘束締約相對人之限制轉售價格條款，公平會曾於原處分階段函詢總經銷商櫻群公司等，均答覆定價只是原則，總經銷商得依市場實際狀況作彈性調整，臺灣櫻花公司亦無限制或約束下游經銷商價格，或者處罰總經銷商之具體行為。臺灣櫻花公司之董事長高級專員也作證稱，臺灣櫻花公司及各區總經銷商透過會議討論出之建議經銷價格，僅為建議價格，各區總經銷商如何賣給他的客戶，他們會視叫貨數量、銷貨對象及銷售地區而有不同，臺灣櫻花公司未予過問。

但法院仍認為，<u>這些主張都與經銷契約書規定文義不符</u>；且縱使臺灣櫻花公司實際上未曾對違反規定之各區總經銷商為具體之處罰行為，亦不能執此反推該規定對各區總經銷商不具契約法上之拘束力，而未對其等產生遵守該規定，免因違約而生後續不利法律效果之心理壓迫。

另關於限制轉售價格是否有正當理由：臺灣櫻花公司提出「……而本公司迄已連續 31 年獲消費者理想品牌第一名，亦已

連續 12 年獲精品獎之肯定，故本條約定之緣由乃為維繫品牌持續競爭力並努力不斷提升售前服務之效率及品質。」或於訴訟中主張其限制各區總經銷商轉售價格之理由係為瞭解其成本及定價之條款，更希望下游經銷商不要致力於價格的競爭，而在行銷廣告、售前、售後服務等方面提升品質，以共同合作的方式提升總經銷商整體對商品服務的層次，促進「櫻花」品牌在不同品牌間的商品競爭力，防免搭便車，係具正當理由。

然而，法院認為，臺灣櫻花公司仍未提出具體事證說明何以必須限制下游經銷商轉售價格始可瞭解商品在市場行銷價格？何以限制下游經銷商轉售價格即可使經銷商提升服務品質，並得防免為不提供服務之零售商所利用，增加自身銷量，而產生搭便車之情形？

案例 23：佑達公司限制寵物營養食品之下游零售價格

✵ 案件事實[325]

> 佑達公司為銷售寵物營養食品的上游業者，其與下游廠商並無簽訂任何經銷或代理契約，下游廠商是以電話或 LINE 通訊向佑達公司下單訂貨買斷商品，自行於網路平台及實體店面銷售。佑達公司之業務員要求 A 廠商調升某項產品之零售價格（依建議售價之 7 折，從 349 元改成 385 元），及向 B 廠商表示「有原本舊系列都是不能低於（建議售價的）7 折，新品項最低不能低於（建議售價的）9 折」，倘低於佑達公司所要求之價格，恐有不供貨之疑慮，要求 B 廠商盡量配合。

📝 公平會裁處

公平會認為，佑達公司透過業務員以 LINE 通訊及口頭要求下游經銷商調整商品網路價格，否則暫停供貨或以缺貨為由不供貨，核屬限制其交易相對人就供給之商品轉售與第三人時之價格。

---

[325] 公處字第 104080 號處分書。

案例 24：Apple 公司限制三家電信事業之綁約手機價格案

✵案件事實[326]

> Apple 公司要求國內電信業者對蘋果系列手機產品之售價須經其批准才能販售，涉及違反公平交易法第 18 條之規定，爰主動立案調查處理。

📝 公平會裁處

本案中，Apple 公司與下游通路三家電信業者所簽訂之經銷契約中，並未明定轉售價格之相關約定，公平會仍以 Apple 公司要求電信業者調整 iPhone 綁約手機價格及補貼金額，並且電信業者嗣後確實提出修訂方案，經 Apple 公司同意後始上市，已達到維持轉售價格之實效，故構成限制轉售價格。Apple 公司主張，伊與電信業者簽訂之經銷合約，並無任一條款限制電信業者對 iPhone 手機綁約「價格」之決策權。

📝 高等行政法院

高等行政法院認為：「1.裁處時公平交易法第 18 條前段，係課以供給商品之事業應容許交易相對人自由決定轉售價格之義務，此項義務之違反，以該事業客觀上有對交易相對人決定轉售

---

[326] 公處字第 103002 號處分書、臺北高等行政法院 103 年度訴字第 1046 號行政判決。

商品價格予以限制之行為，即足當之，並不以其與交易相對人已就限制商品轉售價格一事明訂於契約中為必要；至於同條後段所稱『有相反之約定者，其約定無效。』旨在說明事業與交易相對人如訂定契約，約定限制轉售價格者，該項約定在民事上應認為無效，非謂契約中如無限制轉售價格之約定，被告即不得就事業對交易相對人轉售商品價格加諸限制之行為予以規制、處罰。是原告與電信業者所訂經銷合約第 2.2 條雖約定，電信業者對於任何 iPhone Plan 內容之修正，『除價格以外』，均須於公告或提供予 iPhone 使用者前，取得原告之書面同意，第 3.6 條前段甚且明定：『電信業者以及其授權買受者，應自行決定販售授權商品予消費者之價格（Carrier and its Affiliated Purchasers are solely responsible for determining the price they charge customers when reselling Authorized Products）。』然原告既經被告查得上述電子郵件，獲悉原告於電信業者將 iPhone Plan 送交其審核時，無視於前揭契約約款，要求電信業者修訂 iPhone 綁約手機轉售價格及 iPhone 手機補貼金額，電信業者因資費方案須原告同意始得上市，故於修訂手機價格與補貼金額後，重行送經原告同意之情事，且原告主張該等電子郵件不足以作為其有限制電信業者手機轉售價格之證明，所持理由並非可採，業如本判決事實及理由第五項（三）所述，則自不得僅因原告與電信業者所訂經銷合約中，並無限制轉售價格之約款，即認原告前揭干涉電信業者轉售 iPhone 手機價格之行為，未違反裁處時公平交易法第 18 條規定。」

案例 25：祥美公司限制豆米奶促銷價案

❋案件事實[327]

> 祥美公司 101 年 1 月 19 日以電子郵件通知下游通路家樂福等量販業者，內容略以：「2L 豆米奶（下稱系爭商品）DM 促銷價格 55（56）元以上，如通路促銷價格低於 55 元以下者，將會立即暫緩正常供貨及爾後促銷活動配合，以上保證！敬請貴公司能協助辦理促銷安排活動。」

公平會裁處

公平會認定祥美公司有限制下游事業轉售 2L 義美豆米奶價格，違反行為時公平法第 18 條規定之情事，裁處祥美公司罰鍰新臺幣 100 萬元。

臺北高等政法院

臺北高等政法院認為：「公平交易法第 18 條前段規定課予事業應容許交易相對人自由決定轉售價格之義務，又該等應作為義務之違反，以客觀上有拘束交易相對人定價自由而為之限制轉售價格行為，即足當之，並不以事業與交易相對人間有轉售價格限制之主觀合意約定為必要。」祥美公司以電子郵件或口頭方式通知家樂福等超市賣場的採購人員，調整系爭商品之促銷價格，

---

[327] 公處字第 101076 號處分書、臺北高等行政法院 102 年度訴字第 215 號行政判決、最高行政法院 102 年度裁字第 1597 號行政裁定。

確有客觀上拘束交易相對人定價自由而為限制轉售價格之行為。

　　祥美公司雖然另主張，量販店等通路業者處於強勢之地位，祥美公司所屬員工發出系爭電子郵件，是因受制於通路業者家樂福之壓力所為之安撫性保證，並不具有任何之拘束力，更非雙方之約定。法院就此主張的見解為：「事業是否具有相對優勢地位，應以市場供給與需求雙方於特定交易關係中，是否生相對經濟依賴關係而斷，故通路商與供應商何者優勢，仍應視具體個案認定。系爭商品於交易實務上，乃量販店必備商品，由前揭系爭電子郵件之內容觀之，上訴人顯具有暫緩供貨或斷貨之能力，上訴人以『立即暫緩正常供貨及爾後促銷安排活動』之手段，達到其限制系爭轉售價格之目的，要無疑義。」

案例 26：和冠公司限制數位繪圖產品之轉售價格案

❋案件事實[328]

　　和冠公司為日本 Wacom 公司 100%持股之子公司，代表日本 Wacom 公司在臺負責銷售及各項事宜。和冠公司將 Wacom 數位繪圖產品銷售予代理商上奇公司及展碁公司，再由代理商銷售予下游零售商。和冠公司與代理商間係採取賣斷的模式，除非產品本身有瑕疵，否則不接受代理商的退貨。代理商與透過網路銷售之零售商間交易方式，係零售商接獲訂單後再通知代理商出貨予最終使用者，惟零售商得自行決定銷售價格，如遇銷售後無法收得貨款或買方退貨，所衍生成本亦由零售商吸收，亦是屬「賣斷」交易模式。和冠公司與零售商間無任何契約或協議存在。

　　和冠公司在新產品上市時提供代理商進貨價格及建議零售價格，由代理商提供建議價格予所屬經銷商參考，並未規定下游事業必須依照建議零售價格銷售產品。但和冠公司承認曾在 102 年 1 月間寄送電子郵件予上奇公司，表達對售價之關切。另上奇公司在和冠公司之指示下，於 105 年 8 月間寄送電子郵件予下游經銷商「Wacom 原廠警告請把 Wacom Cintiq 下架不得販售，我被警告若查出是各位出的貨，只能請各位直接原價買回。Cintiq22 部分還打了 93 折……還提到代理商幫忙處理物

---

[328] 公處字第 107023 號處分書。

流部分……」，和冠公司承認曾指示上奇公司暫停對經銷商出貨 Wacom 產品。

📝 公平會裁處

公平會調查後認為，和冠公司限制下游事業對於 Wacom 數位繪圖產品之轉售價格，業已構成公平法法第 19 條第 1 項「限制其交易相對人，就供給之商品轉售與第三人或第三人再轉售時之價格」之行為：

（一）被處分人通知低價銷售之零售商將商品下架停售，並指示代理商暫停供應該零售商：被處分人坦承曾在 102 年 1 月及 105 年 8 月間，因接獲零售商抱怨特定零售商銷售 Wacom 產品零售價格過低，造成部分零售商被終端客戶要求調降售價，遂於零售商之關切下，有要求上奇公司要求檢舉人將 Wacom Cintiq 產品下架、不得販售，並指示上奇公司暫停對檢舉人出貨 Wacom 產品，且前述情事均有電子郵件等書面資料可證。被處分人亦承認曾在少數其他類似情形，在部分參與學校大型採購案之零售商關切下，介入網路零售價格，但未要求停止出貨。是以，被處分人確有透過要求下游零售商將產品下架、指示代理商停止對該零售商出貨等方式，迫使下游零售商放棄降價銷售或調高價格之情形。

（二）本案 Wacom 產品對通路業者之重要性：被處分人於到會陳述表示「Wacom 數位繪圖產品於國內的市場占有率大約在 30%~40%左右，另 Wacom 數位繪圖產

品進入市場較早，產品線最為完整，因此 Wacom 數位繪圖產品在數位繪圖板或繪圖螢幕等產品市場中，係居於領導地位，在國內也是最大的數位繪圖板或繪圖螢幕之品牌」。另被處分人之母公司日本 Wacom 株式會社網站資料亦估計 Wacom 繪圖螢幕全球市占率達 88%，且擁有無線免電池之數位筆等多項關鍵技術。另據本會調查所得資料評估，被處分人 Wacom 數位繪圖板依銷售量計算之市場占有率為 47.3%，依銷售金額計算之市場占有率為 74.8%。Wacom 繪圖螢幕依銷售量計算之市場占有率 33.6%，依銷售金額計算之市場占有率為 70.2%。足見 Wacom 產品普遍受到市場歡迎，加上 Wacom 產品擁有之關鍵技術及 Wacom 產品價格明顯高於其他品牌產品等因素，對銷售數位繪圖產品之通路業者而言，Wacom 產品具有相當之重要性不言可喻。

（三）被處分人之下架停售要求、停止出貨等手段，足以使下游事業遵循被處分人對於零售價格之要求：由於 Wacom 數位繪圖產品在國內數位繪圖產品擁有高達 7 成之市場占有率，被處分人為日本 Wacom 株式會社 100%持股之子公司，負責 Wacom 數位繪圖產品在我國境內之銷售事宜。下游零售商若未遵守被處分人對於零售價格之要求，可能引發被處分人通知將 Wacom 產品下架停售，或指示供應商暫停供貨之反制措施，將面臨失去 Wacom 產品銷售營收之不利結果。鑒於 Wacom 係最大之數位繪圖品牌，產品線最為齊全，下游零售商如無法取得 Wacom 產品之貨

源,將影響零售商產品線之完整性,進而削減其在零售通路階段之競爭力。是以,被處分人對於低價銷售Wacom產品之零售商,採取通知下架停售、要求供應商暫停止出貨等手段,足以使下游事業遵循被處分人對於零售價格之要求,故有限制下游事業就Wacom產品之轉售價格之情事,至為明確。

案例 27：濟生公司限制胡椒產品價格案

✺ 案件事實[329]

> 濟生公司販賣飛馬牌胡椒粉、辛香料產品，與下游經銷業者訂有銷售合約，104 年銷售合約書第 6 點第 1 項規定：「乙方須以甲方（即濟生公司）所制訂之行銷建議模式於該市場上銷售，不可擅自於市場上競價或哄抬價格而破壞甲方之市場行情，亦不可逾越他區以破壞他區之市場次序，違者甲方得以取消當季之返利或逕行解除並終止本合約……（下稱系爭條款）」，濟生公司並提供下游經銷商業者之建議售價表。

📝 公平會裁處

公平會認為濟生公司涉及限制下游經銷商轉售價格及經銷區域，有違反公平法第 19 條第 1 項及第 20 條第 5 款規定，乃依同法第 40 條第 1 項前段規定，分別裁處濟生公司新臺幣 30 萬元（違反限制轉售價格部分）、20 萬元（違反限制經銷區域部分），總計 50 萬元罰鍰。

📝 臺北高等行政法院

濟生公司不服，遂提起行政訴訟，經臺北高等行政法院駁回原告之訴確定。

---

[329] 公處字第 105111 號處分書、臺北高等行政法院 105 年度訴字第 1833 號行政判決。

關於限制轉售價格是否具公平法施行細則第 25 條之正當理由，濟生公司雖主張：「原告之所以與下游廠商約定以系爭條款，主要目的係為避免下游廠商惡意以競價或哄抬價格之方式導致商品價格混亂，而不利胡椒商品之公平、自由競爭。因下游各該經銷業者、盤商取得供給胡椒商品之成本不同，倘原告未為系爭約款之限制，苟取得商品成本較低之業者刻意採極低之利潤為惡性競爭，其他取得稱品成本較高之業者因無成本優勢，將陷入無利可圖之窘境，自無誘因提升售前服務之效率或品質。是以，於理性之商業決策下，該廠商極可能直接放棄轉售系爭商品，而非如被告所稱『下游業者可透過服務、品質、技術或其他非價格之競爭因素吸引購買，整體社會福利反而將因此提高』。另一方面，以惡性競價為競爭手段之廠商，既已因價格之因素取得絕對之競爭優勢，即無再去考量是否應提升服務、品質等其他非價格因素競爭力誘因之必要性，實不利於達成鼓勵消費市場競爭之目的。且系爭約款之所以禁止下游經銷業者『哄抬價格』，乃因胡椒商品為國內辛香料製品業者銷售之主力產品，若各該下游各該經銷業者以惡性哄抬價格、囤貨等方式聯合漲價，將導致原告旗下『飛馬牌』胡椒產品價格維持高檔、僵固；輕者不利於『飛馬牌』胡椒產品與他牌近似產品之競爭，苟他牌亦趁機就旗下胡椒產品隨同漲價，實質上將減損消費者利益，此絕非消費者之福，而與公平交易法維持市場公平、自由交易之立法目的悖離。基於上開有關競爭考量之經濟上合理事由，乃有『鼓勵下游事業提升售前服務之效率貨品質』、『促進品牌間之競爭』、『避免系爭產品因削價競爭致生劣幣驅逐良幣之惡果』等公平交易法施行細則第 25 條所謂之正當理由，依公平交易法第 19 條第 1 項但書之

規定，實無違法之虞³³⁰。」

但法院認為，濟生公司未就上述說法，提出具體的事證以實其說。法院更闡明：「按市場競爭涵蓋層面極廣，除產品價格外，尚有品質、服務、技術等，且消費者購買行為之考量因素多元，價格僅為其中之一環，縱下游事業因競價導致市場價格有所高低，下游業者仍可透過服務、品質、技術或其他非價格之競爭因素吸引購買，整體社會福利將因此提高。倘上游業者為使市場價格維持某一水準，進而限制下游事業轉售價格，其結果將間接影響其他重要市場競爭因素，同時亦降低業者進行服務、品質或其他非價格因素之競爭誘因。查原告與下游經銷業者之交易模式均為買（賣）斷制，……，是其經銷商取得產品後本應自行負擔產品銷售之盈虧風險，原告殊無限制轉售價格以保障下游經銷商營業利潤之必要；縱取得成本較高者須以品質、服務或技術等吸引購買而導致銷售成本增加，亦屬其自行因應市場競爭之活動，原告無理由介入；況產品之市場價格本依供需法則而定，低價銷售亦屬市場競爭之一環。承前所述，原告於中式辛香料製品市場占有率達3成，如依原告所訂之銷售模式以觀，不論進貨成本高低，在各下游經銷商均依原告之建議售價表販售時，因價格趨於僵化，但需求不減，經銷商均得獲穩定之利潤，易使其等無誘因致力於價格以外之競爭因素，以免提升營運成本，減少利潤；反之，若無上開轉售價格之限制，原告經銷商因進貨來源相同，原告產品於各下游事業間具同質性，為創造產品、服務差異化，價格、品質、服務等即屬競爭之關鍵。是原告上開限制其經銷商轉售價格之行為，並未能提出公平交易法第19條第1項但書所規

---

³³⁰ 臺北高等行政法院105年度訴字第1833號行政判決。

定之正當理由,亦堪認定。」

📝 學者見解

學者廖義男指出,「事業僅將公平法施行細則第 25 條所舉認定正當理由應審酌之各款因素,作抽象表示為其限制轉售價格之目的,而未提出『具體事證』並說明其實際採取之方法或措施以及其必要性與合理性者,不僅未盡其舉證責任,亦難以令人相信其真有『正當理由』[331]。」

---

[331] 廖義男(2021),《公平交易法》,初版,頁 439,元照。

案例 28：忠欣公司限制經銷商轉售價格案

✳案件事實[332]

> 忠欣公司於臉書公告「……發現 My Rack 車架專家（方貝廣告有限公司）之都樂經銷商削價惡性競爭，經確認給予廠商停止供貨一個月，我們也將不定時會在網路上查價……」而遭民眾檢舉。

📝 公平會裁處

公平會調查後以忠欣公司與下游經銷商簽訂之經銷契約含有限制轉售價格之約款，例如 THULE 車頂架、行李箱、登山背包等全系列商品經銷合約書第 6 點約定「買賣價格係依照附件中商品經銷價（含稅）計算之。而乙方對外售價，宜照甲方之附件中建議售價（含稅）售出，唯乙方對外售價低於甲方之建議售價 95 折時，須以書面方式先經甲方同意後再實施之，違者視同違法，甲方得以立即終止合約。」對下游經銷商產生限制轉售價格之拘束力，另查我國車頂架市場進口占約 5 成以上，進口品牌以被處分人代理之 THULE 及溢泰實業股份有限公司代理之 YAKIMA 及 WHSPBAR 為主，二者市占率大致相當，經銷商對於進口車頂架品牌之選擇有限。經銷商表示原即遵守價格約定，不無與交易對象轉換受限或經銷之沉入成本有關，被處分人藉由合約約定限制經銷商商品轉售價格之事實，洵堪認定而認定忠欣

---
[332] 公處字第 107030 號處分書。

公司違反公平法第 19 條第 1 項之規定,裁處新臺幣 10 萬元。

公平會不採納忠欣公司所提出的正當理由,「四、案並請被處分人提出限制轉售價格之正當理由,關於 THULE、OGIO、CASELOGIC 等包類產品及 MARIUSFABRE 肥皂類產品等之經銷合約訂有限制轉售價格之理由是為減少經銷商之紛爭、助於維持客戶服務水準,且合約未訂罰則,實務上亦無限制轉售價格等情事。惟按維持轉售價格有促進經銷商勾結之疑慮,而被處分人亦未提出如何以限制下游經銷商轉售價格之方法達到維持客戶服務水準及促進競爭之具體作法與事證,被處分人辯詞尚無具體實施之內容及具體事證以實其說。又被處分人稱 THULE 車頂架、車頂行李箱等相關產品之經銷合約訂有限制轉售價格係為交通安全之考量,然查車頂行李箱非屬一次性安裝之商品,向由消費者依需要而裝卸,其裝卸向附有說明書,經銷商說明之完善與良莠本即經銷商爭取交易,從事品牌競爭之所在。復查車頂架依是否可徒手拆裝而有活動式與固定式之別,其中僅固定式車頂架依交通法規應辦理汽車設備規格變更登記。另據公路總局、車安審驗中心及監理所表示,法規未規定須由安裝事業辦理檢驗及變更登記,亦未規定須至專業廠進行安裝,且安裝不具技術性,消費者可自行安裝。又變更登記之審查僅係查驗是否領有符合高度、長度、適用車型、規格、功能及荷重等之書面審查報告及統一發票,並不就安裝牢固與否進行檢查,至被處分人辯稱對『固定式車頂架』須先經其派員示範安裝並教育訓練,另稱概括估算安裝、認證、保固、售後服務等成本約占銷售成本 15%至 20%等語,然認證(產品須取得合格證明始得對外銷售)、保固、售後服務為銷售之一般性成本,尚難認該等成本係為公共安全而需額外支付之成本,且被處分人並未提出經銷商於銷售時為恪盡交通

安全考量所需提供銷售服務之具體內容及前揭服務所須支付成本之具體數據與事證，又查經銷商中有未提供安裝服務者，故被處分人稱為交通安全考量，難謂有據。被處分人又稱限制轉售價格之理由係為避免惡性競爭影響服務品質，亦為避免安裝不當而使產品壽命縮短、保固成本增加，然查經銷商就安裝即有收費與否之別以為爭取交易之區隔，故並無事證足證被處分人限制轉售價格之行為係與提升經銷商注意商品公共安全性有關。爰本案尚難認被處分人已依公平交易法施行細則第 25 條提出其限制轉售價格行為有『促進品牌間之競爭』或『其他有關競爭考量之經濟上合理事由』等具體事證，而符合公平交易法第 19 條第 1 項但書規定之正當理由。」

案例 29：達飛公司限制寵物沐浴商品價格案

✳案件事實[333]

> 達飛公司批發銷售寵物商品，其下游通路業者約有 1 千家，大部分均未與達飛公司簽訂書面合約，而係以達飛公司所提供之報價單所示價格向達飛公司進貨。達飛公司 103 年 9 月 1 日的報價單上載有「網路價格必須以本公司建議網路價為準，若無法配合，本公司將保留出貨權益」等限制轉售價格之文字。達飛公司業務員尚另以 LINE 通訊要求經銷商調整寵物沐浴商品之網路售價等情事。又 104 年間達飛公司與 13 家下游經銷商簽訂之「一般零售合作合約」亦載明「為維持市場合理價位並保障零售商利潤，乙方須按照甲方（即達飛公司）提出之建議售價或優惠價銷售。」

📝 公平會裁處

公平會認為達飛公司之行為構成限制其交易相對人就供給之商品轉售與第三人時之價格。

有關限制轉售價格有無正當理由部分，達飛公司主張：

「（一）公平交易法關於限制轉售價格規定之適用範圍應限縮於該轉售商品在市場上已達寡占或獨占者，而其所經銷之各項商品均非在市場上達到寡占或獨占之

---

[333] 公處字第 104110 號處分書。

商品，尚有其他品牌之寵物食品、用品於市場上競爭。亦即被處分人認為消費者與其下游經銷商既然無轉換交易對象之困難（消費者倘認為被處分人之商品價格偏高，自可選擇購買其他品牌；各下游經銷商如不願遵守建議價格，亦可以選擇經銷其他品牌，縱已簽訂經銷合約，亦可改與其他品牌業者合作，並無轉換交易對象之困難），即使存在限制下游經銷商轉售價格之行為，仍不至於減損品牌間之競爭，且某限制競爭行為縱然對某些消費者產生不利影響，亦不能即謂該行為與消費者福祉有違，仍應進一步檢驗對整體消費者福祉有無減損而定。公平交易法之目的既在維護競爭機能與秩序，在解釋及適用於具體個案時，自應視該個案行為是否確實已抑制了競爭機能而定，況渠下游經銷商受轉售價格條款限制之範圍不大，與渠簽有書面年度經銷合約者僅占其103年度營業額14%；（二）其限制轉售價格行為係基於維持經銷商合理利潤的考量，始限制下游經銷商之轉售價格；（三）要求下游經銷商須依其提出之建議售價銷售其所代理之商品，係為遵守其與外國原廠約定不得影響商品形象之契約義務，例如進貨量大之通路業者倘擅自決定『牧野飛行』系列商品以低於合理正常價格出售，此情形一旦被外國原廠得知，可能影響被處分人之代理權、品牌形象及商譽。」

公平會就達飛公司之主張一一駁斥：

「（一）按公平交易法第 19 條第 1 項禁止事業限制轉售價

格之規定，所欲保護之法益乃『促進品牌內之價格競爭』，旨在避免經銷商無法依據其各自所面臨之競爭狀況及成本結構訂定售價，否則將削弱同一品牌內不同經銷通路或零售業者間的價格競爭。又事業限制轉售價格之行為，必然造成該品牌商品價格維持在較高水準，剝削對產品價格較不敏感之消費者剩餘，直接損害消費者福利，故該項規定並同時保護『品牌內消費者之利益』。再者，限制轉售價格阻止品牌內經銷商進行價格競爭，促使零售價格高於競爭價格，且不易下降，不但減損下游市場之價格競爭，更有促成下游零售市場之價格聯合或用以加強維持上游供應商之勾結行為，其反競爭效果至為明顯，是公平交易法第 19 條第 1 項禁止事業限制轉售價格之規定，不以『限制競爭之虞』為要件。綜上，判斷公平交易法第 19 條第 1 項規定之違反，不以整體消費者福祉已受減損作為前提，亦不限於已發生具體抑制市場機能結果者，即使行為事業不具獨占或寡占地位，亦有違反公平交易法第 19 條第 1 項之可能，故被處分人對前揭法律規定之認識顯有錯誤。（二）再者，公平交易法第 19 條第 1 項但書及施行細則第 25 條規定已揭示，須先由限制轉售價格之事業對正當理由負舉證責任，主管機關再進一步判斷該限制轉售價格行為雖限制品牌內之價格競爭，惟是否仍有公平交易法施行細則第 25 條例示之促進競爭效果，故限制轉售價格之事業倘欲主張公平交易法第 19 條第 1 項但書之正

當理由，應提出其促進競爭之具體事證供主管機關審酌。經查被處分人僅以其品牌未達獨占或寡占、市場上尚有其他替代品牌、交易相對人可轉換交易對象、簽訂合約之下游經銷商家數不多云云，辯稱其限制轉售價格行為對品牌間之競爭不生影響，並未提出事證說明如何以限制其下游經銷商轉售價格之方法達到『促進品牌間之競爭』之積極效果，或提出事證說明其自有及代理之品牌商品建議價格被維持時，將提升經銷商間非價格之競爭，以達成促進品牌間競爭之正面效益。故尚難認被處分人已依公平交易法施行細則第 25 條提出案關行為有『促進品牌間之競爭』之具體事證，而符合公平交易法 19 條第 1 項但書規定之正當理由。（三）有關被處分人主張維持經銷商合理利潤乙節，因為限制轉售價格將使下游經銷商所銷售之案關商品維持在高價位，且較高零售價格除減損消費者利益外，同時或有抑制案關商品銷售量之可能，又各下游經銷商之事業規模、營運模式及管銷成本均不相同，並無法確保各下游經銷商均有合理之經銷利潤，故亦難認是項主張符合公平交易法施行細則第 25 條各款正當理由之一。（四）至於被處分人主張為遵守其與外國廠商間維護商品形象之契約義務乙節，經查被處分人與外國原廠之約款內容為『The Distributor「may freely set a resale price」for the Products, on condition that 000 pricing policy shall not jeopardize the image of the Products.』明白表示容許經銷商自

由訂定轉售價格，僅商品之訂價策略不得危害品牌形象，並非限制被處分人自身之銷售價格，亦非要求被處分人應限制其下游經銷商之轉售價格。復按品牌形象係指消費者對品牌的整體認知，所反映的是消費者記憶中對品牌聯想到的所有事物，包含商品屬性、品質、價值、來源國及品牌個性等品牌聯想，其中商品價格雖為重要的聯想屬性，常成為消費者判斷品質優劣之替代指標，惟單純商品價格低於建議售價難謂危害整體品牌形象，是被處分人辯稱渠限制轉售價格行為係履行與外國原廠之契約義務所不得不為之舉措，核無足採。（五）退一步言，縱被處分人或有以限制通路業者網路及實體店面售價係為防止『品牌內搭便車』而主張其行為有正當性之意，然查『品牌內搭便車』效應，通常發生在通路商為銷售商品而必須提供售前服務（例如展示間、商品陳列、雇用並訓練銷售人員、解說服務），但當顧客接受通路商提供售前服務後，可能轉向另一個不提供售前服務而價格較低的通路商購買，長期下將無任何通路商願意投資售前服務，故供應商為避免因下游通路商間『品牌內搭便車』效應，限制通路業者轉售價格，以抑制品牌內價格競爭，換取通路商願意提升售前服務，而達到品牌內服務競爭之效果。惟查被處分人所代理經銷之寵物飼料，其內容皆有商品標示，或僅為一般使用方式之寵物用品，如清潔劑、貓砂等，為經常、重複購買之商品，有別於著重售前服務或現場說明之複雜

技術性商品，故被處分人限制轉售價格行為尚不具有避免搭便車效果之正當理由，併予敘明[334]。」

---

[334] 公處字第 104110 號。

第三章 個別限制競爭行為

相關法條

公平交易法第 20 條：

　　有下列各款行為之一，而有限制競爭之虞者，事業不得為之：

一、以損害特定事業為目的，促使他事業對該特定事業斷絕供給、購買或其他交易之行為。

二、無正當理由，對他事業給予差別待遇之行為。

三、以低價利誘或其他不正當方法，阻礙競爭者參與或從事競爭之行為。

四、以脅迫、利誘或其他不正當方法，使他事業不為價格之競爭、參與結合、聯合或為垂直限制競爭之行為。

五、以不正當限制交易相對人之事業活動為條件，而與其交易之行為。

第一節　公平交易法第 20 條之立法沿革與定位屬性

　　本條文在 80 年公平法立法之初，原為第 19 條，置於第 3 章「不公平競爭」章名之下，其原規定：

有左列各款行為之一，而有妨礙公平競爭之虞者，事業不得為之：

一、以損害特定事業為目的，促使他事業對該特定事業斷絕供給、購買或其他交易之行為。

二、無正當理由，對他事業給予差別待遇之行為。

三、以脅迫、利誘或其他不正當之方法，使競爭者之交易相對人與自己交易之行為。

四、以脅迫、利誘或其他不正當方法，使他事業不為價格之競爭、參與結合或聯合之行為。

五、以脅迫、利誘或其他不正當方法，獲取他事業之產銷機密、交易相對人資料或其他有關技術秘密之行為。

六、以不正當限制交易相對人之事業活動為條件，而與其交易之行為。

　　歷來學說及實務見解咸認為，該條文各款之性質除有「不公平競爭」之規定外，同時亦包含「限制競爭」之相關規範[335]，故在 88 年修正時，將序文加入若干文字成為「而有**限制競爭或**妨礙公平競爭之虞者」，使各款共通構成要件，一併揭示「有限制競爭或妨礙公平競爭之虞」，以求周延[336]。

　　104 年，本條文再度修正，將條次移列為第 20 條，並改置於第 2 章「限制競爭」章名之下，立法理由以「本條所規範違法行為屬限制競爭行為類型」為由，刪除序文「或妨礙公平競爭」之

---

[335] 關於公平會之見解，公平交易委員會於第 382 次委員會議（有關「公平交易法第 19 條構成要件研析」乙案）決議，乃基於規範本質、保護法益與各國立法例之觀察，指出該條文第 3、4 及 5 款歸類為「不公平競爭」行為；第 1、2 及 6 款歸屬「限制競爭」行為之範疇。相關的整理可參考：何之邁（2020），《公平交易法要義》，頁 102-104，一品；范建得、陳丁章（2004），〈第十九條限制競爭或妨礙公平競爭之行為〉，廖義男等，《公平交易法之註釋研究系列（二）第 18 條至第 24 條》，公平交易委員會93年度委託研究，頁 115-118；李憲佐、吳翠鳳、沈麗玉（2002），〈公平交易法第 19 條規範之檢討──以「有限制競爭或妨礙公平競爭之虞」為中心〉，《公平交易季刊》，10 卷 2 期，頁 165-235。

[336] 立法理由謂「加入『限制競爭』」以求周延。

文字。另原條文第 19 條第 3 款關於事業以贈品贈獎方式進行促銷而具有商業倫理非難性之不法內涵行為，歸類屬於不公平競爭行為類型，故將之移列至第 3 章不公平競爭專章單獨規範。原條文第 5 款所定關於「產銷機密、交易相對人資料或其他有關技術秘密」之違法行為類型，回歸營業秘密法規範。自此，<u>新法第 20 條規範之行為歸類為限制競爭行為</u>，且由於條文序文強調「有限制競爭之虞」之要件，則其適用學者廖義男認為必須注意其行為對相關市場之競爭可能發生或所生限制之影響程度[337]。

近年，有學者討論本條文的存廢，提出現行公平法第 20 條各款所規範的行為客體，實得藉由獨占地位濫用、聯合行為規定等，予以更為妥適之規範，而檢討公平交易法第 20 條存廢問題[338]。亦有對本條規範提出再造與修正之建議[339]。

第二節 何謂本條序文之「有限制競爭之虞」？

公平法第 20 條序文規定「有下列各款行為之一，而有『限制競爭之虞』者，事業不得為之」，「有限制競爭之虞」為不確定法律概念，其內涵說明如下：

一、審酌因素

當事業的競爭手段本身符合公平法第 4 條效能競爭之

---

[337] 廖義男（2021），《公平交易法》，初版，頁 450，元照。

[338] 延伸閱讀：黃銘傑（2019），〈公平交易法第 20 條廢止之試論〉，《公平交易季刊》，27 卷 2 期，頁 1-42。

[339] 廖義男（2021），《公平交易法》，初版，頁 476-478，元照。

「以較有利之價格、數量、品質、服務或其他條件，爭取交易機會」之情形時，將不會發生限制競爭等違法情事。依公平法施行細則第 26 條第 2 項、第 27 條第 2 項及第 28 條第 2 項規定，事業之行為是否有限制競爭之虞，應綜合當事人之意圖、目的、市場地位、所屬市場結構、商品或服務特性及實施情況對市場競爭之影響等加以判斷[340]。

二、相關市場之占有率

有關「事業之市場力量」與「事業之限制競爭」二者常存在相對應關係，因而學者黃銘傑認為可藉由事業所擁有之市場力量，瞭解其特定競爭行為對市場競爭可能帶來的影響[341]。關於限制競爭之餘的判斷，學說與實務皆肯認：「必須事業於相關市場具有『市場力量、市場地位』，方可能以排擠、妨礙競爭者，進而使市場競爭受有損害」。

我國公平法實務上認為<u>市場占有率達 15%，或因其他事業對其具有經濟上之高度依賴性</u>，即屬具有「相對市場

---

[340] 公平交易法施行細則：
第 26 條第 2 項「差別待遇是否有限制競爭之虞，應綜合當事人之意圖、目的、市場地位、所屬市場結構、商品或服務特性及實施情況對市場競爭之影響等加以判斷。」
第 27 條第 2 項「低價利誘是否有限制競爭之虞，應綜合當事人之意圖、目的、市場地位、所屬市場結構、商品或服務特性及實施情況對市場競爭之影響等加以判斷。」
第 28 條第 2 項「前項限制是否不正當而有限制競爭之虞，應綜合當事人之意圖、目的、市場地位、所屬市場結構、商品或服務特性及履行情況對市場競爭之影響等加以判斷。」

[341] 黃銘傑（2019），〈公平交易法第 20 條廢止之試論〉，《公平交易季刊》，27 卷 2 期，頁 8。

優勢地位」[342]之事業，為公平交易法第 20 條所規範之主體。惟學者評論 15%之市場占有率欠缺論理依據[343]。

公平會 105 年 2 月 17 日第 1267 次委員會會議記錄
有關垂直非價格交易限制競爭案件相關市場占有率門檻之計算研究案[344]

有關垂直非價格交易限制競爭案件相關市場占有率門檻之計算：

1. 公平交易法第 20 條所規範之垂直非價格交易限制行為，事業於相關市場之市場占有率未達 15%者，推定該事業不具有市場力量，原則上無限制競爭之虞。
2. 另考量市場運作實務，事業之市場占有率雖未達 15%，但若交易相對人對該事業不具有足夠且可期待之偏離可能性，應認事業間有依賴性存在，該事業具相對市場優勢地位，其限制競爭之行為仍得依公平交易法第 20 條予以規範。

三、無須實際上已產生限制競爭效果

　　公平法第 20 條所稱「限制競爭之虞」之行為，係指行為具有限制競爭之傾向，或放任行為之持續實施，可合理預期將減損競爭，即已該當，並非以實際上已產生限制競

---

[342] 關於公平法上所使用之「相對市場優勢地位」等概念之具體內涵與規範功能之釐清，延伸閱讀：牛曰正（2020），〈相對市場優勢地位於競爭法上之意義與功能〉，《公平交易季刊》，28 卷 4 期，頁 103-156。

[343] 廖義男（2021），《公平交易法》，初版，頁 451-452，元照。

[344] 公平交易委員會第 1267 次委員會議紀錄（2016），頁 3，https://www.ftc.gov.tw/uploadDecision2/c5990adf-4ef8-4f67-a0c3-5b69fc641b57.pdf（最後瀏覽日：01/31/2024）。

爭效果為要件[345]。

第三節　公平交易法第 20 條各款內容

一、第 20 條第 1 款──杯葛（Boycott）

（一）杯葛行為之定義

杯葛（Boycott）規定於公平法第 20 條第 1 款「有下列各款行為之一，而有限制競爭之虞者，事業不得為之：一、以損害特定事業為目的，促使他事業對該特定事業斷絕供給、購買或其他交易之行為。」基本上而言，「杯葛」是藉由市場上下游的交易相對人、或同一市場交易相對人的合作，對特定交易相對人採行「抵制」的行為，亦即不與之交易的行為，達成斷絕供給或斷絕購買、或其他之行為，從而使特定交易人，在市場處於競爭不利的地位，或是競爭能力減弱，或是無法進入市場參與競爭[346]。實務案例如：製造商要求代理商或經銷商不要供貨給特定人[347]。

---

[345] 公處字第 106085 號處分書。

[346] 莊春發（2006），〈杯葛行為之分析〉，《公平交易季刊》，14 卷 1 期，頁 48。

[347] 公處字 104033 號處分書。

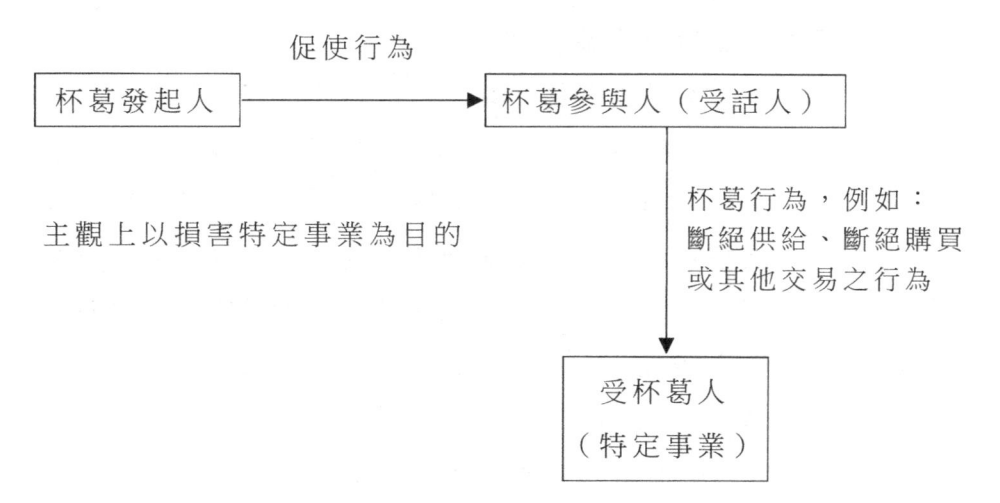

```
                    促使行為
┌─────────┐                    ┌──────────────┐
│ 杯葛發起人 │ ───────────────→ │杯葛參與人（受話人）│
└─────────┘                    └──────────────┘
                                       │ 杯葛行為，例如：
                                       │ 斷絕供給、斷絕購買
  主觀上以損害特定事業為目的              │ 或其他交易之行為
                                       ↓
                               ┌──────────┐
                               │  受杯葛人  │
                               │ (特定事業) │
                               └──────────┘
```

資料來源：自行整理

(二) 杯葛行為之規範目的

104 年修法時，杯葛行為被定性為「限制競爭行為」之性質，其規範目的為防止受杯葛人之事業經營受到阻礙，及確保杯葛參與人選擇交易對象與決定交易方式之自由。學者莊春發以經濟理論模型分析杯葛行為之效果，不管是在競爭市場結構或是優勢市場結構下，均可發覺杯葛行所產生的效果為，一方面造成市場價格提升，傷害消費者剩餘的實現，二方面以社會福利之角度分析，其最終亦產生社會福利水準的降低。因此，支持杯葛行為應以當然違法加以處理[348]。

---

[348] 莊春發（2006），〈杯葛行為之分析〉，《公平交易季刊》，14 卷 1 期，頁 71。杯葛行為之經濟分析，延伸閱讀：陳丰津、陳文生、陳家榮（2009），〈杯葛行為之法律與經濟分析〉，《公平交易季刊》，17 卷 1 期，頁 75-122。

(三) 杯葛行為之要件[349]

本條款杯葛行為之主觀要件為杯葛發起人具有「以損害特定事業為目的」之意圖；客觀要件則須滿足下列要件：1.須有杯葛發起人、杯葛參與人及被杯葛人等三方當事人參與；2.杯葛發起人之呼籲須足以影響杯葛參與人之決定；3.至於是否須有斷絕（或拒絕）交易之行為？則見解不一（詳後述）。

1.組成主體：須有三方當事人：

(1) 杯葛須同時存在三方當事人，即杯葛發起（話）人、杯葛參與人（杯葛受話人／杯葛受使者）以及受杯葛人[350]。倘事業未促使他事業

---

[349] 詳請參閱公處字第104033號處分書。

「……本條款杯葛行為之主觀要件為杯葛發起人具有『以損害特定事業為目的』之意圖，客觀要件則須滿足下列要件：(1)須有杯葛發起人、杯葛參與人及被杯葛人等三方當事人參與；(2)杯葛發起人之呼籲須足以影響杯葛參與人之決定；(3)須有斷絕（或拒絕）交易之行為。同時尚須綜合考量當事人的意圖、目的、杯葛發起人所處之市場結構及其本身市場地位、杯葛行為所涉之商品特性、杯葛行為之履行狀況，乃至於杯葛行為實施後對市場競爭所造成影響程度等因素而定。所謂斷絕（或拒絕）交易行為包括，斷絕供給、購買或（現在或未來）被杯葛者交易活動等其他交易之行為，至於『斷絕』不限於中止現有之交易關係，不與被杯葛人建立新的交易關係，亦屬之。是杯葛發起人之『促使』行為，如於客觀上已足以認定有『誘導或唆使』杯葛參與人拒絕與被杯葛人交易之作用，或足以影響他事業之決定，而有限制競爭之虞者，即具有可非難性。至於杯葛發起人促使杯葛參與人為杯葛行為後，是否足以導致被杯葛人無法覓得供應來源或銷售通路，可作為審酌『杯葛行為之實施對市場競爭影響程度』的因素，惟該事實之存在與否並非行為時第19條第1款成立之必要條件。」

[350] 杯葛行為如涉及「多數發起（話）人間」或「多數杯葛參與人間」之一致性行為，則屬所謂之「集體杯葛」（group boycotts）。范建得、陳丁章（2004），〈第十九條限制競爭或妨礙公平競爭之行為〉，廖義男等，《公平交易法之註釋研究系列（二）第18條至第24條》，公平交易委員會93年度委託研究，頁124。

參與杯葛行為，而是自行對特定事業斷絕交易，則非杯葛行為。

(2) 三方當事人均需為事業：

公平會過去曾對同業公會所發起之杯葛行為依本款規定處斷[351]，有認為這是因為當時公平法尚未建立「先行政後刑罰」之預警機制，為免聯合行為之刑事責任對業界衝擊過大，才適用本條款，現應回歸常軌，回歸適用公平法第 15 條處斷[352]。

(3) 杯葛發起人，是否需有一定市場地位？

實務上，公平會以杯葛行為有阻礙受杯葛人競爭之作用，將之解為「限制競爭行為」性質，並於 104 年修法時將之明白定性為「限制競爭行為」之一種，因而必須重視其行為對相關市場「有限制競爭之虞」之作用或效果。因此認為杯葛發起人需有相當市場力量，始有杯葛行為主體之適格[353]。

然而學者廖義男認為，杯葛能否實際上對相關市場「有限制競爭之虞」，其關鍵不在杯葛發起人於相關市場上具有相當市場力量，而

---

[351] 例如，84 年公處字第 74 號處分書，中華音響發展協會理監事臨時會議決議，發函請臺灣音響雜誌聯誼會，請其勸說所屬雜誌社會員，慎重考慮刊登檢舉人（未違反公平法之）平行輸入品廣告，遭公平會議違反行為時公平交易法第 19 條第 1 款論處；此外，84 年公處字第 40 號處分書，臺北市建築師公會函請所屬會員勿複委託對該會不友善技師。

[352] 何之邁（2020），《公平交易法要義》，頁 106-107，一品。

[353] 廖義男（2021），《公平交易法》，初版，頁 454，元照。

在於杯葛受話人是否具有市場力量，倘杯葛受話人在其相關市場之市占率微小，其縱使對受杯葛人斷絕供給、購買或其他交易，受杯葛人仍可自由的選擇其他事業取得所需之商品或服務，此種杯葛行為就難達成對市場競爭產生限制之虞的效果，自然也不應以「市場不法行為」評價之。是以，杯葛發起人在相關市場上市場力量之高低，並非判斷其杯葛行為有無產生限制競爭之虞之關鍵要素[354]。

杯葛發起人雖然不一定要求有市場地位，但一般而言，若其具有一定之市場地位，或杯葛受話人對其有一定之依賴關係，杯葛發起人之「促使」行為便會易於該當「足以影響杯葛參與人（受話人）之決定」之要件，所造成限制競爭之危險也越高[355]。

(4) 被杯葛人與杯葛發起人間，不必然要求存有競爭關係：

關於被杯葛事業之適格，宜認不必然要求與杯葛發起人有競爭關係，蓋其只要因為杯葛人發起人之破壞效能競爭行為，受有損害而將致無法維持，造成市場競爭秩序之不當影響即

---

[354] 廖義男（2021），《公平交易法》，初版，頁454-455，元照。

[355] 范建得、陳丁章（2004），〈第十九條限制競爭或妨礙公平競爭之行為〉，廖義男等，《公平交易法之註釋研究系列（二）第18條至第24條》，公平交易委員會93年度委託研究，頁127。

足當之[356]。

2. 需有促使他事業（杯葛受話人）對該特定事業（被杯葛人）斷絕供給、購買或其他交易之行為：

(1) 促使[357]：

指客觀上足以引致杯葛參與人作出影響被杯葛人經營狀態之決定之行為，即客觀上足以認定有「誘導或唆使」他事業拒絕與特定事業交易之作用[358]。包括：杯葛發起人與杯葛參與人之協議行為。杯葛發起人對杯葛參與人之施壓行為，例如：杯葛發起人以傳真方式警告其下游經銷事業不得供貨予特定事業，對不從者將拒絕往來，不再交易[359]。亦可能是單純之宣示行為，例如：對他事業陳述、散布足以損害營業信譽之不實情事、誣指侵害專利或著作權等，造成該等事業等斷絕供應、購買或其他交易之行為屬之[360]。

(2) 杯葛行為——斷絕供給、購買或其他交易[361]：

---

[356] 范建得、陳丁章（2004），〈第十九條限制競爭或妨礙公平競爭之行為〉，廖義男等，《公平交易法之註釋研究系列（二）第18條至第24條》，公平交易委員會93年度委託研究，頁126。

[357] 范建得、陳丁章（2004），〈第十九條限制競爭或妨礙公平競爭之行為〉，廖義男等，《公平交易法之註釋研究系列（二）第18條至第24條》，公平交易委員會93年度委託研究，頁126。

[358] 廖義男（2021），《公平交易法》，初版，頁453，元照。

[359] 公處字第092152號處分書。

[360] (84)公處字第014號處分書。

[361] 范建得、陳丁章（2004），〈第十九條限制競爭或妨礙公平競爭之行為〉，廖義男等，《公平交易法之註釋研究系列（二）第18條至第24條》，公平

「杯葛行為」，依條文例示包括「斷絕供給」、「斷絕購買」，並以「其他交易行為」概括規定之。所謂「斷絕」，並不限於中止現有之交易關係，不與被杯葛事業建立新的交易關係，亦屬之[362]；「其他交易行為」應指一切可能影響被杯葛人經營狀態之作為與不作為。

「杯葛行為」均須與杯葛發起人之「促使」有關，如係行為人基於自由意識發動，而與杯葛之發話無關者，即無受違法評價之必要[363]。

問題 13：杯葛受話人是否確實有發動斷絕交易之行為？

公平會處理杯葛案件之實務，乃是將「須有斷絕交易之行為」列為本條款之要件，此可參考【戴爾電腦杯葛澤威公司案】之公處字 104033 號處分書[364]之理由欄謂：

「（前略）

二、次按行為時公平交易法第 19 條第 1 款規定，事業以損害特定事業為目的，促使他事業對該特定事業斷絕供給、購買或

交易委員會 93 年度委託研究，頁 126。

[362] 此為新光三越杯葛衣蝶百貨案中，臺北高等行政法院 93 年度訴字第 2973 號行政判決之見解，最高行政法院 96 年度判字第 1481 號行政判決維持原審之判決。

[363] 范建得、陳丁章（2004），〈第十九條限制競爭或妨礙公平競爭之行為〉，廖義男等，《公平交易法之註釋研究系列（二）第 18 條至第 24 條》，公平交易委員會 93 年度委託研究，頁 126。

[364] 公處字 104033 號處分書 https://www.ftc.gov.tw/uploadDecision/e49ff946-a290-48e3-9ec5-6da37d9e5335.pdf

其他交易之行為，而有限制競爭或妨礙公平競爭之虞者，不得為之。本條款杯葛行為之主觀要件為杯葛發起人具有『以損害特定事業為目的』之意圖，客觀要件則須滿足下列要件：(1)須有杯葛發起人、杯葛參與人及被杯葛人等三方當事人參與；(2)杯葛發起人之呼籲須足以影響杯葛參與人之決定；<u>(3)須有斷絕（或拒絕）交易之行為</u>。同時尚須綜合考量當事人的意圖、目的、杯葛發起人所處之市場結構及其本身市場地位、杯葛行為所涉之商品特性、杯葛行為之履行狀況，乃至於杯葛行為實施後對市場競爭所造成影響程度等因素而定。所謂斷絕（或拒絕）交易行為包括，斷絕供給、購買或（現在或未來）被杯葛者交易活動等其他交易之行為，至於『斷絕』不限於中止現有之交易關係，不與被杯葛人建立新的交易關係，亦屬之。是杯葛發起人之『促使』行為，如於客觀上已足以認定有『誘導或唆使』杯葛參與人拒絕與被杯葛人交易之作用，或足以影響他事業之決定，而有限制競爭之虞者，即具有可非難性。<u>至於杯葛發起人促使杯葛參與人為杯葛行為後，是否足以導致被杯葛人無法覓得供應來源或銷售通路，可作為審酌『杯葛行為之實施對市場競爭影響程度』的因素，惟該事實之存在與否並非行為時第19條第1款成立之必要條件</u>[365]。」

---

[365] 公平會同樣的闡述，亦可見於公處字第092152號處分書「係指事業為達成損害特定事業或剝奪特定事業日後參與市場活動之目的，促使或透過合意方式約定他事業不與特定對象事業從事交易之行為，其客觀要件須滿足下列要件：（一）須有杯葛發起人、杯葛參與人及被杯葛人等三方當事人參與；（二）杯葛發起人之呼籲須足以影響杯葛參與人之決定；（三）須有斷絕交易之行為。至於主觀要件則為杯葛發起人之杯葛行為必須係基於『以損害特定事業為目的』，即明知其行為將構成不當之損害，仍然有意使其發生。」

(3) 杯葛發起人之呼籲須足以影響杯葛受話人之決定：

學者則採取不同見解，認為公平法所處理的杯葛多數案例，杯葛參與人實際上大都有實際的杯葛行為，惟此乃案例發展所使然，其並非法規適用之必備條件，杯葛發起人之呼籲客觀上雖然須足以影響杯葛參與人之決定，但杯葛受話人是否確實發動杯葛行為，依本條款之文義解釋，並非違法行為之構成要件。因此，或認為「只要企圖杯葛人或實行杯葛人與杯葛參與人雙方達成杯葛之協議或安排時，企圖杯葛人即符合本款之適用[366]。」

法院實務上的見解亦表達，「至於杯葛發起者促使杯葛受使者為杯葛行為後『有無發生斷絕交易之結果』，可作為審酌『杯葛行為之實施對市場競爭影響程度』的因素，惟該事實之存在與否<u>並非公平交易法第 19 條第 1 款成立之必要條件</u>[367]。」

3. 主觀要件需以「損害特定事業」為目的[368]：

(1) 本條款對於行為非難，建立在「目的犯」之惡

---

[366] 范建得、陳丁章（2004），〈第十九條限制競爭或妨礙公平競爭之行為〉，廖義男等，《公平交易法之註釋研究系列（二）第 18 條至第 24 條》，公平交易委員會 93 年度委託研究，頁 127。賴源河（2002），《公平交易法新論》，二版，元照。

[367] 此為新光三越杯葛衣蝶百貨案中，臺北高等行政法院 93 年度訴字第 2973 號行政判決之見解，最高行政法院 96 年度判字第 1481 號行政判決維持原審之判決。

[368] 范建得、陳丁章（2004），〈第十九條限制競爭或妨礙公平競爭之行為〉，

性，意即需以行為事業之直接故意為違法構成要件。

(2) 至於認定行為事業是否基於「損害特定事業為目的」，則需綜合其與被杯葛人之關係[369]、行為發動之時點（機）、背景、發話之內容，以及其他合理事由存否（例如公平交易法第 45 條之除外，或是防禦抗辯等），整體觀察判斷之。

(3) 此外，由於本法之目的即在維護競爭，因此，事業是否基於「損害特定事業為目的」始為規範之重點，所以，本款之適用並不需要求杯葛行為人（發起人）與被杯葛人間存有競爭關係，意即，只要杯葛行為客觀上足以破壞被杯葛人參與競爭之公平性，即足非難。

4. 本款「限制競爭之虞」之判斷：

可參考公平會於【戴爾公司杯葛澤威公司案】[370]之判斷方式：

「六、被處分人杯葛行為有限制競爭之虞：

（一）行為時公平交易法第 19 條所稱『有限制競爭之虞』，<u>僅需所實施之行為有</u>

廖義男等，《公平交易法之註釋研究系列（二）第 18 條至第 24 條》，公平交易委員會 93 年度委託研究，頁 127-128。

[369] 例如公處字第 092167 號處分即謂：「……另被處分人與弘音公司與美華公司處於競爭關係，前揭不正當競爭手段係欲使弘音公司及美華公司退出伴唱帶代理市場，即符合公平交易法第 19 條第 1 款規定所稱『以損害特定事業為目的』……」。

[370] 公處字第 104033 號處分書。

限制競爭之『可能性』即足，並不以市場功能實際已受影響為必要。故縱使所實施之行為，雖目前未具體產生限制競爭效果，但若不即時遏止，事業將繼續實施或反覆實施該行為，或造成其他事業之仿效跟進實施該行為，可能導致市場競爭受到抑制或被削弱，而有限制競爭之傾向，則該行為即已該當『限制競爭之虞』。

(二) 本案被處分人促使他事業斷絕對澤威公司之供給，不僅剝奪澤威公司藉由不同代理商或經銷商所提供之報價內容（如價格、服務等），選擇對其最有利之交易之機會，同時對未來有意參與以 SonicWALL 產品為標的之採購案件潛在投標廠商產生嚇阻作用，倘若有意投標廠商未先向被處分人報備，或非屬被處分人所屬意之廠商卻參與投標，即可能面臨遭斷絕供給之結果，若不即時加以禁止，將會使原本有意參與後續或類似採購案件之廠商產生寒蟬效應。另外，被處分人透過事前報備之方式，掌握廠商交易對象、產品品項等資訊，亦可能造成廠商間意思聯絡之機會，而增加產生一致性行為之風險。又本案臺南市環保

局自 99 年已採用 SonicWALL 防火牆已如前述，僅有更新授權之需求，採取招標目的即在獲取不同供應商間競價之利益，前述僅允許報備廠商出貨，未報備廠商得標即予斷貨行為，將形同上游廠商決定得標廠商身分，而使招標競價目的實質無由達成。故即使目前受到被處分人杯葛行為直接影響之廠商，僅為澤威公司及中華電信南區分公司，但因該行為具有明顯的反競爭性質，加上招標條件已指定 SonicWALL 產品等特殊之市場環境，若容許該行為繼續或反覆實施，可能使競爭受到抑制或削弱，故有限制競爭效果之虞。

（三）至於被處分人表示，展碁公司因臺南市環保局標案而向該公司訂購 SonicWALL 產品之交易金額僅有美金○○元，不足以對市場秩序產生不利影響或妨礙市場競爭。惟本案被處分人所為杯葛行為，所損害者為市場競爭之過程，及市場上所有參與者透過充分競爭過程所能獲取之經濟利益，故尚不能僅以 SonicWALL LLC 與展碁公司之交易金額多寡，作為衡量是否有限制競爭之虞之考量因素。」

5. 其他考量事項

事業之行為是否合致於本款之規範,尚須綜合考量當事人之意圖、目的、杯葛發起人所處之市場結構及其本身市場地位、杯葛行為所涉之商品特性、杯葛行為之履行狀況,乃至於杯葛行為實施後對市場競爭所造成影響程度等因素而定[371]。

(四)杯葛與聯合行為

本條之杯葛行為如涉及「多數發起（話）人間」或「多數受話人間」之一致性行為,則屬所謂之「集體杯葛」（group boycotts）,倘發現有所謂之「合意」存在,則另回歸於聯合行為之相關規範,予以評價[372]。杯葛發起人與杯葛參與人間有競爭關係時,就斷絕供給、購買或其他交易之行為存有合意,相互約束事業活動,此種共同抵制,應歸類為「聯合行為」[373]。

---

[371] 公平交易委員會（2019）,《認識公平交易法（增訂第18版）》,頁184。

[372] 范建得、陳丁章（2004）,〈第十九條限制競爭或妨礙公平競爭之行為〉,廖義男等,《公平交易法之註釋研究系列（二）第18條至第24條》,公平交易委員會93年度委託研究,頁124。

[373] 廖義男（2021）,《公平交易法》,初版,頁453,元照。

問題 14：何謂聯合杯葛[374]？

【範例】

　　某甲便利商店業務發展非常順利，正計畫到中部地區設立分支機構，但隨後發覺中部地區許多日常用品的製造商受當地便利商店的唆使，不供貨給甲便利商店，請問中部地區的便利商店是否有違公平法？

【相關條文】

➢公平交易法第 20 條

【解析】

　　中部地區的便利商店，為避免增加市場競爭的激烈性，不利於自己事業的經營，遂排擠競爭者的進入，聯合要求中部地區的日用品製造商不供貨給新進的廠商，其行為即為公平法第 20 條第 1 款所規範的「聯合杯葛」行為。此種杯葛行為確實造成該地區便利商店市場競爭的限制，若甲廠商握有充分的證據，當然可以據此向公平交易委員會控告，要求加以禁止。第 20 條所規範的行為，大都涉及上下游廠商交易行為所發生的問題，所謂聯合杯葛是指，事業團體利用集體的力量要求其交易對象，依照其團體的意見做出不利於與之抗衡的特定事業的行為。上述情形即為明顯的例子，不過依據不同的團體與杯葛的方式，大致上又再區分為下列 4 種狀況：

1. 下游事業集體要求上游事業配合，使特定下游事業無法獲得充分的供貨，在市場上取得不利的競爭地位，甚至因此無法繼續經營下去，退出市場。

---

[374] 修改自范建得、莊春發，《公平交易法 Q&A 範例 100》，問題 29，商周文化，1992 年初版，後因授課需要，將原案例進行調整，編為課程講義使用。

2. 上游事業集體要求下游事業配合，不向特定事業購買產品，使上游特定事業無法順利的利用有效的行銷通路來銷售產品。
3. 上游事業要求同行拒售產品或提供服務，致使下游事業的經營活動受到影響。例如最近砂石運輸和紅磚運輸，沙石廠與磚廠均受制於專業砂石車和運磚車停止提供運輸服務聯合杯葛，無法將產品運交到客戶手中，即為明顯例子。
4. 下游事業聯合共同拒絕購買某家上游事業的產品，使該產品面臨無法銷售的困境，當然有妨礙公平競爭的效果。

上述的聯合杯葛行為，不管是哪一類型，在判定其是否造成限制競爭時，仍需綜合當事人的意圖、目的、所屬市場結構、商品特性及屢行情況，以及對市場競爭的影響加以判斷。

1. 聯合杯葛之意義：
   聯合杯葛是指，事業團體利用集體的力量要求其交易對象，依照其團體的意見做出不利於與之抗衡的特定事業的行為。
2. 依據不同的團體與杯葛方式，大致可區分為四種情況：
   （1）下游事業集體要求上游事業配合。
   （2）上游事業集體要求下游事業配合，不向特定事業購買產品。
   （3）上游事業要求同行拒售產品或提供服務。
   （4）下游事業聯合共同拒絕購買某家上游事業的產品。

問題 15：百貨業以懲罰某一同行的共同行為，是否涉及違反公平交易法[375]？

【範例】

臺北地區某百貨公司因為拒絕同業的約束，在非打折期間進行打折的促銷活動，於是同業乃一致要求供貨的專櫃停止對該百貨公司供貨，否則對日後專櫃之設櫃條件加以限制，此種行為是否違法？

【相關條文】

➤公平交易法第 14 條
➤公平交易法第 20 條

【解析】

百貨公司為了達到促銷目的，常以折扣方式吸引大量消費者前往購買，但為避彼此之間競爭激烈，而將彼此的打折時間錯開，輪流打折，該行為即已涉及公平交易法第 14 條的聯合行為，具競爭關係的同一產銷階段事業彼此之間，以其他方式的合意，共同決定約束事業活動的行為。

若因參與協議的百貨公司不遵守原先輪流打折的默契，擅自在非分配時間內打折，就學理上該行為為破壞卡特爾的行為，應有促進市場競爭的效果。但因其在非分配時間打折，勢必影響其他分配在該時間打折的百貨公司的收益，因此其他遵守協議的百貨公司乃邀集所有百貨公司，對該叛逃的事業與予以制裁，要求向百貨公司供貨的專櫃廠商，停止供貨給不遵守協議的百貨公司，作為懲罰手段。對於不配合的專櫃廠商，這

---

[375] 修改自范建得、莊春發，《公平交易法 Q&A 範例 100》，問題 30，商周文化，1992 年初版，後因授課需要，將原案例進行調整，編為課程講義使用。

些百貨公司將來也不再提供銷售服務的機會。

上述行為牽涉到兩層關係,一是百貨同業之間的關係,遵守協議同盟的百貨公司,以損害特定廠商為目的,要脅供貨的專櫃廠商停止供貨,以逼迫不守規矩的百貨公司守規矩,或作為制裁手段,即屬於上題分類中第一類,屬於下游廠商要求上游廠商停止供應商品的聯合杯葛行為,違反公平交易法第 20 條第 1 款的規定。

另外這些百貨公司以不再交易為要脅,要求專櫃廠商配合制裁不守規矩的百貨公司,其行為已違反第 20 條第 5 款,「以不正當限制交易對象之事業活動為條件,而與其交易之行為」,換句話說,這些同盟百貨公司是以不供貨給叛逃百貨公司作為限制條件,才與專櫃廠商交易,這將造成營業自由上的限制,顯然不合法,應加以規範。

二、第 20 條第 2 款──無正當理由之差別待遇

相關法條

公平交易法第 20 條第 2 款:

有下列各款行為之一,而有限制競爭之虞者,事業不得為之:

二、無正當理由,對他事業給予差別待遇之行為。

公平交易法施行細則第 26 條:

本法第 20 條第 2 款所稱正當理由,應審酌下列情形認定之:

一、市場供需情況。

二、成本差異。

三、交易數額。

四、信用風險。

五、其他合理之事由。

差別待遇是否有限制競爭之虞，應綜合當事人之意圖、目的、市場地位、所屬市場結構、商品或服務特性及實施情況對市場競爭之影響等加以判斷。

(一)定義

「差別待遇」，係指事業就同一商品或服務，以不同之價格或價格以外之條件，與同一競爭階層不同之交易相對人進行交易而言[376]。亦即，行為事業對處於同一產銷階段及具備相同條件之二以上事業，在價格、交易條件或交易與否等方面給予不同之對待與處理[377]。

差別待遇屢見於商業慣行，本屬於契約自由之一環，並非所有差別待遇均違反公平交易法，僅有差別待遇並非基於「正當理由」，且其效果有限制競爭之虞，才構成公平交易法第 20 條第 2 款之違反[378]。而所謂的「正當理由」，依公平交易法施行細則第 26 條規定，應審酌下列情形認定之「一、市場供需情況。二、成本差異。三、交易數額。四、信

---

[376] 公平交易委員會（2021），《認識公平交易法增訂第 19 版》，頁 187-188。公研釋第 032 號。最高行政法院 109 年度判字第 23 號行政判決。

[377] 廖義男（2021），《公平交易法》，初版，頁 457，元照。

[378] 公處字第 106085 號、最高行政法院 109 年度判字第 23 號行政判決。

用風險。五、其他合理之事由。」至於差別待遇是否「有限制競爭之虞」，則應「綜合當事人之意圖、目的、市場地位、所屬市場結構、商品或服務特性及實施情況對市場競爭之影響等加以判斷。」且不必俟有實際損害競爭情形發生，只要任其實施，將可能減損市場之競爭機能，即已該當[379]。

依前揭條文，公平會判斷事業之行為是否構成公平法所禁止之差別待遇之討論架構為：1.被處分人之市場力；2.被處分人之行為是否屬差別待遇之行為；3.被處分人之差別待遇行為無正當理由；4.被處分人差別待遇行為有限制競爭之虞[380]。

（二）本款規範目的──所保護的法益為何？

公平法之所以禁止「無正當理由之差別待遇」，是為了保護事業之交易相對人，不致於因該事業依恃市場力量為不正當差別待遇，使交易相對人在已無多重選擇可能性之下，被阻絕進入市場或被不利之差別待遇而無法在市場上為公平競爭[381]。申言之，本款在求防止：事業為爭取交易機會，以「優惠性交易條件」破壞該階層之競爭（即所謂 primary-line injury），例如區域性削價；或因而使相對人有增、減成本等情事，而阻礙或破壞交易相

---

[379] 公處字第 105120 號。

[380] 公處字第 106085 號。

[381] 廖義男、顏雅倫（2004），〈第三章不公平競爭〉，廖義男等，《公平交易法之註釋研究系列（二）第 18 條至第 24 條》，公平交易委員會 93 年度委託研究，頁 3。

對人階層之競爭；同時，亦著眼於防免經濟力龐大的購買者，利用其有利的交易地位，迫使供應者給予價格優惠，以致於該購買者（交易相對人）在其所屬之競爭市場階層，得以藉此獲得不正之競爭優勢（後二者即所謂 secondary-line injury）[382]。

至於公平法第 20 條第 2 款之保護法益是否包括消費者？答案是否定的，蓋消費者之購買僅為個別私人的最終使用，消費者間未發生限制競爭之效果。縱使消費者購買產品是作生產中間投入使用，但若事業有正當理由為差別待遇，仍未違法。

問題 16：百貨公司換季出清存貨期間，季前與季後產品售價不同，是否違反公平交易法[383]？

【範例】

A 在過年前到百貨公司購買一件大衣，計價 1 萬 5 千元，而 B 在過完年後也到同一家百貨公司購買款式相同的大衣，價格只有 A 的一半，A 是否可據此控告該百貨公司採行差別待遇？

【相關條文】

➢公平交易法第 20 條

➢公平交易法施行細則第 26 條

---

[382] 范建得、陳丁章（2004），〈第十九條限制競爭或妨礙公平競爭之行為〉，廖義男等，《公平交易法之註釋研究系列（二）第 18 條至第 24 條》，公平交易委員會 93 年度委託研究，頁 129。

[383] 修改自范建得、莊春發，《公平交易法 Q&A 範例 100》，問題 32，商周文化，1992 年初版，後因授課需要，將原案例進行調整，編為課程講義使用。

【解析】

　　A 在季前到百貨公司購買大衣的價格，比 B 在季後購買相同款式大衣貴上一倍，是否可據此指責百貨公司有差別待遇的不法行為？首先要澄清的是，公平法第 20 條第 2 款所要保護法益在哪裏？是否也包含消費者在內？依據第 20 條第 1 款的說明：「有下列各款行為之一，而有限制事業競爭之虞者，事業不得為之。」其規範內容似乎是在防止事業利用不公平的交易手段，導致發生同一市場的主要侵害（primary injury），或另一個市場的次侵害（second injury）。有這些效果時，才是公平法所要管制的對象。依上述例子，若 A 與 B 購買大衣只是為個別私人的最終使用，即不具備公平法第 20 條第 2 款的法律要件。因為 A、B 間並未發生限制競爭的效果。

　　另外，即使 A、B 向百貨公司所購買的產品是做生產中間投入使用，因為購買時間的不同，百貨公司懼怕產品市場價值急速消失，以致無法回收成本，折價將其賣給 B，在客觀市場環境有其必須性，屬於合理的商業行為，是有正當理由的差別待遇行為，有免責性。又如公司結束大拍賣，為能快速出清存貨，獲取現金，應當也是屬於市場情況發生變化後不得不採取的措施；若不折價出售，產品可能很難脫手，甚至造成更大的損失。所以允許結束拍賣價格與拍賣前價格間有巨幅落差，才能配合實際經濟的情況，如此才不致於因執法反而使社會付出更高的法律成本。法院或海關拍賣的產品也應列為此例外的例子。

（三）要件

1. 相關當事人均需為「事業」（參照：公平法第 2 條）。
2. 行為事業需有市場力（相對市場優勢地位、相當之市場力量）：

    從事「無正當理由差別待遇」之行為主體，是否需有相當市場力？如就本款規範目的而論，行為事業如不具市場力，相對人即不乏另擇交易對象之可能，殊無影響交易相對人同一競爭階層交易秩序之餘地；又，倘行為事業不具市場力，則亦難想像其以「優惠性交易條件」（例如區域性削價）爭取交易相對人後，有能力進行利益之補償、回填，而有損害同一階層競爭之可能性。因此，行為事業具有市場力，應解為要件之一。又依我國公平會之執法經驗，在處理本款違法行為時，至少均將市場地位，作為判斷是否該當於本條「共通要件」之基礎之一[384]、[385]。

---

[384] 范建得、陳丁章（2004），〈第十九條限制競爭或妨礙公平競爭之行為〉，廖義男等，《公平交易法之註釋研究系列（二）第 18 條至第 24 條》，公平交易委員會 93 年度委託研究，頁 130。

[385] 例如：(81)公處字第 017 號處分即稱：「……因目前國內供應航空用油者僅中油公司一家，故其具有市場優勢地位……水湳機場之用油量，占永興公司各航線用油量 30 至 40%……故中油公司以其市場優勢地位所為之前述差別待遇行為，顯已妨礙永興公司與其他航空公司間之公平競爭……」；(83)公處字第 025 號處分稱：「……捷運工程之總預算約占前述超過千億之工程總預算之 17%，故被處分人已具有影響市場之力量，並構成妨礙公平競爭之虞。……」；(84)公處字第 018 號稱：「……被處分人為唯一回收處理國內飲料廢寶特瓶之事業，其市場地位甚為特殊，……故被處分人所為斷絕收貨已構成無正當理由之差別待遇行為，並足以妨礙該市場之公平競爭。……」；(84)公處字第 102 號處分稱：「……再就是否妨礙公平競爭而

近期案例中，智財法院審理賓士公司拒絕授權予車燈製造商帝寶公司，卻授權予其他副廠案。智財法院認為，賓士公司在汽車銷售的主市場中僅有 6%至 8%的市占率，在汽車銷售的主市場中，沒有一家汽車銷售業者達到經濟規模的銷售量，故賓士公司並非公平法第 20 條之「相對市場優勢地位」之事業，且在一個高度競爭的相關市場中，專利權人授權與否，本是私法自治、契約自由的範圍，法院並無介入之必要。賓士公司身為專利權人，依專利法取得排他實施權，但專利法並無課予專利權人授權他人實施之義務，賓士公司基於其商業上之考量（詳後述），不願將系爭專利授權給帝寶公司，亦無違反公平交易法第 20 條第 2 款「無正當理由，對他事業給予差別待遇之行為」可言。

論，其判斷標準，應指事業在特定市場之影響過大，致其行為能產生實質不公平競爭之危險性而言。故本案『妨礙公平競爭之虞』，認定基準應指事業在特定市場之總占有率，而非僅指其單一契約金額在特定市場之占有率。……被處分人辦理系爭採購行為，顯具有相當之市場地位，經考量其商業倫理非難性及對市場自由競爭之減損程度，已符『妨礙公平競爭之虞』要件。」；(84)公處字第 167 號：「……本案被處分人系爭招標案之市場占有率為 14.23%，具有影響市場競爭力量，其所為差別待遇行為，有妨礙公平競爭之虞，合致公平交易法第 19 條第 2 款之違法要件。」；(86)公處字第 187 號處分：「……是以被處分人顯具有影響市場之力量，其於橋樑工程優惠單一廠牌之差別待遇行為，已有妨礙公平競爭之虞。」；(87)公處字第 087 號處分：「……次不論是被處分人自行估計之 10 至 12%左右，或依本會調查結果之市場占有率高達 26%以上，均具有市場地位，顯有妨礙國內國小參考書市場公平競爭之虞，合致違反本法第 19 條第 2 款之要件……。」；(90)公處字第 062 號處分：「……故倘具有市場力之事業，於招標規範投標資格之訂定，係屬無正當理由對他事業給予差別待遇之行為，而有限制競爭或妨礙公平競爭之虞者，即屬違反前開規定。」

3. 差別待遇之客觀事實：
(1) 條件相同之商品或勞務：

關於「無正當理由差別待遇」之禁止，乃普遍適用於商品與服務之交易上，但不論如何，均需以等級、品質相當之交易標的，做為比較之前提，始有辨別有無「差別性」存在之實益。例如，過去公平會公研釋字 007 號，關於出版業對不同作者給付不同之稿費或版稅，是否屬於違反公平法，公平會解釋以「按價格之差別待遇係指相同之商品或勞務以不同之價格為交易。出版業對不同作者給付不同之稿費或版稅，如係因作者之知名度、知識、經歷、讀者偏好、市場等因素之不同而有差異，則其並非差別待遇所指『相同之商品或勞務』，應無公平交易法第 19 條第 2 款（現行法為第 20 條）規定之適用。再者，依公平交易法第 19 條第 2 款（現行法為第 20 條）規定，縱可認為差別待遇，但如有『正當理由』亦不違法，作品因作者知名度，知識經歷、讀者偏好、市場等因素之不同而有差異，可認定其具有差別之正當理由而不違法[386]。」

(2) 價格、交易條件或交易與否等方面給予不同的

---

[386] 公平會公研釋 007 號。公平交易委員會網站，出版品定價及作者稿費之不同給付是否違反公平交易法，https://www.ftc.gov.tw/internet/main/doc/docDetail.aspx?uid=220&docid=391&mid=6 （最後瀏覽日：01/31/2024）。

對待[387]：

　　至於其具體之行為類型或態樣，現行法令並未有明白之規定，如從學者之描述與所嘗試之歸類等，併同實務之發展經驗觀察，大體而言，有以下態樣：A.「相對人選擇標準」之差別，過去之處分案例諸如：不當招標限制[388]、不當理由拒絕[389]；B.「交易對價」之差別[390]；C.「其他交易條件或限制」之差別，例如：以不公平之條件，給予他方非法的佣金、居間費或其他有價之報酬或利益[391]。

---

[387] 范建得、陳丁章（2004），〈第十九條限制競爭或妨礙公平競爭之行為〉，廖義男等，《公平交易法之註釋研究系列（二）第18條至第24條》，公平交易委員會93年度委託研究，頁132-133。廖義男（1994），《公平交易法之釋論與實務：第一冊：立法目的、事業、罰則》，頁111，自刊。黃茂榮（1993），《公平交易法理論與實務》，初版，頁314-325，自刊。

[388] (84)公處字第108號，臺北市公共汽車管理處標購整體式冷氣大客車，為不當之資格限制處分案、(86)公處字第187號，臺灣省交通處公路局辦理橋樑工程招標，訂定橋樑伸縮縫規範，大幅限縮廠牌之選擇權遭處分案、(89)公處字第026號，臺灣電力股份有限公司之吊臂工程車購置案，不當限制參標遭處分案、(90)公處字第062號，臺南市政府之公11地下停車場委託公辦民營招標案，不當限制投標廠商資格，遭處分案、(90)公處字第118號，國立編譯館辦理部編審定本國民小學教科書印行作業，不當限制出版事業印行資格，遭處分案。

[389] (84)公處字第018號，臺灣再生工業股份有限公司於廢寶特瓶回收市場，不當拒絕收取回收業者繳交之廢寶特瓶，遭處分案。

[390] (81)公處字第017號，中國石油股份有限公司、永興航空股份有限公司利用現有市場優勢地位，在航空用油銷售為差別取價，遭處分案、(85)公處字第166號，臺灣省物資局受託代理臺灣鐵路管理局標購鐵路車輛，涉因含稅與否之比價基準不一，對國內競標廠商差別待遇處分案、(86)公處字第216號，加工出口區管理處儲運服務中心，選擇對有競爭關係之外車業者收取場地使用費之行為，涉差別待遇處分案。

[391] 另可參：(87)公處字第087號，南一書局股份有限公司區分「學校組」經銷商，與門市書局，限定在「學校組」之經銷商推展業務完畢後，門市書局才能進貨零星銷售，違反本款被處分案、(87)公處字第038號，木喬傳播事業

4. 需無正當理由[392]：

關於差別待遇之正當理由存否，公平法施行細則第 26 條，訂有所謂「應」審酌事項。惟此，並非指公平會，需證明行為事業所為「無正當理由」。蓋依一般舉證責任分配之法理，主張積極事實者，應負舉證之責。職此，關於本款要件中，「正當理由」之存否，自非屬主管機關做成處分時，應「舉證」之範圍（「無正當理由」為消極事實），而屬於被調查對象得提出之「抗辯」。換言之，公平法施行細則第 26 條所謂之「應」審酌事項，係指主管機關針對行為人提出之抗辯事項，應據以審酌之標準而已[393]。

至於事業之抗辯理由是否正當，依公平法施行細則第 26 條之旨，應審酌下列因素認定之：

(1) 市場供需情況：

凡服務或商品之本質，常因市場供需情況變遷，（隨時間）影響其可銷售性，致生價格或其他交易條件變動者，亦不受本款之限制。這些變動原因包括：易腐物之降價求售、已過

股份有限公司無正當理由，授與特定有線播送系統業者頻道節目代理權，對同區域有線播送系統業者給予差別待遇被處分案。

[392] 范建得、陳丁章（2004），〈第十九條限制競爭或妨礙公平競爭之行為〉，廖義男等，《公平交易法之註釋研究系列（二）第 18 條至第 24 條》，公平交易委員會 93 年度委託研究，頁 133-136。

[393] 范建得、陳丁章（2004），〈第十九條限制競爭或妨礙公平競爭之行為〉，廖義男等，《公平交易法之註釋研究系列（二）第 18 條至第 24 條》，公平交易委員會 93 年度委託研究，頁 133。

時之季節性商品求售、以及供過於求時（存貨）之拋售等。此外，交易相對人面對市場供需變化下，其供給能力穩定與否，亦得作為決定與之交易與否之正當考量，如：第 00282 次委員會議針對燁輝企業股份有限公司被檢舉公開標售鋅浮渣，涉有排除特定廠商參與競標違反公平法案，即採認被檢舉人答辯，贊同「避免貿易商因市場供需變化衍生提貨不順暢，影響本業產銷」之說法尚屬可採，因此，資格限定（排除貿易商）係為本業營運暢順所生之安排，得認符本法第 20 條第 2 款所稱「正當理由」之考量因素。

(2) 成本差異：

一般而言，所謂之成本可略分為生產成本與交易成本二大類。即便是同等級、同品質之服務或商品，如因生產要素之成本變化，有為維持合理利潤或市場占有，而就交易條件調整時，均得考量其比例是否恰當；此外，如係因為交易成本之差異（如運費、帳管、付款方式等），而與相對人個別議定交易條件，亦得考量其正當性。（如：公平會第 353 次委員會議三陽工業股份有限公司暨鼎豪實業股份有限公司不處分案，即認為廠商對不同銷售點按不同的進貨成本、交易數額給予不同之供應價或銷售價，應為市場價格機能之正常現象，而對銷售業績達某一標準以上者，以減收貨款獎勵，

尚難謂為違法。）

(3) 交易數額：

　　一般而言，大量交易之折扣，往往也跟交易成本降低有關，蓋一次大量之交易模式，本即減輕個別單次議約之成本，故交易數額之多寡，通常也會造成交易條件之不同，有認屬合理正當之空間。如：公平會第 353 次委員會議三陽工業股份有限公司暨鼎豪實業股份有限公司不處分案，即認為廠商對不同銷售點按不同的進貨成本、交易數額給予不同之供應價或銷售價，應為市場價格機能之正常現象，而對銷售業績達某一標準以上者，以減收貨款獎勵，尚難謂為違法。

　　值得一提者，乃一旦涉及買方獨占（因大量需求存在，相對於供給面之過剩，取得之議約地位）之情形，則另需檢視買方有無不當行使市場力之虞。

(4) 信用風險：

　　信用風險涉及交易當事人間對價取得之便利性與及時性等問題，更涉及日後有無訴訟（或其他實現權利）成本發生之可能性。交易過程中，任何不確定性因素之減低，均有利於效率之表現，因此，當事人間因風險不同（例如遠期支票之交付與現金支付，其風險已然不同；又如銀行對於不同信用等級客戶給予不同利率、費率與償還條件等），所做之不同交易

安排,多有解釋為具有正當性之餘地。

(5) 其他合理之事由:

例如,為相應於對手行為,所為之防禦性(對抗)競爭(meeting competition)、短期之促銷推廣活動、交易雙方之既存合作(親疏)關係(如:公平會第 353 次委員會議三陽工業股份有限公司暨鼎豪實業股份有限公司不處分案,即認為廠商對不同銷售點按不同的進貨成本、交易數額給予不同之供應價或銷售價,應為市場價格機能之正常現象,而對銷售業績達某一標準以上者,以減收貨款獎勵,尚難謂為違法)、法院對抵押品之拍賣等、具明確適格判斷基準或有意維持品牌形象(限量鋪貨)之「選擇性經銷」制度、因應法令要求(例如國家標準等,實務見解則如:公平會第 280 次委員會議,就臺灣電力公司興達發電廠辦理「煤灰船運」工程招標被檢舉審驗投標廠商資格有失公平案,認為業主要求依照船舶法第 27 條規定實施定期檢查,係依法令要求,不生差別待遇,故不處分;同旨可參第:307 次委員會議關於國立屏東師範學院被檢舉辦理該校東校區行政教學綜合大樓空調工程,依據行政院頒「各機關辦理公有建築物作業要點」第 19 條及「行政院暨所屬各機關營繕工程招標注意事項」第 6 第 6、7 條規定辦理,訂定實績限制案)、保護公共安全或其他公益所需

等（例如售後市場之「正廠」零件採購，實務見解則如：公平會會第 354 次委員會議，就國內汽車代理商拒將其代理汽車所需之零配件售予汽車材料買賣業者案，認為事業基於合理之行銷策略考量所為之獨家交易安排或採行選擇性經銷體制，致拒絕與部分事業為交易者，即尚難就此拒絕交易逕認定其違法，且認為求確保消費者之用車安全、釐清履行新車保證及零件保證責任之責任介面，避免額外擔負他廠維修不當所生之保證責任，所為之零配件交易安排，尚難認非屬本法所稱「正當理由」）。

公研釋 107 號

公會區分會員與非會員而為差別收費有無違反公平交易法[394]？

行政院公平交易委員會　函

主旨：有關　貴局請釋臺北市石材製品公會通過石材工程鑑定收費標準案，本會意見如說明二，請　查照。

說明：

一、（略）

---

[394] 公研釋 107 號：公會所訂「石材工程鑑定收費標準」區分會員與非會員而為差別收費，是否違反公平交易法之疑義。https://www.ftc.gov.tw/internet/main/doc/docDetail.aspx?uid=221&docid=404&mid=39；行政院公平交易委員會 85 年 11 月 7 日(85)公貳字第 8508842-001 號函。又，本則函釋所引之公平交易法施行細則第 23 條之規定，於 88 年 8 月 30 日修正改列於第 24 條，復於 91 年 6 月 19 日修正改列於第 26 條。所引之公平交易法第 19 條第 2 款之規定，於 104 年 2 月 4 日修正公布，條次變更為第 20 條第 2 款。

二、本案業經85年10月23日本會第260次委員會議決議如下：

（一）有關公會「石材工程鑑定收費標準」區分會員與非會員而為差別收費，是否違反公平法第19條第2款之規定，依同法施行細則第23條規定，所稱正當理由，應審酌市場供需概況、成本差異、交易數額、信用風險及其他合理事由定之。

（二）惟查「石材工程鑑定收費標準」適用對象，為向臺北市石材製品公會申請鑑定者，其中有業主及施工者，不必然為石材製品業者，而區分會員與非會員而為差別收費，與公會所稱響應業必入會政策理由不具必然關聯性，且公會如確為響應業必歸會，則有商業團體法第12條、第63條規定（對會員採強制入會，否則主管機關可處以罰鍰）可資遵循，從而公會是否另有其他限制競爭或不公平競爭之情事而為差別收費必要，似不無斟酌餘地。

備註：

一、本則函釋說明二、（一）所引公平交易法施行細則第23條之規定，於88年8月30日修正改列於第24條，復於91年6月19日修正改列於第26條。

二、本文說明二、（一）所引公平交易法第19條第2款之規定，於104年2月4日修正公布，條次變更為第20條第2款。

第三章 個別限制競爭行為

問題 17：以不同價格供應原料或產品給批發商和零售商，是否違反差別待遇規定[395]？

【範例】

　　某農產品運銷公司同時供應農產品給超商和一般零售商，由於超商的購買數量往往是零售商的數倍，因此在相同農產品價格的計算上，批發給超商的售價往往只有批發給零售商的 7 成，請問農產品運銷公司是否對零售商進行差別取價，造成市場的不公平？

【相關條文】

➢公平交易法第 20 條
➢公平交易法施行細則第 26 條

【解析】

　　事業將相同產品以不同價格賣給不同的購買者，表面上看似有差別待遇的行為，但在交易過程可能有著實上的不同，也就是說由生產者到購買者手上的各種成本差異，必須予以考慮計算後，才能推定其售價是否有所差異，在剔除差異後，價格上若仍有明顯的不同，當然就屬於差別待遇的行為。

　　例子中，超商的一次購買量是零售商的數倍，就農產品運銷公司而言，對超商的銷售成本可能因量大而大幅減少，因此將銷售成本減少的部分反映在其售價上，所以表面上看起來二者售價不同，事實上是因為產品提供數量的不同造成成本的差異，最後反映在售價上，這種情形應不算是差別待遇。

　　從另外一個角度來看，超商附設有冷凍庫，一次大量進貨

---

[395] 修改自范建得、莊春發，《公平交易法 Q&A 範例 100》，問題 31，商周文化，1992年初版，後因授課需要，將原案例進行調整，編為課程講義使用。

後再逐日出清產品；而零售商在每日進行交易的要求下，農產運銷公司必須增加農產品的儲存成本，以致表面看起來提供給超商與零售商的農產品雖然相同，但實際上從生產者賣到銷售商手上時，其提供產品的成本並不相同。

當然農產品運銷公司對兩者經銷商的售價不同，必須能真實反映出供應成本的不同，才有免責性。

換言之，農產品運銷公司一旦被下游經銷商指控差別待遇，造成下游市場競爭的不公平時，農產運銷公司必須能提出確實有利的證據，說明其售價不同完全是為了反映銷售成本的不同，若不能說服主管機關，或其售價並未真實反映成本差異時，則農產運銷公司差別取價的行為，仍有造成次侵害（second injury）的可能，有違反公平法之虞。

所以事業發現有類似此種銷售情形時，必須小心從事，或於事前估算兩種行銷管道的成本，並按比例反映在價格上，否則很容易違反公平法。

問題 18：生產者在不同地區以不同價格銷售產品，是否違反公平法[396]？

【範例】

某臺北西藥製造商批藥給各地西藥房，對臺北以外地區的藥房均加 2 成計價；此外，該藥商對新客戶與舊客戶的待遇也不同，新客戶一律以現金交易，而老客戶可開立 2 個月期支票作為貨款，該西藥製造商是否違反公平法？

---

[396] 修改自范建得、莊春發，《公平交易法 Q&A 範例 100》，問題 33，商周文化，1992 年初版，後因授課需要，將原案例進行調整，編為課程講義使用。

【相關條文】
➢公平交易法第 20 條
➢公平交易法施行細則第 26 條
【解析】

　　西藥製造商對較遠地區的藥房批藥，按較高價格出售，基本上是反映地理位置不同，可能造成運輸費用的差異，但西藥商對臺北以外地區的藥房，一律將售價提高 2 成，反而有造成差別待遇之嫌。按理說，每家藥房距離藥廠地點不同，應按其距離遠近調整售價才對，若採取一律加 2 成運輸費，顯然對近距離的藥房不利。例如臺中與高雄地區的藥房，藥廠一律以加 2 成方式處理，則對臺中地區藥品購買者產生差別待遇，有違法之嫌。當然，除了是否有正當理由外，差別待遇的可責性還要看該差別待遇行為是否造成另一個市場的競爭不公平，例如前面所提到的臺中和高雄同時在成本上加 2 成的運費，對臺中地區的購買者造成差別待遇，但若臺中和高雄地區的藥品銷售分屬兩個不同地理市場，藥房之間沒有實質市場競爭關係時，藥廠雖有差別待遇的事實，但並未引起市場競爭的不公平現象，則藥廠應沒有可責性。

　　其次，在交易條件方面，藥廠對新客戶採取現金交易方式，而老客戶則可開立 2 個月期票，也就是說給舊客戶 2 個月的現金通融期，名目上似乎有差別待遇的可能性，若仔細考慮市場交易可能面臨的風險，則可發現藥廠之所以採不同方式進行交易是有其道理的，新客戶由於未建立互信關係，在尚未清楚新客戶的信用關係前，要求以現金交易方式，是為了避免市場風險；相對地對老客戶予以通融，一方面是對其信用已有相

當的掌握，另一方面是對忠誠購買者的回饋，這是商場上的一般習慣，所以，因為信用風險的不同，予以不同的交易條件，應可視為有正當理由。不過其因信用風險不同而必須給予多少優惠才屬正當，則有賴將來主管機關的認定。

問題 19：事業因競爭關係被迫採取不同價格出售產品，是否有違法的可能[397]？

【範例】

　　某市場只有 A 與 B 兩家廠商，競爭非常激烈，C 與 D 是 A 的下游廠商。上個月，C 向 A 進貨每單位計價 100 元的產品，這個月初，B 為向 A 的原有客戶 D 推銷同種產品，開價為每單位 80 元，D 將上述情形向原供應商 A 陳述，於是 A 乃應允以相同價格 80 元出售產品。A 將相同產品以不同售價出售，造成下游市場競爭不公平，是否觸犯公平法的不公平待遇行為？

【相關條文】
➢公平交易法第 20 條
➢公平交易法施行細則第 26 條

【解析】

　　從表面的法律形式來看，A 已違反公平法第 20 條第 2 款的差別待遇行為，而且該項行為確實使有關的下游市場造成不公平現象，似乎有法律上的可責性。

　　若站在上游 A 廠商供貨銷售產品的立場來思考，原有客戶 D 因受 B 進入市場參與競爭的影響，有可能轉向 B 購買原料，

---

[397] 修改自范建得、莊春發，《公平交易法 Q&A 範例 100》，問題 34，商周文化，1992 年初版，後因授課需要，將原案例進行調整，編為課程講義使用。

因為 B 所提供產品價格便宜 2 成，以事業經營的角度來看，D 當然有與 B 進行交易的理由，這也是公平法第 4 條揭櫫的競爭意義：「事業以較有利的價格爭取交易機會的行為，是公平交易法所鼓勵的營業行為。」

　　但就 A 而言，D 向其報告 B 的報價低於 A 的售價，而他可能轉向 B 購買產品時，為避免客戶流失，A 不得不向 B 提供的價格看齊降低原有價格，因而導致 C 在與 D 相同市場的競爭處於不利的地位。就 A 對 D 的價格行為固然有礙於 C 的市場競爭，但其行為乃是面臨本身市場競爭所做的正當反映，應可視為具有正當差別取價的理由，不具可責性，屬於施行細則第 26 條第 1 項所列正當理由中第 5 款其他合理或正當之理由。

　　可是就法律上主管機關將來能面臨的問題是如何界定 D 所述為實情，因為將來很可能進行差別取價的廠商，在找不到施行細則第 26 條所規定的理由時，即全部以應付市場競爭狀況，做合理的反映為理由。然而依據國外實務，有關忠誠反映市場競爭而做的差別取價，其舉證責任由被告負責，例如上例 D 有可能欺騙 A，B 所提供價格可能比原有 100 元更高，所以，A 不能因 D 的陳述即據以採信。將來如何界定那些情形才算是有正當反映市場競爭情況，將是問題爭議所在。

問題 20：對自己的關係企業給予特別優惠，是否違反公平法[398]？

【範例】

　　某甲汽車製造商，投資設立一家 A 汽車出租公司，另外將

---

[398] 修改自范建得、莊春發，《公平交易法 Q&A 範例 100》，問題 35，商周文化，1992 年初版，後因授課需要，將原案例進行調整，編為課程講義使用。

汽車出售給 B 汽車租賃公司，甲對自己設立的 A 汽車租賃公司，汽車售價每輛 50 萬元，對毫無關聯的 B 汽車租賃公司則以較高售價每輛 60 萬元出售汽車，致使 B 汽車租賃公司在市場競爭上處於不利地位，B 汽車租賃公司一氣之下，乃一狀告向公平會，公平會是否會接受此案？

【相關條文】
➢公平交易法第 20 條
➢公平交易法施行細則第 26 條

【解析】

　　上游製造商對下游轉投資事業，產品銷售價格比一般非關係企業要低，這是人之常情，在商場上是合理的行為。但是很可能像上述汽車製造商與汽車租賃的例子一樣，站在本身立場是屬合理的行為，但是在市場上，卻可能造成下游市場的競爭不公平，有違反公平法的可能。

　　公平會接受 B 的控訴後，首先要做的工作是，調查汽車製造商對其關係企業的不同售價是否符合施行細則第 26 條所列述的 5 項正當理由，因為①市場情況的關係，②不同交易其成本不同，③因為交易數量不同有數量上的折扣，④因為購買者信用不同，所以計價也不同，或者是為，⑤市場競爭狀況的改變，所做的合理降價反映行為。

　　此外，公平會還要再看這種不同的差別取價，是否產生汽車租賃市場競爭的不公平現象，汽車製造商才負有法律上的責任。

　　以實務而言，汽車製造商最可能的正當理由是，施行細則第 26 條第 1 項第 2 款成本差異、第 3 款的交易數額，和第 4 款

的信用風險。因為汽車製造商將汽車出售給與自己有關係的汽車租賃公司時，可能一次交易數量較多，可享受折扣優待；也可能因為相互了解較清楚，省去信用調查的麻煩，而給予較長時間的融通。相對的非關係企業的交易，可能一次購買數量較少，相互間的瞭解比不上關係企業，因此信用風險較高，無法給予較佳的融資條件，因此造成二者在售價上的不同。總而言之，汽車製造商必須在公平會所列舉的正當理由下，舉證說明為什麼對二者的售價不同，而且所舉證理由還必須為公平會所接受，否則即有違法的可能。

三、第 20 條第 3 款──低價利誘等不正當阻礙競爭之行為

相關法條

公平交易法第 20 條第 3 款：

> 有下列各款行為之一，而有限制競爭之虞者，事業不得為之：
>
> 三、以低價利誘或其他不正當方法，阻礙競爭者參與或從事競爭之行為。

公平交易法施行細則第 27 條：

> 本法第 20 條第 3 款所稱低價利誘，指事業以低於成本或顯不相當之價格，阻礙競爭者參與或從事競爭。
>
> 低價利誘是否有限制競爭之虞，應綜合當事人之意圖、目的、市場地位、所屬市場結構、商品或服務特性及實施情況對市場競爭之影響等加以判斷。

（一）立法沿革

1. 104年修法前：

80年制定之公平法第19條第3款規定：「有左列各款行為之一，而有妨礙公平競爭之虞者，事業不得為之：……三、以脅迫、利誘或其他不正當之方法，使競爭者之交易相對人與自己交易之行為。」立法理由謂「維護交易秩序，確保公平競爭，為本法之立法目的，故事業有礙公平競爭之行為，應予禁止：……三、商業上之競爭固為市場機能之發揮，惟以違反正常商業習慣之方法迫使或誘使競爭者之交易相對人與其交易，顯違公平，故應予禁止。」

88年修法，將序文修改為「有左列各款行為之一，而有限制競爭或妨礙公平競爭之虞者，事業不得為之：……三、以脅迫、利誘或其他不正當之方法，使競爭者之交易相對人與自己交易之行為。」修法理由謂「一、第1項本文加入『限制競爭』以求周延。」

行政法院就104年修法前公平法第19條第3款之立法意旨，有以下描述：茲因在自由經濟體制的市場競爭環境中，事業以其商品或服務之價格、品質或服務爭取顧客之行為，應屬市場機制之正常運作，本為公平法第4條規定所允許；惟如以違反正常商業習慣等不正當之方法，迫使或誘使競爭者之交易相對人與其自己交易，其目的在藉由侵害競爭事業或剝奪競爭事業交易機會之

方式，以阻擾市場競爭，因該行為本身具有明顯不公平性，違反市場自由與公平競爭法則，自有受規範之必要，此為修正前公平法第 19 條第 3 款規定立法意旨所在[399]。質言之，本條款於 104 年修法前，重視事業手段上有違反商業倫理或效能競爭本質之可非難性，其性質歸類為「不公平競爭行為[400]」。

2. 104 年修法後：

104 年修正後之公平法第 20 條第 3 款規定：「有下列各款行為之一，而有限制競爭之虞者，事業不得為之：⋯⋯三、以低價利誘或其他不正當方法，阻礙競爭者參與或從事競爭之行為。」其立法理由略載「一、條次變更，由原條文第 19 條移列。二、<u>本條所規範違法行為屬限制競爭行為類型</u>，爰刪除序文『或妨礙公平競爭』之文字。三、原條文第 1 款及第 2 款未修正。四、參考德國限制競爭防止法第 20 條禁止不公平阻礙競爭之規範意旨，修正原條文第 3 款，<u>就具有相當市場地位之事業從事不當低價競爭或其他阻礙競爭之行為，雖未構成掠奪性訂價</u>[401]，但對市場造

---

[399] 最高行政法院 109 年度判字第 615 號行政判決。

[400] 廖義男（2021），《公平交易法》，初版，頁 459，元照。

[401] 掠奪性定價指具優勢地位的廠商為了排擠競爭對手，犧牲短期利潤，將產品以低於成本的價格銷售，在把同樣有效率或更有效率的競爭對手排擠出市場或嚇阻欲參進的潛在競爭者後，再進行獨占定價之行為。引自胡祖舜（2019），《競爭法之經濟分析》，初版，頁 196，元照。關於掠奪性定價的介紹，可參考胡祖舜（2019），《競爭法之經濟分析》，初版，頁 196-214，元照。許俊雄，〈掠奪性定價──理論發展與案例〉，公平交易委員會

成限制競爭效果者，予以明文規定，以維市場競爭秩序。另以往處理原條文第 19 條第 3 款事業以贈品贈獎方式進行促銷而具有商業倫理非難性之不法內涵行為時，發現因與行為人之市場地位以及行為對於市場造成反競爭之效果較無關聯，屬於不公平競爭行為類型之規定，故將之移列至第 3 章不公平競爭專章單獨規範之。[402]……」確立其行為性質為限制競爭行為。

3. 修法所衍生之問題：【行為數的判斷：一持續性之事實行為，應適用之法規有修正，並改變其構成要件者，如何適用法律？】

　　104 年修正前公平法第 19 條第 3 款規定，與修正後公平法第 20 條第 3 款規定，二者於體例、構成要件及不法內涵，均有不同。就此，最高法院見解認為：「一持續性之事實行為，應適用之法規有修正，並改變其構成要件者，法律評價上即成為 2 個行為，應分別審查其修法前之行為是否符合舊法之違法構成要件，以及修法後之行為是否符合新法之違法構成要件[403]」。

電子報，第 224 期。

[402] 公平交易法第 23 條第 1 項規定：「事業不得以不當提供贈品、贈獎之方法，爭取交易之機會。」其立法理由略以「一、本條新增。二、本章『不公平競爭』規範行為之違法性，主要表現在行為本身具有商業倫理非難性之不法內涵，與行為人之市場地位以及行為對於市場造成反競爭之效果較無關聯；而事業以贈品贈獎方式進行促銷之案件，其性質屬不公平競爭之範疇，爰將該類型案件單獨立一條文，……」。

[403] 廖義男（2021），《公平交易法》，初版，頁 507，元照。最高行政法院 109 年度判字第 615 號判決。

例如天外天有線電視公司於 101 年起開始逐年與其經營轄區內的大樓管委會簽訂「獨家經營權條款」，有違反公平法第 19 條第 3 款之嫌，該條款 104 年修正，如何適用法律？【**最高法院 109 年度判字第 615 號判決**】論述如下：

「修正前公平法第 19 條第 3 款規定與修正後公平法第 20 條第 3 款規定觀之，二者無論在體例上由『不公平競爭』，轉變為『限制競爭』，且構成要件上將『以脅迫、利誘或其他不正當方法，使競爭者之交易相對人與自己交易之行為』變更為『以低價利誘或其他不正當方法，阻礙競爭者參與或從事競爭之行為』，並於立法理由上敘明將以贈品贈獎方式進行促銷而具有商業倫理及非難性之不法內涵行為，發現因與行為人之市場地位以及為對於市場造成反競爭之效果無關聯，而移往第 3 章不公平競爭單獨規範，亦顯不相同。又依修正前公平法第 19 條第 3 款『不當爭取競爭者之顧客行為』，歸類為『不公平競爭行為』，受規範之事業不以具有一定『市場力量』為必要。但修正後公平法第 20 條第 3 款屬『限制競爭』者，應適用於『有相當市場地位之事業』，其適用要件上亦有不同。茲依行政罰法第 4 條規定：『違反行政法上義務之處罰，以行為時之法律或自治條例有明文規定者為限。』<u>是修正前公平法第 19 條第 3 款規定與修正後公平法第 20 條第 3 款規定，二者之構成要件、不法內涵等</u>

既非屬相同，自應以行為人（事業）所為各該行為究係合致何者之規範要件予以究明，並分別適用各該規定，予以論罰，始符合處罰法定主義之要求。原判決肯認修正前公平法第 19 條第 3 款之體例、構成要件與修正後公平法第 20 條第 3 款並不相同，因此 104 年 2 月 4 日修法後，違反修正後公平法第 20 條第 3 款規定行為，始能適用修正後公平法第 40 條第 1 項前段之裁罰處分之法律見解部分，固無違誤。惟修正前公平法第 19 條第 3 款規定與修正後公平法第 20 條第 3 款規定之構成要件、不法內涵既有所不同，應視各該法律規定施行期間，被上訴人之行為有無違反各該法律規定而予論罰，乃無行政罰法第 5 條『從新從輕規定』適用之問題。原判決援引行政罰法第 5 條規定，認應以舊法（即修正前公平法第 19 條第 3 款規定）較有利於受處罰者之法律見解，即有違誤[404]。」

（二）要件

1. 具有相當市場地位之事業：

公平法第 20 條第 3 款立法理由揭載，本條款係就「具有相當市場地位」之事業從事不當低價競爭或其他阻礙競爭之行為，雖未構成掠奪性訂價，但對市場造成限制競爭效果者，予以明文規定。

依公平會第 1267 次委員會會議決議通過之

---

[404] 最高行政法院 109 年度判字第 615 號行政判決。

「垂直非價格交易限制競爭案件相關市場占有率門檻」，當事業之市場占有率未達 15%者，推定該事業不具有市場力量，原則上無限制競爭之虞，惟事業之市場占有率雖未達 15%，但若交易相對人對該事業不具有足夠且可期待之偏離可能性，應認事業間有依賴性存在，該事業具相對市場優勢地位，其限制競爭之行為仍得依公平法第 20 條予以規範。是以，公平會認為，有關低價利誘行為之相當市場地位門檻為：(1)市場占有率超過 15%；或(2)擁有相對市場優勢地位。

例如，跨境電商「蝦皮購物」2015 年跨入臺灣交易市場，於營運初期提供買、賣雙方「免刊登費」、「免手續費」及「免運費」等優惠方式，搶食我國市場，造成國內本土電商競爭同業鉅額虧損，但公平會認為其手段合法，理由為[405]：

(1) 蝦皮購物的跨境電商市場占有率未達 15%，未達到公平會對於垂直非價格交易限制競爭案件之市場占有率門檻 15%，不具有獨占地位或支配地位。

(2) 跨境電商上之使用者，無論網路賣家或最終消費者，隨時可低成本更換平台。

---

[405] 廖賢洲、陳浩凱、林學良、吳佳蓁（2019），〈當臺灣水牛遇上跨國獨角獸──跨境電商低價競爭與公平交易法之研究〉，《公平交易委員會 108 年度研究發展報告》，頁 110、123。關於蝦皮免運費行銷是否涉及掠奪性定價，可參考馬泰成（2019），〈掠奪性定價與電子商務〉，《公平交易季刊》，27 卷 2 期，頁 145-178，https://www.ftc.gov.tw/upload/17f4a678-59ee-4151-a109-457071b9359 b.pdf。

(3) 消費者只要上不同網站即可更換平台，平台轉換成本低廉。因此，跨境電商不具備市場優勢地位。

綜上所述，雖跨境電商採取低價競爭手段，仍不以公平法第 20 條第 3 款相繩。

2. 以低價利誘或其他不正當方法，阻礙競爭者參與或從事競爭之行為：

(1)「低價利誘」：

所謂「低價」，依公平法施行細則第 27 條第 1 項規定「指事業以低於<u>成本</u>或顯不相當之價格，阻礙競爭者參與或從事競爭。」該條立法理由進一步指出「判斷是否低價利誘，<u>原則以平均變動成本（average variable cost）為標準</u>，例外於個案參酌市場結構、產業特性等因素，亦可採用平均避免成本（average avoidable cost）、平均增支成本（average incremental cost）、或進貨成本等標準來認定之」[406]。意即，依事業成本種類之不同，採取不同的量化檢驗方法來認定產品的價格是否低於「成本[407]」。實務上，公平會曾以進貨成本

---

[406] 公平交易委員會網站，公平交易法施行細則修正條文對照表，https://www.ftc.gov.tw/upload/2de8968c-8da4-4835-adff-16a12d493ffa.pdf（最後瀏覽日：01/31/2024）。

[407] 公處字第 106082 號處分書理由謂「事業低價行為存在之量化檢驗方法，依所選定事業成本種類之不同，可分為邊際成本檢驗法（實務上以平均變動成本替代之）、平均避免成本檢驗法、平均增量成本檢驗法、平均成本檢驗法。」相關量化檢驗法，可再參考胡祖舜（2019），《競爭法之經濟分析》，初版，頁 199-205，元照。

[408]、平均變動成本[409]為認定標準來檢驗事業的定價是否低於成本。

所謂「利誘」，依公平會公研釋第 023 號解釋，「按公平交易法第 19 條第 3 款[410]所稱之利誘，係指事業不以品質、價格及服務爭取顧客，而利用顧客之射倖、暴利心理，以利益影響顧客對商品或服務為正常之選擇，從而誘使顧客與自己交易之行為，並有妨礙公平競爭之虞而言。」公平會並說明，以「折扣戰」、「贈品」（摸彩）、「每日一物」、「貴賓卡優待」、「週年慶打折」、「買一送一」等行為利誘顧客之行為，均可依前述原則就具體個案衡量是否違反公平法[411]。

(2)「其他不正當方法」：

104 年修法後，公平法第 20 條第 3 款歸類為限制競爭行為，學者廖義男在說明該條款謂：「『不正當方法』，解釋上即以其行為之目的在阻礙、排擠競爭或減損市場上競爭，因而所採取之競爭手段具有此項目的或作用者，即應認為不正當，而非如同舊法時期，是以違

---

[408] 公處字第 100163 號處分書。

[409] 公處字第 106082 號處分書、公處字第 106102 號處分書、公處字第 106103 號處分書。

[410] 現行法為第 20 條第 3 款。

[411] 公平交易委員會網站，限制競爭或妨礙公平競爭行為利誘顧客行為及供應價、售價與獎勵方式不一有無違反公平交易法，https://www.ftc.gov.tw/internet/main/doc/docDetail.aspx?uid=221&docid=393&mid=221（最後瀏覽日：01/31/2024）。

反商業倫理或效能競爭本質之可非難性為論斷中心[412]。」

按公平會裁罰實務及行政法院之見解，「其他不正當方法」，不以與例示之「低價利誘」具有共同特徵者為限，凡具有相當市場地位之事業「以不正當方法」從事有「阻礙競爭者參與或從事競爭」，而造成市場上限制競爭之效果，即具有非難性[413]。

至於判斷方式，應自行為人之動機、目的及手段等綜合研判[414]。

公研釋字 023 號

利誘顧客行為及供應價、售價與獎勵方式不一有無違反公平法[415]？

說明（以下節錄）：

……

二、本案經提報本會第 37 次委員會議討論，獲致左列結論：

（一）利誘顧客有否違反公平交易法。

　　1. 按公平交易法第 19 條第 3 款所稱之利誘，係指<u>事業不以品質、價格及服務爭取顧客，而利用顧客之射倖、暴利心理，以利益影響顧客對商品或服務為正常</u>

---

[412] 廖義男（2021），《公平交易法》，初版，頁 460，元照。

[413] 公處字第 106102 號處分書、臺北高等行政法院 110 年度訴更一字第 1 號行政判決、最高行政法院 109 年度判字第 593 號行政判決。

[414] 公平交易委員會（2021），《認識公平交易法（增訂第 19 版）》，頁 189。

[415] 行政院公平交易委員會 81 年 7 月 7 日(81)公參字第 00209 號函。函釋所引公平交易法第 19 條第 2 款、第 6 款規定，於 104 年 2 月 4 日修正公布，條次變更為第 20 條第 2 款、第 5 款，內容並酌作修正。

之選擇，從而誘使顧客與自己交易之行為，並有妨礙公平競爭之虞而言。有關贈獎促銷活動416是否屬於公平交易法第 19 條第 3 款所稱「利誘」疑義，應視其贈獎促銷之內容是否已達前述之利誘程度，而使競爭者之交易相對人因此而與自己為交易行為，並有妨礙公平競爭之虞而定。

2. 來函所列 9 種利誘顧客之行為，除「不實」及「販賣仿冒商品」明顯違法，可依公平交易法第 21 條、第 20 條加以規範外，其餘「折扣戰」、「贈品」（摸彩）、「每日一物」、「貴賓卡優待」、「週年慶打折」、「買一送一」等行為，均可依前述原則就具體個案衡量是否違法。

(二) 供應價、售價及獎勵方式不一有否違反公平交易法。

1. 所謂「差別待遇」，係指就同一商品或服務，以不同之價格或價格以外之條件出售給同一競爭階層不同之購買者而言，在一般商業交易，「差別待遇」係屬常見，惟是否違反公平交易法第 19 條第 2 款規定，應考量市場情況、成本差異、交易數額、信用風險等因素判斷有無正當理由暨是否會妨礙公平競爭。

2. 準此，廠商對不同銷售點按不同的進貨成本、交易數額給予不同的供應價或銷售價，應為市場價格機能之正常現象，而對銷售業績達某一標準以上者，以減收貨款獎勵，或對慈善機構鑒於公益原因給予較低之供

---

[416] 事業以贈品贈獎方式進行促銷之案件，其性質屬不公平競爭之範疇，104 年 2 月 4 日修正公布之公平交易法將該類型案件規定於第 23 條。

應價等情形，尚難謂為違法。
(三) 百貨業與專櫃廠商以及供貨商之三角關係。
　　1. 百貨公司對各供貨商或專櫃廠商按交易數額、成本差異等條件給予不同的利潤比例；或依契約、季節性促銷、節慶等商業習慣要求專櫃折扣促銷；或依契約約定產品銷售業績不佳而退貨；或單純拒絕某品牌廠商設櫃供貨銷售，而未濫用市場優勢地位時，原則上此等行為係屬契約自由範圍，至該等行為是否逾越此範疇而妨礙公平競爭，應就個案予以認定。
　　2. 至百貨業限制供貨商與其他百貨業交易是否構成限制交易相對人之事業活動，而違反公平交易法第 19 條第 6 款規定，應考量當事人之意圖、目的、市場地位、所屬市場結構、商品特性及履行情況對市場競爭之影響等加以判斷。

備註：
一、說明二、（一）事業以贈品贈獎方式進行促銷之案件，其性質屬不公平競爭之範疇，104 年 2 月 4 日修正公布之公平交易法將該類型案件規定於第 23 條。
二、本文說明二所引公平交易法第 19 條第 2 款、第 6 款規定，於 104 年 2 月 4 日修正公布，條次變更為第 20 條第 2 款、第 5 款，內容並酌作修正。

問題 21：商業上以賄賂方式爭取生意，是否違反公平法[417]？

【範例】

某私立醫院原由 A 藥廠供應藥品，B 藥廠乃展開人情攻勢，以賄賂方式向該醫院醫藥採購部門致送貴重禮品，因此該私立醫院乃轉向 B 藥廠購買藥品，B 藥廠的行為是否有觸犯公平法的可能？

【相關條文】

➢公平交易法第 20 條

【解析】

公平法第 20 條第 3 款的規定，最易引起不必要的誤會，也最易引起不同看法的爭議。它的法律要件最為簡要，事業的行為人只要採行低價利誘，或其他不正當的方法，使與自己有競爭關係的原交易相對人，轉而和本身交易的行為事實，並造成限制市場公平競爭的效果者，即有違法的可能。

根據上述例子，B 廠商以賄賂方式向醫院採購部門致贈貴重禮品，以爭取交易的機會，即已符合第 20 條第 3 款的不正當方法的條件。而且該項行為產生的後果，勢必在未來與醫院的交易過程中，將其所花費的成本全數反映在醫藥的價格上，醫院的醫療服務也將因藥品價格的上升而下降，致使整體社會的消費者處於不利的地位，因此這種行為不僅造成相對競爭者相同市場競爭的不公平，而且其行為不具生產效能，反而有浪費社會資源之嫌，所以有較高的可責性，因此是公平法所要規範的不公平競爭活動。

---

[417] 修改自范建得、莊春發，《公平交易法 Q&A 範例 100》，問題 36，商周文化，1992 年初版，後因授課需要，將原案例進行調整，編為課程講義使用。

3. 有限制競爭之虞：

(1) 綜合考量之判斷因素——公平法施行細則第 27 條第 2 項。

公平法介入管制事業之低價行為，所著重者不僅止於「低價」，尚有事業實施低價之理由，以及該低價是否對競爭造成負面影響。公平法不排斥事業為有利價格競爭，但若事業之目的為「透過低價行為排除競爭者」，將使消費者於競爭者退出市場後無其他購買途徑可取得商品或服務，不利市場競爭與消費者福利，此時方有公平法介入之必要[418]。

公平法施行細則第 27 條第 2 項為低價利誘行為是否構成限制競爭之虞的判斷依據，學者就該條釋義如下[419]：

I. 意圖與目的之判斷上：需考量有無對於競爭者客戶的針對性，若僅是針對該市場中之潛在客戶並不違法[420]。

---

[418] 張展旗（03/22/2019），〈公平法專欄：公平法針對低價利誘阻礙競爭的規範〉，《群勝國際法律事務所法律專欄》，https://www.btlaw.com.tw/h/NewsInfo?key=0227079976&cont=61852（最後瀏覽日：01/31/2024）。

[419] 廖賢洲、陳浩凱、林學良、吳佳蓁（2019），〈當臺灣水牛遇上跨國獨角獸——跨境電商低價競爭與公平交易法之研究〉，公平交易委員會 108 年度研究發展報告，頁 111-113、118。

[420] 公處字第 106102 號參照「被處分人實施優惠方案之意圖及目的，乃在阻礙新進業者參與或從事競爭：被處分人自承，長期以來收視費用係以地方主管機關審議之上限價格收費，惟因市場開放新進或跨區業者參進，面對競爭對手（尤其為全國公司）以低價策略進入市場競爭，故以相關促銷方案以為因應。且查被處分人對於其既有訂戶並未提供系爭優惠方案，亦未對外公開促銷或宣傳系爭優惠方案，則系爭優惠方案顯非一般為爭取交易機會所為之正常商業行為，爰得認其僅針對特定業者（即新進業者全國公司）之訂戶提供

II. 亦須考量實施方式針對不特定人的公開進行或特別針對競爭者之現有客戶；更需考量是否特別針對新進入市場的競爭者[421]。

III. 在市場地位、市場結構之判斷上，則須考慮相關市場是否集中度高、競爭者少，而在過往案例中，被公平會處分者多為具有市場地位的既有事業[422]。

IV. 商品或服務特性之判斷上，過往公平會處分多發生於競爭者間之商品或服務單一，且競爭者間較少就價格外之要素為競爭之情形[423]。

V. 實施情況對競爭之影響的判斷上，需判斷低價利誘存在的期間長短，是否為進入市場的短期性促銷行為，若是經常、持續性的低價銷售行為，可能構成限制競爭[424]。

系爭優惠方案，其動機顯係為阻礙或排除新進業者，已具有限制市場競爭機能之非難性。」

[421] 廖賢洲、陳浩凱、林學良、吳佳蓁（2019），〈當臺灣水牛遇上跨國獨角獸——跨境電商低價競爭與公平交易法之研究〉，公平交易委員會 108 年度研究發展報告，頁 111。

[422] 廖賢洲、陳浩凱、林學良、吳佳蓁（2019），〈當臺灣水牛遇上跨國獨角獸——跨境電商低價競爭與公平交易法之研究〉，公平交易委員會 108 年度研究發展報告，頁 111。

[423] 廖賢洲、陳浩凱、林學良、吳佳蓁（2019），〈當臺灣水牛遇上跨國獨角獸——跨境電商低價競爭與公平交易法之研究〉，公平交易委員會 108 年度研究發展報告，頁 112。

[424] 廖賢洲、陳浩凱、林學良、吳佳蓁（2019），〈當臺灣水牛遇上跨國獨角獸——跨境電商低價競爭與公平交易法之研究〉，公平交易委員會 108 年度研究發展報告，頁 112。

VI. 低價競爭行為如有正當理由時，未違反本款規定。

具有相當市場地位之事業，非暫時性以低於成本銷售商品，如係基於(a)外在不可控制之市場環境（例如當市場需求衰退時，為消化剩餘產能或存貨，或為維繫與通路、顧客關係避免因停止銷售而中斷，而不得不低價銷售）；或(b)經濟效率（例如產品生產具有規模經濟、學習曲線）等原因，此時所採取之低於成本銷售，與阻礙競爭者參與或從事競爭無關，亦即無論競爭者是否退出市場、是否繼續從事競爭，對於事業低於成本銷售之誘因均不生影響，即應認為具有正當理由。有謂公平法第 20 條第 3 款未明文規定低價競爭行為如有正當理由時，未違反該款規定，惟公平會實務上之運作，正當理由成為本款之隱性構成要件。

(2)「有限制競爭之虞」並不以實際已生限制競爭結果為限，而以客觀上有限制競爭之危險可能性為已足[425]。

---

[425] 公處字第 106082 號處分書、公處字第 106102 號處分書、臺北高等行政法院 110 年度訴更一字第 1 號行政判決。

問題 22：社會上不同事業間的挖角行為是否違反公平法[426]？

【範例】

甲是 A 唱片公司的主要唱將，B 唱片公司成立時，以較佳的薪資、紅利和工作環境挖角甲，將其挖角至 B 唱片公司，B 唱片公司的行為是否有違反公平交易法？

【相關條文】

➤公平交易法第 20 條

【解析】

以事業單位立場來看，「挖角」是員工的流動，以員工本身的立場而言，「挖角」只不過是他事業支付較高待遇請其加入工作行列。對勞動者而言，自有擇良木而棲的工作選擇自由，之所以會有違反公平法的適用疑惑，在於「挖角行為」的形式要件，符合第 20 條第 3 款所謂「其他不正當方式」，而向其他事業挖角；提供較優厚的薪資，也滿足第 3 款的「阻礙競爭者參與或從事競爭之行為」。

所以，挖角的事實，雖然在形式要件符合第 3 款的規定，但是否會造成限制競爭的可能，則要看情形而定。例如員工與公司間的契約期滿，當然員工本身就有選擇工作環境的權利，自不待言。縱使契約約期未滿，勞動資源愈能自由地在市場移動，資源將更有效分配，有利於整體社會生產效率的提高。例子中的甲，因為 B 公司能提供更好的歌唱環境，使其歌唱技能更能發揮，他離職到 B 公司，反而使社會大眾能聽到更多更好的歌，對社會可能創造更高的生產效率，因此甲的離職，並不

---

[426] 修改自范建得、莊春發，《公平交易法 Q&A 範例 100》，問題 37，商周文化，1992 年初版，後因授課需要，將原案例進行調整，編為課程講義使用。

> 一定不利於整體社會利益。
> 　　若是甲被挖角至 B 公司，致使 A 公司無法維持，或因而結束營業時，則此種挖角可能使市場競爭廠商人數減少，降低市場競爭力，與公平法制定的原意相違背。實際上，有許多行業即曾經出現事業故意向對手廠商重要幹部挖角的行為，其主要目的在於排擠對手廠商，若真如此，則違反第 20 條第 3 款的規定。而且爭取對手廠商重要幹部到本身事業服務，在舊法第 19 條第 5 款未刪除前，還可能涉及違反該款，以挖角之不正當的方法，獲取他事業的產銷機密。所以事業在求取人才時，有時挖角固然可救燃眉之急，但卻可能招致違反公平法的危險，事業不可不察。

四、第 20 條第 4 款——不當使他事業參與限制競爭行為

相關法條

公平交易法第 20 條第 4 款：

> 有下列各款行為之一，而有限制競爭之虞者，事業不得為之：
>
> 四、以脅迫、利誘或其他不正當方法，使他事業不為價格之競爭、參與結合、聯合或為垂直限制競爭之行為。

（一）立法目的與立法沿革

　　本款規定，用意在事先防免「限制競爭」情事之發生、避免脫法之限制競爭行為（如：經銷商面臨聯合行為之究責時，推託「一致行為」之產生，係來自於製造商強制之「表象」，彼此間無合意之

存在）[427]。

80年立法時本款立法理由謂：「以脅迫、利誘或其他不正當方法，使他事業參與寡占、結合或聯合行為者，影響市場機能尤深，自應予以禁止」。104年2月4日公平法修正，本款新增「**或為垂直限制競爭**」之行為類型，以求完備。立法理由謂：「原條文第4款所規範者，係事業為達成或加強限制市場競爭之效果，而以脅迫、利誘或其他不正當方法使他事業參與限制市場競爭之行為。此等限制市場競爭之行為，除不為價格之競爭、結合或聯合外，尚應包括垂直限制競爭行為，爰予修正。」

（二）要件

1. 行為主體：

本款規定之行為主體，可能是結合或聯合行為成員以外之事業，亦不限於同一產銷階段具有水平競爭關係之事業，而可能係由與此產銷階段利害息息相關，但不具水平競爭關係之事業去促使此產銷階段不為價格之競爭、參與結合或聯合之行為[428]。

2. 以脅迫、利誘或其他不正當方法：

公平法第20條第4款所規範促使他事業不為價格競爭、參與結合、聯合或為垂直限制競爭行

---

[427] 范建得、陳丁章（2004），〈第十九條限制競爭或妨礙公平競爭之行為〉，廖義男等，《公平交易法之註釋研究系列（二）第18條至第24條》，公平交易委員會93年度委託研究，頁150。

[428] 最高行政法院102年度判字第586號行政判決。

為之方式或手段,除「脅迫」、「利誘」外,尚包括「其他不正當方法」:

(1) 脅迫:公平會於本條款之處分書闡述,所謂脅迫,係指以將來之不利與惡害告知交易相對人,使其心生畏懼[429]。學者則謂:本條款之脅迫並不以被害人之自由完全受壓制為必要,且不需被害人心生恐懼為要件,只要「客觀上」足以認為行為人業已對於他事業直接或間接造成決定自由之侵害即構成違法,其行為態樣多似刑法第 304 條中「使他人行無義務之事」之情形[430]。

(2) 利誘:公平會於本條款之處分書闡述,所謂利誘,則指允諾或實際提供一定之利益,而足以影響他事業之意思決定者[431]。

(3) 其他不正方法:所謂其他「不正當方法」,係指「脅迫」、「利誘」以外之其他一切不正當方法,並非以具有「脅迫」、「利誘」之共同特徵為限,即不以相對人之交易意願受到脅迫、利誘而無法適當判斷為限。且認定上得自行為人之動機、目的、手段、市場地位、所屬市場結構、履行情況及商業倫理等綜合判斷。

---

[429] 公處字第 103072 號處分書。

[430] 范建得、陳丁章(2004),〈第十九條限制競爭或妨礙公平競爭之行為〉,廖義男等,《公平交易法之註釋研究系列(二)第 18 條至第 24 條》,公平交易委員會 93 年度委託研究,頁 151。

[431] 公處字第 103072 號處分書。

舉凡促使他事業不為價格競爭或參與結合、聯合行為之手段或方法，違反商業倫理及效能競爭，對於競爭秩序產生不良影響而具可非難者，均屬之[432]。

3. 不以他事業間，確已發生不為價格競爭、參與結合或聯合行為為必要：

本款規範之行為係獨立之違法類型，其構成要件並不以他事業間確已發生不為價格競爭、參與結合或聯合行為為必要；亦不以他事業因違反同法第 14 條規定而受主管機關處罰為前提要件[433]。

問題 23：以不正當方法，要求競爭對手在市場採取一致的共同行為，是否違法[434]？

【範例】

某產品市場只有 A、B 兩家廠商，過去 A 廠商產品的售價一向以 B 廠商的價格為參考依歸。今因 A 引進新技術致使成本大幅下降，遂改變其原有的訂價策略，將價格大幅壓低，並向 B 廠商要求 60%和 40%的比例瓜分市場，若 B 廠商不從時，A 廠商將再壓低產品價格，A、B 廠商的行為是否違反公平法？

【相關條文】

➢公平交易法第 14 條

➢公平交易法第 15 條

---

[432] 公處字第 103072 號處分書。

[433] 最高行政法院 105 年度判字第 207 號行政判決。

[434] 修改自范建得、莊春發，《公平交易法 Q&A 範例 100》，問題 39，商周文化，1992 年初版，後因授課需要，將原案例進行調整，編為課程講義使用。

➢公平交易法第 20 條
➢公平交易法第 34 條
➢公平交易法第 36 條

【解析】

例子中，A 廠商的行為可分為兩種情況加以分析，一是未引進新技術以前，二是引進新技術之後，成本大幅下降的情況。

未引進新技術之前，某 A 在市場上可能處於弱勢廠商的地位，因此，在訂定價格策略上採取跟進的作法，並以 B 廠商的訂價為馬首是瞻。這種情況是否違反公平法第 14 條？其主要關鍵在於 A、B 兩家廠商是否有**一致性的聯合行為**？若有，則需再審視該項行為是否**足以影響生產、市場供需或傷害市場功能**。

其次，A 廠商引進新技術後，成本大幅下降，因而在市場上處於有利地位，遂主動要求原在市場上處於領導地位的 B 廠商依照他的提議，參與其所設定的市場分配比例營運。B 廠商若不從時，則發動價格戰，以逼迫 B 廠商屈服。

首先，A 廠商的此種行為已構成違反公平法第 20 條第 4 款的規定，若證據確鑿，A 事業的行為人可處 2 年以下有期徒刑（查公平交易法第 36 條）。若 B 廠商接受要脅，並與 A 廠商達成協議，不為價格競爭，且共同瓜分市場，則違反了第 15 條的聯合行為的規定，與有競爭關係的他事業共同限制交易地區或交易對象，相互約束事業活動的行為。行為人可能面臨 3 年以下徒刑的風險（查公平法第 34 條）。

五、第 20 條第 5 款——不正當限制交易相對人之事業活動

相關法條

公平交易法第 20 條：

> 有下列各款行為之一，而有限制競爭之虞者，事業不得為之：
> 五、以不正當限制交易相對人之事業活動為條件，而與其交易之行為。

公平交易法施行細則第 28 條：

> 本法第 20 條第 5 款所稱限制，指搭售、獨家交易、地域、顧客或使用之限制及其他限制事業活動之情形。
> 前項限制是否不正當而有限制競爭之虞，應綜合當事人之意圖、目的、市場地位、所屬市場結構、商品或服務特性及履行情況對市場競爭之影響等加以判斷。

有關公平法第 20 條第 5 款之規範，學者廖義男認為「係禁止事業透過市場力量，對他事業與第三人交易時，就其業務條件、事業活動甚至當事人之選擇自由等非價格事項，不正當地加以限制，而導致阻絕通路、妨礙競爭者之參進、減損交易相對人之取得可能與選擇自由等結果，甚或造成最終消費者之福利損失[435]。」

本條款之具體態樣，依據公平會實務見解，包括搭售

---

[435] 廖義男、顏雅倫（2004），〈第三章不公平競爭〉，廖義男等，《公平交易法之註釋研究系列（二）第 18 條至第 24 條》，公平交易委員會 93 年度委託研究，頁 3。

（tie-in sales）、獨家交易（exclusive dealing）、銷售地域或顧客限制、使用限制及其他限制交易相對人事業活動等情形[436]。

限制交易相對人之事業活動，本質上屬於契約自由，未必一律違反公平法，有些限制行為其實可提升事業的生產或經營效率，或確保產品品質。公平會衡量此類行為是否正當，應綜合考量下述因素：

【補充資料】

公平交易法第 20 條第 5 款所稱「以不正當限制交易相對人之事業活動為條件，而與其交易之行為」之具體行為態樣為何？公平交易委員會如何處理此類行為[437]？

（一）公平交易法第 20 條第 5 款所規範之行為，大體上可包括搭售、獨家交易安排、銷售地域或顧客限制、使用限制及其他限制交易相對人事業活動之行為。

（二）衡量此類行為是否正當，應綜合考量下述因素：

1. 當事人之意圖、目的：即衡量為此行為之廠商是否有藉前述搭售、獨家交易安排等限制交易相對人之事業活動，而達到限制競爭之目的。

2. 當事人之市場地位及所屬市場結構：即實施此一行為之廠商，其所處之市場究係屬具獨寡占傾向之市場結

---

[436] 公平交易委員會（2021），《認識公平交易法（增訂第 19 版）》，頁 190。

[437] 公平交易委員會網站，公平交易法第 20 條第 5 款所稱「以不正當限制交易相對人之事業活動為條件，而與其交易之行為」之具體行為態樣為何？公平交易委員會如何處理此類行為？https://www.ftc.gov.tw/internet/main/doc/docDetail.aspx?uid=1209&docid=13216（最後瀏覽日：01/31/2024）。

構，抑或是自由競爭市場，而該廠商在此一市場中，其本身之市場地位，究係頗具市場領導地位之廠商，抑或是小廠商而言。一般而言，若是事業所處之市場愈集中(即愈具獨寡占傾向)或該廠商之市場力愈大，則為該行為之廠商較有違法之可能。

3. 商品特性：有時商品本身之特性，亦會影響某一交易限制對市場之影響。例如，在獨家交易限制之情況下，若實施獨家交易者，係販賣所謂之便利品、或單價低、或消費者品牌忠誠度不高產品如文具、日用品之廠商時，則其所產生之限制競爭效果將大於一般耐久財如汽車、家電等。

4. 對市場競爭之影響：由於目前國內類似如獨家交易限制等情形頗為常見，而實施此類行為之廠商亦未必均會對市場競爭有不利之影響，故判斷此類行為是否違法之因素之一，即須衡量該行為實施後，對市場競爭的影響程度。

簡言之，事業之行為是否構成公平法第 20 條第 5 款？需判斷該行為事業是否具有「相當市場力量或地位」、其所為之限制行為是否「不正當」而「有限制競爭之虞」。

本條款之具體態樣，分述如下：

（一）搭售

1. 搭售的意義與構成要件：

經濟上意義與目的言之，所謂「搭售」，即是將商品（或服務）搭配銷售之意，為事業促銷

技巧之一，目的在於增加商品（或服務）的銷售，藉由主商品（或服務）與被搭售商品（或服務）的搭配，發揮母雞帶小雞的效果，以增加被搭售商品（或服務）之銷售，或為順利進佔通路。至於搭配之商品何為「主商品（或服務）」、何為「被搭售商品（或服務）」，則是自相對人所欲交易與否之角度決之。

搭售行為之構成要件有二[438]：

(1) 至少需存在二種可分的商品（或服務）。

(2) 且須對於相對人造成「選擇是否併同交易」之機會，遭扭曲或剝奪。亦即須存在明示或默示之約定買受人無法自由選擇是否向出賣人同時購買搭售與被搭售產品[439]。由於出賣（供應）人將商品搭配銷售，使相對人無法自由選擇只購買其中一種商品，而是只能被迫決定「兩者都購買」或「兩者都不購買」[440]。關於至少需存在二種獨立可分的商品（或服務），相關問題討論如下：

I. 「主商品（或服務）」與「被搭售商品（或

---

[438] 范建得、陳丁章（2004），〈第十九條限制競爭或妨礙公平競爭之行為〉，廖義男等，《公平交易法之註釋研究系列（二）第18條至第24條》，公平交易委員會93年度委託研究，頁165。

[439] 公研釋045號解釋、公平會81年12月2日第61次委員會議決議。

[440] 張展旗（11/24/2022），〈公平法專欄：從大型數位平台被檢舉限制第三方支付，談公平法對於搭售的規範（上）〉，《群勝國際法律事務所法律專欄》，https://www.btlaw.com.tw/h/NewsInfo?key=0227079976&cont=375350（最後瀏覽日：01/31/2024）。

服務）」並不需要同屬一事業為出賣（供應）人[441]，例如公平會裁罰案例，三陽機車之總經銷商販賣機車同時搭配華南產物保險公司之機車強制責任保險[442]。

II. 如何判斷產品是否可分？美國法發展出「需求特徵理論」，而公平會作出公研釋045號解釋，認為可考慮下述因素：「同類產業之交易慣例」、「該二產品（或服務）分離是否仍有效用價值」、「該二產品（或服務）合併包裝」、「販賣是否能節省成本」、「出賣人是否對該二產品（或服務）分別指定價錢」、「出賣人是否曾分別販賣該二產品（或服務[443]）。」

III. 搭售行為不限於交易行為皆須屬買賣契約，主產品之交易為買賣契約，被搭售產品之交易為租賃、承攬或其他種類之契約，亦無不可[444]。

2. 搭售的違法性判斷標準——搭售對競爭的影響：

公平會之公研釋045號解釋，揭示公平會判

---

[441] 范建得、陳丁章（2004），〈第十九條限制競爭或妨礙公平競爭之行為〉，廖義男等，《公平交易法之註釋研究系列（二）第18條至第24條》，公平交易委員會93年度委託研究，頁164-165；廖義男（2021），《公平交易法》，初版，頁467，元照。

[442] 公平會89公處字第038號處分書、臺北高等行政法院89年訴字第1938號判決。

[443] 范建得、陳丁章（2004），〈第十九條限制競爭或妨礙公平競爭之行為〉，廖義男等，《公平交易法之註釋研究系列（二）第18條至第24條》，公平交易委員會93年度委託研究，頁165。

[444] 廖義男（2021），《公平交易法》，初版，頁467，元照。

斷搭售是否違法之標準，應考慮以下因素：
(1) 出賣人須在搭售產品擁有一定程度的市場力。
(2) 有無妨礙被搭售產品市場競爭之虞。
(3) 是否具有正當理由。

3. 違法搭售之成立要件：

2019 年 8 月 7 日公平會第 1448 次委員會議，違法搭售行為之成立，必須符合以下要件：(1)存在包含 2 項以上之個別產品；(2)被調查事業在「主產品」市場中具有市場力；(3)被調查事業要求交易相對人必須就「主產品」與「被搭售產品」一併交易；(4)搭售行為不具合理事由且結果限制相關市場之競爭[445]。

如 Google 限制業者預載行動裝置 App 案，因 Google 要求國內手機、平板電腦等智慧型行動裝置業者預先安裝其偏好之應用程式，恐有封鎖競爭對手或削弱其競爭能力，但經公平會調查後，依照上述原則進行判斷，認定 Google 雖具有市場力量，也有採行搭售行為，但該行為具有相當合理事由且未限制相關市場之競爭，故尚不違反公平交易法關於搭售之規定[446]。

---

[445] 公平會「數位經濟競爭政策白皮書」，頁 47 以下。
[446] 2021 年 5 月 12 日公平會第 1543 次委員會議。

公研釋 045 號
電腦產品搭售是否違法之疑義[447]？

行政院公平交易委員會　函

說明（以下節錄）：

……

本案經本會 81 年 12 月 2 日第 61 次委員會議決議如次：
(一) 在判斷是否符合搭售之構成要件，應考慮以下因素：
　1. <u>至少存在 2 種可分的產品（服務）</u>
　　　　在分析任何搭售契約時，首先必須確立者為必須存在 2 種可分的產品（或服務），至於如何判斷其是否可分，則可考慮下述因素：
　　(1) 同類產業之交易慣例；
　　(2) 該 2 產品（或服務）分離是否仍有效用價值；
　　(3) 該 2 產品（或服務）合併包裝、販賣是否能節省成本；
　　(4) 出賣人是否對該 2 產品（或服務）分別指定價錢；
　　(5) 出賣人是否曾分別販賣該 2 產品（或服務）。
　2. <u>須存在明示或默示之約定買受人無法自由選擇是否向出賣人同時購買搭售與被搭售產品。</u>
(二) 在判斷搭售是否違法之標準，應考慮以下因素：
　1. 出賣人須在搭售產品擁有一定程度的市場力。
　　　　搭售行為違法與否的考量因素中，出賣人在搭售產品市場擁有足夠之市場力是極為重要的考量因素之一。因若出賣人並未具足夠之市場力，其將很難成功地推動其搭售設計；即或是能夠，其對於市場競爭之不利

---

[447] 行政院公平交易委員會 81 年 12 月 07 日(81)公參字第 09144 號函。

影響亦不致過於嚴重。
2. 有無妨礙被搭售產品市場競爭之虞。
搭售之實施有妨害被搭售產品市場公平競爭之虞時，例如被搭售產品的市場受到一定程度、數量或比例之排除競爭時，即為違法。
3. 是否具有正當理由
例如若為了確保出賣人之商譽及品質管制，或保護商品創作者之智慧財產權，亦可視為具有商業上之正當理由而予以容許。

公研釋字 057 號
廠商限制經銷商提供售後服務時以使用原廠零件為限有無違反公平法[448]？

行政院公平交易委員會　函

說明（以下節錄）：

……

本案經公平會 82 年 5 月 26 日第 86 次委員會議決議如下：「關於製造與公眾安全有關產品廠商要求其經銷商提供售後服務時，以使用原廠零件為限者，其限制之要求於上游事業能提出公正客觀之證明，證實下游事業為客戶修護保養時，若不以原廠零件提供服務將危及公眾安全者，<u>得認有正當理由</u>，故該限制是否違反公平法第 19 條第 6 款[449]，仍須視個案具體情況為斷。」

---

[448] 行政院公平交易委員會 82 年 06 月 08 日（82）公貳字第 01717 號函。
[449] 現行條文為公平法第 20 條第 5 款。

問題 24：事業出售服務，附帶條件要求客戶購買他們不願購買的產品，是否違法[450]？

【範例】

　　假設市場上只有三家電視公司（如過去之臺灣），且彼此間 8 點檔的廣告時間非常搶手，但是在 10 點後的廣告卻因廣告效果不好，常常無法銷售出去。因此三家電視公司雖彼此間無合意契約或協議，卻常要求購買 8 點檔時間的客戶，必須同時購買若干 10 點之後的廣告時段，否則電視公司不出售 8 點檔的廣告時間，電視公司這種有條件出售 8 點檔廣告時間，是不是違法？

【相關條文】

➢公平交易法第 8 條

➢公平交易法第 9 條

➢公平交易法第 20 條

➢公平交易法第 28 條

➢公平交易法第 34 條

【解析】

　　電視公司要求購買 8 點檔廣告的客戶，必須搭配購買若干 10 點以後的廣告時段，基本上屬於施行細則列舉的「不正當限制事業活動」形態之一的搭售行為。

　　搭售行為是事業以獨占市場（8 點檔時間）為工具，利用客戶不得不買的 8 點檔廣告時段為限制，要挾客戶相對購買其他時段的廣告，藉以出清市場上不易售出的產品（10 點以後

---

[450] 修改自范建得、莊春發，《公平交易法 Q&A 範例 100》，問題 42，商周文化，1992 年初版，後因授課需要，將原案例進行調整，編為課程講義使用。

的廣告時段），以達增加利潤的目的。

　　如果採行搭售行為的事業為獨占事業時，其搭售行為即已構成市場獨占力濫用的行為要件，適用公平法第 9 條第 4 款，行為人可能有 3 年以下有期徒刑的風險（查公平法第 34 條）。

　　過去西方對搭售的處理態度極為嚴格，一律以絕對違法加以處理。但近年來，由經濟學理研究與實務中就逐漸瞭解，在若干場合搭售產品是事業單位實際營業時的合理行為，對它的處理態度改採合理原則（rule of reason）。

　　在判斷搭售行為是否違法，首先得看事業單位在搭售產品或服務市場是不是擁有顯著的獨占力量，這種顯著獨占力量目前是以公平法第 8 條為判斷基礎，就本事實之市場占有率以觀，三家電視公司全體有線電視 8 點檔廣告時段市場中，已逾 4 分之 3，屬公平法第 8 第 1 項第 3 款之獨占事業。若廠商在搭售產品市場占有率未達上述標準時，除非它的搭售設計很明顯地不利於競爭，否則不干涉。

　　其次，若廠商在搭售市場擁有顯著市場力量，而其搭售設計對被搭售產品市場競爭影響不大時，可能並不違法。

　　最後，也是最主要的判斷，搭售行為必須有妨礙被搭售產品市場競爭的可能，例如被搭售產品的市場受到一定數量或比例的排除競爭時，即為違法。

問題 25：大型食品業要求便利商店以「整批交易」式補貨，是否違反公平交易法[451]？

【範例】

　　某家大型食品業者，在各地便利商店補貨時，要求便利商店一旦採用其產品，必須全部採用，不能只選擇市場最流行的商品，便利商店如果拒絕此項要求，該大型食品公司即拒絕供貨，並促使其他與其有密切關係的食品公司停止供應產品。該大型食品公司的行為是否觸犯公平法的規定？

【相關條文】

➢公平交易法第 9 條

➢公平交易法第 20 條

【解析】

　　大型食品業強制要求便利商店「整批交易」方式補貨，若對方不答應，即以拒絕供應為要挾，並聯絡其他食品公司停止供應商品使便利商店無法經營，便利商店因此不得不屈從大型食品廠商的不合理要求。根據上述例子，大型食品廠商的行為大概同時觸犯公平法第 20 條第 3 款之規定。

一、大型食品廠商可能違反第 20 條第 5 款的搭售行為，因為他提供的食品在市面上是可分割的產品，而且也明示便利商店依其要求按照「整批交易」，使得受害人的便利商店無法自由選擇是否向大型食品廠商同時購買搭售與被搭售產品。大型食品廠商在搭售產品市場擁有一定程度的市場力量，這種搭售行為有妨礙被

---

[451] 修改自范建得、莊春發，《公平交易法 Q&A 範例 100》，問題 43，商周文化，1992 年初版，後因授課需要，將原案例進行調整，編為課程講義使用。

搭售產品（非流行產品）市場競爭的可能。

二、若大型食品廠商為公平法第 8 條下的獨占事業，在便利商店不屈從時，其拒售產品給便利商店，將造成獨占事業獨占力的濫用，違反公平交易法第 9 條第 4 款。

三、在便利商店不屈從的同時，大型食品廠商不但自己拒售，而且還聯絡其他食品廠商拒售產品，則顯然有違反第 20 條第 1 款，以損害特定事業為目的，促使他事業對特定事業斷絕供給，造成便利商店的市場競爭不公平。

從以上分析可以瞭解，大型廠商在市場的經營，不能挾其市場獨占力，為所欲為，肆無忌憚。否則很容易造成獨占力的濫用，有違法之虞。

（二）獨家交易（exclusive dealing）[452]

1. 獨家交易之意義與構成要件：

獨家交易，是指交易雙方約定，一方就特定的商品或服務只能提供予他方，不得提供予第三人。排他性之協議為其主要特徵。獨家交易之構成要件，即是指參與交易行為之一方（或雙方），就所為之交易，因他方之要求（或任何之事實上因素）而承諾（或屈服）排除與他方競爭者交易之可能性。

---

[452] 范建得、陳丁章（2004），〈第十九條限制競爭或妨礙公平競爭之行為〉，廖義男等，《公平交易法之註釋研究系列（二）第 18 條至第 24 條》，公平交易委員會 93 年度委託研究，頁 168-169。

依公平會之見解，獨家交易有兩種型態：一為獨買，另一為獨賣。前者指上下游間（即交易相對人間），由賣方要求買方只向其購買所須之商品，而不得與其他供給者有類似之交易；後者則是相反，亦即是買方要求賣方只能向其賣出其所生產的商品，而不得與其他的需求者進行類似之交易[453]。

獨家交易之適例：「獨家經銷契約」，供應商限制經銷商只能與其進行交易，而不允許經銷商與供應商之競爭者為交易。

2. 獨家交易之正當性判斷：

關於獨家交易安排之評價，過去學理上固曾出現強調參進障礙之觀點，而以嚴格之「當然違法」原則待之，不過，由於事業進行獨家交易之安排，可能是源自於商業之理性，且其意圖、目的均非基於傷害競爭之前提，只不過其實施之結果可能導致參進障礙之提高、水平競爭閉鎖之結果而已，所以，行為之非難與市場效果事實上無法分離，是以，以「合理原則」待之，近來已較無爭議，我國公平法施行細則第 28 條所揭，即為此理。

至於獨家交易安排的負面評價，對於行為人階層而言，即在於該等行為極可能產生通路（或來源）阻絕，而致提高參進障礙，甚至產生嚴重

---

[453] 公平交易委員會（2021），《認識公平交易法（增訂第 19 版）》，頁 193。

之水平閉鎖（foreclose）效果。此外，亦有認為獨家交易安排加以維持轉售價格之實施，將更使卡特爾成員之欺騙意圖受到完全壓抑，有利卡特爾之持續。惟，獨家交易之安排也有許多促進競爭的效果，例如：有助於品質之保障與服務水準之維持、保護財產權與營業秘密等，以減少被搭便車之外部性、有效掌握通路，避免機會主義所生之無效率、穩定當事人間之經營計畫安排，而得減少風險，降低交易成本、維持品牌形象或加強差異化（品牌競爭之加強）等屬之。諸此，均得作為考量正當性之事由[454]。

在評估獨家交易安排的合理性時，會集中在以下三個基本的標準上[455]：

(1) 市場被封鎖的比例。
(2) 契約的持續時間：持續時間短且可簡單方式通知終止之獨家交易協議，一般會被認為是無害競爭。
(3) 市場的參進障礙。

---

[454] 關於獨家交易之正面影響與負面影響，可參考胡祖舜（2019），《競爭法之經濟分析》，頁 574-583，元照。

[455] 胡祖舜（2019），《競爭法之經濟分析》，頁 581-582，元照。

問題 26：網路開店平台業者與開店商家簽署的服務租用合約書，約定有商家不得在其他電子商務平台開店的獨家合作條款，是否違法[456]？

【範例】

　　超級 Big 商城是國內目前最大的網路開店平台，由 A 公司所經營。A 公司與開店商家簽屬的服務租用合約書，內容包含商家不得在其他電子商務平台開店的獨家合作條款。A 公司表示，約定獨家交易條款之目的，是為了避免開店商家在使用超級 Big 商城的服務之後，能夠快速累積銷售量、評價數、知名度及進貨能力等，則當商家轉而向其他網路開店平台銷售其商品或服務時，A 公司仍需替這些商家承擔成本及營運風險，其他網路銷售管道卻獲得利益，使 A 公司於電子商務市場居於不利的競爭劣勢。這種情形是否違反公平法第 20 條第 5 款規定？

【相關條文】

➢公平交易法第 20 條

➢公平交易法施行細則第 28 條

【解析】

　　坊間所謂網路開店平台的營運模式為 B2B2C，是由系統平台商提供一個虛擬店面的租賃行為，再由零售商自行負責商品上架、金流、物流、客服等工作，對於其提供的服務，系統平台商向零售商收取開店費用，並提供系統技術上的協助。在

---

[456] 問題 26 的問題方式與內容係摘錄自：陳浩凱（2016），〈探討網路開店平台業者與商家簽署獨家交易條款的違法性〉，《公平交易委員會電子報》，62 期。公平交易委員會第 1206 次委員會針對【網路家庭國際資訊股份有限公司要求供貨商給予獨家銷售案】，依當時現有事證，尚難認有違反公平交易法規定情事。

B2B2C平台上開店的零售商擁有較高的自主權，也能經營自己的品牌。

一、獨家交易條款限制的目的與性質：

衡量獨家交易之安排目的，雖可能是為了排除競爭對手，但也可能是為了防止其他競爭對手有「搭便車」的情形，並且促使交易對象專注既有的交易關係，促進雙方持續投入交易關係專屬的投資，進而有促進競爭的效果。同時，在判斷獨家交易限制的性質時，也必須考量該獨家條款所限制的範圍是全面性或只是部分的獨家、獨家條款是否為單方面硬性規定（take-it-or-leave-it）或允許個別磋商後的約定。

經查A公司於服務租用合約書所訂定的獨家交易條款，是限制商家不得於類似或有競爭關係的網路開店平台開設網路商店，並非限制商家不得使用具有競爭性網路開店平台以外的電子商業模式，所以並非全面性的獨家限制。此外，A公司與超級Big商城商家所簽署的合約書中，載有獨家交易條款的商家占超級Big商城全部商家的比例雖超過一半以上，然而合約中未載有獨家交易條款的商家占超級Big商城全部商家也有相當的比例，顯示A公司並非一律要求想在超級Big商城開店的商家接受獨家交易限制，仍有個別磋商後修正或取消的空間。

二、獨家交易條款封鎖比率及期間：

獨家交易對於競爭危害，在於其封鎖了競爭者的交易機會、銷售通路或投入要素，進而排除競爭或增

加進入障礙。然而想要以獨家交易達成限制競爭的目的，則必須能夠封鎖足夠數量的要素或通路，也就是說需要有足夠大的封鎖比率，才有可能對競爭形成威脅。除非 A 公司能夠以獨家交易方式限制市場上大多數的商家不得與競爭性的開店平台交易，而使其他競爭對手無法覓得足夠的商家願意加入其網路開店平台，否則無法產生限制競爭的效果。經查在超級 Big 商城開店的商家簽署載有獨家交易條款合約書的比例雖超過一半以上，但是仍有相當比例的商家並未受到獨家交易條款的約束。網路開店平台屬於新興的商業型態，市場仍在快速的成長中。實體商家想要到網路開店並無顯著的障礙及成本，A 公司的競爭對手可吸引已經在網路開店的商家轉換開店平台，也可以開發目前尚未在網路開店，但有意願加入網路開店平台的商家，所以就算 A 公司的獨家交易條款封鎖了部分網路商家，但是<u>因為潛在的網路商家不計其數，競爭者仍有眾多的潛在交易對象可以爭取，所以客觀上不可能產生封鎖效果</u>。

　　評估封鎖效果的另一個重點為，獨家交易契約期間的長短及受限制的一方能否隨時終止契約（亦即「脫逃條款」）。<u>當獨家交易契約期間越短，或允許受限制一方隨時終止契約，競爭對手即可在契約到期後爭取商家轉換平台，也可遊說商家提前終止契約後轉換平台，此時獨家交易限制較無可能對競爭形成威脅</u>。A 公司服務租用合約雖未訂定合約期間，然而任

何一方都可以隨時通知終止合約。A 公司表示，商家如果想要中止合約關係或停止租用服務，只要通知該公司就可以，該公司接獲商家通知之後，就會開始協助商家完成帳款結算等後續事宜，顯示終止合約或停止租用超級 Big 商城服務並無顯著的障礙。由於 A 公司允許超級 Big 商城的商家可以隨時終止合約或停止租用服務，即便商家在合約存續期間受到獨家條款的限制，但 A 公司的競爭對手仍可遊說商家停止租用超級 Big 商城服務並終止合約，以爭取商家轉換平台，所以獨家交易的限制並未產生顯著的封鎖效果。

獨家交易一方面可能產生排除或封鎖競爭者的反競爭效果，但另一方面也有保護專屬性投資、增進通路商專注程度、避免品牌間搭便車效應等促進競爭的效果，所以獨家交易限制交易相對人事業活動，是否涉及不正當限制事業活動，違反公平法規定，需以「合理原則」審查，考量意圖、目的、市場地位、所屬市場結構、商品或服務特性及實施情況對市場競爭之影響等因素。

公研釋字 015 號
獨家交易安排、地域或顧客之限制等行為
有無違反公平交易法[457]
行政院公平交易委員會　函

---

[457] 行政院公平交易委員會 81 年 06 月 20 日（81）公參字第 00455 號。

說明（以下節錄）：
……

二、「本案經提報本會第 34 次委員會議，獲致結論如下：

(一) 公平交易法第 19 條第 6 款規定『事業不得以不正當限制交易相對人之事業活動為條件，而與其交易之行為[458]。』所稱限制交易相對人之事業活動，包括搭售、獨家交易安排、地域或顧客之限制、使用限制及其他限制交易相對人之事業活動。

(二) 來函所稱情形：1.只能專售該廠商之產品，係屬於上述情形所稱獨家交易安排。2.劃定經銷區域，不許跨區銷售，係屬上述情形所謂地域或顧客之限制。3.禁止從事國內、外相關產品進出口及任何其它事業之投資，係限制經銷商之經營項目，惟是否不正當限制而妨礙公平競爭，應綜合當事人之意圖、目的、市場地位、所屬市場結構、商品特性及履行情況對市場競爭之影響等加以判斷。

(三) 至經銷商違反上述規定，製造商進而處以罰款並取消經銷資格，且對違約公司所出售之同種類產品收取比其他經銷商較高之價格，是否違反公平交易法乙節，端視前述約定事項是否為不正當限制交易相對人之事業活動，如非不正當限制交易相對人之事業活動，則製造商對違約商之處罰係屬民事契約的責任問題，尚難謂違反公平交易法。反之如係不正當限制交易相對人之事業活動，而有妨礙公平競爭

---

[458] 現行條文為公平法第 20 條第 5 款。

之虞，則應受公平交易法第19條第6款[459]之規範。

三、又甲廠商為處罰違約之乙公司，而限制其它經銷商丙、丁、戊不得再轉出售給乙公司，如係以損害乙公司為目的而有妨礙公平競爭之虞，則違反公平交易法第19條第1款[460]規定。至是否另有結合或聯合行為，因所述情形未臻明確，尚難論斷。」

公研釋字 032 號
銷契約上約定產品之建議價格與下游經銷商應有一定銷售業績，有無違反公平交易法[461]？

行政院公平交易委員會　函

說明（以下節錄）：

……

（二）經銷契約上寫明『若區域經銷商連續3個月之平均業績未達公司要求之標準時，取消其經銷資格並沒收區域經銷權利金』，此種限制是否構成公平交易法第19條第6款[462]規定『不正當』之限制交易相對人之事業活動，宜參照公平交易法施行細則第24條第2項[463]之規定，綜合當事人之意圖、目的、市場地位、所屬市場結構、商品特性及履行情況對市場競爭之影響等各項因素，並就

---

[459] 現行條文為公平法第20條第5款。

[460] 現行條文為公平法第20條第1款。

[461] 行政院公平交易委員會81年08月03日（81）公參字第02148號。

[462] 現行條文為公平法第20條第5款。

[463] 現行條文為公平法施行細則第28條第2項。

個案加以判斷之。

（三）在經銷契約上寫明『若各區域經銷商每月經銷之業績未達本公司要求之水準時，則該未達銷售水準之月份，區域經銷商之進貨成本需加部分金額給本公司。』此項約定之具體原因來函並未敘明，尚難認定與公平交易法有直接關聯。惟此種限制是否為『不正當』限制交易相對人之事業活動而構成公平交易法第 19 條第 6 款[464]之違反，仍應參照公平交易法施行細則第 24 條第 2 項[465]之規定，並就個案加以判斷之。」

問題 27：上游事業為維護本身利益，要求下游事業簽訂獨家交易契約，是否違法[466]？

【範例】

國內水泥缺貨時，某家大貿易商即由國外地區進口水泥到國內銷售，可是在接洽經銷商時，卻沒有經銷商願意承銷該批進口水泥，原因是各地經銷商與國內水泥商簽定的合約中規定，各經銷商只能承銷某既定水泥廠的水泥，不能同時經銷他家水泥廠水泥，一旦違約，水泥廠將有權撤銷經銷合約，國內經銷商怕因此失去國內水泥的經銷權利，所以拒絕銷售進口水泥，國內水泥廠與經銷商的約定是否有違反公平法？

【相關條文】

---

[464] 現行條文為公平法第 20 條第 5 款。

[465] 現行條文為公平法施行細則第 28 條第 2 項。

[466] 修改自范建得、莊春發，《公平交易法 Q&A 範例 100》，問題 44，商周文化，1992 年初版，後因授課需要，將原案例進行調整，編為課程講義使用。

> 公平交易法第 9 條
> 公平交易法第 20 條

【解析】

　　事業採取獨家交易安排，在行銷活動上或許有其正當理由。但是不可否認的，獨家交易制度也可能產生限制競爭的結果，特別是安排獨家交易的廠商擁有顯著市場力量，與限制涵蓋市場範圍越大的情形時尤其顯著。

　　所以一般考慮獨家交易安排是否違法時，必須考慮下列因素：

一、<u>採行獨家交易安排廠商市場占有率的高低</u>。一般而言，市場占有率越高的廠商，其實施獨家交易產生的限制效果，對市場競爭產生的不利影響越大。

二、獨家交易安排對競爭排除的程度。若獨家交易安排限制了特定市場中的 25%最後使用者時，則表示該獨家交易安排排除了 25%的市場競爭。

三、獨家交易安排存在時間的長短。一般而言，涉及時間越長，則其可能產生排除競爭的效果越大。

四、若為確保品質管制，或者廠商希望藉由獨家交易安排儘速進入市場，如果具有商業上的正當理由，則應給予允許。

　　大致而言，早期臺灣的水泥廠商市場集中度相當高，最大一家約占市場的 28%，所以實施獨家交易安排產生的效果，對市場競爭產生的不利影響應該相當大，雖然獨家交易安排適用於經銷商階段，但因採行獨家交易安排的廠商市場占有率很大，所以產生的排除競爭效果不可忽視，而且這種獨家交易安

> 排已經存在十分長久一段時間，而且這種營運並沒有確保品質、新廠進入市場的考慮，純粹是為排除國外進口水泥進入國內市場參與競爭，所以它的可責性相當高。
>
> 另外，若水泥廠商為獨占事業時，若因經銷商進口水泥，而對其撤銷經銷權，拒絕出售水泥，則水泥廠商即違反第9條獨占力濫用的規定。又水泥廠與經銷商之獨家交易約定，使國內全部的經銷商不願意承銷貿易商所進口之水泥，客觀上已封鎖了貿易商的交易機會，係以不正當限制交易相對人之事業活動為條件，而與其交易之行為，而有限制競爭之虞，違反第20條第5規定。

(三) 地域限制、顧客限制[467]

1. 地域、顧客限制之意義與構成要件：

所謂地域限制，即是進行交易之一方，對他方事業活動之地理市場，逕為劃定，並約做交易條件之謂。至於前揭定義所稱之地理市場，如簡單說明之，即指供給一方願意「供」，與需求一方願意「求」之交集範圍，亦即指財貨流通之最大界線，而其大小，本質上乃決定於「交易當時」（短期觀察）之交通條件、自然環境、財貨性質及其他所有可能影響交易成本之因素。依此觀察，地域限制約款，本即可能破壞自然之地理市場區隔，扭曲相關市場參與者，基於交易成本

---

[467] 本章節多數摘錄自范建得、陳丁章（2004），〈第十九條限制競爭或妨礙公平競爭之行為〉，以及廖義男等，《公平交易法之註釋研究系列（二）第18條至第24條》，公平交易委員會93年度委託研究，頁170-172。

考量所為之決定。綜上，是否構成「地域限制」之要件，主要即在於一方之地理市場有無經他方（或是雙方均互相約束）以消極或積極之手段進行劃分之情形。想像上，如果存有所謂限制，但其結果與自然狀態下之地理市場一致時，即不生此問題。此外，一般而言，地域限制約款之強度與設計不同，其經濟上之效益亦將各異，若進一步將實務上常見之作法，從市場秩序可能受到干擾程度分類，其由弱而強進行排序者，略為：主要責任區制（即積極地課予他方於一定區內之最低交易量義務，或消極地訂定責任區內最低提供最低交易量標準，以作為折讓、獎勵依據）、越區獲益分享制（即約定越區行銷之事業，需將獲益與「被越區」之他方，以一定比例分享）、窒息式區域限制（即完全禁止相對人越區交易，通常以罰則作為後盾）。

所謂顧客限制，即是進行交易之一方，對他方事業之交易相對人，逕為限制，並約做交易條件之謂。此等顧客之限制，包括以正面表列之方式，限制相對人只能（或應優先）與特定（或可得特定）之顧客為交易，也包括以負面表列之方式，禁止相對人與特定（或可得特定）之顧客為交易。一般而言，通路商若能開拓更多之顧客，即當然會增加本身之需求，因此進而增加上游之供應數量與收益，對供給一方原本並非壞事，是以，事業會採用限制交易相對人顧客之手段，往

往涉及「差異化行銷」與「市場區隔」之策略，例如，有品牌或特殊形象之商品或服務供給者，為維持其商品或服務之「行情」，限制其次階通路，不得對不符合一定資格之顧客為供應者屬之。此外，若嚴格言之，倘具體事實涉及對於「特定區域需求者」之排除與允許，則將同時可能發生與「地域限制」競合之問題（即以所屬區域作為「應受限制之顧客」的一般性特徵）。

2. 地域、顧客限制之正當性判斷：

　　關於地域、顧客限制之評價，過去學理上固曾出現強調「他事業經營自由遭限制」之觀點，而趨向於以嚴格之「當然違法」原則待之，不過，在效率觀念逐漸影響反托拉斯法之執法後，以「合理原則」待之，近來已較無爭議，我國公平法施行細則第 28 條所揭，即為此理。

　　至於地域、顧客限制的負面評價，則多著重於非難其所造成之品牌內競爭減低、他事業經營自由遭限、有益於穩定勾結、以及配置無效率（此在「地域限制」尤然，蓋供、需雙方基於交易成本考量，自由決定交易，往往得以達到效率目的，而交易成本之考量乃為決定地理市場重要因素之一，惟如前所述，地域限制約款之性質，本即為有破壞地理市場自然狀態之虞，因此，進行交易之一方，一旦對於他方之所得經營之地域做出限制，將改變自然狀態下之地理市場，甚有扭曲交易成本考量下之效率。例如：造成劃定區

域內之特定財「流通不足」，限制末端消費者之選擇以致於資源未獲最佳配置者是）。以上即屬我國公平法施行細則第 28 條所揭「履行情況對市場競爭之影響」。

惟，地域、顧客限制也有許多促進競爭的效果，例如：商譽、品牌、品質與差異化之確保、避免搭便車行為之發生、品牌間競爭之加強、避免通路之機會主義行為（此效果在採用「責任區制」之區域限制手段時，為最重要考量）等屬之。諸此，均得作為考量正當性之事由。

問題 28：事業單位依地理區域劃分為不同市場經營，是否違反公平法[468]？

【範例】

國內家電產品或藥品的銷售形態，經常採取責任區制度，將市場區隔成北中南等區域，或依縣市等行政單位劃分各市場區域，分配給經銷商經營，經銷商只能在所分配的市場經營，不能跨越他人的營業地區推銷產品，這種地理市場劃分制度是否有公平法的問題？

【相關條文】

➢公平交易法第 14 條

➢公平交易法第 15 條

➢公平交易法第 20 條

---

[468] 修改自范建得、莊春發，《公平交易法 Q&A 範例 100》，問題 45，商周文化，1992 年初版，後因授課需要，將原案例進行調整，編為課程講義使用。

【解析】

家電產品與藥品的批發商，依地理位置將市場區分為北、中、南等區域市場；或依行政單位將它區分為不同的市場，所牽涉的公平法問題有兩項：

一、這種市場劃分若出自於經銷商之間或是製造商之間的協議，則這項行為涉及違反公平法第 14 條聯合行為的規定，與有競爭關係的事業共同限制交易地區的相互約束活動行為。除非經過事前申請例外許可，並經公平會的許可，否則均違反第 15 條的禁止原則。

二、若是市場的劃分是由上游的製造商指定的，並以之為條件與下游的經銷商訂定契約，則上游的製造商在法律要件上顯然符合第 20 條第 5 款的規定，以不正當的限制交易活動為條件，與交易人交易的行為。

地區限制對市場競爭的影響，在於它限制了相同品牌內不同經銷商的競爭，其產生的排除效果，比搭售或獨家交易安排低。特別是在製造商階段的競爭如果相當激烈時，則個別廠商的地區分割限制對市場競爭的影響可能不大。也有學者認為降低同品牌間地域上的競爭，反而可促進不同品牌間（inter-brand）的競爭效果，所以主管機關在未來斷定地區分割限制行為是否有妨礙市場公平競爭時，可能仍需進一步考量所處的市場結構和品牌本身的市場力量。若所處市場集中度很高，產品差異很明顯，市場進入障礙很高時，則廠商的地區限制行為便有產生妨礙市場公平競爭的可能。

（四）使用限制

1. 使用限制之意義與構成要件：

　　所謂使用限制，係指限制交易相對人就特定商品或服務之使用，包括其用途、利用方法或加工等行為予以限制而言。申言之，係指事業就其相對人本得自由用益之權能，為限制而言，惟需以相對人，依其交易關係之本質，就相關之標的物，本有自由用益之權，且事業依其交易關係之本質，對相對人無控制權能時，始有討論之餘地[469]。例如，限制交易相對人就事業所供給之商品零組件，僅得作維修汰換之目的使用，不得將之組合為該商品；或限制交易相對人就事業所供給之商品，只能「出租」予他人之用，不得讓售；或限制交易相對人就事業所供給之飲料，只能使用特定造型的瓶子分裝[470]。

2. 「使用限制」之違法性判斷標準──「使用限制」搭售對競爭的影響：

　　關於使用限制之評價，以「合理原則」待之。其負面評價，則主要在於使他事業經營自由遭限制、造成他事業之無效率（因使用限制可能無法以適當之方式，投入作為生產要素，以致於生產無效率；亦可能因為使用限制，造成配置無

---

[469] 范建得、陳丁章（2004），〈第十九條限制競爭或妨礙公平競爭之行為〉，廖義男等，《公平交易法之註釋研究系列（二）第18條至第24條》，公平交易委員會93年度委託研究，頁172-173。

[470] 廖義男（2021），《公平交易法》，初版，頁471，元照。

效率）甚至造成他事業之競爭劣勢（此在行為人或其關係企業亦參與他事業之其他市場競爭時，更有可能發生）。惟，使用限制也有確保商譽、品牌、品質與差異化之作用，有時，亦有助於維繫營業秘密與智慧財產權之完整，均得作為考量正當與否之事由。此外，並需附帶提及者，關於智慧財產權人，對於被受權人所為之使用限制，涉及授權對價（權利金結構）、權利耗盡原則等特殊問題，故其限制是否正當，應另依公平法第45條之規定檢視之[471]。

問題 29：廠商出售產品同時，約定限制其產品的使用用途，是否違法[472]？

【範例】

　　某生產冷氣機廠商在市場兼售其冷氣機主要零件壓縮機，但其銷售壓縮機的條件是嚴格要求購買壓縮機的廠商，不能將壓縮機用來生產冷氣，以免在冷氣機市場與其主要產品冷氣競爭，該冷氣機廠商對購買壓縮機廠商的限制使用約定，是否有問題？

【相關條文】

➢公平交易法第 20 條

---

[471] 范建得、陳丁章（2004），〈第十九條限制競爭或妨礙公平競爭之行為〉，廖義男等，《公平交易法之註釋研究系列（二）第 18 條至第 24 條》，公平交易委員會 93 年度委託研究，頁 172-173。

[472] 修改自范建得、莊春發，《公平交易法 Q&A 範例 100》，問題 46，商周文化，1992 年初版，後因授課需要，將原案例進行調整，編為課程講義使用。

> 公平交易法第 28 條

【解析】

　　兼售壓縮機的冷氣機廠商在售出壓縮機同時，強制要求購買者不可以將壓縮機用在生產冷氣機上面，其基本目的是為了防止購買壓縮機的廠商，進一步將之生產為冷氣機，形成與其銷售產品冷氣機市場競爭的效果。此種限制銷售產品使用目的的交易活動，將對冷氣機市場形成競爭不利的效果。

　　限制產品使用目的條件，是否因此形成產品市場競爭的不公平？必須依據當事人的意圖、目的、其所屬市場地位、商品特性及履行條件加以判斷。例如上述例子，冷氣機製造商限制壓縮機使用的目的，顯然是為了減少冷氣機的競爭對手，避免因競爭太多使自己產品銷售量減少，但另一方面又希望能從關鍵零件的壓縮機獲取利潤。

　　如果冷氣機廠商在壓縮機市場屬於獨占事實，上述行為有被視為獨占力濫用的可能。若廠商在冷氣機市場處於獨占的地位，或冷氣機市場結構屬於集中度較高的產業時，則冷氣機廠商對壓縮機使用的限制，將造成冷氣機市場競爭的不完全，市場競爭機能便受到相當的抑制，不利於產業的發展，為了整體消費者利益或產業的發展，應當加以排除此限制。

　　當然，上述判斷還要看限制壓縮機使用目的在實務上可能性的高低，以及壓縮機購買者與冷氣機廠商二者間簽訂契約內容時，若壓縮機購買者不履行約定時的處罰，作為判斷此項限制造成效果的可能性高低。

問題 30：事業要求客戶於訂貨同時簽訂獨家供應零件與售後服務，是否違法[473]？

【範例】

影印機銷售公司若在銷售約定上要求購買者在零件補充或售後服務均需由銷售公司供應，不能假手他公司，該項約定是否違反公平法第 20 條「不正當限制交易相對人之事業活動為條件與其交易行為」的規定？

【相關條文】

➤公平交易法第 20 條

【解析】

首先要看影印機廠商要求購買者簽訂合約的零件或售後服務，對影印機的功能發揮是否為二分的產品，而判斷的標準有：

一、同類產品的交易習慣，也就是要看其他品牌影印機銷售時是否也採相同方式，要求購買者同時簽訂獨家購買零件與售後服務？

二、這兩種產品分離是否仍有效用價值？

三、這兩種產品合併包裝、販賣是否能節省成本？

四、廠商是否對這兩種產品分別指定價格？

五、廠商對這兩種產品是否曾分別販賣？

根據以上標準，可判斷影印機與零件或售後服務共同出售是一般的交易慣例，二產品分離後影印機仍能發揮功能，廠商對二者是分開計價，因此影印機與零件或售後服務屬於分離產品大致沒有問題。

---

[473] 修改自范建得、莊春發，《公平交易法 Q&A 範例 100》，問題 47，商周文化，1992 年初版，後因授課需要，將原案例進行調整，編為課程講義使用。

其次是問買賣雙方是否有明示或默示的約定，限制了買方的自由選擇。影印機的例子中，雙方可能並沒有正式的契約，但就使用者來說是為了方便，就出售者而言是為了信譽，雙方可能會有一致約定，機器壞了就由原銷售廠商提供售後服務。

第三，搭售的效果產生還需看搭售產品，（本述的影印機）在市場是否擁有一定程度的市場力量，這須由實務資料加以判斷。

最後，也是最重要的，要看搭售安排是否造成被搭售產品市場競爭的不公平。影印機例子中，似乎不會造成影印機零件市場，或同品牌售後服務市場競爭的不公平，而此種安排在實務上有其需求。

因此由以上標準逐步檢定下來，影印機與售後服務同時一併出售，應無違反公平法的可能。

問題 31：廠商對有專利權產品，能否用其排他性進行搭售安排，增加本身收益[474]？

【範例】

某電腦公司的軟體產品中，A 產品為新產品，功能非常好；B 產品為舊產品，且已面臨被淘汰的命運，但為增加電腦公司的整體收益，遂要求經銷商在代銷其產品時，兩部 A 產品需搭配一部 B 產品，否則不給予經銷權，這種行為是否有違法之嫌？

【相關條文】

---

[474] 修改自范建得、莊春發，《公平交易法 Q&A 範例 100》，問題 48，商周文化，1992 年初版，後因授課需要，將原案例進行調整，編為課程講義使用。

➢公平交易法第 8 條
➢公平交易法第 20 條
➢公平交易法第 45 條

【解析】

基本上,電腦公司以 A 產品搭配 B 產品的銷售方式,就是典型的搭售安排交易,電腦公司利用購買者對 A 產品的急切需求,強制要求其同時購買他不想或不願購買的產品,使購買者的利益受到損失。欲判斷此搭售安排是否會妨礙限制市場競爭,尚須看該電腦公司在 A 產品市場,即搭售產品市場,是否擁有一定程度的市場力量,以及該搭售安排是否妨礙到被搭售產品的市場競爭。例如被搭售產品市場受到一定數量或比例的排擠競爭時,則上述搭售行為可能被主管機關以違反公平法第 20 條第 5 款,加以制裁。

另外,依據公平法第 45 條規定,專利權正當使用的例外,可能也不適用,因為電腦公司不當利用其專利權排他性,要求買受人購買即將被市場淘汰的產品,顯然為不正當地使用其專利權。

進一步由獨占事業認定條件來觀察,依據公平法第 8 條第 3 項的規定,電腦公司若非基於法令(專利法)因素而形成市場進入障礙,而為公平法上之獨占事業時,電腦公司上述的搭售行為,即適用第 9 條第 4 款市場獨占力的濫用,可能受到的制裁比第 20 條第 5 款「不正當限制交易人事業活動為條件,而與其交易」的處罰更高,業者不能不小心。

第四節　重要案例彙整

案例 30：新光三越百貨公司杯葛衣蝶百貨公司案

案例 31：賓士公司拒絕授權予帝寶公司卻授權予其他副廠案

案例 32：衛星電視頻道代理商頻道授權費用差別待遇

案例 33：【0 元收看有線電視 1 年案】──以平均變動成本檢驗事業定價行為

案例 34：【有線電視公司與管委會簽訂獨家經營條款案】──獨家經營條款是否構成公平法第 20 條第 3 款？

案例 35：藥商 1 元競標案

案例 36：中埔鄉菁仔聯誼會代理會長決定檳榔價格案

案例 37：【新世紀廣告社獨家代理外勞稿案】──獨家共同代理

案例 38：美華影視公司搭售案──整套購買享優待

案例 39：胡椒製品業者禁止下游經銷業者越區經銷案

案例 40：【Foodpanda 外送平台案】──最惠客戶條款、價格等同條款

案例 30：新光三越百貨公司杯葛衣蝶百貨公司案

✽案件事實[475]

> 92 年 5 月間臺中衣蝶百貨公司即將在新光三越百貨臺中店附近設立，公平會經反映，新光三越百貨臺中店對所屬專櫃廠商表達「凡至臺中衣蝶百貨公司設櫃之廠商必遭撤櫃之處罰」。

📝 公平會裁處

公平會調查有明確證據者為阿瘦公司，證據顯示新光三越百貨臺中店之幹部向所屬專櫃阿瘦公司口頭示意不可進駐臺中衣蝶百貨公司，並暗示倘同時於新光三越百貨臺中店及臺中衣蝶百貨公司設櫃有可能影響該公司於新光三越百貨臺中店之業績。阿瘦公司原已簽妥衣蝶百貨之設櫃申請書，繳交進櫃履約保證金 10 萬元，並完成設計圖之確認，衣蝶百貨已預備進行施工之際，阿瘦公司卻因此決定不進駐衣蝶公司。

行政法院認為：「所謂『其他交易之行為』，應包括被杯葛事業所從事之一切營業活動，至於『斷絕』則不限於中止現有之交易關係，<u>不與被杯葛事業建立新的交易關係，亦屬之</u>。前揭杯葛行為之非難性在於杯葛發起者以損害特定事業為目的，意圖借助他事業斷絕交易之方法，阻礙該特定事業參與競爭，故<u>杯葛發

---

[475] 公處字第 093016 號處分書、臺北高等行政法院 93 年度訴字第 2973 號行政判決、最高行政法院 96 年度判字第 1481 號行政判決。

起者之『促使』行為，如於客觀上已足以認定有『誘導或唆使』他事業拒絕與特定事業交易之作用，而有限制競爭或妨礙公平競爭[476]之虞者，即應具有可非難性。於判斷事業杯葛行為是否違法，應綜合考量當事人意圖、目的、杯葛發起者之市場結構及市場地位、杯葛行為所涉商品特性、杯葛行為之履行狀況，及杯葛行為實施後對市場競爭之影響程度等。至於杯葛發起者促使杯葛受使者為杯葛行為後『有無發生斷絕交易之結果』，可作為審酌『杯葛行為之實施對市場競爭影響程度』的因素，惟該事實之存在與否並非公平交易法第19條第1款成立之必要條件[477]。」

「而衡諸一般常理，阿瘦公司當初會決定在距離上訴人臺中店甚近之臺中衣蝶百貨公司設櫃並已繳交保證金10萬元，必已就其設櫃利益得失予以衡量始決定進駐，若非有何特定因素考量，豈有自甘願損失已繳之10萬元之保證金而自臺中衣蝶百貨公司退出設櫃之理。堪認上訴人臺中店幹部口頭示意不可進駐之舉動，已足影響阿瘦公司退出設櫃之決定，而該行為在客觀上已足以認定促使專櫃廠商斷絕與臺中衣蝶百貨公司之交易關係[478]」。

---

[476] 行為時公平交易法第19條第1款規定「有左列各款行為之一，而有限制競爭或妨礙公平競爭之虞者，事業不得為之：一、以損害特定事業為目的，促使他事業對該特定事業斷絕供給、購買或其他交易之行為。」

[477] 此為新光三越杯葛衣蝶百貨案中，臺北高等行政法院93年度訴字第2973號行政判決之見解，最高行政法院96年度判字第1481號行政判決維持原審之判決。

[478] 最高行政法院96年度判字第1481號行政判決。

案例 31：賓士公司拒絕授權予帝寶公司卻授權予其他副廠案

✵ 案件事實[479]

> 專利權人拒絕授權予某一廠商，是否構成無正當理由之差別待遇？
>
> 原告賓士公司主張被告車燈製造商帝寶公司所製造及販售供 Benz E 系列 W212 車型汽車所適用的汽車頭燈商品，侵害賓士公司所有之設計專利，因此向智財法院提起訴訟，請求帝寶公司及其法定代理人連帶給付損害賠償等。帝寶公司的其中一個答辯，為賓士公司拒絕授權予帝寶公司卻授權其他副廠，並單獨對帝寶公司提告，顯無正當理由給予差別待遇，使帝寶公司無法於市場上競爭違反公平交易法第 20 條第 2 款之規定。

📝 智財法院

智財法院之見解為：

「（四）賓士公司並無違反公平交易法第 20 條第 2 款之規定：

1.……帝寶公司雖主張，賓士公司拒絕授權予帝寶公司卻授權其他副廠，並單獨對帝寶公司提告，顯無正當理由給予差別待遇，使帝寶公司無法於市場上競爭，違反公平交易法第

---

[479] 智慧財產及商業法院 106 年度民專訴字第 34 號民事判決、智慧財產及商業法院 108 年度民專上字第 43 號民事判決。

20 條第 2 款之規定云云。2.惟按公平交易法第 20 條主要係針對未具有獨占事業之市場地位，卻具有相當市場力量之事業，我國公平交易法實務上認為市場占有率達 15%，或因其他事業對其具有經濟上之高度依賴性，即屬具有『相對市場優勢地位』之事業，為公平交易法第 20 條所規範之主體（公平會於 105 年 2 月 17 日第 1267 次委員會決議，參見吳秀明教授專家意見書第 39 頁）。3.本院認定系爭產品所屬的相關市場，必須與汽車銷售市場共同成為同一相關市場，而且賓士公司在汽車銷售的主市場中僅有 6 至 8%的市占率，在汽車銷售的主市場中，沒有一家汽車銷售業者達到經濟規模的銷售量，故賓士公司並非公平交易法第 20 條之『相對市場優勢地位』之事業，且在一個高度競爭的相關市場中，專利權人授權與否，本是私法自治、契約自由的範圍，法院並無介入之必要。賓士公司身為專利權人，依專利法取得排他實施權，但專利法並無課予專利權人授權他人實施之義務，賓士公司基於其商業上之考量（詳後述），不願將系爭專利授權給帝寶公司，亦無違反公平交易法第 20 條第 2 款『無正當理由，對他事業給予差別待遇之行為』可言。4.賓士公司主張，為管控產品之品質及安全性以確保消費者之用車安全，並維護商譽及 Benz 汽車相關產品之整體性、品質與聲譽，僅有為賓士公司製造 Benz 汽車 E 系列中 W212 車型車頭燈之 OEM 廠商 HELLA 公司，可使用與原廠車燈完全相同之生產機具製造其自有品牌之車燈，而實施系爭專利，並提出賓士公司與 HELLA 公司之 OEM 框架合約（原審卷六第 105-109 頁），本院認為賓士公司基於維護其商譽及產品品質之考量，對於副廠車燈要求須使用與原廠零件相同的設備、工

具、技術、製造環境及符合一定流程、規格之要求，以達到對於整個生產的過程品質有完全的確信與控制權，係基於商業上具有正當性之考量，亦即，僅有與賓士公司之間有緊密的合作關係之 OEM 廠商 HELLA 公司，得以實施系爭專利權，至於未取得授權而直接實施系爭專利之帝寶公司，二者在交易條件上顯非處於同等地位，賓士公司拒絕授權帝寶公司實施系爭專利，並非公平交易法第 20 條第 2 款之『無正當理由，對他事業給予差別待遇』之行為。5.帝寶公司提出之謝銘洋教授專家意見書雖引用數件歐盟案例之啟發，包括 1995 的 Magill 案（認定拒絕授權構成濫用優勢市場地位）、1997 年的 Ladbroke 案、2004 年的 IMS 案，而認為專利權人拒絕授權有可能構成濫用優勢市場地位而違反競爭法云云。惟查，在上開案例中，歐洲法院認為，**權利人拒絕授權本身並不當然構成濫用優勢地位，須看該授權之標的，對於特定市場競爭者是否為必要而不可或缺，若拒絕授權會阻礙新產品之出現，而影響消費者之特定需求時，則拒絕授權會構成濫用優勢市場地位之行為**。本件帝寶公司之系爭產品僅僅是在實施系爭專利，並沒有在系爭專利上另外有所創作，而產生另一新產品，且消費者單純的『期待』或『喜歡』，不能作為維修零件之外觀必須與原廠相符之正當理由，故亦非所謂『必要而不可或缺之標的』，故本件並無比照上開 Magill 案判決之餘地。」

案例 32：衛星電視頻道代理商頻道授權費用差別待遇

✉ 案件事實[480]

全球數位媒體公司為頻道代理商，就其代理頻道 105 年度之授權，對全國數位有線電視公司等多家新進之系統經營者以開播區域之內政部公告行政總戶數（下簡稱行政戶數）之 15% 作為計價戶數基礎（又稱最低保證戶數，Minimum Guarantee，簡稱 MG），對其他既有有線電視系統經營者卻非以前揭方式計價，而係以實際收視戶數給予折扣計價，經調查認定給予差別待遇之行為。

✎ 公平會裁處

公平會認為全球公司，分別對於新進系統經營者與渠等之競爭者給予不同之交易條件，為無正當理由之差別待遇行為，且有限制競爭之虞，違反公平法第 20 條第 2 款規定。命全球公司限期改正，併處新臺幣 4,000 萬元罰鍰。

✎ 最高法院

最高法院認為，本案雖構成差別待遇，但非全無正當理由。且該處分不符合行政處分明確性原則、未針對其為何裁處新臺幣

---

[480] 公處字第 105118 號處分書、臺北高等行政法院 105 年度訴字第 1916 號判決、最高行政法院 109 年度判字第 23 號行政判決。

4,000萬元高額罰鍰之具體計算方式加以說明。原處分有違誤，由最高法院自為判決，撤銷原處分：

「（二）原判決認上訴人違反公平交易法第20條第2款規定，係以：上訴人訂定之105年銷售辦法有關計算授權費用之規定，對於系爭系統經營者及既有系統經營者，形式交易條件已有不同，而有契約規定之差別待遇。實際收取授權費用時，對於系爭系統經營者先以MG15計價，實際訂戶數超過MG15時則改以實際訂戶數計價，惟對於既有系統經營者，則係以一框定數額之授權費用總額收費，與行政總戶數之多寡完全脫鉤，其條件顯優於系爭系統經營者，上訴人對於各系統經營者收取授權費用之計價戶數，分別為各該業者104年12月底實際訂戶數之2至25倍、105年6月底實際訂戶數之1.12至3.96倍，然對於既有系統經營者，卻以實際訂戶數再打數折，且折扣比率至少達63.76％作為簽約計價戶數，而有顯著之差別待遇，進而論斷該差別待遇無正當理由，且有限制競爭之虞等語。

惟查：

1. 依原判決確定之事實，目前國內有線電視頻道節目之交易過程，係由頻道代理商支付費用予頻道商以取得頻道代理權後，即由頻道代理商直接與下游之系統經營者簽訂授權合約，提供所代理頻道之公開播送權予系統經營者，並收取授權費用。就授權費用之計算方式而言，如以實際訂戶數作為計算基礎，即須仰賴系統經營者提供正確之訂戶資訊，惟因實際訂戶數隨時均可能變動，且相關資訊均由系統經營者所掌控，故頻道代理商不易進行監督查核，亦容易發生授權費計算之爭議，而增加交易上之監督成本及糾紛處理成本，此由有線廣播電視法於105年1月6日增訂

第 36 條第 2 項規定：『系統經營者與頻道供應事業協議授權條件時，如以訂戶數為計算基礎者，應以中央主管機關公告之訂戶數為準。』以解決授權費以訂戶數作為計算基礎之問題即明，是上訴人於 104 年底與系爭系統經營者磋商 105 年度頻道授權契約時，採用 MG 制度作為交易條件，除可確保上訴人之收益，亦可降低市場交易之監督成本及糾紛處理成本，並無不利於目前國內有線電視上、中、下游產業結構正常運營之情事。況上訴人 98 年度節目頻道銷售辦法第 2 條第 4 項即規定：『適用本優惠方案之系統經營者，其簽約之基本戶數計算不得低於該公佈核准之經營地區行政區域戶數（以內政部資料為準）之 20% 為基準；……』足見上訴人於經營區開放政策實施前，與既有系統經營者議約時，即採取 MG 制度作為計算授權費用之依據，至於實際授權條件當視雙方議價能力而定，況依原審卷附之其他頻道代理商業者於 103 年度代理衛星電視基本頻道銷售辦法，亦分別約定以基本包底戶數或以其新增或申請經營區域之行政總戶數乘以一定比例作為簽約計價戶數（見參證 11），是 MG 制度於系爭系統經營者進入有線電視市場前，為該市場常見之交易條件，自難謂上訴人於 105 年度之授權以 MG 作為交易條件係對系爭系統經營者形成差別待遇。

2. 惟上訴人訂定之 105 年銷售辦法第 2 條第 3 項係規定：「適用本銷售辦法之系統經營者為：(1)如係以不分組之基本頻道方式提供節目訊號者，其簽約之基本戶數以該系統經營者經主管機關許可經營有線電視服務地區之行政區域戶數（以內政部資料為準）之 15%所計算之戶數起算。

(2)如為民國 102 年 5 月 17 日『有線廣播電視經營地區劃分及調整以及受理申請經營有線廣播電視業務』補充公告後，所取得有線電視系統經營許可之新參進系統經營者或是既有新增跨區經營之系統經營者（以下合稱『新、跨系統經營者』）則依如下方式定其簽約基本戶數：(1)依經主管機關許可經營新進或跨區新增開播區域所涵蓋之行政區域戶數（以內政部資料為準，以下同）之 15%所計算之戶數起算。(2)『新、跨系統經營者』於授權合約期間實際提供有線電視服務之收視戶數超過前項所訂戶數時，則依其實際提供服務之收視戶數計算授權費用。(3)離島則依實際情形雙方協議之。」是以上訴人就其代理頻道於 105 年度授權之交易條件，對既有系統經營者及系爭系統經營者雖均係以 MG15 作為簽約計價戶數之門檻，惟既有系統經營者及系爭系統經營者之實際訂戶數如已達 MG15，系爭系統經營者須依實際訂戶數計算授權費用，既有系統經營者則無此規定，自形式上觀之，其交易條件即有所不同。另依原判決確定之事實，上訴人於 104 年度與系爭系統經營者所簽訂合約之每月授權費用、簽約計價戶數及實際訂戶數均如原處分第 17 至 19 頁附表所示，是系爭系統經營者於 104 年之實際訂戶數均未達 MG15，然均以 MG15 作為簽約計價戶數，並據以計算授權費用。反之，既有系統經營者則均以一框定數額之授權費用總額收費，而非以簽約計價戶數作為基礎，顯與系爭系統經營者之計價方式迥然不同，惟為比較既有及系爭系統經營者取得授權之成本是否確有差異，自得以授權費用及實際訂戶數換算為每戶授權費用作為參考，並據以判斷上訴人於

105 年仍以 MG15 作為計算授權費用之門檻，是否造成差別待遇行為。而依原處分第 17 至 19 頁附表所示，既有系統經營者每戶授權費用實遠低於系爭系統經營者之每戶授權費用，由此足見系爭系統經營者就上訴人所代理之頻道授權每戶成本確實大幅高於既有系統經營者，是上訴人於 105 年以 MG15 作為計算授權費用之交易條件確有對系爭系統經營者及其同一競爭階層之既有系統經營者為差別待遇之行為。

3. 原判決審酌市場供需情況、成本差異、交易數額、信用風險及 MG15 是否為商業慣例、既有系統經營者具有優勢協商力量等因素後，認定上訴人所為差別待遇行為，並無正當理由，且因上訴人具相當之市場力，系爭系統經營者復均有向上訴人購買所代理頻道，以爭取交易相對人之需求，且上訴人之差別待遇行為係不當墊高系爭系統經營者之經營成本，減損渠等之競爭能力等情，固非無見。惟查：

(1) 國內有線電視市場原係以特許方式分為 51 個經營區，嗣通傳會於 101 年 7 月 27 日公告及 102 年 5 月 17 日補充公告『有線廣播電視經營地區劃分及調整以及受理申請經營有線廣播電視業務』（下稱通傳會開放政策），將原 51 個經營區改以 22 個直轄市、縣（市）為最小經營區，並受理新進系統經營者申請籌設經營有線電視業務或既有系統經營者申請跨區經營，是既有系統經營者確因過去法令所形成之獨占或寡占，致實際訂戶數均超過 MG15 等情，為原判決確定之事實，而通傳會開放政策於 101 年起開放競爭者進入有線電視市場，其目的即係欲解決因市場之獨占或寡

占，而缺乏創新競爭誘因之僵化現象。至於系爭系統經營者則因通傳會開放政策改以至少 1 個縣（市）為最小經營區，導致其經營區域擴大，行政總戶數亦隨之增加，如以經營區域之行政總戶數乘以一定比例作為簽約計價戶數，於其初期營運階段，尚須相當時間招攬訂戶，必然導致簽約計價戶數多於實際訂戶數，此觀原處分第 17 至 19 頁附表即明。惟自上開附表觀之，截至 105 年 6 月底止，系爭系統經營者之實際訂戶數均已逐步成長，並因此降低系爭系統經營者之每戶授權費用成本，其中，大豐公司跨區之實際訂戶數 51,998 戶，更已逐漸趨近於 MG15 之簽約計價戶數 58,196 戶。倘謂上訴人對於系爭系統經營者於 105 年之授權費用計價標準須調整至與既有系統經營者相同，將使系爭系統經營者甫進入市場，無須憑本身努力為效能競爭，即可取得每戶授權成本趨近於既有系統經營者之成果，其結果必然導致系統經營者間削價競爭（依原判決所確定之事實，系爭系統經營者確有以削價競爭之方式招攬收視戶之情事），而以邊際成本提供服務，或於短期內以低於邊際成本之價格爭取用戶，此競爭之結果，可能導致市場僅剩下少數具規模優勢地位者存活，產業結構也可能因被上訴人強制依相同條件締約，而更為僵化，實與通傳會開放政策相悖離。是本件茲有疑義者為：上訴人於 105 年度之授權以經營區域之全部行政總戶數作為 MG 之基礎或以全部行政總戶數之 15%作為計價基礎，是否已超過系爭系統經營者進入市場後第 2 年之合理成本負擔，

而形成參進障礙？通傳會雖曾函復被上訴人，以過往基礎（即 MG15）作為計價基礎，將與現今產業條件出現落差，然其落差之具體情形為何？有無數據可資佐證？其合理可調整之範圍為何，始不致影響通傳會開放政策之推動？均未見被上訴人加以調查。

(2) 另依原處分卷附 105 年上訴人與頻道商所簽訂之頻道代理授權合約書及與既有系統經營者所簽訂之基本頻道播送授權契約書所示，多數均有約定『授權頻道』廣告開口時段，亦即頻道代理商負有使系統經營者完整播送頻道商所提供頻道節目及廣告，而系統經營者除廣告開口時段外，則不得於標的頻道插播自製或自行招攬廣告之責任，此舉係為確保頻道商之廣告收益，蓋頻道商之收入來源除頻道授權費外，通常亦包括廣告收益。然而，<u>廣告收益須考量頻道普及率，如交易條件悉以實際訂戶數作為計價基礎，則系統經營者即會降低將授權成本分攤至較多實際訂戶數之動力誘因，頻道商及頻道代理商將面臨頻道普及率下降，廣告收益亦隨之下降，而導致頻道單價、授權費用等上下游交易條件及成本將隨之變動調整，自會對產業發展產生影響，則上訴人如不採取 MG 制度，而對於既有及系爭系統經營者一律均以實際訂戶數或實際訂戶數加上折扣作為交易條件，是否反而將產生對市場競爭不利之效果，而悖離通傳會所訂之產業政策，亦非無疑。</u>原判決未考量上開因素，而以：原處分並未涉及對 MG 制度之評論，原處分係以上訴人對於系爭系統經營者與既有系統經營者，採取不同交易條件之

差別待遇行為,有違公平交易法第 20 條第 2 款規定,至於交易條件本身是否合理妥適,尚非原處分所評價之範圍,原處分就此部分並未為任何認定,且因原處分據以認定違法者,並非交易條件之本身,而係採取不同交易條件所造成之差別待遇情形,至於上訴人向系統經營者收取授權費用之計價基礎應否採取 MG 制度、MG 制度是否合理妥適等節,因非原處分所評論者,且對原處分認定結果亦無直接關聯,並無深入探究之必要等語,即有適用公平交易法第 20 條第 2 款規定不當之違法,上訴人據以指摘,尚非無據。

(三)按違反公平交易法第 20 條規定之事業,依同法第 40 條第 1 項規定,主管機關得限期令停止、改正其行為或採取必要更正措施,並得處 10 萬元以上 5 千萬元以下罰鍰;屆期仍不停止、改正其行為或未採取必要更正措施者,主管機關得繼續限期令停止、改正其行為或採取必要更正措施,並按次處 20 萬元以上 1 億元以下罰鍰,至停止、改正其行為或採取必要更正措施為止。且依同法第 36 條規定,違反第 20 條而經主管機關依第 40 條第 1 項規定限期令停止、改正其行為或採取必要更正措施,而屆期未停止、改正其行為或未採取必要更正措施,或停止後再為相同違反行為者,處行為人 2 年以下有期徒刑、拘役或科或併科 5 千萬元以下罰金。依上開規定可知,被上訴人認定事業違反公平交易法第 20 條第 2 款,依同法第 40 條第 1 項前段,即得命其限期改正及裁處罰鍰,如未依期限改正,依同條項後段,尚得繼續命其限期改正,並按次處罰鍰,且依同法第 36 條規定,行為人並有遭處 2 年以下有期徒刑、拘役或科或併科 5 千萬元以下罰金之刑事責任。而行政行為之內容應明確;行政處分以書面為之

者，應記載主旨、事實、理由及其法令依據，行政程序法第 5 條、第 96 條第 1 項第 2 款定有明文。所指行政處分之明確性，除其處分性質、處分機關及規制對象應明確之外，尤以規制內容及法律效果之明確程度，係以客觀解釋結果為據，必須使受規制之對象能夠立即知悉處分機關對其之要求為何，或與其有關之事物受到如何之規制。是原處分既以上訴人違反公平交易法第 20 條第 2 款，而對之裁處罰鍰及限期改正，若未改正尚有遭刑罰、行政罰處罰之後果，其規制內容及法律效果自應明確，且其明確程度必須使上訴人能立即知悉所受禁止之有限制競爭之虞之差別待遇行為為何，遭裁處之罰鍰金額為何，及被上訴人要求其限期改正差別待遇之範圍，如此方符合上開行政處分明確性原則。經查，原處分並未考量因通傳會開放政策，致系爭系統經營者之經營區域擴大，其水平市場效應如何，則原處分究係認為採用 MG 制度本身即已違反公平交易法第 20 條第 2 款，或上訴人以行政總戶數作為 MG 計算基礎，或將 MG 門檻設為 15%之交易條件始有違公平交易法第 20 條第 2 款，並非明確，進而導致原處分所命上訴人之改正義務，究為上訴人不得使用 MG 作為交易條件，或上訴人應以行政總戶數與有線電視滲透率之乘積作為 MG 之基礎？抑或上訴人應將 MG 門檻自 15%調整至何範圍，始得認其無差別待遇或可符合正當理由，或不致有限制競爭之虞，均無從自原處分主文或理由中明確知悉，與行政處分明確性原則顯有未合。由於原處分並未明確指出 MG 之門檻有無違法及如何違法，以致其課予上訴人改正義務之範圍，亦難認明確，原判決未見及此，逕予維持原處分，尚屬率斷，即有判決適用法規不當之違法。

（四）行政罰法第 18 條第 1 項規定：『裁處罰鍰，應審酌違反行政法上義務行為應受責難程度、所生影響及因違反行政法

上義務所得之利益,並得考量受處罰者之資力。』公平交易法施行細則第 36 條更規定:『依本法量處罰鍰時,應審酌一切情狀,並注意下列事項:一、違法行為之動機、目的及預期之不當利益。二、違法行為對交易秩序之危害程度。三、違法行為危害交易秩序之持續期間。四、因違法行為所得利益。五、事業之規模、經營狀況及其市場地位。六、以往違法類型、次數、間隔時間及所受處罰。七、違法後悛悔實據及配合調查等態度。』經查,原處分裁處上訴人 4,000 萬元罰鍰,僅於理由中概括載稱:依公平交易法第 40 條第 1 項及同法施行細則第 36 條規定,經審酌上訴人所涉差別待遇為 105 年度全年之授權費用,影響為 1 整年,上訴人倘遂行系爭差別待遇行為,預估 1 整年之不法利益近億元;本案系爭差別待遇已不當墊高系爭系統經營者之經營成本,致限縮其提供較有利之價格、品質、服務等交易條件之空間,嚴重損及其與既有系統經營者間之效能競爭;差別待遇行為倘不予過止,亦將影響其他經營區域未來之競爭,易使有意參進市場競爭之系統經營者卻步而造成市場封鎖效果,對競爭之限制與斲傷至鉅,進而恐恢復至通傳會開放政策前既有經營區僅有 1、2 家系統經營者獨占或寡占狀態,嚴重影響消費者權益;上訴人營業規模;初次違反公平交易法第 20 條第 2 款規定;違法後悛悔實據及配合調查態度等因素,爰依公平交易法第 40 條第 1 項規定處分如主文等語,並未針對其為何裁處上訴人 4,000 萬元高額罰鍰之具體計算方式加以說明,且原處分所指上訴人整年不法利益近億元之金額究應如何計算,自有可疑,此將影響最終罰鍰之裁處結果,原審未依職權調查釐清,並據以判斷原處分是否有裁量濫用或違反比例原則之違法,原判決即有不適用法規之違法。」

案例 33：【0 元收看有線電視 1 年案】——以平均變動成本檢驗事業定價行為

✴案件事實

公平會 106 年間針對數家有線電視公司推出「0 元看 1 年」、「1,500 元收視一年半」優惠方案作出裁罰處分，如新北市有線廣播電視新進業者取得新北市有線廣播電視系統分期營運許可後，實施 0 元收視 1 年有線電視方案之掠奪性定價而遭檢舉。

經公平會介入調查，實施 0 元收視 1 年有線電視方案以及與公寓大廈管理委員會於有線電視優惠協議書及契約書約定獨家經營權條款，核屬以低價利誘及不正當方法阻礙競爭者參與或從事競爭之行為，而有限制競爭之虞，違反公平交易法第 20 條第 3 款規定。

📝 公平會

公平會認定「節目版權成本」及「訂戶安裝維修成本」會隨訂戶數變動而調整，屬於有線電視業者之變動成本，二者加總後據以計算每戶每月平均變動成本[481]：

「依一般經濟學原理，所謂變動成本係指隨產量變動而

---

[481] 公處字第 106082 號處分書（全聯有線電視股份有限公司案）、公處字第 106102 號處分書（永佳樂有線電視股份有限公司案）、公處字第 106103 號處分書（大豐有線電視股份有限公司案）。

變動之成本,而有線電視業者之變動成本即為隨訂戶數變動而變動之成本[482]。」

「查事業低價行為存在之量化檢驗方法,依所選定事業成本種類之不同,可分為邊際成本檢驗法(實務上以平均變動成本替代之)、平均避免成本檢驗法、平均增量成本檢驗法、平均成本檢驗法。倘以實務上常見平均變動成本法檢驗,全國數位公司係將節目版權成本、節目播映成本、節目製作成本歸為變動成本,隨訂戶數之增加而增加,而被處分人則認節目版權成本,本為其與頻道代理商洽談成交之節目版權年度授權費用,係以固定訂戶數為基礎計算,故屬固定成本;節目播映成本係被處分人製作地方新聞台等節目之相關成本支出,故在其營業成本明細中亦列為固定成本;會伴隨用戶數之變動成本主要為加值服務成本以及訂戶安裝維修成本。是以,檢舉雙方對於有線電視服務之變動成本見解歧異。惟查,103 年起頻道代理商為因應通傳會有線電視分組付費政策,對各有線電視業者收取之頻道授權費用及其銷售辦法係以『基本頻道』作為洽談標的,並以『簽約戶數』為計價基礎,105 年頻道代理商對各有線電視業者提出之基本頻道銷售辦法,亦以『每月每戶單價』報價,並以『訂戶數』為簽約計價基礎,又雙方所簽訂之頻道授權契約之授權條件及內容須每年重新協商洽簽,每年雙方所議定之頻道授權費用亦因『訂戶數』之變動而有所調整,故有線電視業者支付予頻道代理商之頻道授權費用係依訂戶數之變動而變動,仍屬變動成本,殆無疑義。復按被處分人表示訂戶安裝

---

[482] 公處字第 106102 號處分書。

維修成本屬該公司經營之變動成本，爰據被處人所提供近年營業成本明細，將其『訂戶安裝維修成本』與『節目版權成本』併計為變動成本，則被處分人 103 年、104 年及 105 年度之每戶每月平均變動成本應分別約為○元、○元及○元。另就有線電視相關產業之商業模式、交易特性及經營性質等面向觀察，其等事業之營業成本（尤其是變動成本）殊無可能為 0 元，縱以『1,500 元收視一年半』之優惠觀之，平均每戶每月僅需 83.3 元之收視費亦低於其平均變動成本，故被處分人提供 0 元收視一年以及 1,500 元收視一年半有線電視之優惠方案，顯見其係以低於平均變動成本之低價方案，藉以利誘及影響有線電視收視戶對交易對象之正常選擇[483]。」

---

[483] 公處字第 106082 號處分書。

案例34：【有線電視公司與管委會簽訂獨家經營條款案】——獨家經營條款是否構成公平法第20條第3款？

案件事實[484]

> 　　有線電視公司於101年起與公寓大廈管理委員會簽訂舊版有線電視集體戶收視契約書第2條獨家經營權條款，且於104年7月起簽訂新版有線電視集體戶收視契約書第5條社區經營權與暗管使用權保障條款，以及104年5月起簽訂數位有線電視暨加值服務優惠協議書第5條第1項社區經營權與暗管使用權保障條款(下稱案關違法條款及案關違法行為)，限制社區管委會於合約期間不得另由其他有線電視業者提供服務，違約者將取消收視費用優惠並收取懲罰性違約金。
>
> 　　有線電視公司之行為是否係以不正當方法，阻礙競爭者參與或從事競爭之行為，而有限制競爭之虞，違反公平法第20條第3款規定？

---

[484] 公處字第106064號處分書、臺北高等行政法院106年度訴字第1442號判決、最高行政法院109年度判字第615號判決及臺北高等行政法院110年度訴更一字第1號行政判決參照。類似情節另有【金頻道有限公司與管委會簽訂獨家經營權條款案】，金頻道公司與管委會簽訂之契約條款明定：「於本合約有效期間內，為顧及管線間之通暢，甲方（即管委會）於契約有效期間內，保障乙方（即金頻道公司）在本社區之單一經營權，並有社區暗管獨家使用權，甲方不得另與其他系統業者協議於甲方社區提供有線電視相關服務；否則視同違約，乙方有權取消其依本合約提供予甲方社區之相關費用優惠，並以一般戶之收費標準向甲方社區收取未到期之費用作為懲罰性違約金。」最高行政法院109年度判字第593號行政判決。

> 📝 公平會

有線電視公司天外天公司自 101 年起與其經營區內部分公寓大廈管委會於有線電視集體戶收視契約書（下稱舊版收視契約）第 2 條約定獨家經營權條款，且於 104 年 7 月起於有線電視集體戶收視契約書（下稱新版收視契約）第 5 條約定社區經營權與暗管使用權保障條款；以及 104 年 5 月起於數位有線電視暨加值服務優惠協議書（下稱優惠協議書）第 5 條第 1 項約定社區經營權與暗管使用保障條款（下與前揭獨家經營權條款合稱系爭獨家經營條款）要求管委會不得另與其他有線電視系統經營者（下稱有線電視業者）協議提供相關服務。

臺北高等行政法院認為，天外天公司與管委會簽訂含系爭獨家經營條款之契約，非有營運上之必要性及合理正當性，其意圖及目的乃在阻礙競爭者參與或從事競爭，並已生阻礙競爭者參與或從事競爭之結果，相關論述如下[485]：

> (2) 有線廣播電視系統服務具有各家有線電視業者提供之基本頻道服務同質性高之特性，故同一時空下，用戶僅須單一業者提供服務即已滿足，則用戶選擇交易對象著眼點即轉而為價格、品質或其他條件，是有線電視業者無論係與個別用戶或管委會簽訂相關服務契約，即取得單獨供應有線電視服務之交易機會。又依公寓大廈管理條例第 29 條第 1 項規定，公寓大廈應成立管委會或推選管理負責人，同條例第 6 條第 1 項第 4 款規定，設置管線，必須使用共用部分時，應經管理負責人或管委會之同意後為之。易言之，因鋪設有線電視纜線及相關器材設備

---

[485] 臺北高等行政法院 110 年度訴更一字第 1 號行政判決。

均須使用公寓大廈之管道間及弱電箱等共用部分，且依前揭條例應經管委會同意後始得為之，<u>是以，倘具一定市場力量之有線電視業者與公寓大廈管委會簽訂之相關服務契約，無正當理由於契約內搭配具獨家經營權性質之條款，並輔以具懲罰效果之違約條款約束締約對象，則可預期其他有線電視業者事實上已無法進線至該締約管委會所在公寓大廈，即難向該公寓大廈之住戶爭取交易機會，則該締約管委會所在公寓大廈之住戶即喪失於契約期間內享有選擇收看別家有線電視業者之機會，即等同剝奪競爭者以價格、品質或其他條件爭取交易相對人之機會。</u>

(3) 原告自101年起與其新北市三重經營區內部分公寓大廈管委會簽訂之舊版收視契約內，業載有獨家經營權條款及其懲罰性違約金條款，已如前述。值此之際，於本案相關市場競爭者僅全聯公司，原告面臨案關管委會可能自行接洽全聯公司裝設有線電視服務之競爭風險，顯示其為避免或阻礙其競爭者全聯公司與其競爭，意圖以與案關管委會締結具獨家經營權條款之契約，並輔以懲罰性違約金條款，以鎖住其收視戶，限制締約管委會及其所在公寓大廈之住戶轉換交易相對人。<u>復新進業者全國數位公司104年5月、新北市公司104年10月底於本案相關市場開播及推廣其有線電視服務之際，原告即於104年5月起以優惠協議書及自104年7月改以新版收視契約與案關管委會締約，雖優惠協議書及新版收視契約使用之文字與舊版收視契約不同，但仍約定有具獨家經營性質之社區經營權與暗管使用權條款及懲罰性違約金</u>

條款，又自 104 年 6 月起向重陽帝王公寓大廈……等管委會寄發警示函表示『……貴社區顯已違反貴我雙方收視契約，竟同意其他有線電視業者進入貴社區架設設備……為免其他有線電視業者為惡性競爭致服務變質，敬請貴社區遵守契約約定，並為回復原狀，要求該業者撤除其所架設設備……』『今據聞，已有其他有線電視業者，進入貴社區架設設備，貴委員會顯有違反雙方契約情事……請貴委員會依約履行，拒絕其他業者進入社區……（另有一版本為：要求該業者撤除其所架設設備，以免徒增損害賠償責任）』等語……，均如前述。<u>顯見原告自 104 年 5 月起與案關管委會簽訂優惠協議書、新版收視契約及發函警示締約管委會等舉，係針對新進業者全國數位公司等參進市場之對應行為，意在阻礙新進業者參與或從事案關市場之競爭，足證原告使用系爭獨家經營條款有阻礙競爭者參與或從事競爭之目的及意圖。</u>

(4) 依原告所提供 101 年起與其簽約之管委會，多數於契約期滿即與原告續約，其間最多續約 4 次、契約期間最長至 106 年 5 月 31 日……，又據全國數位公司提供其於業務拓展過程中遭大樓管委會表明因原告之系爭獨家經營條款約定，而未敢與全國數位公司交易之大樓名單……，佐以前述被告派員於 105 年 4 月 27 日赴新北市三重區阿利阿多大廈實地勘查並訪談該社區管委會主任委員結果，再比對其中案關管委會確已與原告簽訂系爭獨家經營條款，足證原告使用系爭獨家經營條款行為，就市場競爭或市場進入所產生之效果而言，締約管委會

確已因系爭獨家經營條款心生畏懼而產生嚇阻與其他競爭者交易之效果。

(5) 原告與管委會簽訂含系爭獨家經營條款之契約,當可預期其他有線電視業者事實上已無法進線至該締約管委會所在公寓大廈,而難向該公寓大廈之住戶爭取交易機會,則該締約管委會所在公寓大廈之住戶即已喪失於契約期間內享有選擇收看別家有線電視業者之機會。又締約管委會因與原告簽訂含系爭獨家經營條款之契約,締約管委會及其所在公寓大廈之住戶雖享有原告一定收視費用優惠或公關戶免費收視,惟除經原告事先同意(僅新版收視契約有此事先同意約定),締約管委會負有不得另與其他有線電視業者協議於其所在公寓大廈提供有線電視相關服務之義務,不論該公寓大廈鋪設有線電視纜線及相關器材設備空間是否足夠,一律喪失於契約期間內與其他有線電視業者協議提供有線電視相關服務之權利。另倘締約管委會執意讓其他有線電視業者進線締約管委會所在公寓大廈提供服務,原告除可據前揭契約條款主張該締約管委會違約及有權取消收視費用優惠外,並得向締約管委會收取簽約總金額 5 倍(舊版收視契約)或要求締約管委會返還優惠條件等值之金額(優惠協議書及新版收視契約)作為懲罰性違約金,則系爭獨家經營條款已得產生阻礙競爭者參與或從事競爭之效果[486]。」

---

[486] 臺北高等行政法院 110 年度訴更一字第 1 號行政判決。

案例 35：藥商 1 元競標案

✳案件事實[487]

　　和安行公司及東竹公司皆為藥商，均有銷售憂鬱症相關藥品，東竹公司係抑鬱錠 10 毫克藥品之獨家代理商，和安行公司為「隆柏」立普能膜衣錠 10 毫克藥品之獨家經銷商。

　　和安行公司自 94 年起於國內獨家銷售「隆柏」立普能膜衣錠 10 毫克藥品（Lexapro Tablets），主成分為愛西塔洛能（Escitalopram）且適應症為治療憂鬱症之原廠藥，該公司 96 年時銷售量達 344 萬餘顆，交易對象達 186 家，已能充分參進國內各級大型醫院、診所、藥局及物流業者。而東竹公司自 97 年起所銷售「抑鬱錠」10 毫克藥品為國內第一個與原廠藥主成分相同之學名藥，是新進業者。

　　97 年 9 月東竹公司接獲財團法人私立高雄醫學大學附設中和紀念醫院之比價通知，東竹公司以抑鬱錠 10 毫克每顆新臺幣（下同）9 元之價格投標，惟東竹公司事後聽聞和安行公司以「隆柏」立普能膜衣錠 10 毫克每顆 1 元之價格得標。

　　東竹公司查「隆柏」立普能膜衣錠 10 毫克之健保給付價格為每顆 32.1 元，無論就「隆柏」立普能膜衣錠 10 毫克健保給付價格或該藥品成本而言，每顆 1 元之價格皆顯不相當，東

---

[487] 公處字第 100163 號處分書、行政院 101 年 3 月 22 日院臺訴字第 1010125948 號訴願決定、臺北高等行政法院 101 年度訴字第 780 號行政判決、最高行政法院 103 年度判第 31 號判決、臺北高等行政法院 103 年度訴更一字第 15 號行政判決、最高行政法院 103 年度裁字第 1683 號裁定。

> 竹公司認為前開情事係和安行公司以低價排除其他廠商競爭以壟斷治療憂鬱症藥品市場之行為，涉有違反公平交易法規定。
>
> 本案經調查後認定和安行公司以遠低於進貨成本之 1 元競標銷售「隆柏」立普能膜衣錠 10 毫克藥品，排除其他廠商參進競爭之行為，係以不正當方法，使競爭者之交易相對人與自己交易而有限制競爭及妨礙公平競爭之虞。

📝 公平會裁處

公平會認為，國內各醫學中心、區域醫院以及大型地區醫院等通常需有其他醫學中心之採用證明，方可參與該等醫院採購標案之比價程序，即藥品能取得國內第一家醫學中心之採用，是提升銷售予國內醫學中心、區域醫院以及大型地區醫院之交易機會以增加銷售量之重要門檻。東竹公司銷售之抑鬱錠 10 毫克藥品倘能取得高醫附設醫院之採用，即可取得後續參加國內其他醫學中心、區域醫院以及大型地區醫院等藥品採購比價之資格條件。

公平會以和安行公司在高醫附設醫院的採購案中，以遠低於「進貨成本」（成本價格為新臺幣 12 元）之新臺幣 1 元競標銷售「隆柏」立普能膜衣錠 10 毫克藥品，排除其他廠商參與競爭之行為，係以不正當方法，使競爭者之交易相對人與自己交易，而有限制競爭及妨礙公平競爭之虞，違反行為時公平法第 19 條第 3 款規定，乃依同法第 41 條前段規定，以處分命和安行公司停止違法行為，並處罰鍰 300 萬元。和安行公司不服，提起訴願，遭決定駁回，提起行政訴訟，經原審法院判決訴願決定及原處分均撤銷。公平會不服，提起上訴，最高行政法院廢棄原審判決，發回原審更為審理，原審更為審理，判決駁回和安行公司之起訴，其不服提起上訴，遭最高行政法院裁定駁回上訴。

案例 36：中埔鄉菁仔聯誼會代理會長決定檳榔價格案

✻案件事實[488]

> 　　嘉義縣中埔鄉絕大多數的檳榔大盤商都會加入「中埔鄉菁仔聯誼會」，每年 8 月間產季開始，且市場價格有變動時，中埔鄉菁仔聯誼會會長於檳榔交易日前召集聯誼會幹部召開會議，決定檳榔「進貨價」（大盤商向產農收購檳榔之價格）與「銷貨價」（大盤商將檳榔銷售予中盤商的價格），並將所決定的價格作成表格，由各村代表將資料分送會員，作為交易之依據，大盤商即依該進貨價向產農收購檳榔。
>
> 　　本案經多位中埔鄉檳榔產農向公平會檢舉中埔鄉菁仔聯誼會壟斷檳榔市場、炒作行情，並提供「臺灣省中部地區菁仔聯誼會行情報價表」等資料予公平會。公平會認定有自行訂定檳榔價格，並由該聯誼會之幹部轉知所屬會員，核屬以不正當方法，使其他事業不為價格競爭之行為，且有限制競爭或妨礙公平競爭之虞。

📝 公平會裁處

　　公平會以「被處分人於擔任中埔鄉菁仔聯誼會代理會長期間，持續蒐集市場供需資訊，自行訂定檳榔價格，並由中埔鄉菁仔聯誼會之幹部轉知所屬會員，核屬以不正當方法，使他事業不

---

[488] 公處字第 103072 號處分書。

為價格競爭之行為，且有限制競爭之虞，已違反公平交易法第19條第4款規定。」回應。

本案中，被處分人並無脅迫、強制其會員必須依其所提供之價格銷售，其於公平會調查時稱：「……由於產農及大盤都需要有價格資訊作為交易依據，實際上產農及大盤商皆要求我必須提供檳榔價格資訊，且我已答應前任會長代理會長職務，我認為我有這個責任要讓市場平穩，不要混亂，這樣對產農及大盤商甚至整個產業都有好處。我第一次訂定價格是參照屏東地區行情，之後即依據市場供需情形調整檳榔行情，由於我本身就是大盤商兼產農非常瞭解市場行情變動，其他大盤商或產農也會主動提供市場供需資訊給我，我再依據同業調貨狀況，即可掌握市場供需狀況，合理訂定檳榔價格。」被處分人亦表示倘大盤商間之收購價格不同，不但引起市場行情混亂，也會造成大盤商與產農間之爭議，故透過聯誼會訂定檳榔「進貨價」，以利市場穩定及大盤商與產農之和諧。另為避免中盤商多方詢價、比價後壓低檳榔銷售價格，或避免大盤商間彼此爭取銷售機會而降價銷售，壓低檳榔銷售價格，故聯誼會開會時一併訂定檳榔「銷貨價」，以避免中盤商壓低檳榔銷售價格，亦維持大盤商間之和諧。

公平會因而認定，中埔鄉菁仔聯誼會召開會議訂定檳榔價格之<u>目的</u>在於引導會員依據所訂價格進行進貨與銷貨交易，<u>促使會員不為價格競爭之動機與目的甚明</u>。被處分人之行為，促使會員不為價格競爭，損害以品質、價格、服務等效能競爭為本質之市場交易秩序，具有商業競爭倫理之非難性，核屬以不正當方法，使他事業不為價格之競爭之行為。

學者黃銘傑指出：「被處分人於本案中所扮演之角色，不啻正是公平會過去於有關聯合行為處分案中所提的『促進措施』；

其真正的行為形式乃是,同為會員的競爭事業透過被處分人進行意思聯絡,最後達成聯合行為之合意,實施聯合行為[489]。」其他類似本案未有脅迫、強制情事存在,而被認為其他不正當方法之案例,尚有公處字第 102207 號處分書、公處字第 102081 號處分書。

---

[489] 黃銘傑（2019）,〈公平交易法第 20 條廢止之試論〉,《公平交易季刊》,27 卷 2 期,頁 32。公平會公處字第 093102 號處分書。

案例 37：【新世紀廣告社獨家代理外勞稿案】——獨家共同代理

✲案件事實[490]

> 勞委會 94 年間公告規定，雇主聘僱外國人必須先辦理國內招募，並在勞委會所指定的 4 大報，包含《蘋果日報》、《中國時報》、《聯合報》及《自由時報》刊登國內求才廣告（業者稱為「外勞稿」）。新世紀廣告社為報紙廣告代理商，於 97 年 12 月間與《蘋果日報》接洽外勞稿承攬事宜，承諾給予《蘋果日報》之「外勞稿」每則最低「繳社價」（廣告代理商應繳給報社廣告之金額）3,360 元，而當時其他代理商給付給報社的「繳社價」約為 800 元至 900 元左右，《蘋果日報》因此給予新世紀廣告社包版權利（即獨家代理），嗣後新世紀廣告社亦取得《中國時報》及《聯合報》之優惠條件，其外勞稿繳社價每件 3,500 元至 3,948 元，較其他廣告代理商（每件 4,200 元）為低。

📝 公平會裁處

公平會認為，新世紀廣告社取得外勞稿業務之包版及具累退式非線性定價之優惠措施，實質上已等同由新世紀廣告社單獨代

---

[490] 公處字第 101009 號處分書、臺北高等行政法院 101 年度訴字第 1491 號行政判決、最高行政法院 102 年度判字第 586 號行政判決、臺北高等行政法院 102 年度訴更一字第 123 號行政判決、最高行政法院 105 年度判字第 207 號行政判決。

表 3 家報社從事外勞稿市場內的廣告代理活動，其他廣告代理商已難以直接向報社發稿，故新世紀廣告社確已實質獨家代理 3 家報社之外勞稿業務，產生上游報社間及下游廣告代理商間的限制競爭效果，使原應相互競爭的上游報社，透過新世紀廣告社集中收取稿件，不再以價格作為主要競爭因素，同時亦阻礙其他廣告代理商參與外勞稿市場之競爭，限制各家廣告代理商於同一報社間之競爭。是新世紀廣告社透過取得《蘋果日報》之包版及《中國時報》、《聯合報》之優惠條件，形成實質獨家代理之垂直限制手段，抑制其上游報社及下游廣告代理商間之競爭，乃造成 98 年 1 月及 4 月外勞稿價格巨幅提高之限制競爭結果，實屬公平法第 19 條第 4 款規定之不正當方法[491]。

📝 最高法院[492]

「本款規範之行為係獨立之違法類型，其構成要件並<u>不以他事業間確已發生不為價格競爭、參與結合或聯合行為為必要；亦不以他事業因違反同法第 14 條規定而受主管機關處罰為前提要件</u>。又本款規定之行為主體，可能是結合或聯合行為成員以外之事業，亦不限於同一產銷階段具有水平競爭關係之事業，而可能係由與此產銷階段利害息息相關，但不具水平競爭關係之事業去促使此產銷階段不為價格之競爭、參與結合或聯合之行為。另本款所規範促使他事業不為價格競爭或參與結合、聯合行為之方式或手段，除『脅迫』、『利誘』外，尚包括『其他不正當方法』。析言之，<u>該款規範之行為其方式或手段，具有『不正當』

---

[491] 臺北高等行政法院 102 年度訴更一字第 123 號行政判決。

[492] 最高行政法院 105 年度判字第 207 號行政判決。

之共同特徵；觀其立法例係於『脅迫、利誘』外，再明文規定『或其他不正當方法』，而非規定『或其他相類（似）之不正當方法』；則本條文所指『其他不正當方法』當解釋為『脅迫、利誘』以外之其他一切不正當方法，並非以具有『脅迫、利誘』之共同特徵為限，即不以相對人之交易意願受到脅迫、利誘而無法適當判斷為限。又所謂『不正當方法』，參照該規定之立法理由：『維護交易秩序，確保公平競爭，為本法之立法目的，故有礙公平競爭之行為，應予禁止：……七：所謂無正當理由或不正當方法，應從其阻礙公平競爭之性格加以解釋。通常應綜合行為人之意圖、目的、市場地位、所屬市場結構、商品特性及履行情況後，從維持公平競爭秩序之觀點，個別加以判斷。』故在認定上，應自行為人之動機、目的、手段、市場地位、所屬市場結構、商品特性、履行情況及商業倫理等綜合研判。舉凡促使他事業不為價格競爭或參與結合、聯合行為之方式或手段，違反商業倫理及效能競爭，對競爭秩序產生不良影響而具可非難性，且有限制競爭或妨礙公平競爭之虞者，均屬之（本院102年度判字第586號判決意旨參照）。再者，聯合行為（concerted action）與平行行為（parallelism, parallel conduct）兩者主要差異，在於前者必須行為人透過積極之行為以『有意地達成共同的計畫』（conscious commitment to a common scheme）或使彼此『意思表示合致』（meeting of minds），以達成其目的，而後者則通常僅係單純地跟隨行為，兩者行為態樣不同，其規範效果亦有差異。公平交易法制定之目的既在於維護交易秩序與消費者利益，確保自由與公平競爭，以及促進經濟之安定與繁榮（參公平交易法第1條），則透過人為手段（脅迫、利誘或其他不正當方法）干預市場競爭秩序之不為價格競爭、參與結合或聯合行為，自屬

本法規範之對象。」

「經查：

1. 因勞動部前於 94 年 11 月 18 日公告規定雇主聘雇外國人必須先行辦理國內招募，並指定《蘋果日報》、《中國時報》、《聯合報》、《自由時報》等 4 大報始可刊登外勞稿廣告，是以就國內刊登外勞稿廣告業務而言，上開 4 大報已形成寡占市場，另就國內平面媒體廣告業務生態而言，上開 4 大報廣告業務量實際上亦已幾乎占有國內絕大部分市場。而在 97 年底即本件爭議發生以前，上開 4 大報有關外勞稿之費用每則約在 800 元至 900 元之間，其後在 98 年 1 月及 4 月間，外勞稿廣告費則調漲至每則 4,000 餘元至 7,000 餘元。被上訴人因在 98 年 1 月、3 月及 4 月間接獲檢舉，請求調查上開事實，經被上訴人調查結果，發現在 97 年 8 月之前刊登類似廣告每則約為 450 元，至 98 年 1 月 24 日起，每則廣告費則漲至 4,350 元左右……，足見 4 大報在 97 年底至 98 年 4 月之間確實將每則外勞稿廣告費調整近 10 倍左右。另據上訴人於 98 年 10 月 15 日被上訴人調查時自承其在 97 年之前並無承接外勞稿業務，98 年起開始承接外勞稿業務，約 97 年 12 月左右開始與《蘋果日報》接洽外勞稿的業務，98 年 1 月開始與《中國時報》、《聯合報》洽談外勞稿優惠條件，其後《蘋果日報》將外勞稿業務交由上訴人獨家代理，其他廣告社雖亦可發稿，惟須以 12,000 元繳社，《中國時報》、《聯合報》給伊較一般廣告代理商更優惠價格，至於《自由時報》部分，伊雖曾與之洽談，惟自由時報希望維持 97 年之經銷制度，即由各單位發稿，是以其發《自由時報》之外勞稿並無其他優惠條件（參原處分卷乙 3 卷第 1424 頁至第 1428 頁）；另於 99 年 11 月 9 日復自承其認為

外勞稿市場仍有潛力，只要能把價格穩定利潤應該相當可觀，是以在 97 年 12 月與《蘋果日報》接觸洽談外勞稿承攬事宜，98 年 1 月間再與《聯合報》、《中國時報》、《自由時報》等洽談外勞稿的合作事宜，應該在 98 年 1 月初（其確定係在 98 年 1 月 12 日前）分別依序與《聯合報》、《中國時報》、《自由時報》洽談外勞稿之合作事宜，詢問若伊能提供較大量之外勞稿可否享有較優惠的價格，《聯合報》、《中國時報》大概在 1 星期內就答覆可以給予較優惠之繳社價，伊在 98 年 1 月 12 日之前就開始與《中國時報》、《聯合報》就外勞稿合作，《蘋果日報》亦係在 98 年 1 月 12 日開始就外勞稿合作，但是到 98 年 1 月 17 日才發第 1 則外勞稿稿件等語（參同上卷第 1436 頁至第 1442 頁）；於 100 年 9 月 6 日再陳稱其在與《蘋果日報》合作之前，原本即有意願經營外勞稿，但認為當時外勞稿之價格過低，因此一直在等待適當時機切入市場，在 97 年 12 月與《蘋果日報》洽詢外勞稿合作，伊答應給每件外勞稿繳社價 3,360 元，但沒有預先約定發稿則數，《蘋果日報》方面則同意給伊獨家代理外勞稿，該次洽談也與《蘋果日報》達成其他代理商透過伊代發該報外勞稿之價格為 4,200 元之協議，伊在取得《蘋果日報》就外勞稿包版同意之後，《蘋果日報》透過業務專員告知下游廣告代理商日後外勞稿發稿應透過上訴人，伊也有通知幾個熟識之廣告代理商，因此伊在 98 年 1 月初前與《聯合報》、《中國時報》分類廣告主管洽談外勞稿合作事宜前，渠等均已知悉伊已取得《蘋果日報》外勞稿廣告的包版，伊在 98 年 1 月 8 日之前分別與《聯合報》、《中國時報》洽談合作事宜，雙方洽談的重點在於價格及稿件則數，《聯合報》、《中國時報》均已知悉《蘋果日報》外勞

稿之價格為 4,200 元，是以《中國時報》即與伊議定每月發刊 51-100 則每則 3,900 元，101 則以上每則 3,500 元，因《中國時報》當時已知《蘋果日報》外勞稿價格每則 4,200 元，其預測聯合報、《中國時報》後續亦將跟進調為 4,200 元，因此對於其他廣告代理業者透過伊代發《聯合報》、《中國時報》外勞稿的價格亦訂定為 4,200 元，98 年 3 月底《蘋果日報》與伊議定向其他代理商收取靠稿之價錢為 7,200 元，其再與《聯合報》、《中國時報》談定新優惠措施，同時提高價格等語（…）。另其他多家代理商於被上訴人調查過程中亦分別陳稱上訴人曾傳真至各代理商表示將調漲外勞稿繳社價（即廣告費），或表示在上訴人進入市場後即由上訴人統籌發包外勞稿廣告業務，其他代理商無法再承接外勞稿業務，98 年 1 月中之後價格調漲是由上訴人統籌，可能是由上訴人決定的等語（…）。由是可知，在上訴人參與外勞稿廣告業務前，4 大報有關外勞稿廣告價格並無明顯波動，惟在上訴人參與外勞稿廣告業務後，4 大報之外勞稿廣告價格即明顯攀升，加以上訴人積極與 4 大報洽談統包外勞稿廣告業務，以及價格之訂定等，足堪認定 4 大報之外勞稿廣告價格調漲與上訴人之串聯協商行為（concerted action）間具有相當因果關係，而非僅係單純之平行行為（parallel action）。上訴人主張其與報社間僅為類似行紀關係，報社有權決定是否刊登及廣告之價格及折扣，其與報社間並非代理關係云云，縱認所述屬實，惟公平交易法第 19 條第 4 款有關不為價格之競爭、參與結合或聯合行為之構成，行為人與事業間究竟存有何種關係，並非判斷是否構成要件該當之必要考量因素，縱使行為人與事業間不具任何法律關係，倘行為人藉由脅迫、利誘或其他不正當方法，使事業不為價格之

競爭、參與結合或聯合之行為，即該當該條規定之妨礙公平競爭行為。本件上訴人經營廣告招攬業務，積極透過遊說串聯方式，使4大報知悉其他同業之態度，進而允諾由上訴人包版或代理收件，同時提高廣告價格，致使其他招攬廣告業者無法參與競爭，而廣告主無從比價選擇，顯已違反公平交易法第19條第4款規定，此與其與系爭3家報社間究竟成立何種法律關係無涉。況原判決係以被上訴人認定上訴人已具備『實質獨家代理』系爭3家報社外勞稿業務為立論基礎（⋯），經調查證據後，認為上訴人在取得《蘋果日報》之包版權利，以及大部分之代理商均須透過上訴人始能轉發外勞稿之事實情況下，與系爭3家報社間確實具備如同被上訴人所述之實質獨家代理關係（⋯）。是上訴人主張原判決理由矛盾云云，並非可採。

2. 上訴人復主張原審既認定其於《聯合報》發刊之外勞稿徵才廣告比例不到7成，足見另有3成廣告為其餘廣告商所發刊，上訴人自無可能形成『獨家代理』，原審將各報社陳述資料列為上訴人形成『實質獨家代理』之證據，將各報社調漲價格歸咎上訴人，又未說明何以不採上訴人說明之理由，顯然理由不備且前後矛盾云云。惟查，《聯合報》負責外勞稿業務人員於被上訴人約談時曾表示，該報調整價格係經由上訴人通知其他各代理商，而其他未配合調整價格之各代理商倘發稿至聯合報，因為會排擠到其他正常稿件，因此也會被迫調漲價格（參處分卷乙3卷第1,395頁）。另其他代理商亦表示報社業務員曾告知外勞稿業務須由上訴人代為發稿，若自行發給報社，價格將比發給上訴人為高等語（參原處分卷甲卷第1,622頁倒數第8行以下、第1,623頁第16行以下、第1,623頁倒數第9行以下）。可知，上訴人以較高價格取得優先刊登優勢，致使其他

代理商倘若欲以較低價格刊登，即有可能因排擠效應而無法順利刊載，最終仍須以支付較高價格方式始能刊登。而上訴人所以確信其足以掌握外勞稿廣告業務，乃係因其與系爭 3 家報社間已取得共識，是以，縱使上訴人並未真正取得『獨家代理』之權，惟實質上亦已取得類似地位，此所以被上訴人及原審均認為上訴人就外勞稿廣告業務已形成『實質獨家代理』。原判決就此部分事實業已論述綦詳（參原判決四(四)欄所述各項），對於未採上訴人之主張部分亦已詳細論述，上訴人此部分之指摘，即屬無稽[493]。」

---

[493] 最高行政法院 105 年度判字第 207 號行政判決。

案例 38：美華影視公司搭售案——整套購買享優待

❋案件事實[494]

> 　　據高雄地區 KTV 業者於八十三年十月間來函檢舉，美華影視公司以加盟簽約方式，壟斷伴唱錄影帶發行市場，除收取加盟金五萬元外，每首三分鐘伴唱帶調價為二千四百元，與你歌伴唱帶公司因版權問題，每首伴唱帶由九十元調漲為三百元相較下，漲價達八倍之多，影響 KTV 業者之經營權益（高雄市政府建設局八十三年十月二十六日亦函轉高雄市 KTV 業者反映，美華影視公司調高伴唱錄影帶售價壟斷市場，涉有違反公平交易法規定）。
>
> 　　另臺北市視聽歌唱商業同業公會八十三年十二月二十九日亦來函指陳，美華影視公司提出之加盟合約書，使 KTV 業者在無選擇權之情形下，無論節目好壞及是否製作完成，均需一次購買三百首歌曲之伴唱節目帶
>
> 　　經公平會調查後認定，美華影視股份有限公司，因其以加盟合約授權方式成套銷售伴唱錄影帶之搭售行為，不當限制交易相對人之事業活動，有妨礙公平競爭之虞。

---

[494] 行政院公平交易委員會處分書(84)公處字第 149 號處分書、行政法院裁判要旨彙編第 17 輯之裁判內容、最高行政法院 86 年度判字第 1403 號行政判決。

公平會

　　公平會以,美華影視公司以加盟合約授權方式銷售伴唱錄影帶,其加盟合約書中規定,以該公司總代理寶麗金等唱片公司所出品之 300 部單曲伴唱錄影帶為合約之發行標的,實際提供之伴唱帶內容亦由甲方美華影視公司單方決定。揆諸目前伴唱錄影帶市場多有單卷選擇買賣之交易方式,該公司欲以 300 首單曲伴唱帶成套銷售搭售之意圖至為明顯。按該加盟合約書中雖規定「甲方所提供之單曲伴唱錄影帶每卷單價新臺幣 2,400 元整」,似仍允許買受人購買單項產品,惟按上述該合約書「交易方式」規定,KTV 業者必須支付美華影視公司加盟權利金新臺幣 5 萬元整,方能以每卷單曲伴唱錄影帶新臺幣 2,400 元之價格購買,其單卷購買所應支付之價金,與目前單卷購買價格之市場行情比較,顯不合理。是美華影視公司以加盟合約授權方式成套銷售伴唱錄影帶,未留給交易相對人選擇單曲錄影帶之機會,核屬限制交易相對人事業活動之搭售行為。復考量美華影視公司於新歌發片量之市場上擁有 17.8%之占有率,對於市場已具相當程度之影響力,消費者對於流行新歌偏好及交易相對人對於新歌之需求性等商品特性,以及原告未合理留予交易相對人選擇購買單曲錄影帶機會,有明顯之搭售意圖等事項,證以系爭行為之履行結果對市場產生之重大影響,致引起各地區 KTV 業者及公會之申訴。美華影視公司系爭搭售行為,已構成行為時公平法第 19 條所稱之不當限制交易相對人事業活動行為。

最高行政法院見解

　　「按以不正當限制交易相對人之事業活動為條件,而與其交

易之行為，而有妨礙公平競爭之虞者，事業不得為之，為公平交易法第 19 條第 6 款所規定。又同法施行細則第 24 條明定『本法第 19 條第 6 款所稱限制，指搭售、獨家交易、地域、顧客或使用之限制及其他限制事業活動之情形。前項限制是否不正當，應綜合當事人之意圖、目的、市場地位、所屬市場結構、商品特性及履行情況對市場競爭之影響加以判斷。』而違反公平交易法規定之事業，公平交易委員會得限期命其停止或改正其行為，復為同法第 41 條前段所規定。本件被告以原告於 83 年 10 月起以加盟合約授權方式，經營伴唱帶銷售業務，其加盟合約書中發行標的記載：『甲方（即原告）於合約期間內提供寶麗金、福茂、名冠、金點、吉馬、真善美、豪記、巨石、福和、友善的狗、神永……等唱片公司所出品之單曲伴唱錄影帶共計 300 首供乙方（即原告之交易相對人）使用，實際提供之伴唱帶內容由甲方決定』。另交易方式記載：『(1)乙方為獲得甲方所發行之單曲伴唱錄影帶，同意支付甲方加盟權利金 5 萬元整。(2)甲方所提供之單曲伴唱錄影帶每卷單價 2,400 元，乙方於訂購之同時須預付貨款 5 成現金，待交貨後一併付清餘款。(3)為優待加盟客戶凡一次訂購 5 套（每 300 首單曲為 1 套）以上，且款項一次付清者，每套優待為 20 萬元整，於合約期限內並可擁有下列服務（餘略）。』而目前伴唱錄影帶市場多有單選擇買賣之交易方式，原告欲以 300 首單曲伴唱帶成套搭售之意圖至為明顯。又該加盟合約書中雖規定『甲方所提供之單曲伴唱錄影帶每卷單價 2,400 元』，似仍允許買受人購買單項產品，惟其交易方式之規定，KTV 業者必須支付原告加盟權利金 5 萬元整，方能以每卷單曲伴唱錄影帶 2,400 元之價格購買，其單卷購買所應支付之價金，與目前單卷購買價格之市場行情比較，顯不合理。另依原告 83 年

11月29日復該會函所引用資料，以新歌之發片量為計算基礎，其市場占有率達17.8%，顯見已具市場地位，對伴唱錄影帶擁有一定程度之市場力，原告利用伴唱錄影帶享有著作權物之獨家排他性及消費者對流行新歌之偏好性等商品特性，迫使KTV業者在顧及歌曲完整性之壓力下，必須成套購買原告提供之300首單曲伴唱錄影帶，而無法自由選購單曲伴唱錄影帶，有妨礙單曲伴唱錄影帶市場公平競爭之虞，違反公平交易法第19條第6款之規定，乃依同法第41條前段規定命其自處分書送達之次日起2週內，不得再訂立交易相對人必須支付權利金始能單支購買之交易條款，並應合理提供交易相對人選擇單支購買之交易機會，嗣後不得再有不正當限制交易相對人事業活動之行為，及將前述改正情形發函通知全國各省（市）及縣（市）視聽歌唱商業同業公會，並副知被告。原告不服，循序提起行政訴訟，主張：其意圖及目的係為保障合法權益，遏止盜錄歪風，並提供一般消費者高品質之歌唱娛樂，立意絕對合法、良善。又關於其市場地位，占有率不及3%，被告所引用之17.8%並非正式調查，亦非其所提出之資料。另著作權本身既有獨家排他性，由著作權法加以保護，著作權人當然得依著作權法第37條之規定授權他人使用，而不虞違反公平交易法。再者，合約書中雖有加盟權利金之規定，惟推出之初即遭到KTV業者之抵制。其所採成套銷售係基於成本考量，亦無單曲須先繳權利金5萬元情事。況市場同業均有加盟權利金之制度，足證該制度之必要性云云。<u>查被告認定原告違反公平交易法第19條第6款之規定，係因其以加盟合約授權方式成套銷售伴唱錄影帶之搭售行為，不當限制交易相對人之事業活動，有妨礙公平競爭之虞，而就有妨礙公平競爭之虞一節，係因原告利用伴唱錄影帶享有著作權物之獨家排他性及消費</u>

者對流行新歌之偏好性等商品特性,迫使 KTV 業者在顧及歌曲完整性之壓力下,必須成套購買原告提供之 300 首單曲伴唱錄影帶,而無法自由選購單曲伴唱錄影帶,並考量原告市場占有率等因素綜合判斷,認有妨礙單曲伴唱錄影帶市場公平競爭之虞,而非僅就單項因素判斷,即遽為論定。況原處分所引用原告市場占有率 17.8%之資料,係原告於 83 年 11 月 29 日復被告函中所陳述,有該函附卷可稽,所訴並不足採。又公平交易法第 45 條雖規定:『依照著作權法、商標法或專利法行使權利之正當行為,不適用本法之規定。』然其行使權利之行為須屬正當,亦即係為保護其權利所必要之合法行使行為,始有該條之適用。故事業行使著作權、商標權或專利權時,濫用其權利,致有形成不公平競爭或限制競爭實質效果之虞,而違反公平交易法規定者,仍不得為之。原告加盟合約書所設計之搭售交易方式,使其交易相對人無法自由合理選購單首單曲伴唱帶,有妨礙公平競爭之虞,即違反公平交易法第 19 條第 6 款之規定。所訴著作權人當然得依著作權法第 37 條規定授權他人使用,而不虞違反公平交易法云云,顯對公平交易法之規定有所誤解。另原告以加盟合約書所設計之搭售交易行為,既經被告依法調查認定已違反公平交易法第 19 條第 6 款之規定,則其加盟權利金之設計是否全部實施,均無解於上開違法行為之成立。原告亦不能以其他同業疑有類同之交易行為,即謂該加盟權利金制度具合理性而主張免責。原告所訴,均不足採。從而,本件原處分認事用法並無違誤,一再訴願決定遞予維持,亦無不合。原告起訴意旨,仍執前詞爭訟,自難認為有理由,應予駁回[495]。」

---

[495] 在美華影視股份有限公司案(行政法院 86 年度判字第 1403 號判決),行政法院認同公平會認定原告違反公平交易法第 19 條第 6 款之規定,係因其以加

案例 39：胡椒製品業者禁止下游經銷業者越區經銷案

✳案件事實[496]

> 公平會主動調查濟生股份有限公司在胡椒製品市場產銷市況及競爭行為，發現涉及限制下游經銷商轉售價格及經銷區域，有違反公平交易法，而處以罰鍰。

📝 公平會裁處

公平會以濟生公司 104 年銷售合約書第 6 點第 1 項規定：「乙方須以甲方（即濟生公司）所制訂之行銷建議模式於該市場上銷售，不可擅自於市場上競價或哄抬價格而破壞甲方之市場行情，亦不可逾越他區以破壞他區之市場次序，違者甲方得以取消當季之返利或逕行解除並終止本合約……」涉及限制下游經銷商轉售價格及經銷區域，有違反公平法第 19 條第 1 項及第 20 條第 5 款規定，乃依同法第 40 條第 1 項前段規定，以公處字第 105111 號處分書分別裁處濟生公司 30 萬元（違反限制轉售價格部

盟合約授權方式成套銷售伴唱錄影帶之搭售行為，不當限制交易相對人之事業活動，有妨礙公平競爭之虞。而就有妨礙公平競爭之虞一節，係因原告利用伴唱錄影帶享有著作權之獨家排他性及消費者對流行新歌之偏好性等商品特性，迫使 KTV 業者在顧及歌曲完整性之壓力下，必須成套購買原告提供之三百首單曲伴唱錄影帶，而無法自由選購單曲伴唱錄影帶，並考量原告市場占有率 17.8%等因素綜合判斷，認為有妨礙單曲伴唱錄影帶市場公平競爭之虞。參廖義男，「垂直限制競爭」與「顯失公平」之交錯與區分，98 年競爭中心專題演講彙編。

[496] 臺北高等行政法院 105 年度訴字第 1833 號行政判決。

分）、20萬元（違反限制經銷區域部分），總計50萬元罰鍰。

📝 法院

行政法院見解為：「（六）、再依公平交易法第20條第5款及同法施行細則第28條規定，限制下游經銷業者銷售區域之行為，應就當事人意圖、目的、市場地位、所屬市場結構、商品或服務特性及履行情況對市場競爭之影響等各項因素，綜合判斷是否不正當而有限制競爭之虞。查上開銷售合約書第6條第1項訂有<u>禁止越區經銷之約定</u>，被告為瞭解上開約款的訂定緣由，已經原告委請證人李欣然陳明係為維持市場秩序、確保經銷商之合理利潤等語在卷，業如前述。是原告主張其為上開約定之意圖、目的係為避免偽貨、賊貨進入市場倒貨致價格混亂、避免單一經銷商獨大、壟斷致對消費者不利益云云，顯係臨訟杜撰之詞，已無可採；此參原告未能說明限制經銷區域與避免偽貨、賊貨進入市場倒貨等二者間之關聯性與必要性益明。又原告於中式香料（黑胡椒、白胡椒、五香粉）市場之市占率逾3成，乃市場第一之業者，前亦經李欣然述及。依原告於104年12月9日提出之產銷現況說明（見原處分乙卷第10頁、第18頁），其胡椒調味品商品品項近3年銷售狀況，其銷售數量乃呈穩定狀態；而其通路則分『經銷／盤商』（餐飲營業用）、『食品加工廠』（食品加工製品）、『連鎖量販／超市』（家庭使用），銷售佔比依序為70%、20%、10%，即下游經銷業者主要負責銷售、配送攤商等營業使用之產品，須與原告簽約後方得向原告進貨，倘下游事業未具產品經銷資格，除無法向原告購買產品外，亦不易自上游其他供應業者取得相類似產品，蓋辛香料製品依配方、比例差異，各業者產品口味並不相同，且消費者使用具習慣性，縱其得

向其他供應商取得產品，惟產品品質（如口味、香度、包裝等）除與原告製造之產品有異，下游事業亦須面臨大量客戶轉移之風險，此由原告多年來維持市占率穩定狀態得明。至於下游經銷商同時是否經銷或販售多項與原告具競爭關係品牌之產品，並不影響原告下游經銷商因與原告簽立上開限制跨區條款，於彼此間足致限制競爭，導致攤商或餐廳業者進貨原料成本僵固，難取得有競爭性價格產品之判斷，此參上開證人李欣然言及：經銷商跨區販售，會影響他區經銷商的利潤，原告業務會對跨區販售查核，經原告查核結果，於南部及東部較有跨區情況，原告通常加以勸導等情甚明。是被告認原告以維持市場秩序為由，挾其市場地位訂定上開限制約款，禁止下游經銷業者越區經銷，經綜合判斷已減損品牌內競爭，且造成之市場封鎖排除效果程度亦高，已對於市場有限制競爭之影響，而違反公平交易法第20條第5款規定，即屬有據。」

案例40：【Foodpanda外送平台案】——最惠客戶條款、價格等同條款

✻案件事實[497]

> 　　公平會調查發現 foodpanda 要求合作餐廳於 foodpanda 刊登之價格必須與「店內價」相同，使合作餐廳無法針對不同的外送平台進行差別定價、無法針對特定平台之消費者降價促銷、無法針對不透過平台訂餐之消費者訂定不同價格，以及無法將外送平台手續費反映在菜單價格等情形。foodpanda 透過上述行為，間接確保合作餐廳在 foodpanda 刊登的價格不會高於其他外送平台及自家店面，係屬「狹義模式」之 MFNs，即使其他外送平台收取的抽成費用較低，合作餐廳也不會降低在其他外送平台上的售價，消費者將無法享受到其他外送平台減少抽成費用的好處。而在此情形與網路效應下，理性的消費者將繼續使用合作餐廳數較多的外送平台，意即 foodpanda 對合作餐廳之店內價與外送價相同的要求，間接削弱了其他外送平台與 foodpanda 競爭的能力。因 foodpanda 在「餐飲外送平台」市場擁有相當市場力量，foodpanda 挾其市場力量限制合作餐廳於 foodpanda 刊登價格必須與實際店內價格一致之行為，構成「以不正當限制交易相對人之事業活動為條件，而與其交易之行為」而有限制競爭之虞，違反公平交易法第 20 條第 5 款規定。

---

[497] 公處字第 110066 號處分書。

📝 **公平會裁處**

公平會於 110 年 9 月作成處分，認定富胖達公司在本案相關市場擁有相當市場力量，挾市場力量限制合作餐廳於 foodpanda 平台刊登價格必須與實際店內價格一致，限制餐廳不得拒絕「顧客自取」訂單，構成「以不正當限制交易相對人之事業活動為條件，而與其交易之行為」，且有限制競爭之虞，違反公平法第 20 條第 5 款規定。經審酌被處分人市場地位顯著、所為違法行為係屬垂直交易限制類型、行為持續期間均在 1 年以上且存續中、配合調查態度普通等情狀後，爰依同法第 40 條前段規定令停止前述違法行為，並就富胖達公司限制餐廳於 foodpanda 平台刊登價格必須與實際店內價格一致部分處新臺幣 100 萬元罰鍰，限制餐廳不得拒絕「顧客自取」訂單之行為處新臺幣 100 萬元罰鍰，共計處新臺幣 200 萬元罰鍰。

本案裁罰理由如下：

1. Foodpanda 外送平台具備相當之市場力量。

關於本案相關市場之界定，公平會認為，外送平台扮演餐廳與消費者之中介者角色（雙邊平台），消費者透過外送平台選擇餐廳、下單訂購餐點、訂單傳送至餐廳、餐廳出餐經由外送平台之外送員送達消費者指定處所，外送平台在此過程中提供媒合消費者與餐廳進行<u>直接、同時交易</u>之功能，係屬於「交易型平台」類型，可將平台界定為 1 個市場，無須針對平台兩端分別界定市場。產品市場界定為「餐飲外送平台」市場。地理市場為全國。

公平會自 foodpanda 平台之全年營業收入、全年訂單數、信用卡簽單金額及筆數、合作餐廳數、會員數等面向

來觀察市場占有率及滲透率，評估富胖達公司在本案相關市場擁有達○成以上的市場占有率；又 foodpanda 平台在消費者端及餐廳端均擁有龐大的客戶群，具有間接網路效應帶來之競爭優勢[498]。加上作成處分之時期受疫情衝擊，餐廳停止提供內用服務，外送平台成為餐廳除顧客外帶之外，最主要的銷售管道，故富胖達公司具有相當市場力量。

2. Foodpanda 要求合作餐廳於外送平台刊登之價格須與店內價格一致，不當限制餐廳活動，已產生限制競爭效果。

　　公平會認為，富胖達公司約束合作餐廳於 foodpanda 平台刊登價格與實際店內價格一致，限制餐廳無法針對內用、外帶、餐廳外送或透過 foodpanda 平台訂餐的顧客訂定不同的價格，導致未使用 foodpanda 平台外送服務的消費者與使用 foodpanda 平台外送服務的消費者消費同價，使富胖達公司更有誘因及能力提高向餐廳收取之抽成佣金，具有限制競爭之效果，且缺乏促進競爭之合理事由：

「1. 被處分人要求餐廳於平台刊登價格必須與「店內價」相同，係屬『最惠客戶條款』（most-favored-customer clause；MFCC）或『價格等同性條款』（price parity clause）類型之一。廣義的最惠客戶條款係指事業要求其交易相對人就銷售產品予該事業的價格，不得高於交易相對人銷售予其他事業的價格。在平台經濟場景中，由於平台角色是提供雙邊客戶群的中介者，與傳統上下游垂直供應鏈情形不同，因此

---

[498] 公處字第 110066 號處分書。

在平台經濟較常見的最惠客戶限制形式是『跨平台價格等同性協議』（across platform parity agreements; APPA）。但被處分人僅要求餐廳在平台刊登的價格，必須與餐廳自己銷售的價格（即『店內價』）相同，並未要必須與餐廳在其他平台上刊登的價格相同，係屬於『狹義最惠客戶條款』（narrow MFCC）。儘管被處分人要求餐廳於平台刊登價格必須與『店內價』相同，是屬於『狹義最惠客戶條款』，但該等價格限制仍可能產生以下的限制競爭效果：1.限制直接銷售管道與平台銷售管道間之競爭；2.未使用平台的消費者必須與使用平台的消費者共同分攤平台成本；3.賦予平台更強的定價能力；4.產生類似『跨平台價格等同性協議』之效果。

2. 最惠客戶限制雖並未在公平交易法施行細則第 28 條明文例示之範圍，但因簽署最惠客戶條款，拘束承諾一方與第三人間價格或交易條件之決定（故為限制交易相對人之事業活動），且因最惠客戶條款使不同事業間之成本或價格產生連動性，因此可能影響原本應獨立、分散之商業決策機制，進而產生限制競爭效果，故亦應屬公平交易法第 20 條第 5 款所規範之垂直交易限制類型。以本案而言，被處分人要求餐廳於平台刊登價格必須與實際店內價格一致，將產生以下的限制競爭效果：(1)餐廳無法針對內用(含顧客自行外帶、餐廳自行外送)或透過 foodpanda 平台訂餐的顧客訂定不同的價格，無法依照餐廳自身經營策略進行選擇性的促銷。(2)餐廳無法將不同銷售管道之成本

差異(例如外送平台所收取之抽成佣金)反映在 foodpanda 平台之刊登價格,導致未使用 foodpanda 平台外送服務的消費者必須與使用 foodpanda 平台訂餐之消費者消費同價,形同共同分攤被處分人的抽成佣金,造成價格扭曲。(3)由於被處分人向餐廳收取之抽成佣金,透過餐點價格平均分散給所有餐廳消費者承擔,被處分人較無須擔心若調漲抽成佣金會使消費者轉向內用或外帶,因為內用或外帶價格也不會比較低,因此有較大的誘因及能力調漲抽成佣金。(4)餐廳內用或外帶等直接銷售管道之價格,通常為各種銷售管道中的『地板價』(price floor),被處分人要求餐廳於平台刊登價格必須與『店內價』相同,也間接保證餐廳在其他外送平台刊登之價格,不低於在 foodpanda 平台刊登之價格,產生類似『跨平台價格等同性協議』的效果,即使其他外送平台收取較低的抽成佣金,餐廳也不會降低在該外送平台上的售價,其他外送平台也無法透過收取較低的抽成比例而獲得較多的訂單(因為對消費者而言,不會享受到低抽成反映在餐點價格的好處,則消費者最理性的選擇,是繼續使用餐廳數比較多的外送平台,享受網路效應的好處),間接削弱其他外送平台與 foodpanda 競爭的誘因及能力。」

3. Foodpanda 限制合作餐廳不得拒絕「顧客自取」訂單,已產生限制競爭效果。

公平會之理由為:

「被處分人於外送服務之市場占有率達○成以上,會

員及餐廳之滲透率亦分別達○成及○成以上，透過外送平台兩端的間接網路效應，進一步增強規模經濟帶來之競爭優勢，而具有一定之市場力。被處分人限制餐廳不得拒絕『顧客自取』訂單，將使餐廳面臨被迫與自己競爭之局面。因透過『顧客自取』訂餐之消費者，多屬餐廳原本的顧客，餐廳接受『顧客自取』訂單不僅未拓展市場或開發新顧客，還須額外支付被處分人抽成佣金。被處分人將收取自餐廳之抽成佣金用來補貼鼓勵消費者使用『顧客自取』（例如『自取 79 折』），將導致餐廳原本之顧客，改透過 foodpanda 平台『顧客自取』方式訂餐，且使被處分人能獲取更多抽成佣金，而具有限制競爭效果。」

「（五）被處分人預設開啟『顧客自取』功能、不允許餐廳單獨關閉『顧客自取』功能，且限制餐廳不得拒絕『顧客自取』訂單，使餐廳面臨被迫與自己競爭之局面，導致餐廳原本之顧客改透過 foodpanda 平台『顧客自取』方式訂餐，並使被處分人能獲取更多抽成佣金，而具有限制競爭效果，且缺乏促進競爭之合理事由。」

📝 **學者評論**

有學者就本處分之相關評論[499]摘錄為：

1. 公平會在本案垂直交易限制之競爭分析，就數位平台之特性及可能之競爭效應有所著墨，以類似於「合理原則」之

---

[499] 陳信宏、楊宜蓁，公平會裁罰數位平台—Foodpanda 處分案（臺灣），https://www.leetsai.com/%E5%B0%88%E6%AC%84/taiwan-fair-trade-commissions-penalty-on-digital-platform-the-foodpanda-case?lang=zh-hant（最後瀏覽日：01/31/2024）。

方式檢視，即檢視限制競爭之（可能）效果，以及有無促進競爭之合理化事由，綜合各項因素加以考量。

2. 市占率無涉事業之營業秘密，並無遮蔽之必要，但本案公平會處分書將 foodpanda 及其他平台之市占率等資料遮蔽，使外界無從瞭解公平會如何認定數位平台之市占率，及究竟多大的市場力量會使數位平台構成具有相當市場力量之事業（亦即不構成獨占事業），這對其他事業恐也失去指引之作用，較為可惜。

3. 垂直交易限制理應更著重於對品牌間競爭影響之分析，以本案而言，為 foodpanda 對合作餐廳之限制是否及如何影響其與 Uber Eats 或其他品牌「餐飲外送平台」之競爭，但在本案中公平會卻似乎過於聚焦在垂直限制本身，對平台間競爭之影響分析甚少。

第四章 限制競爭之違法罰則

第一節　行政責任[500]

公平交易法第 40 條：

> 主管機關對於違反第 9 條、第 15 條、第 19 條及第 20 條規定之事業，得限期令停止、改正其行為或採取必要更正措施，並得處新臺幣 10 萬元以上 5 千萬元以下罰鍰；屆期仍不停止、改正其行為或未採取必要更正措施者，得繼續限期令停止、改正其行為或採取必要更正措施，並按次處新臺幣 20 萬元以上 1 億元以下罰鍰，至停止、改正其行為或採取必要更正措施為止。
>
> 事業違反第 9 條、第 15 條，經主管機關認定有情節重大者，得處該事業上一會計年度銷售金額百分之 10 以下罰鍰，不受前項罰鍰金額限制。

---

[500] 公平交易法第 40 條第 1 項「主管機關對於違反第 9 條、第 15 條、第 19 條及第 20 條規定之事業，得限期令停止、改正其行為或採取必要更正措施，並得處新臺幣 10 萬元以上 5 千萬元以下罰鍰；屆期仍不停止、改正其行為或未採取必要更正措施者，得繼續限期令停止、改正其行為或採取必要更正措施，並按次處新臺幣 20 萬元以上 1 億元以下罰鍰，至停止、改正其行為或採取必要更正措施為止。」

公平交易法第 41 條「前 2 條規定之裁處權，因 5 年期間之經過而消滅。」

公平交易法施行細則第 36 條「依本法量處罰鍰時，應審酌一切情狀，並注意下列事項：一、違法行為之動機、目的及預期之不當利益。二、違法行為對交易秩序之危害程度。三、違法行為危害交易秩序之持續期間。四、因違法行為所得利益。五、事業之規模、經營狀況及其市場地位。六、以往違法類型、次數、間隔時間及所受處罰。七、違法後改正情形及配合調查等態度。」

公平交易法第 41 條：
前 2 條規定之裁處權，因 5 年期間之經過而消滅。

由公平法第 40 條可知，違法的獨占力濫用（公平法第 9 條）、聯合行為（公平法第 15 條）、限制轉售價格行為（公平法第 19 條）、個別限制競爭行為（公平法第 20 條），公平會得裁處新臺幣 10 萬至 5 千萬元之罰鍰，同時要求事業為特定行為，此即為違反公平法之行政責任。須注意者為，因違法獨占力濫用、違法聯合行為對於市場的危害性可能相當大，導致 10 萬至 5000 萬罰鍰之違法嚇阻性有限，因此公平法第 40 條第 3 項更明文，對於情節重大的違法聯合行為、獨占力濫用，得裁處事業上一會計年度銷售金額百分之 10 以下罰鍰。為完善該項之適用，公平會制定「違反公平交易法第九條及第十五條情節重大案件之裁處罰鍰計算辦法」如下：

【違反公平交易法第九條及第十五條情節重大案件之裁處罰鍰計算辦法】

中華民國 101 年 4 月 5 日公法字第 10115604731 號令訂定

發布全文 8 條

中華民國 104 年 3 月 6 日公法字第 10415601941 號令修正發布名稱、第 1 條至第 4 條、第 6 條

第一條

本辦法依公平交易法（以下簡稱本法）第四十條第三項規定訂定之。

第二條
本法第四十條第二項所稱情節重大,指違法行為嚴重影響市場競爭秩序。
前項所定嚴重影響市場競爭秩序,由主管機關審酌下列事項後認定之:
一、違法行為影響競爭秩序之範圍及程度。
二、違法行為危害競爭秩序之持續時間。
三、違法事業之市場地位及所屬市場結構。
四、違法行為於違法期間之銷售金額及違法所得利益。
五、違法行為類型為共同決定商品或服務之價格,或限制數量、交易對象、交易地區等聯合行為。
有下列各款情形之一者,得認定為情節重大:
一、獨占事業或參與聯合行為之一事業,其違法行為於違法期間內所獲商品或服務銷售金額逾新臺幣一億元。
二、違法行為所得利益逾本法第四十條第一項所定罰鍰金額之上限。

第三條
本法第四十條第二項所稱事業上一會計年度銷售金額,指主管機關作成處分時該事業上一會計年度之營業收入總額。

第四條
依本法第四十條第二項規定裁處之罰鍰,其額度按基本數額及調整因素定之。

第五條
前條基本數額,指違法行為於違法期間內所獲商品或服務銷售金額之百分之三十。

第六條

第四條之調整因素，包括加重事由及減輕事由，主管機關得據以調整基本數額，以決定罰鍰額度。

前項所稱加重事由，指事業有下列各款情形之一者：

一、主導或教唆違法行為。

二、為確保聯合行為之遵守或履行而實施監督及執行制裁措施。

三、五年內曾違反本法第九條或第十五條規定遭處分。

第一項所稱減輕事由，指事業有下列各款情形之一者：

一、於主管機關進行調查時，立即停止違法行為。

二、具悛悔實據，並配合調查。

三、與受害者達成損害賠償之協議或已為損害之補救措施。

四、因被迫而參與聯合行為。

五、因其他機關之核准或鼓勵，或依其他法規之規定。

前項第一款及第二款規定，不適用於事業已獲主管機關同意依本法第三十五條減輕罰鍰之案件。

第七條

第四條所定罰鍰額度不得超過受處分事業上一會計年度銷售金額之百分之十。

第八條

本辦法自發布日施行。

關於公平法第 40 條第 3 項之適用，最高行政法院就公平法第 40 條之晚近見解則為：「此外，由於獨占事業濫用市場力行為與事業共同之聯合行為，對於市場競爭秩序影響甚大，且某些違法情節重大案件，其不法利得可能超過公平交易法第 41 條

（註：舊法）第1項規定罰鍰2,500萬元額度之上限，故為確實發揮懲處及遏止不法之效果，並兼顧考量違法事業之經濟實力及承受罰鍰之能力，公平交易法第41條第2項明定：『事業違反第10條、第14條，經中央主管機關認定有情節重大者，得處該事業上一會計年度銷售金額10%以下罰鍰，不受前項罰鍰金額限制。』同條第3項並規定：『前項事業上一會計年度銷售金額之計算、重大違法情節之認定、罰鍰計算之辦法，由中央主管機關定之。』據此，被上訴人訂有系爭罰鍰計算辦法以為執行之依據。依該辦法第2條規定，經被上訴人依同條第2項所列事項審酌認定違法行為嚴重影響市場競爭秩序，或有同條第3項各款所列參與事業之一於違法期間內銷售金額逾1億元；或違法行為所得利益逾公平交易法第41條第1項所定罰鍰金額2,500萬元上限等情形者，即屬情節重大。而公平交易法第41條第2項所稱『事業上一會計年度銷售金額』之計算時點，依系爭罰鍰計算辦法第3條規定，係以被上訴人作成『處分時』為基準時點，計算事業上一會計年度之營業收入總額，以評估事業之經濟實力及承受罰鍰之能力。關於罰鍰額度之計算，依同辦法第4條、第7條規定，係採兩階段方式，亦即先計算出基本數額，再依調整因素確定最後罰鍰金額，且不得超過受處分事業上一會計年度銷售金額10%。至於『基本數額』之認定，同辦法第5條明定，按違法行為於違法期間內所獲商品或服務銷售金額之30%，採計作為罰鍰基本數額。又此基本數額之銷售金額的計算標準，徵諸其立法說明揭示係參酌歐盟課處罰鍰準則及德國罰鍰指導準則之立法例，而歐盟課處罰鍰準則第13點規定，係以違法行為在歐洲經濟區內直接或間接相關商品或勞務之銷售額；德國罰鍰指導準則第11點規定，亦指與違法行為有關之商品或服務於德國境內銷售

所得金額為準,是通說認為本條規定『基本數額』之銷售金額,應指違法事業在國內銷售商品或服務所得之金額。至於公平交易法第 41 條第 2 項所稱『事業上一會計年度『銷售金額』10%』之罰鍰上限,則係以違法事業『全球』營業收入總額為計算基礎[501]。」

現行公平法第 41 條為 104 年 1 月修法時新增,該條修正理由明文因公平法事實複雜、證據取得困難、調查曠日費時,且市場損害之判斷需借助經濟分析,行政罰法所規範之 3 年裁處時效有所不足,故修法將裁處時效延長為 5 年[502]。而關於裁處權時效之計算,則回歸適用行政罰法。

此外,公平會所為之處分須符合明確性原則,至於何種程度始謂明確,可參考【衛星電視頻道代理商頻道授權費用差別待遇案】[503]中,最高行政法院所揭示之標準:

---

[501] 最高行政法院 109 年上字第 1169 號判決。

[502] 公平法第 41 條 104 年 1 月 22 日修正理由:
「一、本條新增。
二、按限制競爭行為案件中,參與事業多係具市場力量,以其強大之經濟力量攫取超額利潤,限制相關事業活動,長期而言將損害經濟資源之利用效率,形成社會損失,是以各國競爭法均加強規範之。但實務上該類型案件,因事實較為複雜,相關違法事證之直接證據取得困難,需蒐集其他間接證據以補強說明,調查程序曠日費時,並需運用經濟分析以證明該等違法行為之存在及其對市場效能競爭構成損害;倘依行政罰法第二十七條規定之三年裁處權時效,主管機關往往無法及時妥為調查蒐證及研析評估,對執法成效造成嚴重影響,另參酌德國限制競爭防止法第八十一條第八項、日本獨占禁止法第七條與第七條之二及歐盟理事會一/二〇〇三號規則第二十五條規定,對於限制競爭行為裁處權時效均規定為五年,爰將本法限制競爭行為裁處權時效規定為五年,明文排除行政罰法第二十七條第一項裁處權時效三年之適用。至於裁處權時效期間之起算時點及停止事由適用修正條文第二十九條第四項、行政罰法第二十七條第二項至第四項及第二十八條規定。」

[503] 最高行政法院 109 年度判字第 23 號行政判決。

「……而行政行為之內容應明確；行政處分以書面為之者，應記載主旨、事實、理由及其法令依據，行政程序法第 5 條、第 96 條第 1 項第 2 款定有明文。所指行政處分之明確性，除其處分性質、處分機關及規制對象應明確之外，尤以<u>規制內容及法律效果之明確程度，係以客觀解釋結果為據，必須使受規制之對象能夠立即知悉處分機關對其之要求為何，或與其有關之事物受到如何之規制</u>。是原處分既以上訴人違反公平交易法第 20 條第 2 款，而對之裁處罰鍰及限期改正，若未改正尚有遭刑罰、行政罰處罰之後果，其規制內容及法律效果自應明確，且<u>其明確程度必須使上訴人能立即知悉所受禁止之有限制競爭之虞之差別待遇行為為何，遭裁處之罰鍰金額為何，及被上訴人要求其限期改正差別待遇之範圍</u>，如此方符合上開行政處分明確性原則。經查，原處分並未考量因通傳會開放政策，致系爭系統經營者之經營區域擴大，其水平市場效應如何，則原處分究係認為採用 MG 制度本身即已違反公平交易法第 20 條第 2 款，或上訴人以行政總戶數作為 MG 計算基礎，或將 MG 門檻設為 15%之交易條件始有違公平交易法第 20 條第 2 款，並非明確，進而導致原處分所命上訴人之改正義務，究為上訴人不得使用 MG 作為交易條件，或上訴人應以行政總戶數與有線電視滲透率之乘積作為 MG 之基礎？抑或上訴人應將 MG 門檻自 15%調整至何範圍，始得認其無差別待遇或可符合正當理由，或不致有限制競爭之虞，均無從自原處分主文或理由中明確知悉，與行政處分明確性原則顯有未合。由於原處分並未明確指出

MG 之門檻有無違法及如何違法，以致其課予上訴人改正義務之範圍，亦難認明確，原判決未見及此，逕予維持原處分，尚屬率斷，即有判決適用法規不當之違法。」

在同一個行政判決中，最高行政法院亦要求公平會裁處罰鍰時，須就公平法施行細則第 36 條所列各事項之情事，在其所定罰鍰數額中所占比重及其理由應有所說明，才能支持其裁罰已相當程度呈現法定應斟酌事項之評價結果，而為適法之裁量[504]：「（四）行政罰法第 18 條第 1 項規定：……公平交易法施行細則第 36 條更規定：……經查，原處分裁處上訴人 4,000 萬元罰鍰……，<u>並未針對其為何裁處上訴人 4,000 萬元高額罰鍰之具體計算方式加以說明，且原處分所指上訴人整年不法利益近億元之金額究應如何計算，自有可疑</u>，……[505]。」

第二節　刑事責任：先行政後司法

公平交易法第 34 條：
> 違反第 9 條或第 15 條規定，經主管機關依第 40 條第 1 項規定限期令停止、改正其行為或採取必要更正措施，而屆期未停止、改正其行為或未採取必要更正措施，或停止後再為相同違反行為者，處行為人 3 年以下有期徒刑、拘役或科或併科新臺幣 1 億元以下罰金。

---

[504] 廖義男（2021），《公平交易法》，初版，頁 495，元照。
[505] 最高行政法院 109 年度判字第 23 號行政判決。

公平交易法第 36 條：

> 違反第 19 條或第 20 條規定，經主管機關依第 40 條第 1 項規定限期令停止、改正其行為或採取必要更正措施，而屆期未停止、改正其行為或未採取必要更正措施，或停止後再為相同違反行為者，處行為人 2 年以下有期徒刑、拘役或科或併科新臺幣 5 千萬元以下罰金。

由公平法第 34 條與第 36 條之條文可得知，我國公平法設有刑事責任之規範，亦即違法之獨占力濫用、違法聯合行為、違法限制轉售價格行為、違法個別限制競爭行為可能因此受有牢獄之災。然而，為避免刑罰過度使用，公平法刑事責任之發動，設有大前提，「經主管機關依第 40 條第 1 項規定限期令停止、改正其行為或採取必要更正措施，而屆期未停止、改正其行為或未採取必要更正措施，或停止後再為相同違反行為者」。換言之，需違反公平法之行為人已曾負擔行政責任者，嗣後再犯，方負擔刑事責任，此即先行政後司法原則[506][507]。

關於公平法第 36 條之適用，臺灣臺東地方法院就犯罪事實曾為下列說明：「

一、陳○○前係臺東縣苳葉苳花產銷協會（下稱苳花協會）第 10 屆之理事長，於該屆擔任理事長期間，自行訂定

---

[506] 公平法 88 年 1 月 15 日第 35 條修正理由：
「本法為經濟法，須配合國內經濟環境情形，為最適之管理。現行條文對於違反者逕處刑罰之規定，施行以來，迭經業者反映過於嚴苛；且現行本法中存有若干不確定法律概念用語，運用時須有完整之市場資料作為判斷基礎，尤須先有行政權介入，以為預警，爰加以修正之。」

[507] 公平法 88 年 1 月 15 日第 36 條修正理由：
「為貫徹「先行政後司法」之處理原則，以符合先警告後行政處分再科刑罰之比例性原則，爰修正之。」

茗葉、茗花之價格，並命李○○（另經檢察官為緩起訴處分）以手機簡訊通知茗花協會會員上開價格，經公平交易委員會（下稱公平會）認其所為核屬以不正當方法，使其他事業不為價格競爭之行為，且有限制競爭或妨礙公平競爭之虞，違反公平交易法第 19 條第 4 項，並於民國 103 年 2 月 21 日以公處字第○○○○○○號處分書裁處罰鍰新臺幣（下同）5 萬元，並命立即停止前開違法行為。前開公平會之處分書復於 103 年 2 月 25 日送達陳○○，然陳○○再基於違反公平交易法之犯意，於 103 年 3 月 1 日至同年 5 月 27 日之代理茗花協會理事長期間，再次自行訂定茗葉、茗花之價格，並接續多次命李○○以手機簡訊通知茗花協會會員上開價格，以此方式再為相同違法行為案件，違反公平交易法第 36 條之罪，經檢察官起訴，並經本院以 104 年度易字第 50 號判決處有期徒刑 4 月確定。

二、詎陳○○於 105 年 6 月 21 日再次當選茗花協會第 14 屆理事長，其擔任理事長期間，關於茗花、茗葉之價格，均係以茗花協會理事分別向會員詢價後回報理事長，再由理事長決定最後報價價格之方式，決定茗花、茗葉之價格，並指示由茗花協會理事輪流以茗花協會名義傳送簡訊通知茗花協會所屬會員。是陳在家再基於違反公平交易法之犯意，於 105 年 7 月 10 日下午某時許、同年月 25 日下午某時許，由其決定茗花、茗葉之報價價格後，前往茗花協會理事林○○位於臺東縣○○鄉○○路○○○巷○○弄○號之住處，接續要求不知情之陳俊仁即林玉川之子發送茗葉、茗花之價格予茗花協會會員，陳○○乃

於上開時間，以其門號○○○○○○○○○○手機發送茖花、茖葉之價格簡訊通知茖花協會所屬會員，以此方式於主管機關公平會依公平交易法第 40 條第 1 項規定限期令停止以不正當方法，使其他事業不為價格競爭之行為，且有限制競爭或妨礙公平競爭之行為而停止後，再為相同違反行為。

三、案經臺灣臺東地方法院檢察署（下稱臺東地檢署）檢察官簽分及公平交易委員會告發偵查起訴[508]。」

由前述案例可得知，先行政後司法原則於我國公平法犯罪之實踐，亦可得知我國實務已有公平法刑事責任之操作案例。

第三節　民事：損害賠償

公平交易法第 29 條：
　　事業違反本法之規定，致侵害他人權益者，被害人得請求除去之；有侵害之虞者，並得請求防止之。

公平交易法第 30 條：
　　事業違反本法之規定，致侵害他人權益者，應負損害賠償責任。

公平交易法第 31 條：
　　法院因前條被害人之請求，如為事業之故意行為，得依侵害情節，酌定損害額以上之賠償。但不得超過已證明

---

[508] 臺灣臺東地方法院 106 年易字第 294 號刑事判決。相關案例亦可參考臺灣臺東地方法院 104 年易字第 50 號刑事判決。

損害額之三倍。

侵害人如因侵害行為受有利益者,被害人得請求專依該項利益計算損害額。

公平交易法第 32 條:

本章所定之請求權,自請求權人知有行為及賠償義務人時起,2 年間不行使而消滅;自為行為時起,逾 10 年者亦同。

公平交易法第 33 條:

被害人依本法之規定,向法院起訴時,得請求由侵害人負擔費用,將判決書內容登載新聞紙。

公平法第 29 條揭櫫者為侵害排除請求權,而第 30 條則為損害賠償責任。為對影響市場競爭之事業為懲戒效果,公平法第 31 條訂有懲罰性賠償之規範[509]。然而,公平法的民事責任仍有時效之限制,故公平法第 32 條規範公平法之民事請求權,若自行為時已逾 10 年或知悉有行為、賠償義務人逾 2 年者,時效消滅。然而,關於我國限制競爭的公平法民事責任,除部分杯葛與智慧財產權利行使之相關案例外,其餘案例鮮見,尚待實務後續發展。

---

[509] 公平交易法第 32 條 80 年 1 月 18 日立法理由:
「由於被害人常因損害額不大或甚難證明實際之損害範圍,致不願或不能向侵害人請求損害賠償,此種情形將造成對不法侵害行為之縱容或鼓勵。爰參照美國立法例,明定法院因被害人之請求,如為事業之故意行為,得依侵害情節,酌定損害額以上之賠償,但不得超過已證明損害額之三倍。」

國家圖書館出版品預行編目(CIP)資料

公平交易法釋義. 二, 限制競爭篇（續）/范建得著. -- 初版. -- 臺北市：元華文創股份有限公司, 2025.02
面； 公分

ISBN 978-957-711-425-9 (平裝)

1.CST: 公平交易法

553.433　　　　　　　　　　　　　　　113018763

公平交易法釋義(二)——限制競爭篇（續）

范建得　著

發 行 人：賴洋助
出 版 者：元華文創股份有限公司
聯絡地址：100 臺北市中正區重慶南路二段 51 號 5 樓
公司地址：新竹縣竹北市台元一街 8 號 5 樓之 7
電　　話：(02) 2351-1607　　　傳　　真：(02) 2351-1549
網　　址：https://www.eculture.com.tw
E-mail：service@eculture.com.tw
主　　編：李欣芳
責任編輯：立欣
行銷業務：林宜葶

排　　版：菩薩蠻電腦科技有限公司
出版年月：2025 年 02 月 初版
定　　價：新臺幣 730 元

ISBN：978-957-711-425-9 (平裝)

總經銷：聯合發行股份有限公司
地　　址：231 新北市新店區寶橋路 235 巷 6 弄 6 號 4F
電　　話：(02)2917-8022　　　傳　　真：(02)2915-6275

版權聲明：

　　本書版權為元華文創股份有限公司（以下簡稱元華文創）出版、發行。相關著作權利（含紙本及電子版），非經元華文創同意或授權，不得將本書部份、全部內容複印或轉製、或數位型態之轉載複製，及任何未經元華文創同意之利用模式，違反者將依法究責。

　　本著作內容引用他人之圖片、照片、多媒體檔或文字等，係由作者提供，元華文創已提醒告知，應依著作權法之規定向權利人取得授權。如有侵害情事，與元華文創無涉。

■本書如有缺頁或裝訂錯誤，請寄回退換；其餘售出者，恕不退貨■